W0215787

1re & Term BAC PRO

Culture professionnelle de la cuisine

CUISINE

Sous la direction de Mathieu Simonneau

Vincent Amar
Stéphane Bernat
Jérôme Choquet
Alain Colnot
Sébastien Deschênes
Frédéric Garivet
Martine Martinelle
Alexis Mathieu
Stéphanie Melendez
Guillaume Mondon
Jocelyn Plessis
Odile Vapaille

Avec la contribution de Matthieu Lilla (professeur de mathématiques),
de Naoual Tijja Mahmoudy (professeure de français) et de Karima Achkar-Laghdas.

Nathan
TECHNIQUE

COMMENT ACCÉDER À VOTRE i-MANUEL 2.0 ÉLÈVE

LIVRE + LICENCE NUMÉRIQUE

Votre enseignant souhaite travailler avec le i-Manuel 2.0 ; une fois votre compte créé par votre enseignant, rendez-vous, selon ses indications, sur :

- imanuel.nathan.fr et connectez-vous à votre espace élève i-MANUEL 2.0 avec votre identifiant et votre mot de passe.

OU

- l'ENT ou la plateforme de votre établissement, et accédez directement à votre i-MANUEL 2.0.

DÉCOUVREZ LE i-MANUEL 2.0 EN VIDÉO

À NE PAS OUBLIER

Conservez votre identifiant et votre mot de passe pour toutes vos connexions ultérieures

À SAVOIR

Cette licence élève i-Manuel 2.0 est unique et personnelle. Elle offre un accès à un élève pour une, deux ou trois années scolaires (selon la durée de l'ouvrage) et ne peut être réutilisée par d'autres élèves les années suivantes.

Pour équiper les élèves de nouvelles licences numériques i-Manuel 2.0, connectez-vous sur cns-edu.com.

Pour l'enseignant : rendez-vous sur **nathan.fr/i-manuel2**, pour disposer de toutes les informations pratiques pour créer vos classes, activer les licences de vos élèves et contacter votre délégué pédagogique Nathan.

ISBN : 978-2-09-167584-8

Nathan TECHNIQUE

Avec ce livre, une licence i-MANUEL 2.0

Le i-Manuel 2.0, un outil simple d'utilisation qui reprend l'ensemble des contenus de ce livre sous forme numérique et interactive.

Il permet d'accéder au contenu de ce manuel à tout moment et en tout lieu sur un ordinateur ou une tablette. L'utilisateur peut donc passer du papier au numérique et choisir le support qui lui convient le mieux selon le travail à faire et le lieu où il se trouve.

Une véritable interactivité entre l'enseignant et sa classe

- **Vidéoprojeter** en classe les activités, les documents et les corrections pour animer les cours et travailler collectivement.
- N **Feuilleter le livre papier enrichi et le télécharger** pour un usage sans connexion.
- N Bénéficier d'**une banque de ressources.**
- **Piloter la classe** en assurant le suivi du travail des élèves à distance et en cours (recevoir et envoyer du travail, faire des commentaires, intervenir en temps réel).
- **Intégrer et envoyer à la classe**, à un ou plusieurs élèves, **des documents personnels**.
- **Afficher les corrigés** ou la correction individuelle du travail de l'élève.
- **Imprimer** les documents nécessaires pour mettre les élèves en **situation d'examen**.

Des fonctionnalités innovantes pour favoriser l'intérêt, la motivation et l'implication des élèves

- **Saisir les réponses** en travaillant sur ordinateur ou tablette.
- **Faire les activités et les exercices**, préparer ou réviser le cours **en classe ou à la maison**.
- **Accéder** aux **ressources numériques**, vidéos, fichiers élèves (Word, Excel, GeoGebra...).
- **Sauvegarder** au **format Word** le travail effectué dans un dossier (classeur).
- **Envoyer le travail** au professeur.
- **S'enregistrer** pour les activités orales.
- **S'auto-évaluer**.

Toutes les infos et les tutos sur www.nathan.fr/i-manuel2

Avec ce livre, des ressources numériques en accès direct

Flashez les QR Codes avec votre smartphone ou saisissez les mini-liens associés pour accéder à des vidéos, audios, menus, quiz interactifs.

Préface

Depuis sa création en 2011, le baccalauréat professionnel spécialité « Cuisine » a su évoluer pour s'adapter aux enjeux de formation par la recherche d'une meilleure adéquation entre formation et compétences métier attendues. En renforçant l'acquisition des savoirs fondamentaux tout en combinant des apprentissages théoriques et pratiques, il illustre une volonté assumée de placer l'apprenant au cœur de ses apprentissages.

Les contenus d'enseignement de ce baccalauréat professionnel se veulent en phase avec les évolutions du secteur, mais aussi avec la nécessité de former un citoyen appelé à être confronté à la complexité d'un monde changeant. L'individualisation des demandes des clients, la diversification des modes et concepts de restauration, le poids croissant des technologies d'information et de communication, ou encore la prise en compte des considérations liées à la santé, à la sécurité et au développement durable entraînent des changements profonds en matière de formation et de représentation des métiers de l'hôtellerie et de la restauration.

À cet égard, la transformation de la voie professionnelle s'est traduite, pour les deux baccalauréats du secteur, par la mise en œuvre, en 2019, de la seconde famille des métiers de l'hôtellerie-restauration qui constitue une réponse factuelle au problème de représentations des jeunes à l'endroit des métiers et des formations. Tout en développant les compétences professionnelles identifiées dans les référentiels, cette nouvelle organisation de la classe de seconde doit permettre de faire évoluer certaines représentations et ainsi favoriser l'énoncé d'un choix de formation mieux éclairé en dotant tous les élèves, quelle que soit la spécialité qu'ils choisiront à l'issue de la classe de seconde, d'un socle de compétences communes et nécessaires pour la poursuite de leur professionnalisation.

C'est tout l'objet de cet ouvrage que de convoquer l'esprit d'analyse, l'esprit critique des élèves en les invitant à observer, à comprendre les codes, les savoir-faire mais aussi les contraintes des métiers de l'hôtellerie-restauration.

Tout en prenant en compte les évolutions fortes d'un monde changeant, l'approche retenue ici par les auteurs se veut avant tout pragmatique. La démarche pédagogique s'appuie sur des contextes professionnels réalistes et documentés qui permettront aux apprenants d'appréhender les différentes formes de restauration (gastronomique, brasserie, tendance, cafétéria). Cet ouvrage invite ainsi les élèves à une activité réflexive qui favorisera leur autonomie et la mise en œuvre des savoirs associés au service de l'acquisition des compétences métier, tandis que les pistes de co-intervention proposées en français et en mathématiques contribueront à entreprendre une démarche collaborative indispensable au sein des équipes pédagogiques.

Tout en préservant leur liberté pédagogique, cet ouvrage constitue une aide pour les enseignants et les formateurs. Ils y trouveront des ressources pour la mise en œuvre de la différenciation pédagogique par le biais des parties « Pour les experts », de nature à leur permettre de construire ensemble des parcours de formation adaptés.

Enfin, je tiens à saluer l'initiative d'une coopération entre les Éditions Nathan et l'Éducation nationale destinée à aider les élèves et les apprentis à franchir les premières étapes d'un parcours de formation qui les conduira progressivement à devenir des acteurs accomplis et créatifs de la restauration de demain.

Michel Lugnier

Inspecteur général de l'éducation,
du sport et de la recherche

Pilote national des formations
de l'hôtellerie, de la restauration
et du tourisme

SOMMAIRE

LoKal L'Éveil des sens LE DISTRICT ARCHIBALD L'ATRIUM

SOMMAIRE DES VIDÉOS

	Liens	Page
Préparation d'un rognon	liennathan.fr/z9vp65	130
Chili con lengua de Justine Piluso	liennathan.fr/w4h7d8	132
Burger à la panse de bœuf d'Adrien Cachot	liennathan.fr/kk594t	132
Rognon de veau à la moutarde	liennathan.fr/65eqq2	133
Cuisiner : Poulet, comment s'y retrouver ? (jusqu'à 2 min 15)	liennathan.fr/826ybg	135
Quels sont les différents labels d'élevage de poulets ?	liennathan.fr/cv73c7	137
Éleveur de poulets fermiers bio	liennathan.fr/vp6y83	137
Éleveur de poulets fermiers d'Auvergne	liennathan.fr/6h56cg	137
Réaliser des chips de peau de poulet	liennathan.fr/9ueb54	142
Le poulet frit à l'américaine par Philippe Etchebest	liennathan.fr/3bv4w5	142
Volaille de Licques	liennathan.fr/8m68id	143
Volaille de Loué	liennathan.fr/t8zk42	143
Volaille des Landes	liennathan.fr/tpp887	143
Volaille de Bresse	liennathan.fr/di693y	143
Histoire : Gibier à la carte !	liennathan.fr/h69e3h	145
Tombez dans le Piège : la cuisson et le dressage du lièvre à la royale	liennathan.fr/c2x96e	152
Tombez dans le Piège : la cuisson et le dressage du lièvre à la royale	liennathan.fr/xwk572	152
Lièvre à la royale : la recette du champion du monde David Bizet !	liennathan.fr/qr29v5	152
Le lièvre à la royale de Christophe Pelé au Clarence	liennathan.fr/3wt8h5	152
5 conseils de dressage	liennathan.fr/e725vy	155
Technique de cuisine – Dresser des assiettes	liennathan.fr/k5x4i7	158
Dressage des plats en cuisine	liennathan.fr/d67bv6	161
8 astuces pour décorer vos assiettes	liennathan.fr/8vf3y7	167
La pâte à choux – Technique de base en cuisine	liennathan.fr/a25f7f	169
La création d'un plat à l'Épicurien	liennathan.fr/th828z	179
Flambage de crème brulée à l'alcool Cookal	liennathan.fr/td29k7	184
Baba Baby pineapple, Amaury Guichon	liennathan.fr/c89s4g	185
Les épices, histoire et cuisine bretonne	liennathan.fr/x968wq	187
Compte TikTok Père & Fish	liennathan.fr/74q8si	191
Les conseils de Bernard Boutboul pour bien communiquer sur les réseaux sociaux	liennathan.fr/5sv37f	194
Avis sur Internet : les restaurateurs inquiets	liennathan.fr/aa9h68	200
Alain Ducasse retourne à la cuisine authentique	liennathan.fr/k8ds84	205
Bien se nourrir pour respecter la planète avec Florent Ladeyn	liennathan.fr/9z3bw2	217
Comment lutter contre le gaspillage alimentaire ?	liennathan.fr/j58t5i	224
AB, AOP, IGP… Comment s'y retrouver parmi les différents labels alimentaires ?	liennathan.fr/jeh464	229
Inspection d'un restaurant à l'hygiène déplorable	liennathan.fr/n48xb8	239
Un restaurant fait le pari d'une traçabilité exemplaire	liennathan.fr/652cni	246
ePack Hygiène	liennathan.fr/928pzu	248

Pictogrammes utilisés dans l'ouvrage :

pix Ce pictogramme permet de repérer les applications et les pistes de mise en pratique qui mobilisent des compétences numériques du référentiel Pix.

Retrouvez tous les quiz interactifs de l'ouvrage en flashant les QR Codes, en saisissant les mini-liens associés et sur l' i-MANUEL 2.0

ACTIVITÉS

CO-INTERVENTION FRANÇAIS/CUISINE

Activités de français/cuisine à télécharger
liennathan.fr/dt784c

Activités	Documents	Objets/perspectives d'études Français	Compétences Cuisine
1. Rêves d'étoiles *Analyser une biographie d'un chef et inventer son récit de vie imaginaire*	Témoignages de différents chefs (vidéos et articles)	1re Dire, lire, écrire le métier	**C3-1.3** S'inscrire dans un principe de formation continue tout au long de la vie et/ou de projet de déroulement de carrière
2. Ode au produit ! *Étudier et réciter un poème sur un produit culinaire*	Poèmes de Francis Ponge : – « L'huître » – « Le pain »	1re Créer, fabriquer : l'invention et l'imaginaire *Lire et étudier des poèmes*	**C1-2.2** Apprêter les matières premières **C2-2.1** Communiquer avant le service avec le personnel de salle (techniques de valorisation des matières premières)
3. Visite collaborative en ligne du musée Escoffier *Découvrir l'histoire de la gastronomie française*	• Vidéo sur le musée Escoffier • Podcasts sur la vie d'Escoffier	1re Dire, écrire, lire le métier	**C1-2.11** Mettre en œuvre les cuissons **C1-4.1** Dresser et mettre en valeur les préparations **C5-2.5** S'inscrire dans une démarche de veille, de recherche et de développement
4. Artistes cuisiniers *Analyser le processus de création d'un plat*	Vidéos de *Beaux-arts magazine* avec Alain Passard	1re Créer, fabriquer : l'invention et l'imaginaire	**C5-2.5** S'inscrire dans une démarche de veille, de recherche et de développement
5. Les plats à l'honneur ! *Argumenter pour valoriser un plat*	• Vidéo : extrait du film *Comme un chef* de Daniel Cohen • Exemple de présentation d'un plat • Fiches spécialités p. 253, 267 et 273	Term Dire, écrire, lire le métier	**C2-2.1** Communiquer avant le service avec le personnel de salle **C2-2.3** Communiquer avec la clientèle
6. Consommateurs ou consom'acteurs ? *Analyser un essai engagé*	• Extrait de l'essai *La Société de consommation* de Jean Baudrillard • Chanson « Les Choses » de Jean-Jacques Goldman	Term Vivre aujourd'hui : l'humanité, le monde, les sciences et la technique	**C5-2.5** S'inscrire dans une démarche de veille, de recherche et de développement
7. Vers une gastronomie durable *Exposer et argumenter différents points de vue*	• Texte sur la journée de la gastronomie durable (site des Nations unies) • Témoignages (*Livre blanc de la gastronomie responsable*)	Term Vivre aujourd'hui : l'humanité, le monde, les sciences et la technique	**C5-1.3** Intégrer les dimensions liées à l'environnement et au développement durable dans sa pratique professionnelle
8. Des robots dans ma cuisine ! *Participer à un débat d'idées*	• Article « Innovation dans la cuisine » • Extrait du film *Mon oncle* de Jacques Tati • Vidéos : *Ce robot peut produire 80 pizzas par heure* et publicité de l'entreprise Moley Robotics	Term Vivre aujourd'hui : l'humanité, le monde, les sciences et la technique	**C1-1.5** Optimiser l'organisation de la production **C5-2.5** S'inscrire dans une démarche de veille, de recherche et de développement

ACTIVITÉS

CO-INTERVENTION MATHÉMATIQUES/CUISINE

Activités de maths/cuisine à télécharger
liennathan.fr/g7d86x

Activités	Connaissances Mathématiques	Compétences Cuisine
1. Tracer une courbe de liaison froide positive	**1re – Automatismes** Association d'un graphique avec des données et *vice versa*	**C1-1.2** Planifier son travail et celui de son équipe dans le temps et dans l'espace
2. Expliquer les étapes pour réaliser un taillage de base	**1re – Automatismes** Reconnaissance du cube, du pavé droit, de la pyramide, du cylindre droit, du cône et de la boule	**C1-2.3** Tailler, découper
3. Savoir exprimer une recette étape par étape de manière algorithmique	**1re – Algorithmique et programmation** Séquences d'instructions, instructions conditionnelles, boucles bornées (for) et non bornées (while)	**C1-2.6** Réaliser les fonds, fumets, essences et glaces
4. Connaître et savoir utiliser les ovoproduits en cuisine	**1re – Automatismes** Reconnaissance d'une situation de proportionnalité	**C1-3.4** Produire des mets à base [...] d'œufs
5. Comprendre le principe du tempérage du chocolat	**Term – Algèbre, analyse** Résolution graphique d'équations de la forme $f(x) = g(x)$ où f et g sont des fonctions	**C1-3.6** Réaliser les desserts
6. Calculer le nombre de feuilles d'un millefeuille	**Term – Algèbre, analyse** Suites géométriques de raison strictement positive	**C1-3.6** Réaliser les desserts
7. Calculer et analyser les indicateurs de satisfaction des clients	**1re – Automatismes** Calcul d'indicateurs de position ou de dispersion à l'aide d'outils numériques	**C2-2.4** Gérer les réclamations et les objections éventuelles (mesure de la satisfaction de la clientèle)
8. Déterminer le lien entre rayon et hauteur d'une russe	**Term – Algèbre, analyse** Fonctions polynômes de degré 3 : fonction cube. Dérivée de la fonction cube	**C1-2.11** Mettre en œuvre les cuissons
9. Prévoir la pasteurisation pour la cuisson sous vide	**Term – Statistique et probabilité** Statistiques à deux variables : ajustement d'un nuage de points associé à une série statistique à deux variables quantitatives	**C1-2.11** Mettre en œuvre les cuissons
10. Créer une fiche technique valorisée à l'aide du tableur	**Term – Algorithmique** *Utilisation du tableur*	**C-1.1** Recueillir les informations et renseigner ou élaborer des documents relatifs à la production
11. Comprendre la notion de contrôle qualité	**Term – Statistique et probabilité** Arbres de probabilité pondérés : nœud, branche, chemin	**C5-2.1** Contrôler la qualité sanitaire des matières premières et des productions
12. Étudier la prolifération de bactéries en cuisine	**Term – Algèbre, analyse** Fonctions exponentielles de base q, définies sur un intervalle donné par $x \mapsto q^x$ (avec q nombre réel strictement positif et différent de 1).	**C5-1.2** Respecter les dispositions réglementaires, les règles d'hygiène, de santé et de sécurité

L'ATRIUM

ENSEMBLE COMMERCIAL L'ATRIUM

Cet ensemble commercial à ciel ouvert moderne est situé dans une grande métropole.

À proximité du centre-ville, il est très facilement accessible à pied.

Il est desservi par les transports en commun et offre un parking de plus de 800 places pour les voitures, les scooters et les vélos.

L'Atrium associe :

- 1 centre commercial avec un hypermarché et plus de 100 grandes enseignes pour faire du shopping ;
- 1 centre de loisirs avec un complexe cinématographique, une patinoire, une piscine, le plus grand centre d'escalade d'Europe et une salle de spectacle, le Forum, qui accueille régulièrement tout type d'événements ;
- 1 centre d'affaires composé d'une pépinière d'entreprises du secteur numérique et du secteur bancaire ;
- 1 hôtel *** de 40 chambres.

Directrice de L'Atrium
Lina Richemond

Son offre de restauration est complète pour s'adapter aux envies et au budget d'une clientèle variée (loisirs, affaires…) :

LE DISTRICT
RESTAURANT TENDANCE & BAR ROOFTOP

LoKal
CAFÉTÉRIA ÉCORESPONSABLE

L'Éveil des sens
RESTAURANT GASTRONOMIQUE

ARCHIBALD
BRASSERIE MODERNE

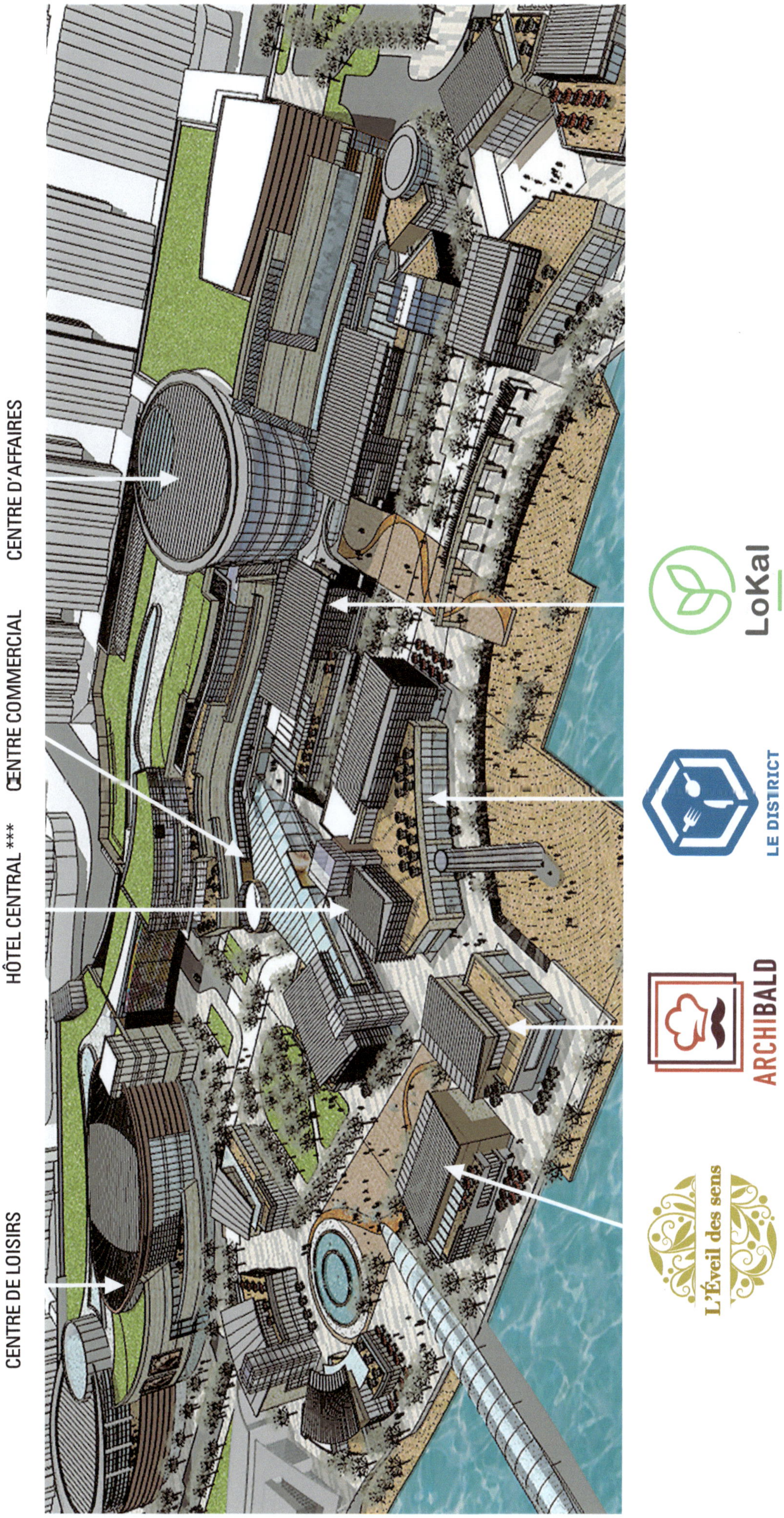

CENTRE DE LOISIRS
HÔTEL CENTRAL ***
CENTRE COMMERCIAL
CENTRE D'AFFAIRES
L'Éveil des sens
ARCHIBALD
LE DISTRICT
LoKal

FICHE D'IDENTITÉ

LE DISTRICT

RESTAURANT TENDANCE & BAR ROOFTOP

Statut juridique : SARL
Chiffre d'affaires : 3 832 500 €
N° RCS : 987 654 321
Horaires : tous les jours
Restaurant : 7 h-10 h pour les petits-déjeuners puis 12 h-15 h et 18 h-21 h
Brunch le dimanche de 11 h à 15 h
Bar : 19 h-2 h

Adresse : L'Atrium
15 avenue Victor Hugo, Votre ville
Téléphone : 09 54 56 87 XX
Mail : contact@ledistrict.com
Nombre de couverts moyen : 450/jour

Concept

L'établissement propose, dans un même lieu, plusieurs services :

Restaurant tendance

- Canapés, grandes tables et chaises hautes, baby-foot, scène « live »…
- Plats « faits maison » à base de produits locaux, plats à partager
- Possibilité de plats à emporter
- Petits-déjeuners variés
- Brunch le dimanche avec animations pour les adultes (yoga, méditation…) et les enfants (maquillage, peinture, projection de dessins animés…)

Bar rooftop

- Composition de la carte : bières, apéritifs classiques, softs (BRSA), eaux-de-vie, cocktails classiques, cocktails création, mocktails (sans alcool)…
- Soirées à thème et DJ Sets

Cartes

Prix des plats : de 16 à 30 €

Le District *Carte des mets* liennathan.fr/8e33wa

Le District *Carte du bar* liennathan.fr/x73wp4

Le District *Carte du brunch* liennathan.fr/rc722i

Le District – *Carte du petit-déjeuner* liennathan.fr/3adn28

Boutique

Boutique en ligne et *in situ* proposant les produits et le mobilier présents dans l'établissement.

Produits locaux, logotypés et vegan (savons...).

Banqueting

Salles de réunion originales et modulables, avec tout l'équipement nécessaire pour tenir des meetings, des ateliers et des séminaires.

Organigramme de l'établissement Le District

Interview : *le mot de la directrice*
liennathan.fr/39qzf2

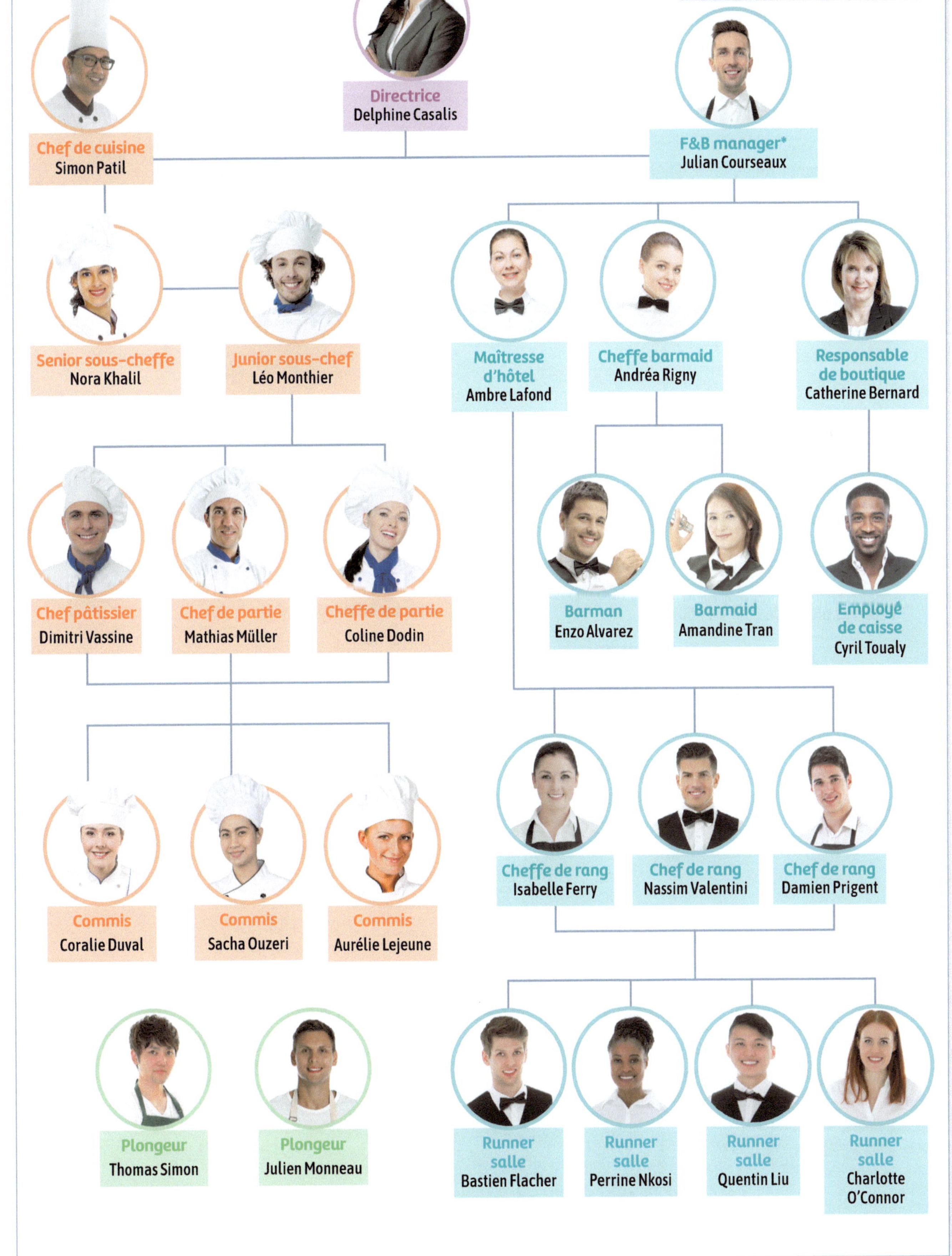

* F&B manager : *Food and Beverage manager*.

FICHE D'IDENTITÉ

LoKal

CAFÉTÉRIA ÉCORESPONSABLE

Statut juridique : SNC
Chiffre d'affaires : 2 957 870 €
N° RCS : 321 432 543
Horaires : du lundi au samedi de 8 h à 21 h 30

Adresse : L'Atrium
15 avenue Victor Hugo, Votre ville
Téléphone : 09 25 45 87 XX
Mail : contact@lokal.com
Nombre de couverts moyen : 800/jour

Concept

- Petit-déjeuner, déjeuner et dîner en libre-service sur des îlots thématiques « scramble » :
  - Entrées chaudes et froides
  - Soupes
  - Crudités
  - Grillades à la plancha, cuissons en direct
  - Accompagnements
  - Glaces et sorbets
  - Desserts
  - Boissons
- Machines à café en libre-service
- Consommation sur place
- Vente à emporter
- Animation d'ateliers culinaires (tous niveaux)

Carte

Prix des plats : de 6,50 à 11,50 €

LoKal
Carte des buffets
liennathan.fr/z6p6q8

Démarche écoresponsable
- Zéro déchet
- Antigaspi
- Valorisation des producteurs locaux

Organigramme de l'établissement LoKal

Interview : *le mot du directeur*
liennathan.fr/2c67rx

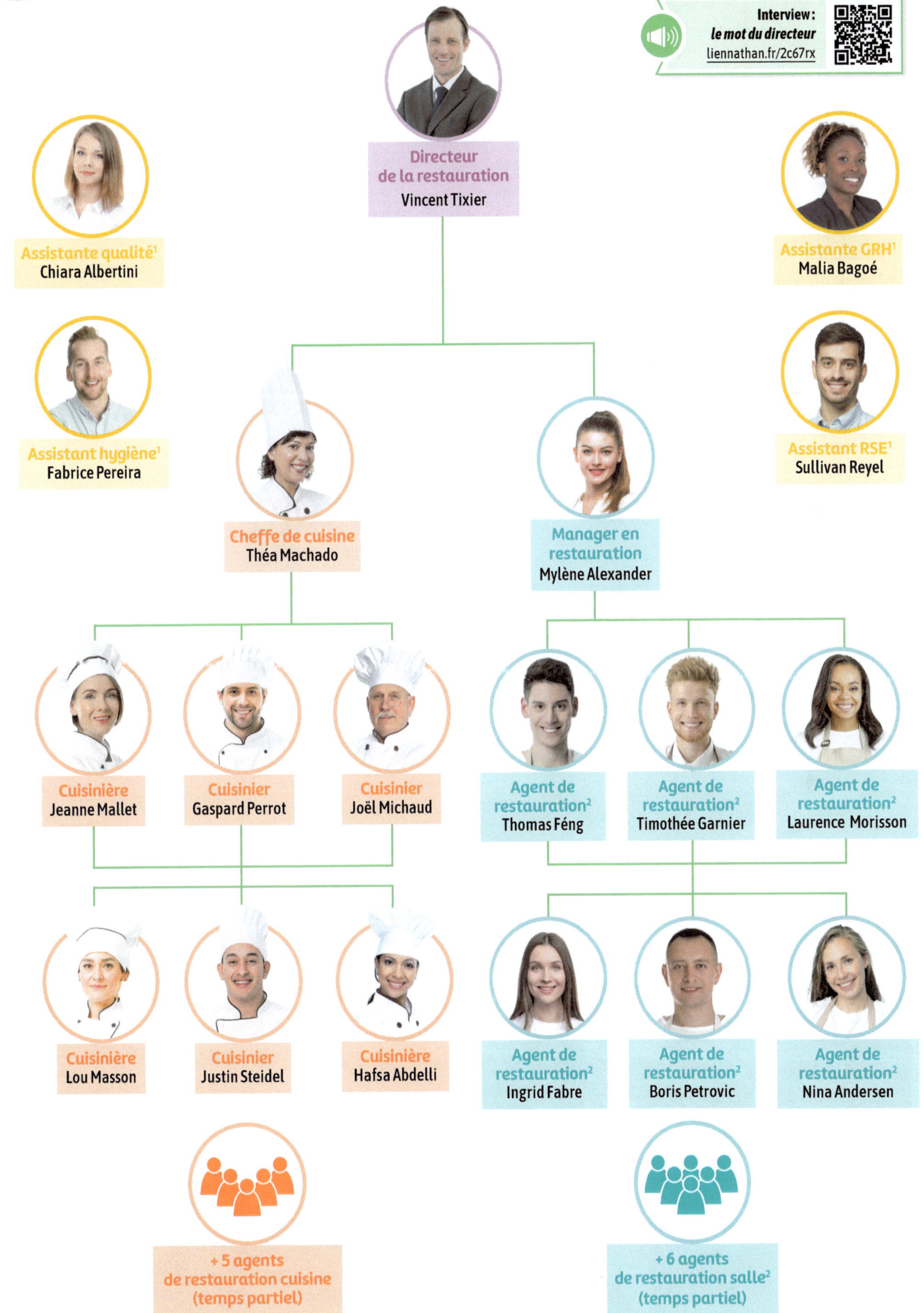

1. Le rôle des assistants qualité, GRH (gestion des ressources humaines), hygiène et RSE (responsabilité sociétale des entreprises) est de s'assurer que les règles décidées au niveau du groupe sont correctement appliquées dans les cafétérias LoKal.
2. Les agents de restauration salle sont polyvalents : approvisionnement des stands, service, suivi de la salle, caisse…

FICHE D'IDENTITÉ

L'Éveil des sens

RESTAURANT GASTRONOMIQUE

Statut juridique : EIRL
Chiffre d'affaires : 1 263 542 €
N° RCS : 987 876 765
Horaires : du lundi au samedi
de 12 h à 14 h et de 19 h 30 à 22 h 30

Adresse : L'Atrium
15 avenue Victor Hugo, Votre ville
Téléphone : 09 78 54 74 XX
Mail : contact@eveildessens.com
Nombre de couverts moyen : 80/jour

Concept

- Restauration gastronomique raffinée et délicate.
- 1 étoile au *Guide Michelin*.
- Cuisine basée exclusivement sur des produits de saison, de producteurs, recettes autour d'un produit phare.
- Service au guéridon pour de belles pièces de poisson ou de viande, finitions en salle.
- Chariot de fromages, chariot d'infusions fraîches.

Carte

Prix des menus : de 65 à 170 €

L'Éveil des sens
Carte des mets
liennathan.fr/ve669n

L'Éveil des sens
Carte des vins
liennathan.fr/45zv3z

Organigramme de l'établissement L'Éveil des sens

Interview : *le mot de la cheffe*
liennathan.fr/3ih9s8

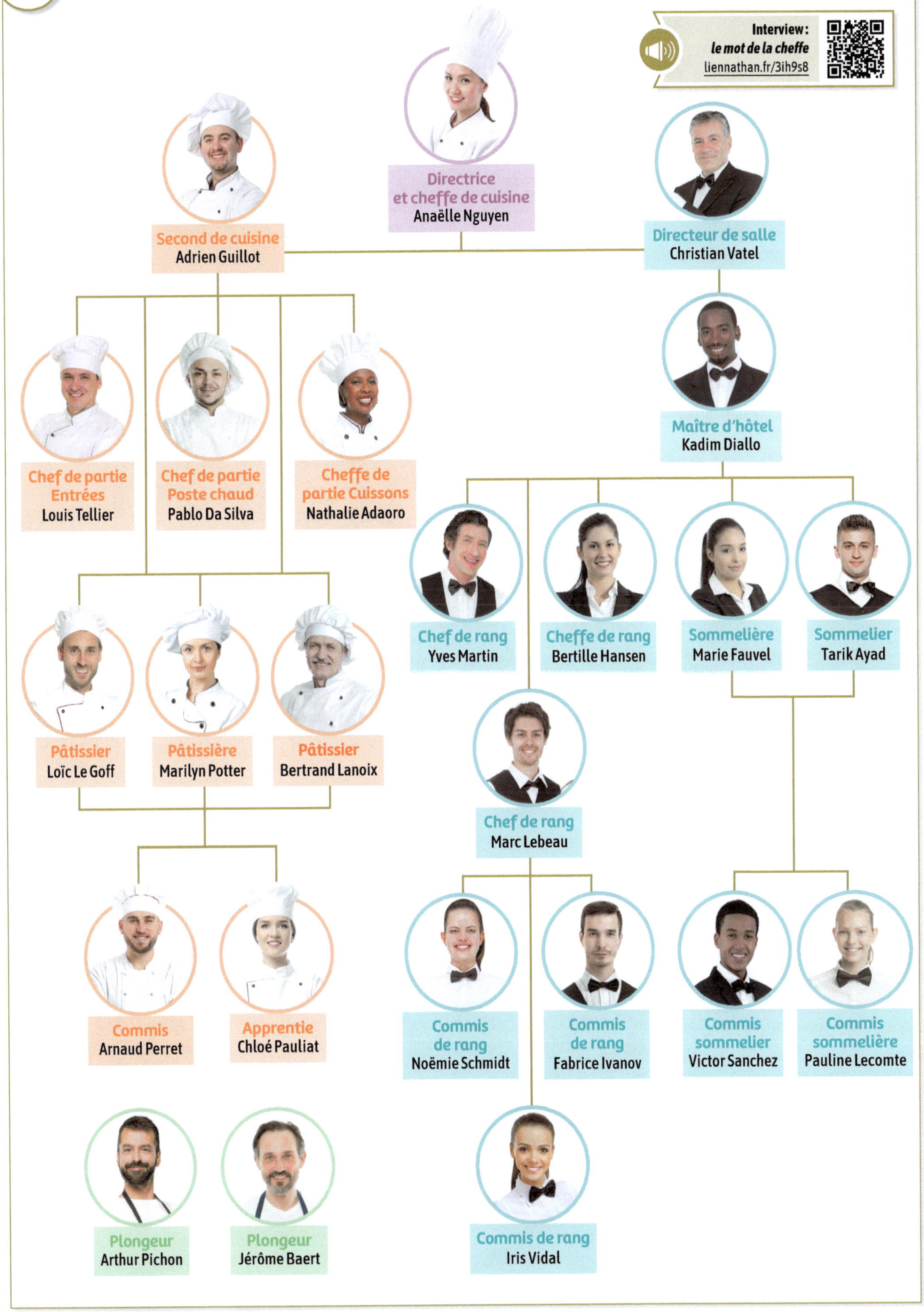

FICHE D'IDENTITÉ

ARCHIBALD

BRASSERIE MODERNE

Statut juridique : EURL
Chiffre d'affaires : 3 214 800 €
N° RCS : 987 876 765
Horaires : du lundi au samedi de 11 h 30 à 15 h et de 19 h 30 à 22 h 30

Adresse : L'Atrium
15 avenue Victor Hugo, Votre ville
Téléphone : 09 45 77 46 XX
Mail : contact@archibald.com
Nombre de couverts moyen : 210/jour

Concept

- Brasserie proposant une cuisine traditionnelle, typiquement française, qui met l'accent sur des produits labellisés et avec appellations.
- Service essentiellement à l'assiette, sur un plateau « brasserie » ovale déposé sur un repose-plateau pliant, quelques préparations réalisées à la console ou au guéridon (tartare de bœuf…).
- Distributeur de vins au verre.

Carte

Prix des plats : de 17 à 26 €

Archibald
Carte des mets
liennathan.fr/8j8sq7

Organigramme de l'établissement Archibald

Partenariat Nathan Technique & melba

Nathan et melba, éditeur d'un logiciel de gestion en ligne destiné aux professionnels de la restauration, se sont associés pour vous proposer des **activités pédagogiques concrètes**.

Ces activités permettent aux élèves de se former sur un **outil de gestion intuitif et adapté aux professionnels, enseignants et formateurs de la restauration**, et de se mettre ainsi dans la situation de professionnels du métier : gestion d'une liste d'ingrédients, de fiches fournisseurs, de fiches techniques…

Des **tutoriels melba**, en accès direct via des QR Codes sur les activités, accompagnent ces activités afin d'assurer une prise en main rapide et facile de l'application par les enseignants et les élèves.

L'établissement de l'**enseignant prescripteur** de cet ouvrage peut bénéficier d'un **compte melba gratuit** permettant d'entraîner les élèves.

Demander la création d'un compte sur le site melba
liennathan.fr/7rkk87

Sommaire des activités proposées

1. Créer une fiche fournisseur et une fiche article
→ Tutoriel : Création d'un fournisseur
→ Tutoriel : Création d'un article

2. Créer une fiche technique cocktail valorisée
→ Tutoriel : Création d'une fiche technique valorisée

3. Créer une fiche technique cuisine valorisée

4. Commander les matières premières en vue de la production
→ Tutoriel : Création d'une commande fournisseur
→ Tutoriel : Création d'une commande fournisseur à partir d'un modèle

5. Valoriser le coût matière d'un menu

6. Gérer et mettre à jour les informations pour les consommateurs (INCO)
→ Tutoriel : Gérer les informations INCO

7. Maîtriser le coût matière d'une production en fonction d'un contexte particulier

8. Identifier l'impact de l'approvisionnement sur la marge brute.

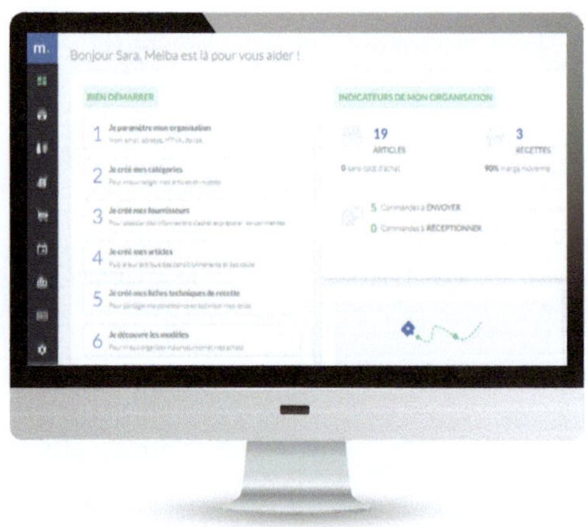

Télécharger l'ensemble des activités Nathan/melba
liennathan.fr/e78e4r

CHAPITRE 1

Planifier, gérer et distribuer la production

COMPÉTENCES

C-1.1 Recueillir les informations et renseigner ou élaborer des documents relatifs à la production

C1-1.2 Planifier son travail et celui de son équipe dans le temps et dans l'espace

SAVOIRS ASSOCIÉS

SA C-1.1 Les documents relatifs à la production

SA C-1.2 Les zones de production

SA C-1.2 Les modes de distribution

CO-INTERVENTION P. 8

FRANÇAIS : 1. Rêves d'étoiles

MATHS : 1. Tracer une courbe de liaison froide positive

ATELIER EXPÉRIMENTAL ET TECHNOLOGIQUE P. 32

Situation professionnelle

LoKal

Pendant votre stage au sein du restaurant LoKal, vous allez travailler aux côtés de Théa Machado, la cheffe de cuisine, de Joël Michaud et Jeanne Mallet, cuisiniers.

Afin d'assurer toutes les préparations qui vous seront demandées, vous devez connaître tous les documents relatifs à la production des différents îlots ayant un fort potentiel de perte, comme celui des entrées chaudes et froides.

AVANT LA CLASSE

Vidéo : ***Comment gérer vos livraisons en liaison froide ?***
liennathan.fr/94hnf6

- **À l'aide de la vidéo, expliquez la procédure que vous allez devoir respecter pour refroidir une production de plats chauds.**

MISSION 1 Identifier les principaux documents pour gérer la production

« Vous allez nous aider à réaliser l'îlot des entrées et à mettre en œuvre les diverses préparations. Cet îlot peut générer de lourdes pertes de produits si la production est mal gérée et anticipée. Certains documents permettent de produire des quantités adaptées (**document 1**). »

DOCUMENT 1 Les différents documents utilisés pour la production

« Pour chaque entrée, nous allons nous appuyer sur sa fiche technique afin de connaître la technique et les quantités utiles pour sa réalisation. On trouve aussi sur cette fiche une proposition de dressage, la valeur nutritionnelle, les allergènes présents ainsi que le coût de revient. À partir des fiches techniques, nous devrons ensuite compléter un bon d'économat en indiquant les marchandises nécessaires pour la production du jour.

Afin de ne rien oublier lorsque nous allons acheter les produits, nous devons remplir une feuille de marché, qui liste la totalité des produits à acheter.

Une fois que nous aurons réalisé les différentes entrées, il nous faudra compléter une fiche de production, sur laquelle apparaît le nom des préparations ainsi que les heures de production et de conditionnement. »

1 Surlignez, dans les explications de Joël (document 1), les différents documents pour gérer la production en cuisine.

2 À partir des explications de Joël, indiquez, sous chaque document de production, son nom et son intérêt pour la gestion de la production en cuisine.

3 Classez ces 4 documents dans l'ordre dans lequel vous allez les utiliser pour produire les entrées pour le buffet en ajoutant un numéro dans chaque bulle.

…

Plats : *Œufs mimosa – Assiette de crudités Macédoine mayonnaise* | Responsable achats : | Date : *26/02*

Produits	Unités	Boucherie	Poissonnerie	BOF	Fruits/ Légumes	Économat	Cave	Poids total	Prix unit. HT	Coût total HT
		Ventilation par familles de produits								
Laitue	*Pièce*				*1*			*1*		
Tomate	*Kg*				*2*			*2*		
Carotte	*Kg*				*4*			*4*		
Navet	*Kg*				*1,5*			*1,5*		
Persil	*Botte*				*1*			*1*		
Huile	*L*				*2*			*2*		
Vinaigre	*L*				*0,5*			*0,5*		
Moutarde	*Kg*				*0,5*			*0,5*		
Petits pois	*Kg*				*1*			*1*		
Haricots verts	*Kg*				*1*			*1*		
Œuf	*Pièce*			*30*				*30*		

Nom du document :

☐ Fiche technique ☐ Fiche de production ☐ Bon d'économat ☐ Feuille de marché

Intérêt : ....

Service qualité	Production & conditionnement Préparations froides/pâtisserie/boucherie	Date de création : *26/02* Date de révision :

…

Diffusion : Production conditionnement froid qualité

Date de production : Agent de production :

Plats	Produits	Sortie chambre froide produits prétraités		Production préparations, tranchage, râpage…	Conditionnement			Durée totale	Visa agent	Observations
		Heure	T°	Heure fin	Heure début	Heure fin transfert à l'allotement	T°			
Œufs mimosa	*Œuf*	*9 h 10*	*3,5*							
	Mayonnaise	*9 h 10*	*3,9*	*10 h 22*	*10 h 30*	*10 h 45*	*7,2*	*1 h 35*		
	Ciboulette	*9 h 10*	*3,9*							
Macédoine de légumes	*Carotte*									
	Haricots verts									
	Navet									
	Tomate									
	Petits pois									
	Laitue									
	Persil									
	Mayonnaise									
	Œuf									

Après chaque fin de conditionnement d'une préparation froide réalisée pour un usager : transfert directement à l'allotissement.

Nom du document :

☐ Fiche technique ☐ Fiche de production ☐ Bon d'économat ☐ Feuille de marché

Intérêt : ....

Date : *26/02*

…

Plat 1 = *Œufs mimosa* ______________ *24 cvts*

Plat 2 = *Macédoine de légumes* ______________ *32 cvts*

Plat 3 = *Assiette de crudités* ______________ *8 cvts*

Denrées	Unité	TOTAL	Denrées	Unité	TOTAL
LÉGUMES			**BOF**		
Cerfeuil	*Botte*	*1*	*Œuf*	*Pce*	*36*
Citron	*Kg*	*0,5*			
Estragon	*Botte*	*1*	**ÉCONOMAT**	*L*	*1,5*
Laitue	*Pce*	*0,1*	*Huile*	*Kg*	*0,6*
Oignons	*Kg*	*0,5*	*Moutarde*	*Kg*	*0,1*
Persil	*Botte*	*1,5*	*Olives noires*	*L*	*0,02*
Tomate	*Kg*	*0,08*	*Vinaigre*		
CAVE					
-					

Nom du document :

☐ Fiche technique

☐ Fiche de production

☐ Bon d'économat

☐ Feuille de marché

Intérêt : ....

....

....

Appellation : Macédoine de légumes **Type :** entrée froide **Nombre de couverts :** 8	**Date création :** 02/01 **Auteur :** Théa Machado

Descriptif : légumes taillés en petits cubes de 0,5 cm de côté appelés « macédoine » et cuits à l'anglaise, assaisonnés avec une sauce mayonnaise, qui est une sauce émulsionnée froide à base de jaune d'œuf, moutarde et huile.

Allergènes : œufs, traces de céleri

Coût matières total HT	4,05 €
Coeff. multiplicateur	4,00
Prix de vente / portion HT	2,03 €

TECHNIQUES

A. Préparations préliminaires

- Mettre en place le poste de travail.
- Éplucher et laver les légumes et la salade.
- Monder les tomates.
- Tailler les légumes en macédoine.
- Tailler les tomates en quartiers.

B. Cuissons

- Cuire les légumes à l'anglaise.
- Cuire les œufs durs.

C. Sauce mayonnaise

Émulsionner la sauce mayonnaise.

D. Dresser

- Lier avec la sauce mayonnaise.
- Dresser la macédoine.

Dressage : servis sur assiettes ou dans un légumier, raviers

DENRÉES								Valorisation	
NATURE	U	A	B	C	D	E	Total	PU HT[1]	PT HT[2]
BOF									
Œuf	Pce		2,00				2,00	0,07 €	0,14 €
Œuf (jaune)	Pce			2,00			2,00	0,04 €	0,08 €
Fruits et légumes									
Laitue	Pce	0,50					0,50	0,54 €	0,27 €
Haricots verts	Kg	0,20					0,20	6,00 €	1,20 €
Navet	Kg	0,40					0,40	0,99 €	0,40 €
Tomate	Kg	0,10					0,10	2,15 €	0,22 €
Carotte	Kg	0,60					0,60	1,12 €	0,67 €
Petits pois	Kg	0,20					0,20	1,98 €	0,40 €
Économat									
Huile de tournesol	L			0,30			0,30	1,57 €	0,47 €
Vinaigre	L			0,00			0,00	0,59 €	–
Huile d'olive	L				0,01		0,01	4,08 €	–
Sel de Guérande	Kg		0,02				0,02	1,42 €	0,03 €
Moutarde	Kg			0,02			0,02	4,67 €	0,09 €
Sel	PM			1,00			1,00	–	–
								Total denrées	**3,97 €**
								Assaisonnement 2 %	**0,08 €**
								Coût matières total	**4,05 €**

1. PU HT : prix unitaire hors taxes
2. PT HT : prix total hors taxes

Nom du document :

☐ Fiche technique ☐ Fiche de production ☐ Bon d'économat ☐ Feuille de marché

Intérêt : ....

4 **Pour le buffet des entrées, Joël souhaiterait tester une recette de sa mère, que celle-ci avait écrite sur une feuille de papier. Quel document doit-il créer pour réaliser une production valorisée et standardisée de cette nouvelle entrée ?**

....

MISSION 2

Différencier les modes de fabrication et la liaison directe et différée

« Chaque lieu de restauration est conçu selon des critères liés à ses impératifs de production et de service. Il existe différentes manières d'organiser la production culinaire. Ainsi, vous allez voir que notre production au LoKal est différente de celle de L'Éveil des sens, par exemple (**documents 2 et 3**). »

DOCUMENT 2 Les différents modes de fabrication

Pour produire des repas, un restaurateur peut :

- utiliser des DOA (Denrées d'Origine Animale) ou des DOV (Denrées d'Origine végétale) commercialisées sous des formes différentes ;
- choisir un des 4 modes de fabrication ci-dessous :

Traditionnel	Traditionnel avec assemblage d'opportunité	Assemblage	Assemblage 45
Utilisation de 100 % de produits bruts de 1re gamme. Le cuisinier réalise toutes les préparations lui-même.	Utilisation, la plupart du temps, de produits bruts de 1re gamme. De temps en temps, le cuisinier peut avoir recours à des produits de 2e ou 3e gamme pour certaines préparations.	Utilisation de produits semi-élaborés de 2e gamme (conserves…), 3e gamme (surgelés) ou 4e gamme. Le cuisinier effectue les phases de cuisson et de finition.	0 % de produits bruts, utilisation quasi totale de produits de 4e gamme (produits crus prêts à cuire) et 5e gamme (produits cuits). Le cuisinier s'occupe de la remise en température et du dressage des plats.

DOCUMENT 3 Différence entre liaison directe et liaison différée

La liaison directe	Le restaurateur produit ses plats en fonction de la demande (des clients) et distribue immédiatement sa production.	Ex. : restaurant Paul Bocuse, restaurant Michel Sarran.
La liaison différée	Le restaurateur produit ses plats mais les conserve plus ou moins longtemps avant de les distribuer.	Ex. : Brasserie Flo, Cafétéria Flunch.

- **Identifiez le mode de fabrication et le(s) type(s) de liaison qui sont principalement utilisés pour les 3 restaurants de L'Atrium ci-dessous.**

Explications des chefs de cuisine		Mode de fabrication principal	Type de liaison utilisé
	**Anaëlle Nguyen, restaurant L'Éveil des sens** « Tous les mets que nous proposons sont réalisés à la minute de A à Z par notre équipe en cuisine, à partir de produits du jour, frais, de saison et locaux. »	....	☐ Directe ☐ Différée
	**Théa Machado, cafétéria LoKal** « Pour gagner du temps, les cuisiniers ne réalisent pas certaines préparations préliminaires et utilisent quelques produits prêts à l'emploi, comme des fonds de tarte pour les desserts. Certains de nos plats sont directement préparés puis servis aux clients, d'autres sont préparés en avance, conservés puis réchauffés. »	....	☐ Directe ☐ Différée
	**Archibald Meyer, brasserie Archibald** « Nous privilégions les produits frais mais nous utilisons exceptionnellement, pour certains plats, des aides culinaires, comme des fonds de sauce déshydratés… Nous réalisons en revanche tous les plats à la minute et nous les servons immédiatement aux clients. »	....	☐ Directe ☐ Différée

MISSION 3

Respecter les règles de la liaison chaude, froide et surgelée

« Compte tenu du grand nombre de couverts à chaque service au LoKal, il nous est impossible de réaliser tous les plats à la minute et de les servir immédiatement aux clients. Nous devons donc réaliser certains plats en avance. Vous devez impérativement connaître les règles de conservation et de remise en température de ces plats (**document 4**) qui permettent de préserver la qualité sanitaire de nos productions. »

DOCUMENT 4 Les règles des liaisons froide, chaude et surgelée

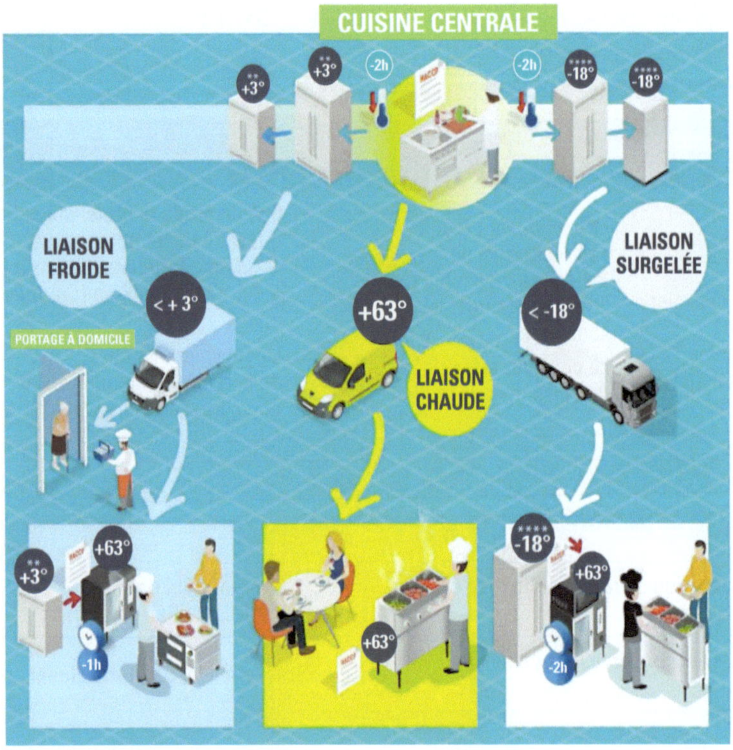

Liaison chaude : le plat est produit puis servi immédiatement.

Liaison froide : le plat est produit dans une cuisine appelée « cuisine centrale » puis refroidi. Il est ensuite remis en température dans un autre endroit appelé « cuisine satellite », puis servi aux clients.

Liaison surgelée : le plat est produit dans une cuisine centrale ou au sein d'une entreprise de type Industrie AgroAlimentaire (IAA) puis surgelé. Il est ensuite remis en température dans une cuisine « satellite » avant d'être servi aux clients.

www.davigel.fr

1 **Pour chaque plat réalisé par Joël, indiquez s'il s'agit d'une liaison directe ou différée et si elle est froide, chaude ou surgelée, puis reliez-le aux règles de conservation à respecter.**

Plats préparés	Type de liaison	
Joël prépare les gnocchis aux 4 fromages pour le service du midi.	☐ Directe ☐ Différée	☐ Chaude ☐ Froide ☐ Surgelée
Le lundi matin, Joël réalise le dahl de lentilles (plat indien), qui sera servi le mercredi soir.	☐ Directe ☐ Différée	☐ Chaude ☐ Froide ☐ Surgelée
Avec un invendu de viande, Joël fabrique un hachis Parmentier qu'il surgèle pour un service ultérieur.	☐ Directe ☐ Différée	☐ Chaude ☐ Froide ☐ Surgelée

Règles à respecter
– Abaisser la température à + 10 °C en moins de 2 h. – Maintenir la température de conservation à – 18 °C. – Remonter la température de – 18 °C à + 63 °C en moins de 2 h.
Maintenir la préparation à + 63 °C.
– Abaisser la température à + 10 °C en moins de 2 h. – Conserver entre 0 et + 3 °C. – Remonter de + 3 °C à + 63 °C en moins d'une heure.

« Nous congelons également certaines préparations réalisées en avance et nous utilisons des produits congelés. Nous devons suivre des protocoles de congélation et décongélation très stricts afin d'éviter toute contamination bactérienne (**document 5**). »

DOCUMENT 5 Les protocoles de congélation et de décongélation

Ces protocoles doivent être pris en compte et notifiés dans le Plan de Maîtrise Sanitaire (PMS) de l'établissement.

Congélation d'un produit préemballé réfrigéré

↓

Le produit ne doit pas avoir été déconditionné et la DLC doit être assez lointaine.

Mettre le produit dans un suremballage transparent avec la date de congélation ainsi que la date limite de consommation.

↓

Le produit doit être transformé après décongélation au sein du même établissement.

Congélation d'un produit préparé au sein de son établissement

↓

Congeler uniquement des produits de 1re fraîcheur et destinés à la cuisson. Interdiction de congeler les produits sensibles (viande hachée, abats, sous vide).

Congeler les produits dans les plus brefs délais après préparation.

↓

Respecter la traçabilité :
- indiquer la date de préparation ;
- mentionner la date de congélation et la date limite de consommation.

Les produits doivent être congelés à l'aide d'une cellule de surgélation.

Il est possible de décongeler un produit :
- soit dans une enceinte réfrigérée entre 0 °C et + 4 °C (placer le produit sur une grille afin que le liquide produit lors de la décongélation s'écoule) ;
- soit par cuisson / remise en température sans décongélation préalable.

La durée de conservation des aliments décongelés est de **48 h maximum** pour ceux congelés au sein de l'établissement et de **2 à 3 jours** pour ceux achetés déjà surgelés.

2 Nous sommes le 27 février. Indiquez si vous pouvez congeler les produits ci-dessous en justifiant vos réponses.

Produits	 Steak haché bio XXL cuit le 27/02	 Haricots verts cuits préparés le 27/02 et non servis	 Sachet de gnocchis frais non entamé, DLC 20/03
Congélation	☐ Oui ☐ Non	☐ Oui ☐ Non	☐ Oui ☐ Non
Justification	....	....	....

3 Joël vous demande de décongeler les dés de saumon qui seront destinés à être servis crus dans les poke bowls. Comment décongelez-vous ce produit ?

....

....

MISSION 4

Planifier son travail et celui de l'équipe dans le temps et dans l'espace

« Pour que la production culinaire se déroule dans les meilleures conditions et afin d'éviter toute contamination bactérienne, vous devez absolument respecter les règles de base comme la marche en avant dans le temps ou l'espace (**document 6**). »

DOCUMENT 6 Les 2 formes de la marche en avant

« Souvenez-vous ! Il existe 2 types de marche en avant.

La **marche en avant dans le temps** consiste à réaliser plusieurs tâches à des moments différents, sur le même poste de travail après l'avoir lavé et désinfecté entre chaque opération. Ce type de marche en avant permet d'optimiser le temps de travail et de réaliser des préparations en direct.

La **marche en avant dans l'espace** consiste à réaliser chronologiquement les étapes de la production dans des espaces différents. Cette organisation est surtout utilisée pour les préparations longues, comme des cuissons à basse température. Elle permet d'optimiser les espaces de production.

Dans tous les cas, il est absolument primordial de ne jamais faire se croiser le circuit sale et le circuit propre ! »

1 En vous aidant des explications de la cheffe (document 6), identifiez si vous allez réaliser les préparations ci-dessous dans le respect de la marche en avant dans le temps ou dans l'espace.

Macédoine de légumes	Jambon braisé au porto	Crudités	Pizza

Pour réaliser cette entrée, vous allez travailler sur le même poste de travail et enchaîner les étapes de fabrication.	Vous préparez votre jambon en boucherie puis vous procédez à la cuisson dans la zone chaude.	Vous épluchez les légumes en légumerie, les taillez et les dressez au garde-manger.	Vous pétrissez, façonnez, garnissez et cuisez les pizzas dans le même espace de travail.
☐ Marche en avant dans le temps ☐ Marche en avant dans l'espace	☐ Marche en avant dans le temps ☐ Marche en avant dans l'espace	☐ Marche en avant dans le temps ☐ Marche en avant dans l'espace	☐ Marche en avant dans le temps ☐ Marche en avant dans l'espace

2 Que devez-vous faire entre chaque étape de la préparation de la macédoine de légumes ? Pourquoi ?

....

3 Quel est l'intérêt de préparer les crudités dans plusieurs zones de travail ?

....

....

“ J’ai deux documents très importants à vous montrer : la liste de production (**document 7**) et le planigramme (**document 8**). La liste de production va vous permettre d’identifier l’ensemble des tâches à effectuer et le planigramme de réaliser votre production du jour en étant le plus organisé(e) et performant(e) possible. ”

DOCUMENT 7 Liste de production du 28/02

Plat	Organisation	Spécificité
Macédoine de légumes	Toutes les étapes (préparations préliminaires, taillages, cuissons, refroidissement et stockage) sont réalisées en direct dès le matin. Seul l’assaisonnement se fait avant le service.	Production directe, mise en place à définir afin d’assurer une organisation optimum. Respecter la marche en avant.
Jambon braisé, gelée au porto	Réalisation des préparations préliminaires dès le matin, cuisson du jambon au four à basse température pendant 15 h à lancer à 16 h. Gelée réalisée le lendemain.	Production des tâches sales dès le matin. Cuisson lancée durant la nuit, sans surveillance. Permet de laisser libre le poste des cuissons pour les cuissons directes.
Salade de crudités	Toutes les étapes (préparations préliminaires, taillages, stockage) sont réalisées en direct dès le matin. Seul l’assaisonnement se fait avant le service.	Production directe, mise en place à définir afin d’assurer une organisation optimum. Respecter la marche en avant.

DOCUMENT 8 Planigramme de la production du 28/02

Planigramme 28/02

Personnel de la brigade responsable : Joël Michaud
Poste occupé : garde-manger

Envoi plat 1 : 11 h 30
Envoi plat 2 : 11 h 45
Envoi plat 3 : 12 h 00

Plat 1 : macédoine de légumes **Plat 2 :** salade de crudités **Plat 3 :** jambon braisé, gelée au porto

Légende : orange = Commis ; vert = Joël

N° étape	Phases techniques	0 h 15	0 h 30	0 h 45	1 h 00	1 h 15	1 h 30	1 h 45	2 h 00	2 h 15	2 h 30	2 h 45	3 h 00	3 h 15
1	Cuisson du jambon la veille													
2	Lavage, épluchage des légumes	Commis	Commis											
3	Taillage macédoine et crudités		Joël	Joël										
4	Réalisation de la mayonnaise			Commis										
5	Cuisson de la macédoine			Joël	Joël									
6	Confection de la vinaigrette				Commis									
7	Réalisation de la gelée au porto					Joël								
8	Tranchage du jambon					Commis								
9	Finition de la macédoine						Commis							
10	Dressage macédoine et jambon							Commis	Commis					
11	Finition des crudités									Commis	Commis			
12	Dressage des crudités											Commis	Commis	Commis

4 Identifiez, dans le tableau ci-dessous, l’intérêt des 2 documents que la cheffe vous a demandé de consulter.

Intérêt de la liste de production	Intérêt du planigramme
....	....
....	....

5 Quelles tâches allez-vous réaliser en tant que commis ? Indiquez les numéros des étapes que vous allez réaliser.

....

6 Combien de temps allez-vous mettre pour réaliser toutes ces étapes ?

....

MISSION 5

Adapter les modes de distribution aux attentes des clients

« Maintenant que vous avez terminé la production, je vais vous montrer les différents modes de distribution que nous proposons à nos clients. Nous avons remarqué qu'en fonction des services et du taux de fréquentation, une longue file d'attente pouvait se créer. Nous venons de revoir certains de nos modes de distribution au sein de la cafétéria afin d'éviter les embouteillages (**document 9**). »

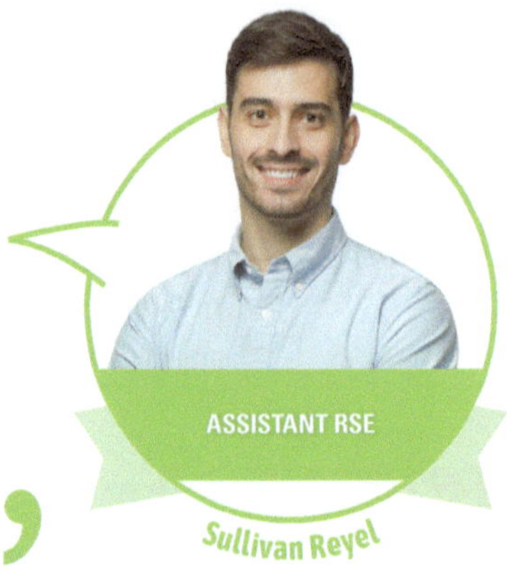

DOCUMENT 9 Les modes de distribution

Modes de distribution	Descriptif	Avantages	Inconvénients
Distribution linéaire	Le client, se déplace le long de la chaîne de distribution en composant lui-même son repas et paye en fin de circuit avant de se diriger vers la salle à manger.	– Choix multiples – Bon rapport surface/effectif – Moins de personnel	– Impossibilité de faire marche arrière – Peu de temps pour choisir – Le nombre de clients servis est plus faible.
Distribution en îlots ou scramble ou *free flow*	Consiste à « casser » le linéaire en dissociant l'espace de distribution en plusieurs îlots (hors-d'œuvre, plats du jour, grillades).	– Liberté de circulation – Choix multiple – Attente réduite – Cuisine spectacle	– Gestion de la clientèle auprès de chaque îlot difficile à maîtriser – Ravitaillement des îlots – Circulation et croisements des clients entre chaque îlot
La vente au comptoir	Comptoir unique avec une ou plusieurs caisses où le client passe sa commande, paye, retire ses prestations à emporter ou à consommer sur place.	Service rapide	Attente (heure de pointe)
La restauration automatique	Formule d'auto-service	– Surface de distribution réduite – Amplitude horaire – Besoin moindre en personnel – Conditionnements jetables – Disponible 24 h/24 – Prix compétitifs et sécurité alimentaire	– Pas de convivialité – Choix parfois limité – Réticence de la clientèle – Activité souvent sous-traitée (coût des machines) – Gestion des ventes (invendus perdus) complexe

1 **La cafétéria LoKal a été réaménagée et combine désormais plusieurs modes de distribution. Indiquez-les ci-dessous.**

....

....

2 **Quels sont les intérêts pour le LoKal de combiner plusieurs modes de distribution ?**

....

> Nous souhaitons adapter nos modes de distribution aux nouvelles attentes de nos clients, notamment nos clients qui travaillent au sein du centre d'affaires et qui n'ont souvent pas beaucoup de temps pour manger le midi. Nous proposons un service de vente à emporter mais la commande s'effectue pour l'instant uniquement par téléphone ou sur place.
> Je souhaiterais que vous nous aidiez à réfléchir à la manière d'améliorer nos modes de distribution. J'ai notamment repéré un service de frigos connectés (**document 10**).

3 **Reliez chaque client de la cafétéria LoKal au mode de distribution le plus adapté à ses attentes et ses contraintes.**

 Sonia travaille un peu loin de L'Atrium. Elle n'a pas le temps de venir tous les jours jusqu'au LoKal.	 Fabrice, client fidèle du LoKal, souhaiterait pouvoir commander son repas directement sur son smartphone et venir le récupérer à la cafétéria sans attendre.	 Djamel n'aime pas faire la queue pour se servir ou récupérer sa commande. Il souhaite se servir et payer rapidement.
A	B	C

....	....	....

Application sur smartphone permettant de commander en ligne et de venir récupérer sa commande à un comptoir dédié (click and collect)	Offre de restauration en libre-service dans des frigos connectés réfrigérés qui permettent aussi le paiement	Service de livraison à domicile ou sur le lieu de travail

DOCUMENT 10 Foodles, la cantine nouvelle génération

Vidéo : *Foodles, l'alternative aux restaurants d'entreprise*
liennathan.fr/u2a97k

Foodles répond surtout aux nouveaux usages des salariés au travail et à leurs nouveaux comportements alimentaires. [...] Cela passe par ne plus leur imposer des horaires d'ouverture de leur cantine : nos frigos sont accessibles 24/24 et 7/7. [...] Foodles offre deux façons de se restaurer : soit directement dans l'espace restauration avec les frigos connectés installés et conçus par Foodles, soit *via* un service de pré-commande et de livraison sur le lieu de travail. Le salarié peut utiliser librement le frigo dès lors qu'il possède un compte Foodles : il badge avec son téléphone, le frigo s'ouvre, il se sert puis est directement facturé. Sinon il peut commander les plats du jour (différents de ceux qui se trouvent dans les frigos) *via* l'application Foodles pour être livré au bureau le jour même avant midi.

D. de Lamarzelle, www.forbes.fr, 19 juin 2020.

4 **Quel pourrait être l'intérêt, pour la cafétéria LoKal, de développer des modes de distribution comme ceux proposés par Foodles ?**

....

....

Organiser la production pour les portes ouvertes du lycée

Lors des futures portes ouvertes de votre lycée, votre chef vous demande de produire un menu servi pour l'ensemble du personnel travaillant ce jour-là.

a Par groupes, et à partir du bon d'économat qui vous sera fourni, proposez soit une entrée, soit un plat, soit un dessert.

b Réalisez en groupe une fiche technique pour 8 personnes de l'entrée, du plat ou du dessert que vous avez choisi(e) à l'aide de la trame téléchargeable ci-contre et d'un logiciel de traitement de texte.

Trame d'une fiche technique
liennathan.fr/i8m6g8

c Organisez un vote afin de choisir l'entrée, le plat et le dessert qui constitueront le menu servi lors des portes ouvertes.

d Le jour J, vous serez en brigade pour réaliser le menu. Répartissez-vous les rôles que vous allez occuper au sein de la brigade : chef, chefs de partie et commis.

e À l'aide d'un tableau et de la trame de planigramme téléchargeable ci-contre, réalisez un organigramme de travail pour l'ensemble du menu.

Trame du planigramme
liennathan.fr/9w9ps2

f Calculez vos besoins en marchandises sur la base des fiches techniques de l'entrée, du plat et du dessert sélectionnés pour le menu. Remplissez une feuille de marché comme celle ci-dessous, que vous remettrez au service économat de votre lycée.

Feuille de marché										
Entrée : .... **Plat :** .... **Dessert :**						**Responsable achats :** .... **Date :**				
Ventilation par familles de produits										
Produits	Unités	Boucherie	Poissonnerie	BOF	Fruits/Légumes	Économat	Cave	Poids total	PU HT	Coût total HT

g Définissez les modes de production, types de liaison et modes de distribution que vous souhaitez mettre en place pour l'élaboration du menu servi le jour des portes ouvertes.

h Réalisez le menu en respectant les tâches et les rôles de chacun définis sur le planigramme.

Pour les experts

1 Connaître les nouveaux modes de distribution

« La restauration évolue en permanence et un nouveau mode de distribution commence à émerger au sein des villes : les dark kitchens (**document**). Au niveau de L'Atrium, nous réfléchissons avec les autres restaurants à développer ce nouveau concept. Je souhaiterais que vous vous documentiez à ce sujet afin de pouvoir nous aider à prendre une décision. »

LE DISTRICT

DIRECTRICE | Delphine Casalis

DOCUMENT Dark kitchen, cuisine virtuelle

Une « dark kitchen » ou « ghost kitchen » est une cuisine entièrement dédiée à la livraison individuelle à domicile. [...]
[Une] dark kitchen n'est pas une cuisine comme les autres. Pas de clients, pas de tables, pas de chaises, pas d'espace d'accueil. En réalité, aucun client n'a jamais fréquenté le lieu. À la place, l'on voit passer une nuée de livreurs pressés de se rendre au domicile ou sur le lieu de travail de leurs clients, pour leur apporter des repas cuisinés et « prêts à manger » [...]. Ces [sociétés] ont fait le pari de cuisiner tous vos repas à votre place, pour vous faire gagner du temps et de l'argent. Chez les [consommateurs], la hausse du nomadisme alimentaire, la diminution du temps disponible consacré aux repas et l'émergence de nouvelles attentes de consommation font la part belle aux dark kitchens. [...]

Comment fonctionne une dark kitchen ?

Les [...] dark kitchens sont principalement installées au cœur des centres-villes, au plus près des clients finaux, ou proche des grands bassins d'emplois [...]. L'objectif des dark kitchens : faire gagner du temps aux travailleurs pressés à l'heure du déjeuner, et faciliter la cuisine du dîner en gagnant du temps.
Ces cuisines atypiques [...] permettent aux clients d'acheter des repas prêts à consommer [...] en passant commande *via* une plateforme en ligne, depuis leur smartphone ou leur ordinateur. [...] À réception d'une commande, les aliments sont assemblés dans un délai compris entre 3 et 4 minutes. [...]

https://ehonline.eu

Vidéo : *Alimentation : le concept des « dark kitchens », ou restaurants virtuels*
liennathan.fr/9a4p5b

1 Pourquoi les dark kitchens se développent-elles aujourd'hui ?

....

....

....

2 Présentez à Delphine Casalis, la directrice du restaurant Le District, les limites de ce mode de distribution.

....

....

SYNTHÈSE

Pour mener au mieux une production, les documents ci-dessous sont nécessaires :

- ....
- ....
- ....
- ....

Plusieurs modes de fabrication des plats sont possibles en fonction des restaurants :

- ....
- Traditionnel avec assemblage d'opportunité
- ....
- Assemblage 45

On distingue plusieurs types de liaison pour la distribution des plats :

....	Le restaurateur produit ses plats à la minute et distribue immédiatement sa production.
....	Le restaurateur produit ses plats et les conserve avant de les distribuer.
....	Distribution différée avec refroidissement (de + 63 °C à + 10 °C en moins de 2 h), stockage à + 3 °C avec étiquette de traçabilité, puis remise en température (de + 3 °C à + 63 °C en moins d'une heure).
....	Distribution directe avec maintien de la température à + 63 °C en permanence.
....	Distribution différée avec refroidissement (de + 63 °C à + 10 °C en moins de 2 h), stockage à – 18 °C avec étiquette de traçabilité puis remise en température (de – 18 °C à + 63 °C en moins d'une heure). Seuls les plats de 1re fraîcheur, non sensibles et destinés à la cuisson peuvent être congelés.

En cuisine, il est important d'être organisé afin d'être productif. Il est donc indispensable de planifier son travail en respectant :

- ....
  ....
- ....
  ....
- La liste de production

Différents modes de distribution existent :

- LINÉAIRE
- SCRAMBLE
- CLICK & COLLECT
- VENTE AU COMPTOIR
- DISTRIBUTION AUTOMATIQUE
- LIVRAISON À DOMICILE

MOTS-CLÉS

Fiche technique • Bon d'économat • Fiche de production • Feuille de marché • Liaison froide • Liaison chaude • Liaison surgelée • Liaison directe • Liaison différée • Planigramme • Marche en avant

QUIZ INTERACTIF
liennathan.fr/36c8qu

CHAPITRE 2

Savoir apprêter, tailler, découper et décorer les matières premières

COMPÉTENCES

- C1-2.1 Réaliser les préparations préliminaires
- C1-2.2 Apprêter les matières premières
- C1-2.3 Tailler, découper
- C1-2.4 Décorer
- C1-3.7 Optimiser la production

SAVOIRS ASSOCIÉS

- SA C1-2.1 Les préparations préliminaires des matières premières
- SA C1-2.2 Les techniques d'apprêts des matières premières
- SA C1-2.3 Les tailles et découpes
- SA C1-3.7 L'identification des rendements des matières premières en : préparations préliminaires
- SA C1-3.7 L'identification des outils et des démarches pour optimiser la production

CO-INTERVENTION P. 8

FRANÇAIS : 2. Ode au produit !

MATHS : 2. Expliquer les étapes pour réaliser un taillage de base

ATELIER EXPÉRIMENTAL ET TECHNOLOGIQUE P. 42

Situation professionnelle

L'Éveil des sens

Au sein du restaurant L'Éveil des sens, la cheffe de cuisine, Anaëlle Nguyen, vous demande de seconder Pablo, le chef de partie Poste chaud. Vous allez l'aider à réaliser les préparations préliminaires à base de viandes, de produits de la mer et de légumes qui constituent les plats de la carte.

Au sein de ce restaurant gastronomique, vous avez la chance de pouvoir travailler des produits nobles et d'approfondir les techniques plus délicates et complexes.

AVANT LA CLASSE

Vidéo : ***Habiller un poisson plat***
liennathan.fr/4qf28d

Vidéo : ***Habiller un poisson rond***
liennathan.fr/836gtx

- **Quelles différences observez-vous avec la technique présentée dans la 2e vidéo ?**

MISSION 1

Appliquer les préparations préliminaires des poissons en tenant compte des rendements

« Aujourd'hui, nous allons réaliser les préparations préliminaires pour une entrée à base de poisson : l'aiguillette de sole, bouillon de langoustines et herbes à la thaï. Dans un premier temps, nous allons habiller les soles, c'est-à-dire les préparer pour la cuisson (vider, écailler, laver). Ce sera l'occasion d'aborder les rendements des différents poissons (**document 1**). »

Vidéo : *Habiller et lever des filets de sole*
liennathan.fr/5yn7k5

1 **Vous observez Pablo en train d'habiller une sole. Replacez les étapes dans le bon ordre dans le tableau ci-dessous.**

Poisson :		☐ Poisson plat	☐ Poisson rond
N°	N°	N°	N° ....
	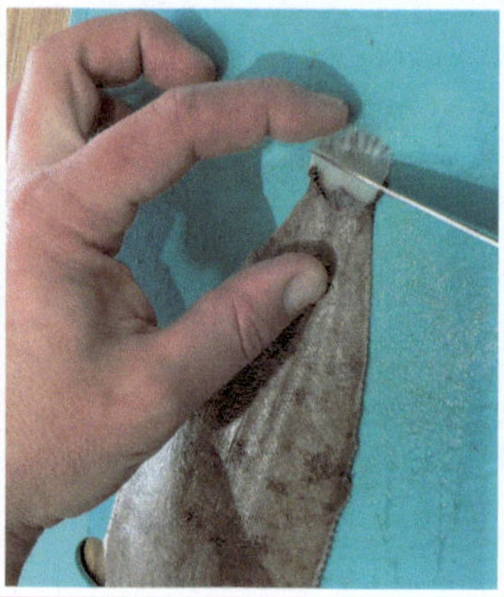		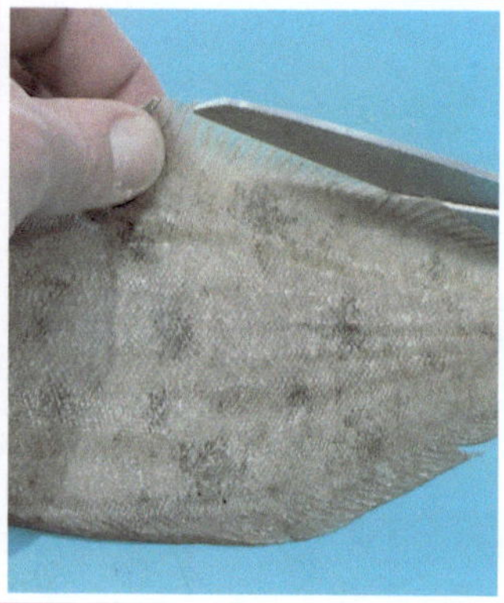
• Tirer la peau noire jusqu'à la tête à l'aide d'un papier absorbant si besoin. • Inciser les adhérences de chair de poisson à l'aide d'un couteau d'office si nécessaire.	• Inciser la peau noire de la nageoire caudale à l'aide d'un couteau.	• Inciser la peau blanche de la nageoire caudale à l'aide d'un couteau. • Retirer la peau blanche selon la même technique que précédemment. • Vider si nécessaire. • Mettre à dégorger dans de l'eau glacée.	• Éliminer les barbes ou barbilles à l'aide d'un ciseau.

DOCUMENT 1 Les rendements des poissons présents à la carte de L'Éveil des sens

Ce tableau permet de déterminer les quantités de produits bruts à acheter en fonction du poids des portions individuelles à servir. Le rendement d'un poisson correspond au ratio entre le poids brut à l'achat (avec arêtes, viscères, tête…) et le poids net une fois le produit préparé (habillé, fileté…). Par exemple, sur 1 kg de cabillaud entier commandé, il ne restera que 400 g en poids net après préparation.

Poisson	Poids brut	Poids net	Rendement global approximatif*
Cabillaud (vidé)	1 kg	400 g	40 %
Lotte entière (avec tête)	1 kg	300 g	30 %
Rouget barbet	1 kg	600 g	60 %
Filet de saumon dégraissé	1 kg	900 g	90 %
Turbot	1 kg	300 g	30 %
Sole filet	1 kg	450 g	45 %

* Ce rendement varie en fonction de la présentation du poisson (entier, tronçon…).

2 **Calculez le poids net de l'ensemble des portions d'aiguillette de sole servies cette semaine, leur rendement, puis déterminez le poids brut de soles à commander.**

Poids d'une portion	Nombre de portions prévues	Poids total net	Rendement des aiguillettes de sole	Poids brut de soles à commander
0,160 kg	24	....	....	....

« Maintenant, nous allons voir ensemble le filetage, qui est une étape importante. La sole est un poisson cher et délicat, c'est pour ces raisons qu'il faut être vigilant sur la précision de la technique à mettre en œuvre. »

3 **Reliez les explications de Pablo aux photos des gestes correspondants.**

Explications de Pablo
« Dans un premier temps, marquez (délimitez) les deux filets supérieurs avec la pointe de votre couteau filet de sole, et ce de la base de la tête jusqu'à la queue. » •
« Dans un deuxième temps, inclinez la lame de votre couteau pour racler au plus près de l'arête centrale et lever les deux filets. Prenez bien soin de contourner la tête pour récupérer un maximum de chair de poisson. » •
« Procédez exactement de la même manière pour prélever les deux filets inférieurs. Parez ensuite la périphérie de chaque filet pour obtenir une pièce nette. Réservez-les le plus vite possible en enceinte réfrigérée. Ne jetez pas les arêtes, on pourra réaliser un délicieux fumet de poissons avec ! » •

Observations des gestes

• 

• 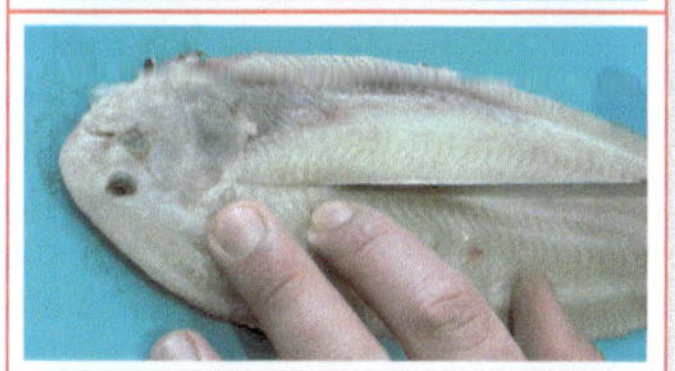

• 

Il existe une autre variante : lever les filets « en direct ». Cela consiste à ne pas habiller la sole et lever les filets directement avec la peau. Elle sera enlevée tout de suite après, à plat sur la planche à découper. Cette méthode permet de gagner en efficacité.

4 **Après sa démonstration, Pablo vous confie l'habillage et le filetage de 4 soles entières en autonomie. Il vous propose deux procédures. Indiquez celle que vous choisissez afin d'être le plus efficace. Justifiez votre choix.**

Procédure 1	Procédure 2
J'habille puis je filète la première sole. Je continue ensuite avec les suivantes.	J'habille toutes les soles puis, dans un deuxième temps, je filète toutes les soles.

Procédure choisie et justification :

....

....

....

....

MISSION 2

Réaliser les découpes et le désossage des viandes et volailles

« Vous allez m'aider à réaliser les préparations des viandes et volailles pour certains plats de la carte du restaurant (**document 2**). Nous allons voir ensemble le désossage d'une jambonnette de volaille Label Rouge et les principales découpes du lapin et du lièvre (**document 3**). »

DOCUMENT 2 Plats de la carte à réaliser

1. Pressé de foie gras au poivre de Timut, gelée à la rhubarbe
2. Lièvre « comme à la Royale » façon L'Éveil des sens. Champignons, écume de pommes de terre truffée et céleri de 30 heures
3. Selle d'agneau fermier du Quercy rôti aux saveurs orientales, couscous aux herbes et citron confit
4. Canard en 3 façons (cuisse confite, filet rôti et aiguillettes laquées), jus court, gaufres de légumes et pickles de betterave Chioggia

1 Retrouvez les plats concernés par les explications de la cheffe en reportant leur numéro dans le tableau ci-dessous.

N° des plats	Explications de la cheffe
....	« Dans un premier temps, retirez le foie à l'intérieur du coffre. Découpez ensuite les cuisses pour les confire, les filets pour les rôtir et les fines tranches de chair appelées "aiguillettes". »
....	« Nous allons découper plusieurs morceaux. D'abord, découpez le baron, c'est-à-dire toute la partie arrière, du milieu du dos aux cuisses. Ensuite, coupez le baron en deux et séparez la partie charnue du dos, qui s'étend du bas des côtes à la queue, que l'on appelle le râble des cuisses. Enfin, découpez la gigolette. Nous n'utiliserons pas les côtes appelées "carré". »
....	« Premièrement, découpez, comme pour le lièvre, toute la partie arrière appelée "baron", puis séparez-la en deux : d'un côté, le haut de la cuisse, le gigot, et de l'autre côté, la selle, qui désigne l'ensemble de la région lombaire. Désossez-la en retirant la colonne vertébrale puis découpez le carré, c'est-à-dire l'ensemble des côtes de l'animal, et enfin, l'épaule, qui est la partie la plus proche de la tête. »

DOCUMENT 3 Photos des découpes

Découpe du lièvre

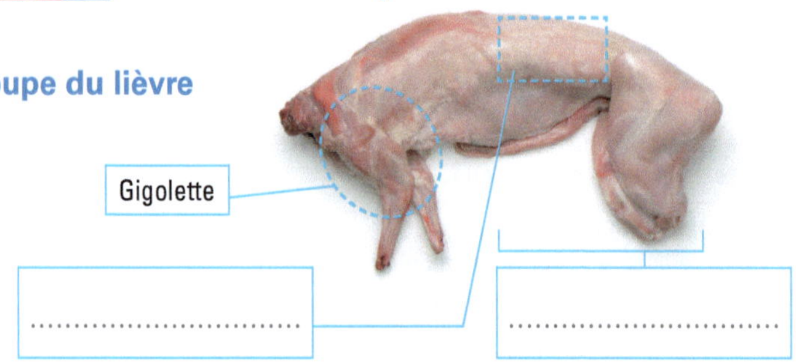

Découpe du canard

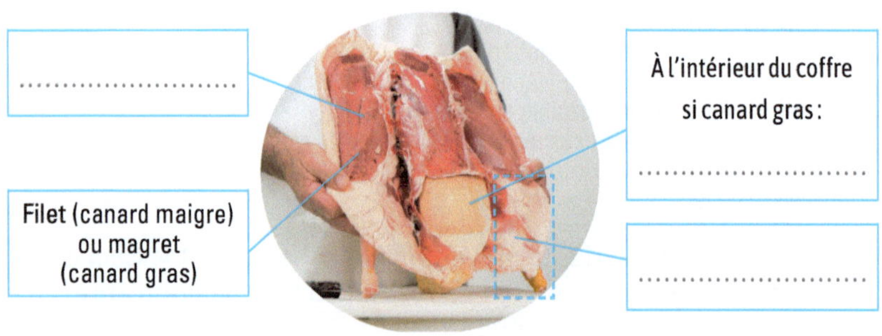

Découpe de l'agneau

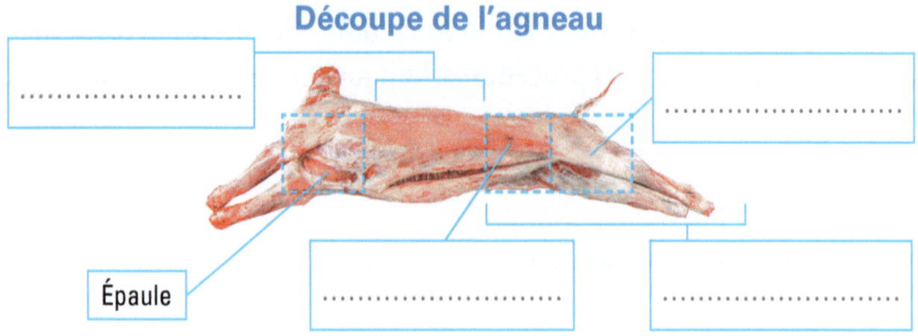

2 À l'aide des explications de la cheffe, indiquez, sur le document 3, les noms des pièces de viande que vous allez devoir découper pour réaliser les plats de la carte.

« Nous allons maintenant passer au désossage du râble de lièvre et d'une cuisse de volaille pour réaliser deux plats de la carte : la jambonnette de volaille Label Rouge des Landes farcie en fricassée, riz rouge de Camargue, et le lièvre « comme à la Royale ». Ces deux techniques délicates nécessitent une grande dextérité et des couteaux bien affûtés (**document 4**). »

DOCUMENT 4

Conseils de Nathalie pour le désossage d'un râble de lapin ou de lièvre

« L'objectif de cette technique consiste à séparer la colonne vertébrale du lapin de la partie charnue et surtout sans percer la chair, car elle servira d'enveloppe de la farce que nous réaliserons plus tard. Dans un premier temps, il faut dégraisser le râble si cela s'avère nécessaire, débarrasser les deux rognons (que nous réutiliserons dans la farce). Puis, délicatement, avec la pointe du désosseur, racler et désolidariser la chair de l'épine dorsale. Attention, car la peau à cet endroit est très fine. Il faut bien respecter la forme en étoile de la colonne vertébrale pour laisser le moins de chair possible. Les os de la colonne vertébrale seront conservés et valorisés pour réaliser le fond blanc nécessaire à la fricassée. »

Vidéo. *Désossage d'un râble de lapin*
liennathan.fr/5q94xd

3 Identifiez ci-dessous les parties qui ont été enlevées lors du désossage du râble.

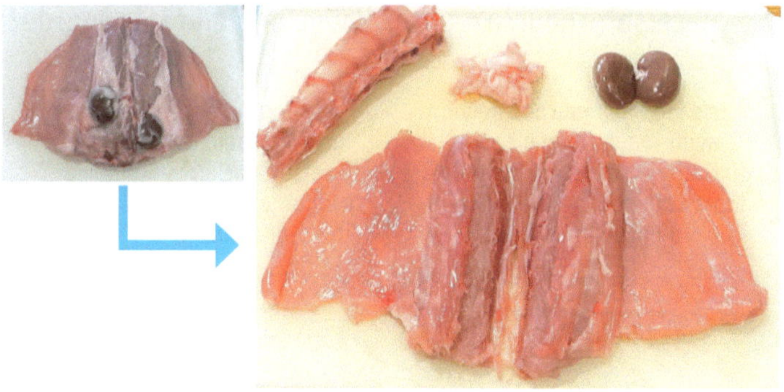

Parties enlevées : ....

....

Points de vigilance :
- Utiliser un couteau désosseur bien aiguisé.
- Laisser un peu de graisse autour du râble.
- Ne pas percer la chair.
- Épouser parfaitement la forme de la colonne vertébrale avec le couteau.

4 Vous observez la cheffe réaliser le désossage de la cuisse de volaille et avez pris des notes sur des Post-it. Replacez ci-dessous les étapes de ce désossage dans l'ordre chronologique.

Vidéo : *Désossage d'une cuisse de volaille*
liennathan.fr/t8v42n

Sectionner le tibia à l'aide du talon de l'éminceur.	Manchonner l'os en repoussant les chairs vers le gras de cuisse, sectionner les nerfs apparents.	Dégager l'os du gras de cuisse à l'aide de la pointe du désosseur, jusqu'à la jointure. Enlever l'os.	Dégager la chair autour de la rotule, et la sectionner bien à plat sur la planche à découper.	Percer la chair et la peau à l'extrémité du gras de cuisse et y glisser l'os manchonné.
1	......	......	......	......

5 Pourquoi est-il nécessaire de réaliser un désossage pour la jambonnette ? Quel est l'avantage de ce désossage pour le client ?

....

....

6 Vous pesez une cuisse de volaille avant désossage (0,245 kg), puis vous pesez les os et les parures (0,045 kg). Calculez sur une feuille le rendement approximatif d'une cuisse de volaille.

Résultat : ....

MISSION 3

Réaliser les préparations préliminaires et apprêter des denrées d'origine végétale

« Nous allons maintenant prendre en charge les légumes présents à la carte du restaurant. Nous réalisons de nombreuses préparations à base de légumes sautés qui seront préalablement tournés. »

1 **Reliez chaque consigne de Pablo à la taille de légumes obtenue puis au matériel nécessaire pour la réaliser. Vous compléterez le nom de la taille manquante.**

« Les légumes tournés doivent avoir une forme de ballon de rugby et idéalement 7 faces, mais cela demande beaucoup d'entraînement ! »	« Le secret pour réaliser un carpaccio de légumes de saison parfait est de tailler les légumes de manière la plus fine possible. »	« Cette découpe en forme de losange, obtenue après avoir coupé le légume en deux dans le sens de la longueur, est intéressante car il y a peu de pertes. »	« Les billes de légumes sont parfaitement sphériques car prélevées avec un ustensile bien précis. Les plus connues sont les pommes noisettes. »

Taille en billes	Taille en sifflets	Taille en lamelles	....

				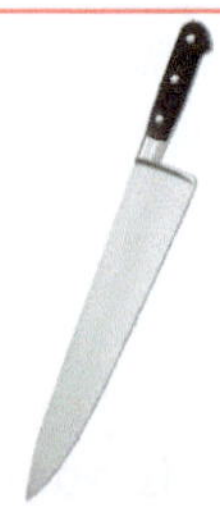	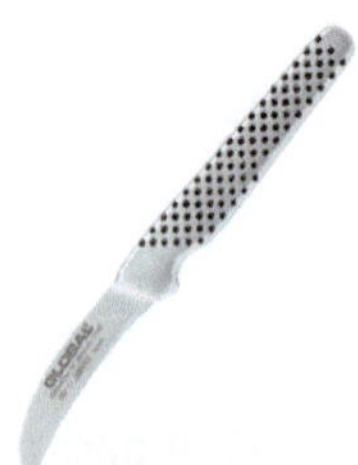
Cuillère à pomme parisienne	Couteau économe	Couteau d'office	Mandoline	Couteau éminceur	Couteau bec d'oiseau

« Une des techniques les plus compliquées à maîtriser est celle appelée « tourner un légume » (**document 5**). Vous allez devoir vous entraîner pour la réaliser. »

DOCUMENT 5 Tourner des légumes

Tourner, c'est donner à certains légumes une forme régulière et oblongue pour une cuisson régulière et une belle présentation.
On peut tourner des courgettes, ce qui permet d'enlever une partie de la pulpe qui contient les pépins. On obtient un morceau de courgette à la texture homogène qui facilitera la cuisson, avec en plus une jolie présentation.
Dans le cas d'une carotte tournée, c'est le « bois » central qu'on élimine (la partie la plus dure) pour obtenir un morceau de carotte tendre et savoureux.
Tourner un légume est donc bien plus qu'une question de présentation dans certains cas. Bien entendu, comme en cuisine rien ne se perd, ce qui a été ôté sera utilisé dans un fond ou un potage.

D'après https://chefsimon.com

Vidéo : *Tourner des légumes*
liennathan.fr/67jf8m

2 **Replacez les différentes étapes de la technique « tourner » dans l'ordre chronologique. Vous préciserez les points de vigilance à observer pour la réussir.**

N° de l'étape	Illustration de l'étape	Détail de l'étape	Points de vigilance à respecter
....		Tourner le légume avec la pointe du couteau d'office.	Obtenir une forme oblongue régulière. Éviter trop de pertes en parures ou prévoir de les réutiliser.
4		Conserver la peau de certains légumes (ici, la courgette).	La peau de certains légumes fragiles permet de conserver leur état après cuisson.
....		Découper des quartiers en fonction de la grosseur du légume.	....
....		Découper des tronçons réguliers de 4 à 5 cm de longueur.	....

3 **Sur le document 5, surlignez les intérêts de pratiquer la technique « tourner un légume » dans la confection d'une garniture.**

Apprêter des denrées d'origine animale, tailler et cuire des légumes

a Par groupes, proposez un plat du jour à base de produits disponibles en stock.

Groupe 1 : un râble de lapin	Groupe 2 : une limande (poisson plat 4 filets)	Groupe 3 : une cuisse de volaille fermière

Pour les trois groupes : carottes de couleur, courgettes, navet boule d'or ainsi que tous les produits courants d'épicerie et de crémerie disponibles dans l'établissement.

b Une fois la technique d'habillage ou de filetage réalisée, calculez le rendement de l'habillage ou du désossage du produit principal.

c À l'aide des produits mis à disposition et de vos expériences professionnelles, proposez une fiche technique détaillée reprenant les étapes techniques importantes et réalisez la recette créée, que vous présenterez à votre chef.

d Justifiez à l'oral le(s) choix réalisé(s) : découpe ou filetage, tailles de légumes envisagées.

Pour les experts

1 Maîtriser les apprêts ou des découpes spécifiques pour améliorer la qualité gustative d'un mets

« Nous allons voir ensemble deux variantes de la technique « tourner » en préparant l'artichaut pour le plat de la carte « Céleri et artichauts en textures. Herbes d'ici et d'ailleurs, bouillon clair poivré » (**document**). »

L'Éveil des sens

CHEF DE PARTIE POSTE CHAUD | Pablo Da Silva

DOCUMENT 1 Tourner un artichaut violet (ou poivrade) ou un artichaut Camus de Bretagne

Étapes	Artichaut Camus de Bretagne	Artichaut violet (ou poivrade)	Conseils de Pablo
Artichaut brut			« L'objectif est de se débarrasser de la partie feuillue, de couleur verte, du cœur de l'artichaut, plus blanc et très tendre. On va "tourner" autour de l'artichaut en épousant sa forme le plus possible. La queue du Camus de Bretagne doit être coupée, alors que celle de la poivrade est parée en périphérie (partie verte). Ils doivent être immédiatement plongés dans une eau citronnée pour éviter l'oxydation. »
Artichaut tourné			

Vidéo : *Artichaut tourné* liennathan.fr/t52ze9

Vidéo : *Tourner des fonds d'artichauts* liennathan.fr/2b5g7m

1 À l'aide du document, justifiez pourquoi ces deux variétés d'artichaut sont traitées de façons différentes.

....

....

2 Quelles précautions devez-vous prendre, lorsque vous allez tourner un artichaut, pour éviter qu'il ne s'oxyde ?

....

« Nous allons voir ensemble une découpe spécifique de la volaille entière afin de réaliser la poitrine de pigeonneau rôtie sur coffre, duxelles de girolles et figues, spaetzle aromatiques et jus court truffé (**document 2**). »

L'Éveil des sens

CHEFFE DE PARTIE CUISSONS | Nathalie Adaoro

DOCUMENT 2 Conseils de la cheffe : la cuisson sur coffre

« Cuire une pièce de viande avec l'os ou une partie de la carcasse est une technique courante. Sur le pigeonneau, nous ne le désosserons pas totalement, nous conserverons l'intégralité du coffre (os du bréchet et os enveloppant les viscères). La présence de l'os lors de la cuisson comporte plusieurs intérêts : la viande se dessèche moins lors de la phase de coloration, elle est donc plus tendre et juteuse. De plus, la présence des os apporte une saveur particulière supplémentaire. Dans certains cas, elle apporte une présentation plus esthétique : le carré d'agneau, par exemple. Sur le même principe, un gigot d'agneau cuit en présence de l'os sera plus goûteux que s'il était entièrement désossé. En revanche, cela demande une manipulation supplémentaire après cuisson, puisque la pièce de viande devra être totalement désossée en cuisine, voire découpée en salle. Certains clients adorent racler la viande contre les os. »

Vidéo : Désossage de la poitrine de pigeonneau
liennathan.fr/h86y6p

3 Indiquez, sur la photo ci-dessous, les découpes à réaliser pour obtenir un coffre de pigeonneau. Expliquez votre démarche sur le carnet.

1. ....
....
2. ....
....
3. ....
....
4. ....
....

4 Quel est l'intérêt de cuire le pigeonneau sur coffre ou en présence de l'os ?

....
....
....
....

5 À votre avis, pourquoi les cuisses et les manchons sont-ils cuits de manière différente que le coffre du pigeonneau ?

....
....

2 Sélectionner et apprêter des produits nobles : le foie gras

« Nous avons trois plats à la carte du restaurant qui valorisent le foie gras de canard. Ce produit noble, très onéreux, nécessite la plus grande attention lors de son achat ainsi que lors de sa manipulation en vue de son utilisation en cuisine (**document 1**). »

CHEF DE PARTIE POSTE CHAUD | Pablo Da Silva

DOCUMENT 1 Extraits du catalogue fournisseur Landes Foie Gras

Canards fermiers français élevés au maïs sans OGM.
Certification IGP canards à foie gras du sud-ouest pour les produits suivants : foie gras de canard frais, magrets, aiguillettes, cuisses confites, foies gras de canard entiers stérilisés.

Foie gras « extra »	Foie gras « premier choix »	Foie gras « tout venant »	Escalope de foie gras 60/80 g
Calibrés entre 400 et 600 g avec une belle couleur et texture, ces foies gras extra « rendront le moins de gras » à la cuisson. Vous obtiendrez donc de belles terrines en sélectionnant ce produit « extra ».	Le foie premier choix, plus gros que l'extra, conviendra pour faire du foie gras poêlé, mais il est déconseillé pour vos terrines car il rendra trop de graisse. Dans ce cas, il est préférable de choisir un foie gras « extra ».	Ce foie gras, très gros (poids supérieur à 680 g) et souvent avec quelques défauts, conviendra pour vos farces et préparations à base de foie gras.	Escalope de forme homogène pour un visuel similaire d'une assiette à l'autre. Coupe nette et oblique pour une perception généreuse du produit. Taux de fonte minimum et maîtrisé. Produit idéal pour le foie gras poêlé.
Tarifs au kg : Non déveiné* : 28,95 € Déveiné : 32,45 €	Tarifs au kg : Non déveiné : 27,90 € Déveiné : 30,95 €	Tarifs au kg : Non déveiné : 26,20 € Déveiné : 29,25 €	Tarif Paquet de 1 kg : 62,90 €

* Opération qui consiste à retirer les veines et vaisseaux sanguins qui irriguent un foie gras.

1 **À l'aide du document, choisissez, pour chaque plat, une catégorie de foie gras et justifiez vos réponses.**

Plats de la carte	Utilisation du foie gras dans la recette	Choix du foie gras et justification
Foie gras de canard des Landes et caviar Baeri d'Aquitaine	Le foie gras sera poêlé servi chaud.	....
Pressé de foie gras au poivre de Timut, gelée de rhubarbe	Le foie gras sera cuit en terrine.	....
Lièvre « comme à la Royale » façon L'Éveil des sens	Le foie gras sera utilisé dans la farce et pour lier la sauce.	....

2 **Pour réaliser le pressé de foie gras, la cheffe de L'Éveil des sens hésite entre le foie gras extra non déveiné et déveiné. À partir du document, aidez-la à faire un choix en remplissant le tableau ci-dessous.**

	Foie gras non déveiné	Foie gras déveiné
Avantage	....	....
Inconvénient	....	....

« La cheffe de cuisine a finalement choisi le foie gras extra non déveiné pour réaliser le pressé de foie gras. Nous allons en profiter pour découvrir cette technique délicate, car il faut préserver au maximum l'intégrité du lobe. »

CHEF DE PARTIE POSTE CHAUD | Pablo Da Silva

3 **À l'aide de la vidéo, reliez chaque photo des étapes du déveinage au descriptif technique correspondant.**

Vidéo : *Déveiner un lobe de foie gras*
lliennathan.fr/c9ec62

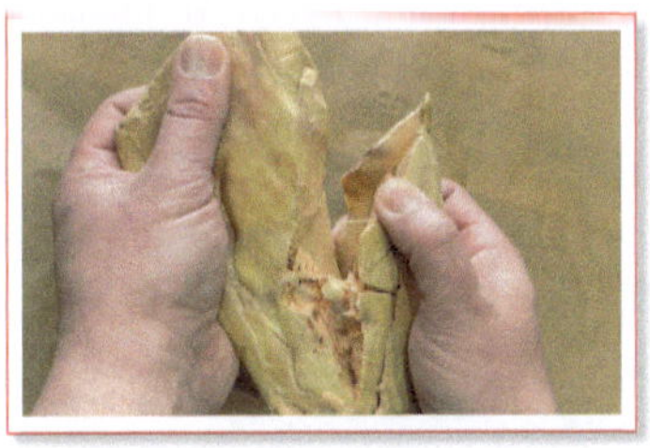

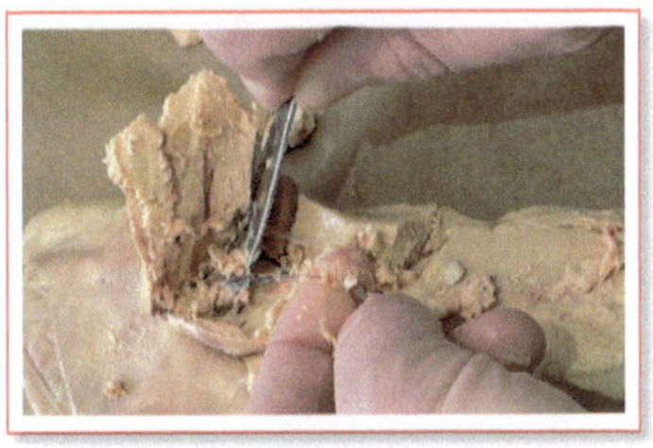

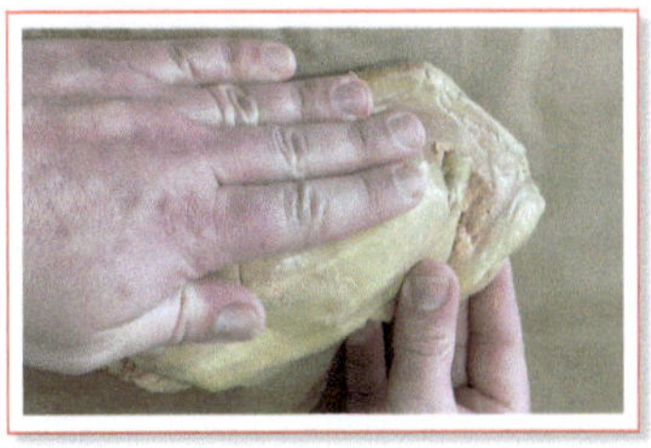

- Une fois le déveinage terminé, reformer le foie gras en associant les petits et gros lobes. Réserver au frais.
- Retirer délicatement les veines apparentes en veillant à ne pas trop abîmer la texture du foie.
- Sortir le foie gras du frigo 20 minutes avant le déveinage pour obtenir une texture souple au toucher.
- À l'aide du manche d'une cuillère, inciser le foie en longeant les principales veines.
- Séparer le gros lobe du petit lobe.

SYNTHÈSE

Habiller et fileter un poisson consiste à :

Poisson servi entier	Poisson servi en filet
Habillage • Ébarber à l'aide d'un ciseau • Vider si nécessaire • Retirer la peau sans déchirer la chair • Retirer la peau blanche • Mettre à dégorger dans de l'eau glacée	.... • Découper en veillant à ne pas laisser de chair sur l'arête • Réserver au frais

Certaines viandes ou volailles nécessitent un désossage avant leur mise en cuisson.

Sans désossage ou désossage partiel	....
Intérêts :	Intérêts : facilite la dégustation du client, optimise la découpe si elle est réalisée devant le client

Les denrées d'origine végétale peuvent être découpées en différentes tailles :

Billes •	• Morceaux taillés de biais dans le sens de la longueur
Sifflets •	• Très fines tranches servies crues ou très rapidement cuites
Tournés •	• Sphères prélevées avec la cuillère à racines
Lamelles •	• De forme oblongue de 4 à 5 cm de longueur

Il est important de déterminer le taux de rendement des matières premières pour optimiser les quantités à commander :

.... Poids du produit avant préparations préliminaires ou apprêts	–	**Déchets**	=	.... Poids de la matière première après préparations préliminaires

Afin d'optimiser la production lors des préparations préliminaires et les différents apprêts et tailles, il faut absolument :

Utiliser le matériel et l'équipement adéquat	Décomposer les process et éviter les manipulations parasites	Maîtriser ....

MOTS-CLÉS

Habiller • **Rendement** • **Baron** • **Râble** • **Gigot** • **Selle** • **Taille en sifflets** • **Tourner (un légume)** • **Cuisson sur coffre** • **Foie gras** • **Déveiner (éveiner)**

QUIZ INTERACTIF liennathan.fr/rt32n7

CHAPITRE 3

Maîtriser la réalisation des fonds, sauces et liaisons

COMPÉTENCES

C1-2.6 Réaliser les fonds, fumets, essences et glaces

C1-2.7 Réaliser les liaisons

C1-2.8 Réaliser les grandes sauces de base, les jus et les coulis

SAVOIRS ASSOCIÉS

SA C1-2.6 Les fonds, fumets, essences et glaces

SA C1-2.7 Les liaisons

SA C1-2.8 Les grandes sauces de base, les jus et coulis

CO-INTERVENTION P. 8

MATHS : 3. Savoir exprimer une recette étape par étape de manière algorithmique

ATELIER EXPÉRIMENTAL ET TECHNOLOGIQUE P. 56

Situation professionnelle

L'Éveil des sens

Lors de votre stage au sein du restaurant gastronomique L'Éveil des sens, vous allez travailler cette semaine avec Pablo, chef de partie poste chaud, et participer notamment à la réalisation des sauces.

La cheffe Anaëlle Nguyen met l'accent sur des associations végétales, terrestres et marines afin de donner une expérience unique à la clientèle. Elle a pour philosophie la valorisation des déchets comme les os, les arêtes, les parures des produits traités, des carapaces de crustacés pour la réalisation de fonds, fumets, bouillons, jus. Pour elle, « il n'y a pas de grands plats sans une grande sauce ».

AVANT LA CLASSE

Vidéo : *Recette onctueuse de bisque de homard*
liennathan.fr/a48i8j

- **Visionnez la vidéo et citez les étapes de réalisation de la bisque de homard.**
- **Indiquez les termes culinaires que l'on utiliserait dans une fiche technique.**

MISSION 1

Réaliser les fonds et les fumets

« Vous allez m'aider à réaliser des fonds blancs et bruns pour réaliser certaines sauces des plats de la carte (**document 1**). »

DOCUMENT 1 Caractéristiques des fonds

Famille	Appellation	Garnitures aromatiques	Cuisson	Utilisations
Fonds bruns	**Fond brun de veau**	Carottes, oignons, ail tomate, ou concentré de tomate, bouquet garni	2 h 30 à 3 h	• Déglaçage jus de viande rôtie • Mouillement ragoûts/braisés • Fond brun de veau lié
	Fond brun de volaille		1 h 30 à 2 h	• Déglaçage jus de volaille rôtie • Mouillement ragoûts & braisés • Fond brun de volaille lié
	Fond brun de canard		2 h 30 à 3 h	• Déglaçage jus de canard rôti • Sauce gastrique canard
	Fond brun (ou fumet) de gibier	*Idem* + sauge, romarin, sarriette, baie de genièvre…	2 h 30 à 3 h	• Déglaçage jus de gibier rôti • Mouillement ragoûts & braisés • Sauce poivrade
Fonds blancs	**Fond blanc de veau**	Carottes, oignons, blanc de poireau, céleri branche, clous de girofle, bouquet garni	2 h 30 à 3 h	• Mouillement potages, légumes braisés, blanquettes, fricassées… • Velouté de veau
	Fond blanc de volaille		0 h 45 à 1 h 30	• Mouillement potages, légumes braisés, blanquettes, fricassées • Velouté de volaille
	Fumet de poisson	Carottes (facultatif), oignons, échalotes, parures de champignons, bouquet garni	0 h 20 à 0 h 25	• Mouillement poissons pochés à court mouillement, braisés… • Velouté de poisson
	Marmite (de bœuf)	Carottes, demi-oignons colorés (caramélisés), blanc de poireau, céleri branche, ail, bouquet garni	3 h à 4 h	Consommés, gelées
	Bouillon de légumes	Carottes, oignons, clous de girofle, poireaux, céleri branche, bouquet garni	2 h	Cuissons, gelées…
	Fumet de crustacés	Carottes, tomates, oignons, ail, bouquet garni	0 h 20 à 0 h 30	Cuissons, mouillement, sauces…

1 Reliez les fonds nécessaires à la réalisation des plats de la carte.

Fond brun de gibier •	• Aiguillette de sole, bouillon de langoustines et herbes thaïes
Fond brun de canard •	• Jambonnette de volaille Label Rouge des Landes en fricassée, riz rouge de Camargue
Fumet de crustacés •	• Lièvre « comme à la Royale » façon L'Éveil des sens. Champignons, écume de pommes de terre truffée et céleri de 30 heures au four
Fumet de poisson •	• Canard en 3 façons (cuisse confite, filet rôti et aiguillettes laquées), jus court, gaufres de légumes et pickles de betterave Chioggia
Fond blanc de volaille •	• Blanc de turbot poêlé, beurre Champagne. Laitue et mousseline de panais. Fricassée de champignons presque crus – Noisettes

> « Vous allez maintenant m'assister pour la confection du fumet de crustacés (**document 2**) qui va être utilisé dans différentes préparations de la carte. Je souhaiterais mettre en place une fiche de process, pour que vous, mais aussi d'autres collaborateurs, puissiez les réaliser à l'identique. »

DOCUMENT 2 Fumet de crustacés

Un fumet de crustacés est un bouillon obtenu à partir des carapaces de crustacés cardinalisées (rougies), d'une garniture aromatique et d'un mouillement afin de concentrer les saveurs.

Vidéo : *Fumet de crustacés*
liennathan.fr/y4r94k

2 À l'aide du document 2 et de la vidéo, numérotez les étapes dans l'ordre de réalisation.

FICHE PROCESS

Date de réalisation		Heure de réalisation	
Nom de la préparation : **FUMET DE CRUSTACÉS**	Temps de fabrication : 30 min	Temps de cuisson : 30 min	Durée et T° de conservation : 3 jours à + 3 °C

Denrées nécessaires		Matériels nécessaires	
– Beurre clarifié – Carapaces de crustacés – Échalotes, oignons, ail – Concentré de tomate – Carottes	– Vin blanc – Cognac – Tomates – Estragon – Eau	– Rondeau – Bahut – Chinois – Plaque à débarrasser – Rouleau à pâtisserie	– Spatule Exoglass – Planche à découper – Éminceur – Couteau d'office – Économe

Étapes de fabrication

1		Mettre en place le poste de travail	....		Mouiller à l'eau froide à hauteur
....		Suer la garniture aromatique	....		Préparer la garniture aromatique
....		Cuire à frémissement et écumer	....		Concasser les carapaces de crustacés
....		Refroidir rapidement	....		Cardinaliser les carapaces
....		Passer au chinois étamine	....		Flamber
....		Déglacer au vin blanc	....		Fouler fortement

Points critiques	Critères de réussite
– Cardinaliser les carapaces des crustacés – Cuire à frémissement afin de bien infuser – Concasser les carapaces afin d'extraire les saveurs – Dégraisser une fois refroidi	– Couleur rougeâtre – Réduction à frémissement – Bouillon parfumé, liquide et clair – Fouler fortement pour extraire les saveurs

MISSION 2

Maîtriser les différents types de liaisons et leurs spécificités

« Les liaisons ont une place importante dans la cuisine française. Elles permettent de donner de la consistance à une préparation liquide en l'épaississant. Une liaison peut entraîner une modification de l'aspect, de la couleur ou de la saveur d'un liquide. C'est pour cela qu'il faut maîtriser les subtilités des réactions physico-chimiques. Vous allez m'aider à préparer différentes sauces de base pour les plats de la carte. Pour cela, nous allons utiliser différents types de liaisons (**document 3**). »

DOCUMENT 3 Les différents types de liaisons

Types de liaisons	Produits
À base d'amidon	Farine de blé, sarrasin, orge – Fécule de pomme de terre – Manioc – Semoule de blé, de maïs – Crème de riz
À base de protéines	Œufs – Foie gras – Sang – Corail des coquillages et crustacés…
À base de fruits et légumes	Légumes frais (carottes, céleri, tomates) – Fruits (pommes, groseilles, poires)
Par réduction ou émulsion	Réduction par évaporation d'un liquide riche en substances gélifiantes – Émulsion d'un corps gras dans un liquide
À base de gélifiants	Gélatine feuille (porc), gélatines poudre (poisson, bœuf), gélifiants naturels (algues : agar-agar, pectines contenues dans les fruits)

1 À partir des sauces suivantes, identifiez la liaison utilisée.

Descriptifs des sauces		Type de liaison
	**Sauce bœuf bourguignon** Rissoler la viande, ajouter la garniture aromatique, singer et torréfier. Déglacer au vin rouge, réduire et ajouter le fond brun de veau.	…………………………………
	**Sauce hollandaise** Fouetter l'eau et les jaunes d'œufs afin de monter un sabayon dans une russe au coin du feu, incorporer le beurre clarifié petit à petit. Ajouter le jus de citron et assaisonner.	…………………………………
	**Sauce bordelaise** Réduire à 1/4 du volume de vin rouge avec les échalotes ciselées, le poivre mignonnette, le thym et le laurier. Ajouter une demi-glace de veau, passer au chinois étamine et ajouter des dés de moelle pochés.	…………………………………
	**Sauce beurre blanc** Faire réduire au 3/4 vin blanc, vinaigre et échalotes hachées, incorporer du beurre bien froid en parcelles tout en fouettant.	…………………………………
	**Sauce aux pommes** Tailler les pommes épluchées en morceaux réguliers. Cuire avec l'eau, le sucre, la cannelle et le sel. Travailler au fouet afin d'obtenir la texture d'une marmelade.	…………………………………

“ Parmi les liaisons, celles aux amidons ont des spécificités ; il en existe de multiples adaptées aux préparations. Il est essentiel d'en comprendre les utilisations et de savoir les identifier (**document 4**). Afin d'assurer ces liaisons, il est important de porter à ébullition quelques minutes, sans excès pour ne pas casser les molécules de liaison. ”

DOCUMENT 4 Spécificités des liaisons à l'amidon

Types de liaisons	Agents de liaison	Exemples
À sec	Farine	Ragoût à blanc (singer)
	Farine torréfiée	Ragoût à brun (singer puis torréfier)
Mélangé à un corps gras	Beurre manié	Velouté (de poisson, de crustacés…)
	Roux (blanc, blond, brun)	Sauce béchamel
Dilué dans un liquide	Fécule de pomme de terre, arrow-root, maïzena	Sauce bigarade
	Crème de riz, tapioca	Bisques de crustacés
	Mie de pain et chapelure	Bread sauce
	Purée de fruits (bananes, marrons…)	Coulis
	Purée de légumes (pomme de terre, patate douce, manioc…)	Liaisons potages, purées, sauces…
	Légumes secs (pois cassés, lentilles, haricots, riz…)	Liaisons potages, purées, sauces…

2 À l'aide du document 4, cochez le type de liaison à l'amidon correspondant aux descriptifs des préparations et nommez l'agent de liaison utilisé.

Descriptif		Type de liaison à l'amidon	Agent de liaison
	**Velouté de crustacés** Fumet de crustacés lié au beurre manié (tant pour tant de farine et de beurre, mélange formant une « pâte »).	☐ Amidon à sec ☐ Amidon mélangé à un corps gras ☐ Amidon dilué dans un liquide	....
	**Sauce à l'orange** Confectionner un caramel avec le sucre et le vinaigre (gastrique), ajouter le jus d'orange et réduire. Ajouter le fond brun, réduire et lier avec de l'arrow-root ou de la fécule de pomme de terre.	☐ Amidon à sec ☐ Amidon mélangé à un corps gras ☐ Amidon dilué dans un liquide	....
	**Veau marengo** Ragoût à brun, rissoler la viande, ajouter la garniture aromatique, singer, torréfier et mouiller au fond brun tomaté.	☐ Amidon à sec ☐ Amidon mélangé à un corps gras ☐ Amidon dilué dans un liquide	....

3 Pour le repas du personnel, vous allez réaliser une fricassée de volaille. Pablo vous fait remarquer que la sauce est trop liquide. Le repas doit être servi dans 5 minutes.
Quel agent de liaison allez-vous utiliser et pourquoi ?

....

....

MISSION 3

Réaliser des demi-glaces, glaces et essences

« Vous allez à présent confectionner des demi-glaces, glaces et essences afin de les utiliser pour la nouvelle carte (**document 5**). La cheffe souhaite mettre en avant des goûts francs et puissants qui apporteront toutes les subtilités à sa cuisine délicate et créative. »

CHEF DE PARTIE POSTE CHAUD

Pablo Da Silva

DOCUMENT 5 Différences entre glaces, demi-glaces et essences

Nom	Description	Utilisation
Glace	Préparations culinaires concentrées gélatineuses (texture épaisse et sirupeuse : réduction de 9/10e du volume) et parfumées, réalisées à base de veau, de volaille, de gibier, de poissons ou de crustacés.	Enrichir les saveurs d'un fond de base, corser une sauce. Peuvent être aussi servies indépendamment d'une sauce pour apporter de la puissance.
Demi-glace	Glaces (veau, volaille ou gibier) moins réduites et donc moins corsées et plus liquides (réduction de 3/4 du volume).	Permettent de mouiller certaines sauces.
Essence	Saveur concentrée d'un aliment, au goût très puissant. Liquide aromatique, clair, translucide ou ambré sans matière grasse, évaporé sous forme de gouttelettes.	Quelques gouttes pour parfumer une préparation.

1 Indiquez, pour chaque nouveau plat de la carte, si vous allez réaliser une glace, une demi-glace ou une essence en cochant la bonne case.

Appellation et description de la sauce	Demi-glace	Glace	Essence
Tataki de wagyu, jus brun corsé aux algues : jus brun corsé brillant et sirupeux obtenu par réduction d'un fond brun de veau.	☐	☐	☐
Filet de bar en croûte de sarrasin, écume de la mer : écume réalisée à base de fumet de poisson réduit légèrement corsé en goût tout en conservant une consistance liquide.	☐	☐	☐
Crème brûlée aux parfums de bergamote : crème brûlée aromatisée de quelques gouttes de concentré de bergamote.	☐	☐	☐
Caille en 3 cuissons, arôme de sous-bois : sauce réalisée à partir d'un fond brun de gibier infusé aux champignons, réduit jusqu'à obtention d'une consistance nappante et adhérente aux morceaux de caille.	☐	☐	☐

2 Replacez les étapes de réalisation d'une glace de viande dans l'ordre.

Vidéo : *Apprendre à réaliser une glace de viande*
liennathan.fr/ca755v

....	....	....	....	....
 « Je porte à ébullition un fond dans un récipient large en écumant le plus souvent possible. »	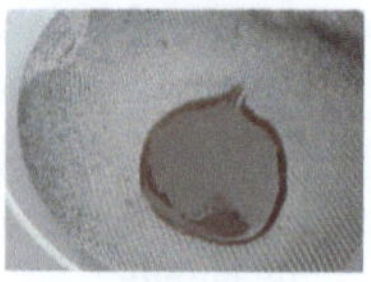 « Je passe à nouveau au chinois étamine, puis je mets à refroidir et réserve en enceinte réfrigérée. »	 « Je verse le liquide chinoisé dans un récipient plus petit. »	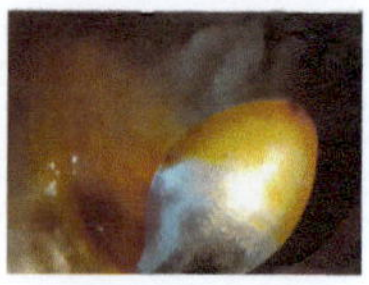 « Je laisse réduire jusqu'à obtention de la consistance souhaitée, sirupeuse et épaisse. »	 « Je passe la préparation au chinois étamine. »

3 Pablo vous demande de lui préparer 1 L de demi-glace de veau. Quelle quantité de fond vous faudra-t-il faire réduire ?

....

MISSION 4

Utiliser des agents de texture pour réaliser certaines liaisons

« La cheffe réfléchit à de nouvelles préparations permettant de jouer sur les textures. Pour ce faire, elle recourt à la cuisine moléculaire en utilisant des agents de texture d'origine naturelle et végétale (**document 6**). »

DOCUMENT 6 Agents de texture utilisés en cuisine

Code	Nom	Rôles principaux	Exemples	Origines
E322	Lécithine	Émulsifiant	Espuma, écumes, émulsions stables	Soja, colza, tournesol
E401	Alginate de sodium	Gélifiant, épaississant en présence de calcium	Liaisons, sphérifications (billes, perles, sphères)	Algues brunes
E406	Agar-agar	Épaississant, gélifiant	Substitut à la gélatine animale (mousses chaudes, confitures…)	Algues rouges
E407	Carraghénanes	Épaississant, gélifiant, stabilisant	Gelées de fruits (ananas, papaye…), mousses chaudes ou froides	Algues rouges
E414	Gomme arabique	Émulsifiant, épaississant	Liaisons	Sève d'acacia
E440	Pectine	Épaississant	Confitures, gelées, coulis de fruits…	Pépins de pommes, groseilles, coings…

1 **À l'aide du document 6, associez les préparations que vous devez réaliser à l'agent de texture que vous allez utiliser.**

Bavarois mangue et ananas	Écume de la mer	Velouté de légumes verts	Confiture de litchi rose	Sphères aux fruits
A	B	C	D	E

....	....	....	....	....
Lécithine pour émulsifier	Pectine pour épaissir	Carraghénane pour stabiliser	Alginate de sodium pour gélifier	Gomme arabique pour épaissir

2 **Dans la fiche technique d'un des plats, il est préconisé d'ajouter de la gélatine de porc pour épaissir et gélifier la préparation. Pouvez-vous remplacer cette gélatine de porc par de l'agar-agar ? Justifiez.**

....

MISSION 5 Maîtriser les sauces régionales et internationales

DIRECTRICE ET CHEFFE DE CUISINE

Anaëlle Nguyen

« Dans la nouvelle carte, je souhaiterais faire voyager les clients en jouant sur les saveurs de différentes sauces, régionales ou internationales, tout en proposant une connotation « *fusion food* » aux plats. Vous allez participer à l'élaboration de ces nouveaux plats avec Pablo. »

1 **Associez les sauces utilisées dans les nouveaux plats proposés par la cheffe à leur pays d'origine en reportant la lettre correspondante.**

Intitulé et photo de la sauce préparée		
	Millefeuille déstructuré de guacamole aux crevettes **Produit marqueur :** avocat	A
	Volaille de Bresse rôtie sur le coffre sauce aux airelles (cranberry) **Produit marqueur :** airelles	B
	Trilogie de bœuf Maine Anjou sauce Chimi churri **Produit marqueur :** paprika fumé	C
	Thon mi-cuit sauce Ponzu **Produit marqueur :** soja	D
	Épaule d'agneau confite de 7 heures sauce Makhani **Produit marqueur :** gingembre	E
	Filet mignon en habit fumé sauce barbecue **Produit marqueur :** ketchup	F
	Comme un potager au naturel sauce Bagna Cauda **Produit marqueur :** anchois	G
	Bar de ligne en écailles croustillantes sauce chermoula **Produit marqueur :** cumin	H
	Ravioles végétales sauce Pili-pili **Produit marqueur :** piments Habanero rouges	I

Origine et ingrédients de la sauce	
…	**Origine :** Italie **Ingrédients :** filets d'anchois à l'huile, beurre, huile d'olive, gousses d'ail épluchées et dégermées
…	**Origine :** Argentine **Ingrédients :** persil, ail, glaçon à l'eau minérale, flocons de piment rouge, origan séché, paprika fumé, vinaigre de vin, citron, huile d'olive, sel
…	**Origine :** Mexique **Ingrédients :** botte de coriandre, piment vert, tige d'oignon vert ou cive, citron vert, avocats, tomate, sel
…	**Origine :** États-Unis **Ingrédients :** vinaigre de cidre, vinaigre brun de malt, sirop de cassonade, ketchup, sirop d'érable, poudre de piment doux fumé, sel, poivre
…	**Origine :** Angleterre **Ingrédients :** airelles, sucre, eau
…	**Origine :** Maroc **Ingrédients :** gros sel, ail, piment doux, cumin moulu, poivre moulu, huile d'olive, jus de citron, vinaigre, coriandre fraîche, persil frais
…	**Origine :** Afrique de l'Ouest **Ingrédients :** piments Habanero rouges (piment lanterne), tomates pelées et épépinées, huile végétale, cube de bouillon de viande, eau minérale
…	**Origine :** Inde **Ingrédients :** ghee, pâte de gingembre, pâte d'ail, tomates, gingembre, piments verts, noix de cajou, paprika, crème, bouillon de poulet, coriandre fraîche, sel
…	**Origine :** Japon **Ingrédients :** soja, vinaigre blanc, saké, mirin, kombu, bonite séchée, jus d'agrume (citrus sudachi)

2 **À partir des appellations des plats, des explications de la cheffe, des photos des sauces et en vous aidant des fiches régions p. 253, replacez le nom de chaque sauce ainsi que sa région d'origine dans le tableau.**

Noms des sauces : sauce chien, sauce bordelaise, beurre blanc nantais, sauce Montmorency, aïoli, sauce dieppoise

Régions : Normandie, Nouvelle-Aquitaine, Guadeloupe/Martinique, Provence-Alpes-Côte d'Azur, Île-de-France, Pays de la Loire

Plats et explications de la cheffe	Sauces correspondantes	Régions
Dos de cabillaud confit « Pour réaliser cette sauce, cuire la pomme de terre en robe des champs, puis l'éplucher. Broyer les gousses d'ail au mortier. Ajouter la pulpe de pomme de terre chaude puis le jaune d'œuf, le sel, le poivre et le jus de citron, puis monter à l'huile d'olive. »	…………………… 	……………………
Ravioles de langoustine frites aux saveurs des îles « Pour réaliser cette sauce, réunir dans une calotte les cives, le persil concassé, l'ail écrasé et le piment lanterne haché avec le sel. Verser l'eau minérale chaude et le jus de citron. Ajouter l'huile et poivrer. Laisser infuser durant au minimum 1 h. »	…………………… 	……………………
Marmite de retour de pêche « Pour réaliser cette sauce, faire suer les échalotes dans le beurre. Mouiller avec le vin blanc et faire réduire de moitié. Ajouter le fumet de poisson, le jus de moules et réduire au 4/5e. Ajouter la crème et réduire à nouveau jusqu'à obtenir une sauce nappante. Monter au beurre, ajouter quelques gouttes de jus de citron et les crevettes décortiquées. »	…………………… 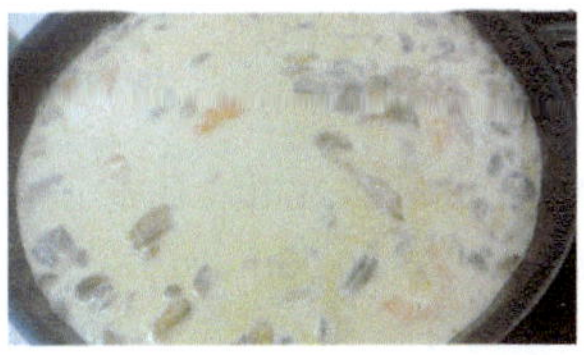	……………………
Bar en croûte d'algue émulsion « Pour réaliser cette sauce, réduire les échalotes et le vin blanc sec du pays nantais à sec puis émulsionner au beurre froid. »	…………………… 	……………………
Aiguillette de bœuf braisée « Pour réaliser cette sauce, réduire au 3/4 le vin rouge avec les échalotes ciselées, le poivre mignonnette, le thym et le laurier. Ajouter une demi-glace de veau puis passer au chinois étamine et additionner de dés de moelle pochés. »	…………………… 	……………………
Magret de canard « Pour réaliser cette sauce, faire une gastrique avec le sucre et le vinaigre. Verser le vin blanc et le fond brun de canard lié. Réduire 10 minutes à feu doux. Ajouter les cerises à l'eau-de-vie puis le cherry brandy et monter au beurre. »	…………………… 	……………………

Comparer les différences entre les liaisons

Lors de cet atelier, vous allez réaliser 3 expériences en 3 groupes afin de comparer les liaisons pour la réalisation d'une blanquette de poisson.

- Un 1er groupe réalisera une expérience à base de roux comme élément de liaison.
- Un 2e groupe réalisera une expérience à base de maïzena comme élément de liaison.
- Un 3e groupe réalisera une expérience à base d'agar-agar comme élément de liaison.

a Réalisez la blanquette de poisson.

1re expérimentation	2e expérimentation	3e expérimentation
Techniques de réalisation – Habiller, lever les filets de poisson. – Réaliser 1 L de fumet de poisson PAI (recette boîte). – Confectionner la liaison à base de roux. – Pocher le poisson dans le fumet. – Verser le fumet bouillant sur le roux et porter à ébullition. – Terminer la sauce veloutée et crémer. – Rectifier l'assaisonnement.	**Techniques de réalisation** – Habiller, lever les filets de poisson. – Réaliser 1 L de fumet de poisson PAI (recette boîte). – Pocher le poisson dans le fumet. – Détendre la maïzena dans un peu de fumet chaud. – Incorporer la maïzena diluée au reste du fumet et porter à ébullition. – Terminer la sauce veloutée et crémer. – Rectifier l'assaisonnement.	**Techniques de réalisation** – Habiller, lever les filets de poisson. – Réaliser 1 L de fumet de poisson PAI (recette boîte). – Pocher le poisson dans le fumet. – Ajouter l'agar-agar et porter à ébullition. – Terminer la sauce veloutée et crémer. – Rectifier l'assaisonnement.

b Pesez les agents de liaison utilisés afin de comparer les quantités utilisées pour obtenir la même texture sur les 3 expériences réalisées.

c Pour chacune des expérimentations, chronométrez le temps qu'il vous a fallu pour la réalisation de la blanquette. Que pouvez-vous en conclure ?

d À l'aide de la fiche technique (valorisée), calculez le coût matière du plat pour chacune des expérimentations. Que pouvez-vous en conclure ?

e Procédez à l'analyse organoleptique des 3 expériences. Pour vous aider à mener à bien cette phase capitale, notez les descripteurs qui correspondent le mieux à la sauce.

Expérience	Analyse organoleptique	
1. Liaison au roux	– Texture : .... – Onctuosité :	– Goût : .... – Visuel : ....
2. Liaison à la maïzena	– Texture : .... – Onctuosité :	– Goût : .... – Visuel : ....
3. Liaison à l'agar-agar	– Texture : .... – Onctuosité :	– Goût : .... – Visuel : ....

1 Repérer l'évolution des sauces à travers l'histoire

« Les sauces jouent un rôle très important dans les plats que nous proposons. Elles ont évolué au fil des époques et se sont complexifiées, allégées... »

L'Éveil des sens

DIRECTRICE ET CHEFFE DE CUISINE | Anaëlle Nguyen

• À l'aide de recherches sur Internet, associez les spécificités des sauces à chaque époque.

Époque	
Antiquité 	A
Moyen Âge 	B
Renaissance (XIe-XVIe siècle) 	C
XVIIe siècle 	D
XVIIIe et XIXe siècles 	E
Début du XXe siècle 	F
1960-1980 	G
XXIe siècle 	H

	Spécificités des sauces
....	Les découvertes de Christophe Colomb et Vasco de Gama permettent d'introduire de nouveaux produits en cuisine. Le **sucre des Antilles** devient notamment l'ingrédient indispensable aux sauces ; les viandes en étaient saupoudrées avant d'être cuites.
....	Le **beurre**, la **crème** et la **farine** s'imposent dans la réalisation des sauces. Dans son ouvrage *Le Cuisinier français*, **François Pierre de La Varenne**, cuisinier célèbre, élargit la notion de sauce et introduit les roux et les fonds. Des jus de viande, des coulis, des sauces par réduction ou par déglaçage sont également utilisés.
....	**Les sauces sont allégées** et on supprime les liaisons jugées trop riches. Les fumets, les concentrés, les jus naturels et les sauces régionales (sauces dijonnaise, provençale…) font leur apparition. **Auguste Escoffier** codifie les recettes emblématiques de la cuisine moderne dans son *Guide culinaire*.
....	La principale sauce utilisée est le **garum**. Elle est à base de chair ou de viscères de poissons fermentés dans du sel. Dans son traité de cuisine *De re coquinaria*, **Marcus Gavius Apicius**, cuisinier de l'empereur Tibère, propose également plusieurs sauces à base d'herbes aromatiques, d'épices, de vin…
....	Les sauces deviennent de plus en plus légères, soyeuses et parfumées. La cuisine moléculaire permet ces prouesses techniques. Les écumes, les émulsions font leur apparition dans les appellations. Les jus courts apportent un gain de temps et d'énergie, leurs saveurs sont intenses. De célèbres chefs comme **Heston Blumenthal**, **Thierry Marx**, **Pierre Gagnaire** ou encore **Mauro Colagreco** valorisent ces sauces.
....	Différentes appellations de sauces apparaissent : matelote, oursinade ou marinière, gribiche ou ravigote, chasseur ou diable, royale ou Richelieu. Les sauces s'enrichissent des condiments typiques d'une région : aïoli (ail), bordelaise (échalote), bourguignonne (vin)… De célèbres chefs comme **Paul Bocuse**, **Alain Ducasse**, **Bernard Loiseau**, **Joël Robuchon** mettent ces sauces à l'honneur dans leurs créations.
....	Apparition des premières recettes de sauces à base de jus de viande. Les liaisons se font avec de la **mie de pain non levée**. Exemples de noms de sauces : dodine, poivrade, au verjus (pressage de raisin vert, pas encore mûr), cameline. Dans son livre de cuisine *Le Viandier*, **Taillevent** présente plusieurs recettes de ces sauces.
....	**Antonin Carême** établit un classement des sauces au début du XIXe siècle. Il identifie quatre « sauces mères » desquelles dérivent toutes les autres : l'espagnole, le velouté, l'allemande et la béchamel. Il est le créateur d'une grande partie des sauces encore utilisées aujourd'hui.

SYNTHÈSE

On distingue 2 types de fonds :

- ……………………………
  - Fond blanc de veau
  - Fond blanc de volaille
  - Fumet de poisson
  - Marmite (de bœuf)
  - Bouillon de légumes
  - Fumet de crustacés
- ……………………………
  - Fond brun de veau
  - Fond brun de volaille
  - Fond brun de canard
  - Fond brun (ou fumet) de gibier

Après réduction de ces fonds, on obtient :

- ……………………………
  Réduction de 3/4 du volume
- ……………………………
  Réduction de 9/10e du volume
- ……………………………
  Évaporation sous forme de gouttelettes, encore + concentré

Il existe 5 types de liaisons :

- À base de protéines (œufs, foie gras, sang...)
  Ex. : ……………………………
- ……………………………
  Ex. : potages
- À base d'amidon (farines)
  Ex. : sauce bœuf bourguignon
- …………………………… (gélatine)
  Ex. : sauce aux pommes
- Par réduction ou émulsion
  Ex. : ……………………………

Les liaisons à l'amidon peuvent être de 3 sortes :

- ……………………………
  Ex. : singer (ragoût)
- ……………………………
  Ex. : béchamel
- ……………………………
  Ex. : sauce bigarade

Les agents de texture utilisés dans les sauces peuvent être :

- ……………………………
  Ex. : lécithine
- **Épaississants**
  Ex. : ……………………………
- ……………………………
  Ex. : carraghénanes
- **Gélifiants**
  Ex. : ……………………………

Il existe une grande diversité de sauces à travers le monde :

- **Sauces régionales**
  Ex. : ……………………………
- **Sauces internationales**
  Ex. : ……………………………

MOTS-CLÉS

Fond • **Fumet** • **Agent de texture** • **Glace** • **Demi-glace** • **Essence**

QUIZ INTERACTIF
liennathan.fr/iz3v45

CHAPITRE 4

Optimiser les cuissons

COMPÉTENCES

C1-2.11 Mettre en œuvre les cuissons

C1-2.5 Réaliser les marinades, saumures et sirops

C1-3.7 Optimiser la production

SAVOIRS ASSOCIÉS

SA C1-2.11 Les cuissons

SA C1-2.5 Les marinades, saumures

SA C1-3.7 L'optimisation de la production

CO-INTERVENTION P. 8

MATHS : 8. Déterminer le lien entre rayon et hauteur d'une russe
9. Prévoir la pasteurisation pour la cuisson sous vide

ATELIER EXPÉRIMENTAL ET TECHNOLOGIQUE P. 71

Situation professionnelle

LE DISTRICT

Pendant les prochains services au restaurant Le District, vous allez aider Nora Khalil, la sous-cheffe, à réaliser les cuissons et marinades pour les différents plats de la carte.

Nora met un point d'honneur à ce que toutes les cuissons soient maîtrisées à la perfection. Elle souhaite également tester certains modes de cuisson pour les mois à venir et réfléchir à de nouveaux équipements.

AVANT LA CLASSE

Vidéo : *Comment ça marche ? Cuisson sous vide avec le #SelfCookingCenter*
liennathan.fr/5w85ad

- **Lors de vos expériences en stage, avez-vous déjà mis en œuvre une cuisson sous vide ? Citez les étapes de cette cuisson en vous aidant de la vidéo.**

MISSION 1

Identifier l'évolution des techniques et matériels de cuisson

« Aujourd'hui, en cuisine, nous utilisons des équipements et matériels de cuisson qui nous permettent de mettre en œuvre différentes techniques. Celles-ci se sont développées et ont évolué à travers les époques. »

Podcast : *La cuisson*
On n'arrête pas l'Histoire...
liennathan.fr/2d9yx9

1 Reliez chaque époque aux techniques et matériels de cuisson correspondants.

Époques	
	**Préhistoire** •
	**Antiquité** •
	**Moyen Âge** •
	**Siècle des Lumières** (XVIIIe) •
	**Époque moderne** (XIXe siècle) •
	**Époque contemporaine** (XXe-XXIe siècle) •

Techniques et matériels de cuisson
• La découverte du feu est une grande étape car elle marque l'invention de la cuisson. La chaleur du feu permet de cuire les aliments qui étaient auparavant consommés crus.
• Des fourneaux en maçonnerie puis en fonte ou en fer apparaissent. Ils permettent de cuisiner à une bonne hauteur, de mieux ajuster la température de cuisson et de varier les préparations, qui peuvent être cuites dans des récipients différents (poêles, casseroles…). Ils assurent aussi une meilleure sécurité.
• Construction de premiers fours simples et utilisation de la cuisson à la broche pour cuire les viandes, souvent lors de banquets sacrificiels. On utilise aussi très souvent des poteries afin de limiter le risque de brûler les aliments.
• Généralisation des fours à gaz et apparition des plaques de cuisson et des fours électriques. Invention du micro-ondes. Ces nouveaux matériels permettent de faire de nombreuses cuissons et de respecter les protocoles d'hygiène, comme la cuisson sous vide, à basse température.
• Apparition des gazinières et des fours à charbon puis à gaz, qui permettent de mieux maîtriser la cuisson des aliments.
• Les fours à bois et la cuisson sur feu vif se généralisent. On commence à comprendre les cuissons rôtir, griller, pocher et frire. On sait cuire au bain-marie, grâce à un chaudron.

« Je viens de recevoir le nouveau catalogue de notre fournisseur de matériels de cuisson (**document 1**). J'aimerais que vous m'aidiez à identifier le ou les matériels dont l'utilité serait indispensable pour la réalisation des plats de la carte. »

DOCUMENT 1 Extrait du nouveau catalogue de matériels de cuisson

Nom		Descriptif	Vous pouvez...
	**Machine sous vide**	Ce n'est pas un matériel de cuisson, mais il permet de mettre sous vide des aliments pour une cuisson ou une conservation.	Mettre sous-vide.
	**Thermo-plongeur**	Cet appareil transportable est idéal pour cuire les aliments dans un bain d'eau circulant à une température contrôlée et précise à 0,1 °C.	Pocher, cuire à basse température et sous vide.
	**Vario-Cooking**	C'est une sauteuse multifonction : pocher, sauter, frire, cuire à basse température, confire, cuire sous vide… Grâce à cet appareil et ses 2 cuves indépendantes, il est possible de faire des cuissons différentes en même temps.	Réaliser tous les modes de cuisson, sauf vapeur.
	**Hold-o-mat**	Grâce à son système unique de gestion de la température et de l'humidité, le Hold-o-mat est le plus précis des appareils de cuisson basse température, de production et de maintien au chaud, avec une exactitude de ± 1 °C.	Réaliser la cuisson basse température sans poche sous vide.
	**Cellule mixte**	Elle est capable de gérer refroidissement, surgélation, fermentation contrôlée, décongélation, pasteurisation ou cuisson basse température par simple pression sur une touche.	Réaliser la cuisson basse température sans poche sous vide.
	**Cuiseur à pâtes**	Il permet une cuisson homogène et rapide d'une grande quantité de pâtes. Il est équipé de paniers relevables automatiquement.	Pocher.
	**Four multi-ondes**	Il combine l'air chaud d'un four multifonction, la chaleur tournante et la vitesse d'un micro-ondes pour des préparations réussies.	Réaliser tous les modes de cuisson, sauf sauter.

2 Cochez le(s) matériel(s) du catalogue fournisseur qui serai(en)t adapté(s) pour cuire chaque plat chaud.

Plats chauds à préparer	Contrainte	Thermo-plongeur	Vario-Cooking	Hold-o-mat	Four programmable ou multi-ondes	Cuiseur à pâtes
Bo bun du moment	Viande de bœuf sautée	☐	☐	☐	☐	☐
Salade de pâtes	Cuisson des pâtes	☐	☐	☐	☐	☐
Burger « signature »	Steak sauté	☐	☐	☐	☐	☐
Noix de veau basse température cuisson de nuit	Noix de veau sous-vide cuite basse température	☐	☐	☐	☐	☐
Entrecôte Angus sauce béarnaise	Entrecôte sautée + sauce béarnaise	☐	☐	☐	☐	☐
Bœuf bourguignon (suggestion du jour)	Viande en ragoût à brun	☐	☐	☐	☐	☐

3 Quel équipement conseilleriez-vous à M. Patil d'acheter ?

....

MISSION 2

Maîtriser les cuissons simples avec brunissement

« Dans notre établissement, nous utilisons beaucoup les cuissons simples avec brunissement, que ce soit en cuisine ou en pâtisserie. Elles permettent de cuire un aliment avec une matière grasse et sans liquide afin de provoquer une coloration à la surface. Nous allons réaliser un document de synthèse des plats de la carte à l'aide du tableau des modes opératoires des cuissons simples (**document 2**). »

DOCUMENT 2 Les modes de cuisson simple avec brunissement

Mode de cuisson	Sauter	Rôtir	Griller	Frire
Matériel	Sauteuse, sautoir, poêle	Plaque à rôtir, rondeau sans couvercle	Grill ou plancha	Friteuse
Produits concernés	Petite pièce de viande (ex. : escalope) ou poisson (ex. : pavé) ou légumes taillés + matière grasse chaude	Pièce de viande ou poisson entier + matière grasse	Petite pièce + marinade instantanée	Petite pièce + matière grasse chaude (160 °C minimum)
Mode opératoire	– Saisir. – Retourner la pièce sans la piquer. – Assaisonner et laisser reposer.	– Saisir. – Cuire dans un four chaud. – Arroser. – Assaisonner.	– Quadriller. – Retourner. – Assaisonner.	– Plonger dans la matière grasse chaude. – Égoutter sur du papier absorbant pour retirer l'excès de matière grasse. – Assaisonner.
Particularité	– **Sauter paner :** avant la cuisson, enrober l'aliment en le passant dans une anglaise (farine, œufs, huile ou eau) puis dans de la chapelure. – **Sauter déglacer :** sauter l'aliment, ajouter une garniture aromatique, déglacer/réduire, mouiller, chinoiser.	– **Réaliser un jus de rôti.**	Réaliser une marinade instantanée.	Saler juste après cuisson.

« La cuisine simple, c'est ce qu'il y a de plus compliqué.
Joël Robuchon »

1 Cochez le matériel que vous allez utiliser pour les différentes cuissons simples avec brunissement des plats suivants.

Plats				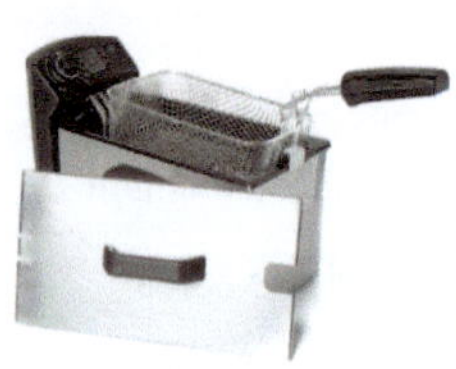
Légumes de saison, riz basmati, sauce miel et épices	☐	☐	☐	☐
Rôti de veau au four	☐	☐	☐	☐
Tataki de thon snacké	☐	☐	☐	☐
Tempura de légumes	☐	☐	☐	☐

2 **Reliez les différents plats aux modes de cuisson appropriés et aux étapes de réalisation. Numérotez les étapes de réalisation dans l'ordre chronologique.**

Rôti de veau	Légumes de saison, riz basmati, sauce miel et épices	Tataki de thon snacké	Tempura de légumes

Sauter	Snacker	Frire	Rôtir
Étape n°1	Étape n°...	Étape n°...	Étape n°...

Préparer et émincer les légumes	Préparer une petite pièce	Préparer une petite pièce	Arroser
Étape n°2	Étape n°...	Étape n°...	Étape n°...

Chauffer l'huile dans un wok	Griller	Assaisonner	Cuire dans un four chaud
Étape n°3	Étape n°...	Étape n°...	Étape n°...

Sauter au wok	Assaisonner	Égoutter sur du papier absorbant	Saisir
Étape n°4	Étape n°...	Étape n°...	Étape n°...

Assaisonner	Retourner	Plonger dans la matière grasse chaude	Assaisonner

MISSION 3

Maîtriser les cuissons simples sans brunissement

« Nous cherchons aujourd'hui à proposer des cuissons plus diététiques car certains de nos clients font très attention à leur santé. Les cuissons simples sans brunissement conservent davantage les vitamines, les minéraux et préservent mieux les couleurs naturelles (**document 3**). »

DOCUMENT 3 Les modes de cuisson simple sans brunissement

Mode de cuisson	Pocher départ à froid	Pocher départ à chaud	Pocher à court mouillement	Vapeur
Exemple de mise en application	Pot-au-feu	Haricots verts à l'anglaise	Darne de colin sauce au vin blanc	Chou-fleur surgelé
Matériel	Marmite, russe		Plaque à rôtir ou bac gastronorme + four	Four polycuiseur Four vapeur Panier bambou Cuiseur couscoussier
Matière d'œuvre	Grosse pièce de viande	Petite pièce (légumes, fruits, poisson, volaille) Œuf avec du vinaigre dans l'eau	Poisson entier ou détaillé en darne, pavés	Petite pièce (légumes, poisson, volaille)
Mouillement	Eau, lait, fumet, bouillon			Vapeur
Mode opératoire	– Immerger l'aliment. – Porter à ébullition. – Ajouter une garniture aromatique (facultatif). – Cuire (phénomène d'osmose). – Écumer. – Égoutter.	– Porter à ébullition un liquide. – Immerger l'aliment. – Ajouter une garniture aromatique (facultatif). – Cuire. – Écumer. – Rafraîchir. – Égoutter.	– Placer l'aliment dans un bac gastronorme avec un mouillement à mi-hauteur. – Ajouter la garniture aromatique. – Enfourner durant une courte durée. – Réaliser une sauce par réduction.	– Placer l'aliment dans un support perforé. – Assaisonner. – Mettre au contact de la vapeur sans aucun mouillement.

1 **Identifiez le mode de cuisson que vous allez devoir réaliser en fonction des consignes données par Mathias, le chef de partie.**

Propos de Mathias	Mode de cuisson
« On va cuire les haricots verts dans de l'eau salée, puis refroidir pour fixer la couleur verte… »	....
« On cuira les filets de sole avec un mouillement à mi-hauteur pour ne pas perdre toutes les saveurs. »	....
« On cuit la viande dans un bouillon parfumé pour avoir le maximum d'échange entre le liquide et la viande. »	....
« Pour bien garder les valeurs nutritionnelles du cabillaud, disposez-le dans un bac perforé… »	....

2 Pour la nouvelle carte, identifiez le produit qui nécessite une cuisson sans brunissement et cochez le mode de cuisson des plats afin d'anticiper la mise en place.

Plats		Produit nécessitant une cuisson sans brunissement	Pocher départ à froid	Pocher départ à chaud	Pocher à court mouillement	Vapeur
	Tartine d'avocat et œuf poché vinaigrette au balsamique	....	☐	☐	☐	☐
	Blanquette de veau poché dans un bouillon au curry	....	☐	☐	☐	☐
	Filet de bar en court-bouillon de légumes	....	☐	☐	☐	☐
	Poire pochée et glace à la vanille	....	☐	☐	☐	☐
	Poulet snacké minute et petits légumes croquants cuits en couscoussier	....	☐	☐	☐	☐

3 Reliez chaque préparation pour les nouveaux plats de la carte au matériel de cuisson qui sera utilisé pour sa réalisation.

Œuf poché	Petits légumes croquants cuits en couscoussier	Filet de bar en court-bouillon	Poire pochée	Blanquette de veau
....	....	....	....	....

A	B	C
 Marmite	  Bac gastronorme + four fonction chaleur sèche	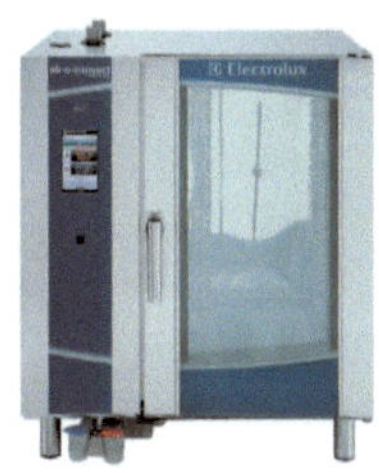 Four fonction vapeur

MISSION 4

Repérer les différents types de marinades adaptées pour les cuissons

« Pour les essais des plats de la future carte du restaurant, vous allez m'aider à mettre en place les saumures (**document 4**) et les marinades (**document 5**). Le chef souhaite en effet que l'on mette en valeur les marinades courtes qui vont permettre d'attendrir, d'aromatiser ou de faire une cuisson par réaction physico-chimique avec un produit acide. »

DOCUMENT 4 Explications concernant les saumures

La saumure, c'est simplement de l'eau très salée que l'on utilise pour apporter du moelleux aux produits. Immerger une viande, un poisson ou un fromage va lui faire perdre rapidement de son eau. Il peut paraître curieux de « sécher » un aliment en le plongeant dans de l'eau, mais c'est pourtant ce qu'il se passe et le phénomène apporte de la fermeté aux produits !
Plus la saumure est salée et plus le produit va rejeter de l'eau. Si l'on veut maîtriser un tant soit peu le processus de séchage en saumure, il faut faire des essais.

Vidéo : *Saumurage d'un poisson*
liennathan.fr/64gmr2

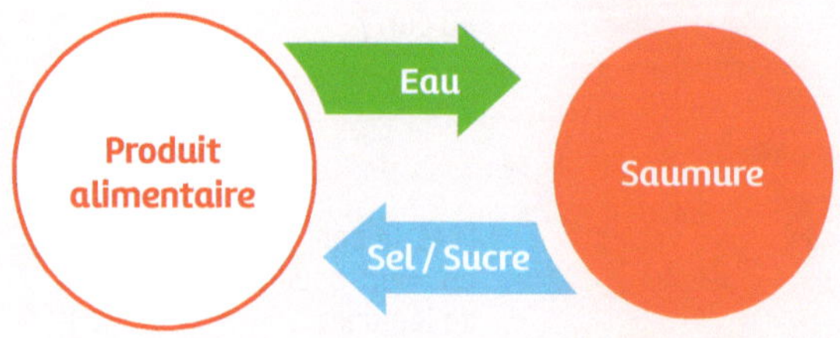

1 Indiquez, dans l'ordre chronologique, les étapes du saumurage du filet de saumon qui sera en suggestion du jour.

Retirer au bout de 5 à 10 minutes. ....

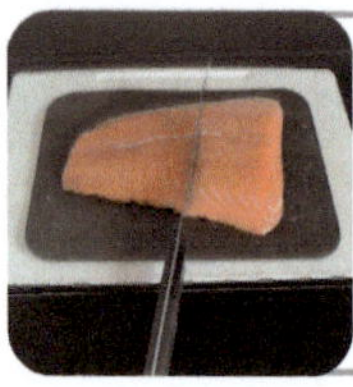

Détailler les pavés de saumon. ....

Préparer un bain à 10 % de sel. ....

Plonger dans la saumure. ....

Bien sécher sur du papier absorbant avant cuisson. ....

DOCUMENT 5 Les marinades courtes

La marinade courte
permet d'attendrir et/ou de parfumer un produit.

La marinade à sec

Avant la cuisson d'une viande ou d'un poisson, l'enrober d'épices ou d'aromates durant quelques heures.
But : aromatiser le produit pour son goût.
Exemple : curry d'agneau.

La marinade instantanée

Lors de la cuisson griller, placer l'aliment dans un mélange d'huile et d'aromates juste avant de le mettre sur le gril ou la plancha.
But : éviter que le produit accroche sur le gril ou la plancha.
Exemple : darne de saumon grillée.

La marinade de cuisson

Lors de la réalisation d'un carpaccio, verser un acide (jus de citron, vinaigre...) sur les chairs puis parfumer avec un liquide aromatique (huile d'olive, huile de sésame...) et des aromates (thym, ail...).
But : pour créer une décoction (acide) des protéines de surface et donner un goût et une texture différents au produit.
Exemple : carpaccio de bœuf.

Vidéo : *Recette de marinade pour gibiers*
liennathan.fr/a77dm3

2 Pour chaque plat de la nouvelle carte, cochez le type de marinade à réaliser et indiquez l'élément principal de la marinade en vous aidant de la liste des ingrédients ci-dessous.

Paprika – Romarin – Jus de citron – Pâte de curry – Câpres – Herbes de Provence

Plat	Descriptif technique	Marinade à sec	Marinade instantanée	Marinade de cuisson
Échine de porc marinée tex-mex grillée 	– Détailler les échines. – Mariner 24 h avec les épices tex-mex et de l'huile d'olive. – Griller.	☐ …………………… ……………………	☐ …………………… ……………………	☐ …………………… ……………………
Dorade rôtie au romarin 	– Habiller la dorade. – Imprégner la dorade dans un mélange d'huile d'olive, de jus de citron et de thym. – Assaisonner et rôtir à 180 °C.	☐ …………………… ……………………	☐ …………………… ……………………	☐ …………………… ……………………
Carpaccio de bœuf 	– Émincer le filet de bœuf à la trancheuse. – Disposer dans une assiette. – Napper d'un mélange de jus de citron, d'huile d'olive, de sel et de poivre. – Dresser avec du parmesan.	☐ …………………… ……………………	☐ …………………… ……………………	☐ …………………… ……………………
Filet de thon snacké aux câpres 	– Tailler une escalope de thon. – Passer dans un mélange d'huile d'olive, de câpres et de thym frais. – Cuire à la plancha.	☐ …………………… ……………………	☐ …………………… ……………………	☐ …………………… ……………………
Brochette de mignon de porc rôti à la pâte de curry 	– Tailler les cubes de mignon de porc. – Mariner avec la pâte de curry pendant 2 h. – Griller.	☐ …………………… ……………………	☐ …………………… ……………………	☐ …………………… ……………………
Saumon gravlax 	– Sécher le filet de saumon dans le sel. – Mariner au citron et à l'aneth.	☐ …………………… ……………………	☐ …………………… ……………………	☐ …………………… ……………………
Faux-filet grillé aux herbes de Provence 	– Tailler le faux-filet. – Passer dans un mélange d'huile d'olive et d'herbes de Provence. – Griller et assaisonner.	☐ …………………… ……………………	☐ …………………… ……………………	☐ …………………… ……………………

MISSION 5

Maîtriser les cuissons complexes

« En cuisine, pour valoriser au mieux les morceaux de 2e et 3e catégories, qui sont moins chers, je vais utiliser des cuissons longue et lente (**document 6**). Dans un premier temps, vous allez m'aider à réaliser le bœuf bourguignon du repas du personnel. »

DOCUMENT 6 Les modes de cuisson complexe

Mode de cuisson	Ragoût à blanc	Ragoût à brun	Poêler	Braiser
Exemples de plat	Fricassée de poulet à l'estragon	– Daube de taureau – Civet de sanglier	Carré de porc poêlé Choisy	Laitue braisée
Matériel	Matériel allant au four avec couvercle (rondeau bas)			
Matière d'œuvre	– Garniture aromatique – Mouillement (vin, fond) – Farine, matière grasse – Pièce de 0,050 kg		– Garniture aromatique – Mouillement (vin, fond) – Matière grasse – Grosse pièce de viande ou poisson ou légume entier	
Mode opératoire	– Raidir (l'aliment est soumis à la chaleur sans subir de coloration). – Suer une garniture aromatique. – Singer (saupoudrer de farine). – Déglacer. – Mouiller au fond blanc. – Porter à ébullition. – Cuire au four et à couvert. – Décanter / chinoiser. – Rectifier la liaison. – Napper la viande.	– Mariner pour le gibier. – Rissoler. – Suer une garniture aromatique. – Singer. – Déglacer. – Mouiller au fond brun. – Porter à ébullition. – Cuire au four et à couvert. – Décanter / chinoiser. – Rectifier la liaison. – Napper la viande.	– Rissoler (provoque une coloration avec l'action de la chaleur). – Ajouter une garniture aromatique. – Cuire au four avec couvercle. – Assaisonner. **Pour réaliser un fond de poêlage :** dégraisser, pincer les sucs, déglacer / réduire, mouiller, réduire, chinoiser, glacer l'aliment (voir chapitre 3).	– Saisir. – Suer une garniture aromatique. – Déglacer. – Mouiller / assaisonner. – Porter à ébullition. – Cuire au four et à couvert. – Décanter / chinoiser. – Réduire. – Glacer (arroser) la pièce de viande ou de poisson.

1 **Identifiez le mode de cuisson à mettre en œuvre pour réaliser le bœuf bourguignon.**

....

Vidéo : *Cuire un ragoût à brun*
liennathan.fr/9t3kw7

2 **Replacez les étapes de la cuisson du bœuf bourguignon dans l'ordre.**

Enfourner à 180 °C à couvert. ....

Rissoler la viande. ....

Servir / dresser. ....

Déglacer ou mouiller au vin rouge. ....

Tailler la garniture aromatique et la viande. ....

Sauter la garniture. ....

Singer. ....

Chinoiser. ....

Colorer et ajouter la garniture aromatique. ....

« Le mois prochain, nous allons organiser une semaine à thème : « Les plats du monde ». Nous avons réfléchi aux plats que nous souhaiterions proposer et pour anticiper les commandes, il convient à présent d'identifier les modes de cuisson pour planifier l'utilisation des matériels et de lister les ingrédients principaux de ces plats. »

3 **Identifiez les modes de cuisson et les ingrédients principaux des plats du mois sur le thème « Les plats du monde ».**

Plat	Descriptif	Mode de cuisson	Ingrédients principaux
	**Goulasch** Ragoût de bœuf hongrois à la tomate (très présent dans la cuisine hongroise)	....	....
	**Curry masala** Ragoût de poulet parfumé avec un mélange d'épices, dont le curry (très présent dans la cuisine indienne)	....	....
	**Charquicán** Ragoût d'Amérique latine à base de morceaux de pommes de terre, de haricots verts, de grains de maïs et de petits bouts de viande de cheval	....	....
	**Endives braisées au jambon** Endives roulées dans des tranches de jambon cuites dans un rondeau avec une garniture aromatique et un mouillement à hauteur	....	....
	**Chili con carne** Ragoût américain épicé dont les ingrédients essentiels sont la viande de bœuf, le chili et les haricots rouges	....	....
	**Carré de porc poêlé aux abricots** Carré de porc manchonné et cuit au four dans un rondeau avec couvercle avec une garniture aromatique	....	....

4 **Identifiez le matériel unique qui sera utilisé pour réaliser l'ensemble des cuissons pour les plats présentés à la question 3.**

☐	☐	☐	☐

MISSION 6

Identifier les rendements des viandes en cuisson

« Je souhaite proposer du faux-filet grillé à la nouvelle carte, mais avant tout, il me faut sélectionner un fournisseur. Je veux connaître le rendement à la cuisson du bœuf frais reçu ce matin (**documents 8 et 9**). Voici la prise de note du chef de partie, Mathias Müller, sur le poids de départ et le poids servi dans l'assiette (**document 7**). »

DOCUMENT 7 Note de Mathias Müller

14/08/N

Cuisson d'un faux-filet de bœuf

Perte lors du parage : 0,147 kg

Poids après cuisson griller : 0,983 kg

Portion du produit servi : 0,150 kg

DOCUMENT 8 Étiquette de traçabilité

Bœuf – FAUX-FILET

FR
70 – 245 – 002
CE

Lieu d'élevage : France
Lieu d'abattage : France
Lieu de découpe : France

Emballée le : 04/08/N

Poids net : 1,457 kg
À consommer avant le : 15/08/N
À conserver entre 0 °C et + 2 °C

Origine : France
Catégorie : Vache
Type : Viande

Lot : 14325-36

VIANDE BOVINE FRANÇAISE

GAEC Paoline – 34 rue des Champs 70220 FOUGEROLLES

DOCUMENT 9 Propos de Léo, le sous-chef

« Il faut être attentif, comparer ce qui est comparable et bien faire la différence entre la marchandise achetée et la marchandise servie. Voici quelques références de taux de rendement à la cuisson :

- pour les viandes, le rendement est très variable : 30 % de perte pour une viande avec os et grasse, 10 % pour un morceau de viande sans os ;
- pour les poissons, coquillages et crustacés, le rendement se calcule par rapport au mode de cuisson : 15 % de perte pour une cuisson griller et 10 % pour une cuisson vapeur ;
- pour les légumes : en moyenne, 10 % de perte.

Pour les cuissons sous vide ou basse température, les pertes sont moins conséquentes. On peut même, dans certains cas (comme les volailles), gagner du poids. »

1 **Complétez les 2 lignes de la fiche de rendement et cochez le mode de cuisson.**

FICHE DE RENDEMENT

DATE : 08/08/N Marque ou fournisseur : GAEC Paoline PRODUIT ANALYSÉ : FAUX-FILET DE BŒUF

CLASSIFICATION : ☒ Viande ☐ Poisson ☐ Fruits et légumes ☐ Épicerie SPÉCIFICATION D'ACHAT : ☒ Frais ☐ Congelé

INFORMATION DE DÉPART : Poids : 1,457 Conditionnement : en barquette frais Provenance : France

DESCRIPTEURS	POIDS	% de rendement	COEFFICIENT
Poids de départ	1,457 kg	100 %	
Perte d'os/gras/peau/arête (viande/poisson)	0,147 kg	10 %	
Perte ou gain à la cuisson	....	....	....
Poids du produit servi	....	....	....

TYPE DE CUISSON : ☐ Rôti ☐ Grillé ☐ Poché ☐ Poêlé ☐ Sauté ☐ Frit ☐ Braisé ☐ Vapeur ☐ Sous vide

DOCUMENT 10 Aide aux calculs

Pourcentage de rendement	Coefficient de rendement	Coût réel du produit par portion
$\frac{\text{Poids des pertes}}{\text{Poids à l'achat}} \times 100 = \%$ de rendement	$\frac{\text{Poids à l'achat}}{\text{Poids du produit servi}} =$ coefficient	Prix à l'achat au kg × Coefficient de rendement = Coût réel du produit × Poids servi au client = Prix réel servi

2 Calculez le coût réel par portion à l'aide du document 10.

....

3 Le chef souhaite que le coût réel servi par portion ne dépasse pas 8,50 € pour vendre le plat à 26 € sur la prochaine carte. Allez-vous pouvoir sélectionner ce fournisseur sachant que le prix d'achat du faux-filet est de 37,90 €/kg ?

....

ATELIER EXPÉRIMENTAL ET TECHNOLOGIQUE

Mesurer les rendements lors des cuissons

Dans le cadre des travaux pratiques dans votre restaurant d'application, votre chef veut savoir quel plat sera le plus pertinent (en termes de quantité dans l'assiette du client) à mettre à la nouvelle carte de la saison.

a Réalisez les 3 plats ci-dessous à partir d'un blanc de dinde d'environ 1,5 kg pour 8 couverts mais avec des cuissons différentes en choisissant le matériel de cuisson adapté. Vous pouvez réaliser ces productions par groupes.

Plat 1	**Escalopes de dinde sautées**	• Tailler et battre les escalopes de 0,160 kg chacune. Sauter dans un beurre moussant. • Débarrasser et laisser reposer. Servir.
Plat 2	**Blanquette de dinde à l'estragon**	• Détailler la dinde en morceaux de 0,050 kg, prévoir 0,150 kg par personne. • Tailler une garniture aromatique et préparer un fond blanc de volaille. • Cuire en ragoût à blanc (voir mission 5). Servir.
Plat 3	**Blancs de dinde basse température au cidre**	• Détailler la dinde en morceaux de 0,050 kg, prévoir 0,150 kg par personne. • Tailler 0,100 kg de carottes en macédoine, ciseler 0,050 kg d'oignons et tailler 2 pommes en quartiers. • Disposer dans une poche sous vide 0,02 L de calvados, 0,10 L de cidre, 0,10 L de fond de volaille, 0,05 L de crème liquide, les morceaux de dinde, les quartiers de pommes, les carottes, les oignons et assaisonner avec du sel et du poivre. • Cuire dans un four polycuiseur pendant 1 h à 65 °C, déconditionner et rectifier l'assaisonnement. Servir.

b Calculez le coefficient de rendement du blanc de dinde de chaque plat et son coût de revient à l'aide de la mercuriale de votre chef.

Plat 1	Plat 2	Plat 3
....	....	....
....	....	....

c Pour chaque expérimentation, réalisez une analyse organoleptique sur le blanc de dinde.

d Qu'en concluez-vous ? Comment pourriez-vous améliorer le rendement sur toutes les cuissons ?

1 Remédier lors d'un retour client sur les cuissons

« Au sein du restaurant L'Archibald, nous avons mis en place une borne digitale sur laquelle les clients peuvent saisir des idées destinées à améliorer la qualité mais aussi participer au développement du produit ou du service rendu. Le concept de la boîte à idées n'est pas nouveau dans les restaurants. À la suite du dépouillement des coupons du mois dernier, beaucoup de personnes se plaignent des cuissons. Il nous faut absolument étudier les pistes pour améliorer la prestation. »

ARCHIBALD

SECOND DE CUISINE | **Diane Kaminsky**

- **À partir des commentaires reçus le mois dernier, identifiez la précaution à prendre lors des prochaines cuissons.**

Commentaires	Précautions
Commentaire n° 15 envoyé le 10 mai **Goût de fer…** J'ai commandé un steak grillé hier et ma viande avait un goût de fer.	Vérifier la température et le temps de cuisson avant d'enfourner.
Commentaire n° 30 envoyé le 18 mai **Viande pas cuite !** Commentaire à la suite de mon passage de ce midi : Plat du jour : bœuf bourguignon. La viande était très difficile à manger et les morceaux qu'on m'a servis étaient presque crus.	Bien débarrasser les fritures sur du papier absorbant avant l'envoi.
Commentaire n° 45 envoyé le 25 mai **Les frites** Les frites étaient trop grasses.	Bien brosser le gril entre chaque cuisson, ne pas trop le chauffer pour éviter de ferrer la viande.
Commentaire n° 48 envoyé le 25 mai **Le poisson** La darne de saumon grillé était très grasse et trop parfumée par les aromates.	Bien refroidir les légumes cuits à l'anglaise avant de réchauffer dans un beurre moussant.
Commentaire n° 54 envoyé le 28 mai **Les légumes** Les haricots verts étaient froids et la couleur était très pâle, non brillante.	Ne pas trop laisser mariner les produits dans l'huile. Il faut juste les tremper pour apporter une fine pellicule de graisse.

LoKal

2 Introduire la cuisson « plancha » ou « teppanyaki »

Vidéo : *Teppanyaki*
liennathan.fr/9f2be9

« Nous sommes en réflexion à la cafétéria LoKal sur un aménagement avec la nouvelle tendance des cuissons devant le client, type « cuisine spectacle » (**document**). Nous devons prendre en compte la sécurité de la clientèle (projection de graisse) et des utilisations possibles. Aidez-moi à faire une fiche de synthèse que je transmettrai au pôle financier. »

DIRECTEUR DE LA RESTAURATION | Vincent Tixier

DOCUMENT La plancha et le teppanyaki

Le teppanyaki est issu de la cuisine japonaise : il s'agit de la contraction des mots japonais *teppan* (« plaque de fer ») et *yaki* (« grillé »), soit « grillé sur une plaque de fer ». *Plancha* est un terme espagnol qui signifie « planche ».
Ces deux ustensiles sont des plaques chauffantes destinées aux grillades et aux sautés. Par définition, la plancha et le teppanyaki représentent le même mode de cuisson : la cuisson avec brunissement sur une plaque chauffante, le spectacle en plus : le cuisinier doit créer une certaine relation avec la clientèle.
Le matériau différencie l'un de l'autre : la plancha peut être en inox, en fonte ou avec un revêtement antidérapant. Le teppanyaki, lui, est en acier chromé pur d'une épaisseur de 2 cm.

1 **Cochez les aliments, issus des préparations de la carte de la cafétéria, qui peuvent être cuits sur le teppanyaki.**

Cuisson sur teppanyaki adaptée		Cuisson sur teppanyaki inadaptée	
☐ Steak du burger	☐ Côtelette d'agneau	☐ Steak du burger	☐ Côtelette d'agneau
☐ Julienne de légumes vapeur	☐ Contrefilet rôti	☐ Julienne de légumes vapeur	☐ Contrefilet rôti
☐ Entrecôte sauce roquefort	☐ Oignon grelot glacé	☐ Entrecôte sauce roquefort	☐ Oignon grelot glacé
☐ Bavette à l'échalote	☐ Crêpe pour le dessert	☐ Bavette à l'échalote	☐ Crêpe pour le dessert
☐ Bœuf bourguignon	☐ Petits pois à l'anglaise	☐ Bœuf bourguignon	☐ Petits pois à l'anglaise
☐ Darne de saumon pochée	☐ Poulet rôti	☐ Darne de saumon pochée	☐ Poulet rôti
☐ Poêlée de champignons		☐ Poêlée de champignons	

2 **Quel est le matériel à acheter dans le cadre du développement de la cuisson teppanyaki ?**

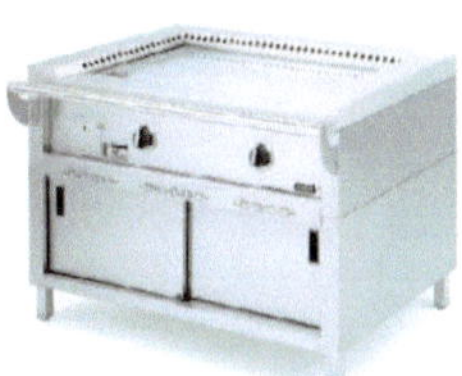 Plaque de gril en acier spécial haute température (20 mm d'épaisseur)	 Plaque en fonte spéciale grillade, avec récupérateur de graisses	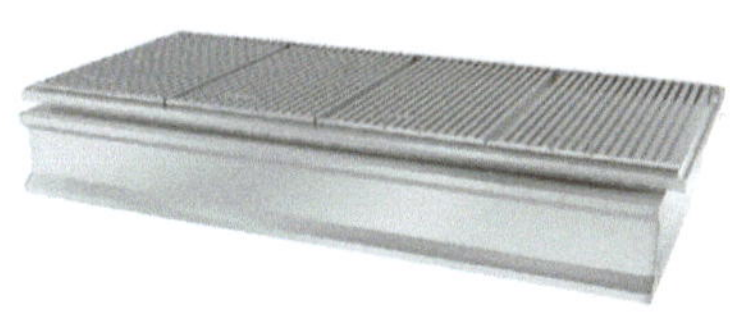 Barbecue à charbon en inox avec une capacité de 50 L de charbon, montée en température rapide
☐	☐	☐

3 **Citez la précaution à prendre dans le cadre de l'installation d'une cuisine spectacle.**

....

SYNTHÈSE

Les différents types de cuisson simple avec brunissement :

....	....	....	....
Cuisson uniforme dans un four sec	Cuisson rapide dans une sauteuse avec une matière grasse chaude	Cuisson rapide sur un gril ou une plancha	Cuisson dans un bain d'huile bouillante
Grosses pièces entières	Petites pièces		

Les différents types de cuisson simple sans brunissement :

....	....	....	....
Cuisson dans un liquide départ à froid (osmose)	Cuisson dans un liquide départ à chaud	Cuisson avec mouillement à mi-hauteur au four	Cuisson douce dans un four vapeur
Grosses pièces et pommes de terre	Petites pièces détaillées		Petites pièces

Des cuissons plus complexes peuvent être réalisées pour certains aliments :

....	....	....	....
Cuisson dans une sauce blanche	Cuisson dans une sauce brune	Cuisson au four avec garniture aromatique + couvercle	Cuisson au four avec mouillement + garniture aromatique + couvercle
Petites pièces détaillées et morceaux de 3e catégorie		Grosses pièces entières	

Différents types de marinade sont adaptés aux cuissons :

- Saumurage
- Marinades courtes :
  - ....
  - ....
  - ....

On distingue 2 types de perte pour le rendement des viandes :

- ....
- ....

MOTS-CLÉS

Cuissons simples • **Cuissons complexes** • **Rendement**

QUIZ INTERACTIF
liennathan.fr/79h2jw

CHAPITRE 5

Proposer des entrées et des plats qui valorisent les produits végétaux

COMPÉTENCES

C1-3.1 Réaliser les potages

C1-3.2 Réaliser les hors-d'œuvre froids et chauds

C1-2.9 Réaliser les préparations de base (purées)

C1-3.5 Réaliser les garnitures d'accompagnement

SAVOIRS ASSOCIÉS

SA C1-2.9 Les préparations de base (purées)

SA C1-3.1 Les potages

SA C1-3.2 Les entrées (froides et chaudes)

SA C1-3.5 Les garnitures d'accompagnement

ATELIER EXPÉRIMENTAL ET TECHNOLOGIQUE
P. 81

Situation professionnelle

L'Éveil des sens

La cheffe de L'Éveil des sens, Anaëlle Nguyen, souhaite renouveler la carte du restaurant pour suivre les saisons.

Comme à son habitude, elle implique ses collaborateurs et demande à vos responsables, Louis, chef de partie Entrées, et Pablo, chef de partie Poste chaud, de proposer et d'expérimenter de nouvelles entrées et garnitures originales.

La cheffe souhaite également développer son offre 100 % végétale.

AVANT LA CLASSE

Vidéo : ***Lebey du meilleur plat végétarien***
liennathan.fr/7p7m2u

- **Après avoir visionné cette vidéo récompensant le meilleur plat végétarien, que pensez-vous de l'importance accrue des légumes dans la cuisine française ? À votre avis, quelles en sont les raisons ?**

MISSION 1

Identifier, réaliser et moderniser les potages et hors-d'œuvre

CHEF DE PARTIE ENTRÉES

Louis Tellier

« La cheffe met un point d'honneur à proposer des entrées variées (**document 1**) et originales. Avant de nous aider à les réaliser, vous devez connaître les différentes entrées que nous proposons sur l'actuelle carte de saison (**document 2**). »

DOCUMENT 1 Les conseils d'Anaëlle Nguyen, cheffe du restaurant L'Éveil des sens

« Aujourd'hui, avant tout, les entrées doivent être légères et en accord avec les modes et les saisons afin de séduire les clients. Bien que la composition d'un menu classique reste le triptyque entrée-plat-dessert, de plus en plus de clients choisissent le plat en direct ou plat-dessert selon leur humeur et leur budget. Afin de composer une carte d'entrée équilibrée, je conseille de faire figurer à la carte un petit nombre d'entrées mais représentant un maximum de variétés d'aliments (poisson, viande, légumes, fromages, œufs) mais aussi un panel des familles d'entrées chaudes ou froides. Il faut avant tout surprendre le client et lui donner envie. »

1 **Soulignez, dans le document 2, l'élément principal de chaque entrée et classez-le selon la famille d'entrées en reportant son numéro dans le tableau suivant.**

Potages
• Potages clairs ou liés à base de légumes frais taillés ou de purée de légumes secs • Crèmes ou veloutés • Consommés liés, bisques… • Soupes froides, régionales ou étrangères
……………………………………………
Hors-d'œuvre froids
• Légumes crus, cuits, farcis ou confits • Produits de la mer crus ou cuits • Terrines, mousses • Viandes crues ou cuites, charcuteries crues ou cuites, foie gras… • Mixtes à partir de légumes crus ou cuits et de poissons ou viandes
……………………………………………
Hors-d'œuvre chauds
• Pâtisseries salées • Farinages à base de pâte à frire, de pâte à nouilles, de pâte à crêpes, de béchamel, œufs…
……………………………………………

DOCUMENT 2 Extrait de la carte L'Éveil des sens

L'Éveil des sens

ENTRÉES

1	Foie gras de canard des Landes et caviar Baeri d'Aquitaine	29 €
2	Consommé d'anguille fumée, réduction acidulée de reine des reinettes, salicornes	23 €
3	Pressé de foie gras au poivre de Timut, gelée à la rhubarbe	26 €
4	Ravioles terre/mer, sauce bisque de crustacé et crémeux de céleri	20 €
5	Tartare de saumon et grenade, blinis maison et crème acidulé (tartare devant client)	25 €
6	Œuf parfait émulsion aux truffes (lamelles de truffe devant client), risotto de lentilles vertes, chips de pancetta	26 €
7	Aiguillette de sole, bouillon de langoustines et herbes thaïes	26 €

2 **Si vous deviez ajouter une entrée à cette carte pour qu'il y ait davantage de variétés de choix, notamment pour des clients végétariens, quelle entrée pourriez-vous proposer ? Justifiez votre réponse.**

……………………………………………………………………………………

……………………………………………………………………………………

> « Je souhaiterais que vous nous aidiez à réfléchir à de nouvelles idées d'entrées pour la future carte. J'aimerais tester une recette de crème Dubarry revisitée par le chef Michel Roth (**document 3**). »

DOCUMENT 3 La crème Dubarry selon Michel Roth

Saint-Jacques des côtes bretonnes, crémeux Dubarry et choux colorés Pour 10 personnes			
Ingrédients			**Phases techniques de réalisation**
Royale de chou-fleur			– La royale : blanchir le chou-fleur, puis mixer avec la crème, le lait et les œufs. Étaler sur une plaque sur un demi-centimètre d'épaisseur, filmer, faire cuire au four vapeur environ 20 minutes à 80 °C. Laisser refroidir et tailler des disques. – Faire des sommités de choux colorés, les blanchir, les refroidir et les assaisonner d'huile d'olive, de citron, de sel et de poivre. 
Crème Dubarry	L	1,00	
Chou-fleur jaune	Kg	0,150	
Chou-fleur violet	Botte	1/4	
Chou romanesco	L	0,14	
Chou-fleur	Kg	0,100	
Crème liquide	Kg	0,050	
Lait	Kg	0,050	
Œuf	Pce	2	
Saint-Jacques			– Ouvrir les coquilles, les rincer et les mettre à mariner avec de l'huile d'olive, du zeste de citron, sel et poivre. Au moment de servir, les tailler en carpaccio et en tartare (rouleaux) et réassaisonner avec le jus de citron. – Tailler les tranches de pain de campagne à la dimension des rouleaux de tartare et les poêler au beurre clarifié. – Finition : parsemer de feuilles de shiso, de fleurs, de baies roses et de zeste de citron.
Saint-Jacques	Pce	30	
Citron vert	L	0,10	
Baie rose	Pce	2	
Shiso	Kg	0,050	
Pain de campagne	Kg	0,050	

3 **Identifiez, dans le tableau ci-dessous, les éléments qui ont été ajoutés pour rendre la crème Dubarry plus gastronomique ainsi que leur intérêt pour la recette.**

	Éléments	Intérêt pour la recette
Élément de base ou principal	Crème Dubarry	–
Élément noble ajouté	....	....
Élément de garniture	....	....
Élément de décor	....	....

4 **Proposez 3 entrées originales et gastronomiques en respectant les directives de la cheffe (document 1) qui valorisent les produits qu'elle a sélectionnés.**

Mangue	Crabe	Céleri boule
....	....	....

MISSION 2

Réaliser et valoriser des garnitures variées

« La cheffe souhaite nous réunir afin d'élaborer la carte d'été. Elle a repéré des produits de saison chez nos fournisseurs qu'elle souhaite mettre à la carte. Je vous demande de m'aider à trouver des garnitures qui puissent être en accord avec ces produits d'exception (**documents 4 et 5**). »

DOCUMENT 4 « Qu'est-ce qu'une bonne garniture », selon la cheffe Anaëlle Nguyen

« Après avoir travaillé quelques années au restaurant Bras à Laguiole, je sais ô combien le travail des légumes et des garnitures est important dans la réussite d'un plat. Tout d'abord, une garniture doit être servie en quantité suffisante entre 200 et 250 g par portion en proposant des féculents et/ou des légumes. Avant tout, une garniture doit être en adéquation avec l'élément principal (poisson/viande) mais aussi avec le concept de restauration. Ainsi, plus on monte en gamme, plus les garnitures seront complexes avec des ingrédients ultra-frais. »

DOCUMENT 5 Extrait de la carte de L'Éveil des sens

L'Éveil des sens

POISSONS

1	L'incontournable homard breton poché au beurre tandoori, mousseline de carottes aux agrumes, réduction de poivre de Timut à la coriandre fraîche	44 €
2	Rouget rôti aux herbes sauvages, croquant aux coquillages, légumes racines glacés et jus tranché	32 €
3	Filet de lotte en habit fumé, cuit au foin, écume de serpolet et nage de légumes	38 €
4	Filet de truite fario meunière au beurre d'Échiré, aumônière verte de légumes sautés	31 €
5	Noix de Saint-Jacques – L'une rôtie au beurre demi-sel, écume de pommes de terre et chou grillé. L'autre en coction, céleri confit et vapeur de combawa	36 €
6	Blanc de turbot poêlé, beurre champagne – Laitue et panais braisés – Fricassée de champignons presque crus – Noisettes	42 €
7	Dos de cabillaud sauvage, crème de pois et menthe. Pommes de terre amandines confites et caviar osciètre	40 €

VIANDES

8	Canard en 3 façons (cuisse confite, filet rôti et aiguillettes laquées), jus court, gaufres de légumes et pickles de betterave Chioggia	43 €
9	Aiguillette baronne de bœuf Simmental, basse température, tempura de légumes et sauce bordelaise	33 €
10	Canon de lapin fermier rôti dans son jus, mousseline de pommes de terre et mini-légumes en kadaïf	34 €
11	Jambonnette de volaille Label Rouge des Landes en fricassée, riz rouge de Camargue (plat servi au guéridon)	29 €
12	Lièvre « comme à la Royale » façon L'Éveil des sens, champignons, écume de pommes de terre truffée et céleri de 30 heures au four (Pour deux personnes)	45 €
13	Poitrine de pigeonneau rôtie sur coffre, duxelles de girolles et figues, spaetzle sautés aromatiques et jus court truffé	40 €
14	Mignons de ris de veau aux morilles, fines ravioles de légumes et bouillon fumé	39 €

1 Sur la carte actuelle de L'Éveil des sens (document 5), surlignez les garnitures de chaque plat.
Classez ces garnitures en fonction de leur famille en reportant le numéro des plats dans le tableau ci-dessous.

Garnitures à base de légumes/fruits	....
Garnitures à base de féculents (pommes de terre, céréales, pâtes...)	....
Garnitures mixtes à base de féculents et de légumes	....

2 Relevez sur la carte 3 préparations différentes utilisées pour les différentes garnitures en détaillant la cuisson mise en œuvre.

Préparations et cuissons des légumes	Préparations et cuissons des féculents
• Plat 9 : légumes traités avec de la pâte à frire, cuisson frits	• Plat 11 : riz à la créole, cuisson à l'anglaise
•	• ....
•	• ....
•	• ....

3 Ces garnitures vous semblent-elles en adéquation avec le concept du restaurant L'Éveil des sens ?
Justifiez votre réponse.

....

....

4 Citez un plat dans lequel la cheffe joue sur des garnitures aux arômes sucrés-salés et un autre où elle joue sur l'acidité de la garniture pour relever le plat.

• ....

• ....

5 La cheffe souhaite trouver une garniture gastronomique à base de pommes de terre pour un nouveau plat de la carte qui sera composé d'un filet de bœuf grillé et d'une sauce au vin rouge.
Que pourriez-vous lui proposer ?

Garnitures					
	Pommes pont-neuf	Gaufrettes ou chips	Pommes allumettes ou mignonnettes	Pommes bataille	Pommes château
Votre choix	☐	☐	☐	☐	☐
Justification	....				

MISSION 3

Proposer une cuisine végétale

« Depuis quelques années, nous proposons quelques plats végétariens à la carte qui séduisent de plus en plus nos clients. Nous sommes engagés dans une cuisine écoresponsable avec des produits locaux et de saison. Je souhaite accentuer notre offre autour de la cuisine végétale (**documents 6, 7 et 8**). »

DOCUMENT 6 La cuisine végétale

La restauration est en pleine remise en question. Aujourd'hui plus que jamais, face à l'urgence climatique, les chefs se réinventent progressivement pour construire une gastronomie plus végétale. Ils sont les acteurs de cette transition en proposant une cuisine innovante et prometteuse, mettant la nature et le vivant au centre de leur démarche. [...] La gastronomie végétale fait le choix de privilégier une cuisine centrée sur les céréales, les légumes, les légumineuses [comme les pois, fèves, lentilles...], les fruits, les oléagineux [par exemple, les noix, graines de courges...], les graines, les algues... [...].

C. Kastro, https://institut-v.com, 13 juin 2021.

Vidéo : *Qu'est-ce que la gastronomie végétale ?*
liennathan.fr/ri238z

DOCUMENT 7 La révolution végétale est en marche dans la gastronomie

Après avoir longtemps joué les faire-valoir, les légumes volent la vedette aux viandes et poissons. [...] « Quand j'ai créé mon premier menu végétarien, en 1987, on m'a regardé d'un drôle d'air, se souvient le triple étoilé Jean-André Charial, au Relais & Châteaux L'Oustau de Baumanière, aux Baux-de-Provence (Bouches-du-Rhône). [...] « Le menu végétarien, toujours resté à la carte, n'intéresse vraiment les clients que depuis quatre ou cinq ans, observe-t-il. Certains, aujourd'hui, ne viennent que pour ça. » [...] Un autre précurseur, Alain Passard, se souvient des résistances qu'il a rencontrées quand il a changé, en 2001, sa rôtisserie parisienne trois étoiles, L'Arpège, en temple du légume. « On m'a pris pour un fou », reconnaît-il. [...] Du légume, « parent pauvre » relégué au rang de garniture, Alain Passard veut faire une star, un grand cru, au centre de l'assiette. [...] Pour le chef, cette métamorphose est également une aventure. Il innove en s'appuyant sur un savoir-faire acquis de la cuisine traditionnelle, fait fumer le céleri-rave, flamber les oignons, prépare des betteraves en croûte de sel. « Avec les légumes, il y a tout à inventer », s'enthousiasme-t-il [...].

P. Hemme, www.lemonde.fr, 18 février 2021.

Vidéo : *Arpège, dans les coulisses du restaurant étoilé*
liennathan.fr/b8rd83

1 **Expliquez comment les chefs réfléchissent désormais lors de la création et de la conception d'un plat végétarien. Qu'est-ce qui a changé dans leurs habitudes ?**

....

....

2 **La cuisine végétale que la cheffe souhaite développer consiste-t-elle uniquement à mettre les légumes et végétaux au centre de leur assiette ou y a-t-il un engagement plus global ? Expliquez.**

....

....

3 **Le fait que la cheffe souhaite développer son offre de plats 100 % végétaux vous semble-t-il une bonne idée dans notre société actuelle ? Justifiez votre réponse.**

....

DOCUMENT 8 Extrait de la carte « Vegan » du restaurant L'Éveil des sens

AUTOUR DES LÉGUMES

1 Pois chiches grillés, pickles oignon-salicorne, marinière au parfum de cardamome verte — 22 €

2 Espuma de potiron « Bleu de Hongrie », tranche rôtie à la noisette, poudre d'échalotes — 21 €

3 Millefeuille de légumes confits aux senteurs pyrénéennes, mesclun d'herbes aromatiques — 24 €

4 **Listez, pour chaque plat de la carte, les façonnages/préparations et les saveurs que la cheffe applique aux légumes pour les rendre originaux et gourmands.**

Façonnages/préparations	Saveurs
• Plat 2 : espuma (mousse), cuisson à l'anglaise puis mixer Tranche rôtie	Poudre d'échalotes Noisettes
•	• ....
•	• ....

ATELIER EXPÉRIMENTAL ET TECHNOLOGIQUE

Créer un menu 100 % végétal

Votre chef(fe) vous demande de réfléchir à la composition d'un menu gastronomique 100 % végétal qui sera servi au sein du restaurant d'application de votre établissement. Il/Elle vous donne les consignes suivantes :

Entrée	Plat	Dessert
 Doit s'inspirer du plat classique « carpaccio de bœuf au parmesan ».	 Doit s'inspirer du plat classique « papillote de saumon au vin blanc ».	 Doit mettre valeur un légume : la tomate.

Les recettes doivent être réalisées à base de végétaux uniquement (légumes, féculents, légumineuses, céréales...).

a Inscrivez les 3 éléments du menu sur des morceaux de papier et mettez-les face cachée sur une table. Par groupes, piochez un élément du menu (entrée, plat ou dessert).

b Réfléchissez par groupes à une idée de recette 100 % végétale pour l'élément du menu que vous avez pioché. Complétez le tableau ci-dessous et créez une fiche technique pour votre recette.

Élément du menu	Intitulé de votre plat	Liste de vos ingrédients
☐ Entrée ☐ Plat ☐ Dessert	....	....

c Présentez votre proposition à la classe ainsi qu'un croquis du projet de dressage.

d Après validation de la recette par votre chef(fe), réalisez votre plat au cours d'une séance de travaux pratiques. Demandez à vos camarades en salle de rendre compte du niveau de satisfaction des clients.

1 Revisiter et moderniser les garnitures

« Nous sommes toujours à la recherche de nouvelles idées de garnitures en accord avec les produits que nous souhaitons sublimer. Or, pour avoir des idées, il est nécessaire de s'informer de ce qui se fait dans d'autres restaurants, mais aussi lors des concours culinaires dont nous suivons l'actualité de près, comme le Bocuse d'or (**documents 1 et 2**). »

L'Éveil des sens

DIRECTRICE ET CHEFFE DE CUISINE | Anaëlle Nguyen

DOCUMENT 1 Les garnitures du candidat français au Bocuse d'or 2019

Le candidat français au Bocuse d'or Mathieu Otto a proposé une garniture façon chou farci pour sublimer le filet de bœuf. Cette garniture originale est une garniture traditionnelle revisitée du chou farci traditionnel.

Intitulé du plat de Mathieu Otto : filet de bœuf au bois de cerisier et cœur de ris de veau, sauce vin rouge et moelle, cerise de queue de bœuf et foie gras, barigoule d'artichaut et cresson, chou farci, céleri nouveau et truffe, riz Sant'Andrea aux pois frais, amandes et mousserons.

DOCUMENT 2 Chou farci traditionnel

Chou farci avec de la viande

1 En observant le document 1, identifiez le point commun entre le chou farci de Mathieu Otto et le chou farci traditionnel (document 2).

....

....

....

....

2 Expliquez comment Mathieu Otto réinterprète le chou farci traditionnel dans sa présentation. Comment le rend-il plus léger et plus noble ?

....

....

3 À votre avis, sur quoi travaille Mathieu Otto pour sublimer ces trois garnitures ?

....

DOCUMENT 3 La lunch box de Davy Tissot, lauréat du Bocuse d'or 2021

Lors du Bocuse d'or 2021, Davy Tissot devait réaliser une lunch box de luxe à emporter avec 3 plats, dont l'élément principal était la tomate.

Entrée : tomate en trompe-l'œil épépinée, brûlée et concentrée en gelée, kombucha d'eau de tomate fermentée pour ré-acidifier l'ensemble, tranche de tomate confite liée avec une huile de verveine.

Plat : tomate farcie aux éclats de crevettes sur un jus de carapace de crevettes avec champignons et herbes, entouré de sauce vierge à base de basilic.

Dessert : bonbon tomate, coulis de tomate fermentée.

Entrée

Plat

Dessert

www.bocusedor.com

DOCUMENT 4 Tomate farcie traditionnelle

Ingrédients : 6 grosses tomates, 1 kg de chair à saucisse ou de reste de viande de bœuf type pot-au-feu, bourguignon, 2 oignons, 1 gousse d'ail, ½ botte de persil, 100 g de pain de mie, 0,10 l de lait, 1 jaune d'œuf, 50 g de parmesan.

Préparation : évider la tomate en coupant le chapeau au ¾. Assaisonner et laisser égoutter, retourner. Réaliser la face en incorporant dans la chair l'oignon ciselé, l'ail et le persil haché, le pain de mie trempé dans le lait pressé, le jaune d'œuf et le parmesan. Farcir, arroser d'huile d'olive et cuire au four à 160 °C pendant 50 minutes.

4 En vous inspirant des réalisations de Davy Tissot (document 3) et de Mathieu Otto (document 1), proposez à la cheffe Anaëlle Nguyen une interprétation de la tomate farcie traditionnelle sous la forme d'un descriptif professionnel en prenant en compte le cahier des charges suivant :

- l'ingrédient principal devra être toujours identifiable ;
- la présentation devra être valorisante et gastronomique ;
- le plat devra être léger et moins riche que le plat traditionnel.

Plat revisité	Appellation de votre proposition d'entrée
....	....
....	....

5 Réalisez le descriptif complet à l'aide d'un logiciel de présentation.

6 Dessinez un croquis de votre création en identifiant les différents éléments par des flèches.

SYNTHÈSE

Une entrée désigne :

....

Potages

Ex. : ....

Hors-d'œuvre froids ou tièdes

Ex. : ....

Hors-d'œuvre chauds

Ex. : ....

Les entrées doivent être légères, modernes et en accord avec les saisons.

Une garniture désigne :

....

Garniture à base de légumes

Ex. : ....

Garniture à base de féculents

Ex. : ....

Garniture mixte à base de légumes et de féculents

Ex. : ....

Une garniture doit être :

- Servie en quantité suffisante .... g/portion
- En adéquation avec l'élément principal du plat
- Adaptée au ....

La cuisine ou gastronomie végétale se développe pour répondre aux nouvelles attentes des clients. Elle consiste à :

- ....
- Proposer des produits végétaux locaux et de saison
- Innover pour sublimer les végétaux au centre de l'assiette

MOTS-CLÉS

Cuisine végétale • **Garniture** • **Hors-d'œuvre** • **Potage** • **Légumineuses** • **Féculents**

QUIZ INTERACTIF
liennathan.fr/6kuq29

CHAPITRE 6

Maîtriser l'art de cuisiner les produits de la mer et d'eau douce

COMPÉTENCES

C1-3.3 Produire des mets à base de poissons, coquillages, crustacés, mollusques

C5-1.3 Intégrer les dimensions liées à l'environnement et au développement durable dans sa pratique professionnelle

SAVOIRS ASSOCIÉS

SA C1-3.3 Les préparations culinaires à base de poissons, crustacés, mollusques et autres produits aquatiques

SA C5-1.3 Les pratiques professionnelles respectueuses de l'environnement

ATELIERS EXPÉRIMENTAUX ET TECHNOLOGIQUES
P. 100

Situation professionnelle

ARCHIBALD

Archibald Meyer souhaite vous intégrer à la partie « poissons et fruits de mer » de la cuisine du restaurant Archibald pour les prochaines semaines. Vous pourrez y développer vos connaissances et votre maîtrise technique.

Récemment sensibilisé aux problèmes de gestion des ressources marines, il aimerait que vous l'aidiez à revoir cette partie de la carte pour une offre plus écologique et responsable.

AVANT LA CLASSE

Vidéo : ***Que fait la filière pour garantir le circuit du poisson de la mer à l'assiette ?***
liennathan.fr/yg4r48

- À partir de la vidéo, relevez les étapes du circuit du poisson de la mer à l'assiette.
- À votre avis, où se situe le restaurateur dans ce circuit ?

MISSION 1

Savoir choisir les poissons

CHEF DE CUISINE ET DIRECTEUR

Archibald Meyer

« Vous allez m'accompagner chez Guy Martel, le grossiste qui nous fournit en poissons aujourd'hui. Vous allez pouvoir en apprendre davantage sur ces produits (**document 1**). À partir des poissons disponibles, vous m'aiderez à sélectionner les espèces adaptées aux futures recettes à la carte (**documents 2 et 3**). »

DOCUMENT 1 Poissons gras ou maigres ? ronds ou plats ?

Les poissons, maigres ou gras, ne contiennent pas beaucoup de graisses.

À la différence des poissons maigres, les poissons gras contiennent beaucoup d'oméga-3* mais sont également plus riches en métaux lourds. Il faut donc en consommer avec modération. De plus, ils ne se prêtent pas aux mêmes utilisations en cuisine. Les poissons gras résistent mieux aux cuissons à chaleur vive (griller, notamment) et conviennent aux salaisons et fumaisons. Les poissons maigres s'assèchent plus vite et ont besoin d'une cuisson plus douce avec un appoint maîtrisé.

Les poissons se distinguent aussi par leur forme : ronde ou plate. Les poissons ronds ont souvent un meilleur rendement (plus de chair et moins d'arêtes) que les poissons plats (jusqu'à 70 % de pertes). En revanche, rien ne vaut les arêtes de poisson plat pour réaliser des fumets de qualité.

* Acides gras (composants des lipides) essentiels au développement de notre organisme et au bon fonctionnement du cerveau.

1 **À l'aide des explications du grossiste Guy Martel, classifiez les poissons présentés ci-dessous en cochant les cases correspondantes.**

Explications du grossiste	Photo du poisson	Type de poisson
« Cette magnifique daurade royale a été pêchée en mer Méditerranée. C'est un poisson plat à la chair demi-grasse, ferme et parfumée. On distingue la daurade royale de la daurade grise grâce à la tache dorée sur l'avant de sa tête. Ses nageoires sont épineuses. Faites attention en les manipulant ! »		☐ Eau de mer ☐ Eau douce ☐ Élevage ☐ Sauvage ☐ Maigre ☐ Demi-gras ☐ Gras
« Voici un carrelet qui nous vient d'une pêcherie de la Manche. Poisson plat à 4 filets comme la sole ou le turbot, c'est un poisson plus abordable mais tout aussi savoureux. Sa peau brune tachetée de rouge est épaisse et non comestible. Sa chair maigre et délicate demande une cuisson douce et maîtrisée pour ne pas en altérer le goût. »		☐ Eau de mer ☐ Eau douce ☐ Élevage ☐ Sauvage ☐ Maigre ☐ Demi-gras ☐ Gras
« Regardez comme cette truite de mer est belle ! On la croirait encore vivante avec sa bouche grande ouverte. Elle nous arrive d'un élevage d'Atlantique Nord. On pourrait la confondre avec le saumon, mais ses taches sont moins nombreuses et sa bouche plus en avant que son cousin. Ce poisson demi-gras est prisé pour réaliser des grillades, des tartares ou en salaison et fumaison. »		☐ Eau de mer ☐ Eau douce ☐ Élevage ☐ Sauvage ☐ Maigre ☐ Demi-gras ☐ Gras

Explications du grossiste	Photo du poisson	Type de poisson
« Regardez ce qui vient de nous être livré : de l'omble chevalier, élevé dans les lacs de Savoie. Il est de la même famille que la truite et le saumon, mais sa chair est maigre. Il est considéré comme le roi des poissons de lac avec sa chair rosée et délicieuse. Assez cher, on le trouve essentiellement sur les tables gastronomiques. »		☐ Eau de mer ☐ Eau douce ☐ Élevage ☐ Sauvage ☐ Maigre ☐ Demi-gras ☐ Gras
« Voici un des poissons les plus abordables, très goûteux, iodé et facile à travailler. En rillettes, en grillade, mi-cuite ou marinée à l'huile d'olive, la chair grasse de la sardine offre de nombreuses possibilités. Celles-ci viennent du golfe de Gascogne, au large des côtes françaises et espagnoles. »		☐ Eau de mer ☐ Eau douce ☐ Élevage ☐ Sauvage ☐ Maigre ☐ Demi-gras ☐ Gras

DOCUMENT 2 Idées de recettes du chef

<u>Recettes de poissons à finaliser</u>

- Un poisson fumé maison
- Un tartare de poisson
- Un poisson au court-bouillon avec son fumet maison
- Un poisson grillé
- Un poisson cuit à juste température

2 **À partir du document 1, proposez un poisson présenté à la question 1 adapté à chaque idée du chef (document 2).**

Idée du chef	Poisson proposé
Poisson fumé	....
Tartare de poisson	....
Poisson au court-bouillon et fumet	....
Poisson grillé	....
Poisson cuit à juste température	....

DOCUMENT 3 Les critères de fraîcheur des produits de la mer

« Nous essayons de proposer en permanence les produits les plus frais à nos clients. Les produits aquatiques sont en effet très sensibles dans le temps et leur état de fraîcheur est primordial pour assurer un goût optimal ainsi que la sécurité alimentaire.

Regardez ce poisson comme il est frais : son corps est rigide, son œil vif, ses branchies sont bien rouges, ses écailles bien adhérentes, son ventre est tendu et son orifice anal bien fermé. Son odeur est également délicate et fine. »

3 **À partir du document 3, classez les critères de fraîcheur selon la façon dont vous allez les apprécier : par la vue, le toucher ou l'odorat.**

Vue	Toucher	Odorat
....	....	....
....	....	....
....	....	....

MISSION 2 Savoir choisir les mollusques, crustacés et autres produits aquatiques

« Poursuivons la visite. Ici aussi, les conseils de Guy Martel, le grossiste, vont nous guider dans nos choix pour le restaurant. Notamment pour le plateau de fruits de mer à la carte, qui doit comporter un nombre varié d'espèces de mollusques à coquille et de crustacés (**documents 4 et 5**). »

DOCUMENT 4 Les différents fruits de mer

« Vous voyez, cette partie du bâtiment est réservée aux produits aquatiques autres que les poissons. C'est ce qu'on appelle les "fruits de mer" quand ils viennent du milieu marin.

Mais au fait, savez-vous les distinguer ? Tenez ! Je vais vous montrer...

- Les **mollusques** sont des animaux à corps mou qui peuvent avoir :
  - soit une coquille, comme le bulot (l'escargot terrestre est aussi un mollusque !) ;
  - soit deux coquilles, comme le pétoncle ou la coquille Saint-Jacques ;
  - soit pas de coquille externe, comme le poulpe.

- Les **crustacés** sont des animaux disposant d'une carapace articulée et d'une paire d'antennes. C'est le cas de l'araignée de mer et, en eau douce, des écrevisses.
- D'**autres animaux aquatiques** sont également consommés : les grenouilles, les oursins... Il existe d'autres produits comme les œufs, les algues, des huiles de poissons ou certains gélifiants. »

1 Associez les photos des produits que Guy Martel vous a montrés à leur définition en indiquant la lettre correspondante.

A 	B 	C 
D 	E 	F 
G 	H 	I 
Avec son corps bleu-noir et ses pinces puissantes, le homard européen est un produit d'exception.	Creuses ou plates, les huîtres sont principalement consommées en hiver.	La salicorne est une plante des rivages marins. En salade ou en condiment, elle relève les plats. ....
Laminaire, Kombu, Dulse, Nori... Les algues offrent de nouvelles saveurs.	Le tourteau est un gros crabe à la chair fine utilisé pour les plateaux de fruits de mer.	L'encornet est célèbre pour son encre qui agrémente certains plats. ....
Truite, esturgeon, lompe : les œufs de poissons sont variés. Certaines variétés sont très luxueuses.	Espèce invasive des rivières, les écrevisses sont à la base de la sauce Nantua.	Contrairement au bigorneau, le bulot doit cuire longtemps pour être consommé. ....

2 En vous aidant des explications du grossiste (document 4), replacez les noms des espèces présentées dans la question 1 dans le tableau ci-dessous.

Mollusques	Crustacés	Autres produits
....	....	....
....	....	....
....	....	....

3 Entourez, dans le tableau de la question 2, les espèces que vous choisiriez pour le plateau de fruits de mer afin de répondre aux attentes du chef.

DOCUMENT 5 Les critères de fraîcheur des mollusques et crustacés

« Nous vendons des mollusques et crustacés vivants mais aussi, pour certaines espèces, frais ou surgelés et crus ou cuits. La fraîcheur est primordiale pour ces produits sensibles.

Pour les coquillages achetés vivants, ils doivent être fermés (pour les bivalves) et leurs coquilles intactes. Dans tous les cas, ils doivent contenir de l'eau, ne pas être poisseux et ne pas avoir d'odeur.

Les mollusques sans carapace s'achètent crus mais non vivants. Les corps et tentacules doivent être fermes et résistants, sans odeur prononcée.

Les crustacés vivants doivent être vigoureux. Dans tous les cas, il faut les choisir lourds, avec des articulations gonflées et une carapace brillante et rigide. Leur odeur doit être agréable et discrète. »

4 Reliez chaque produit aux critères de fraîcheur que vous allez devoir vérifier.

Produits	
Moules de bouchot vivantes	 •
Noix de Saint-Jacques fraîches	 •
Tentacules de poulpe frais	 •
Langoustines crues surgelées	 •

Critères de fraicheur
• Fermes et résistants, sans odeur.
• Lourdes, articulations gonflées, carapace brillante et rigide. Odeur agréable et discrète.
• Coquilles intactes et fermées. Contiennent de l'eau, ne sont pas poisseuses et n'ont pas d'odeur.
• Humides, non poisseuses et sans odeur prononcée.

5 Quel critère de fraîcheur s'applique pour tous les mollusques et crustacés ?

....

MISSION 3

Choisir des espèces de manière responsable et durable

« On distingue les espèces « sauvages », qui désignent celles qui sont pêchées dans leur milieu naturel, des espèces d'élevage (**document 6**). Afin de respecter les ressources halieutiques, c'est-à-dire issues de la pêche, il est de notre responsabilité de favoriser l'achat des produits de la mer et d'eau douce issus de l'élevage et de la pêche durable. Cela permet de préserver les espèces ainsi que leur habitat naturel. »

DOCUMENT 6 Les espèces d'élevage

Les espèces d'élevage sont issues de l'aquaculture. On en distingue plusieurs types :
- la **pisciculture** désigne l'élevage des poissons en milieu naturel ou en bassin artificiel, destinés à la consommation. On différencie la pisciculture en eau de mer (turbot, bar, daurade royale, sole...) de la pisciculture en eau douce (truite, saumon, anguille, esturgeon...) ;
- la **conchyliculture** désigne l'élevage de coquillages. On distingue l'**ostréiculture** pour l'élevage des huîtres et la **mytiliculture** pour l'élevage des moules.

Il existe aussi d'autres types d'élevages, pour les algues ou les crevettes, par exemple.

Il faut savoir qu'aujourd'hui, près d'un poisson sur deux provient d'un élevage.

Vidéo : *Qu'est-ce que la pisciculture ?*
liennathan.fr/684mgp

Souvent, le poisson d'élevage est moins cher que le poisson sauvage car la croissance des poissons y est plus rapide (alimentation optimisée) et la production de poissons y est constante (pas d'aléas météorologiques comme pour la pêche). Cependant, la qualité de la chair est souvent inférieure à celle des poissons sauvages.

L'élevage doit aussi faire face à certains problèmes : pollution des sites avec de nombreux déchets (déjections, restes de nourriture...), développement de bactéries, de parasites.

1 Pour réaliser les plats de la carte, la brasserie vient de recevoir les espèces suivantes, qui proviennent de différents élevages. Retrouvez le nom de chaque espèce puis reliez-la au type d'élevage correspondant.

....	....	....	....

A	B	C	D

...	...	...	...
Pisciculture en eau de mer	Mytiliculture	Pisciculture en eau douce	Ostréiculture

2 Indiquez les avantages et les inconvénients, pour la brasserie Archibald, de proposer des espèces d'élevage.

Avantages	Inconvénients
....	....
....	....

« Les espèces sauvages ont des qualités organoleptiques souvent incomparables par rapport aux espèces d'élevage. Cependant, certaines espèces sauvages sont menacées, voire en danger, et d'autres sont à surveiller afin d'en assurer une exploitation durable. Je souhaiterais m'assurer que les espèces que j'ai envisagé de cuisiner pour la nouvelle carte ne font pas partie des espèces menacées (**document 7**). »

DOCUMENT 7 Les espèces maritimes sauvages

En 2020, 60 % des 400 000 tonnes de poissons débarquées en France métropolitaine proviennent de populations exploitées durablement, contre 15 % il y a 20 ans. Mais la surpêche touche encore 21 % des populations et 2 % sont considérées comme « effondrées ».

- **Populations de poissons en « bon état »** : populations qui sont encore en nombre suffisant.
- **Populations « reconstituables » ou « en reconstitution »** : populations qui recommencent à se développer.
- **Populations « surpêchées »** : la pression de pêche risque de conduire à une baisse des populations si elle ne diminue pas.

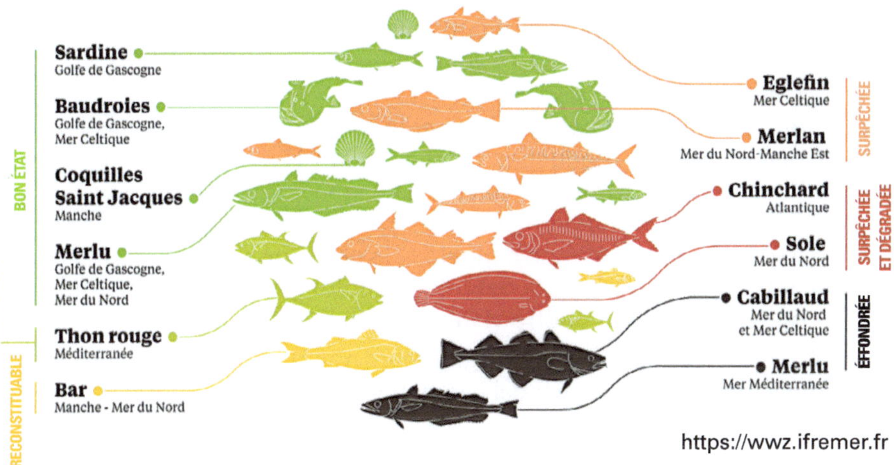

https://wwz.ifremer.fr

- **Populations « surpêchées et dégradées »** : la pression de pêche a déjà conduit à une baisse des populations.
- **Populations « effondrées »** : le renouvellement des populations n'est plus suffisant.

3 Quel est l'intérêt, pour la brasserie Archibald, de suivre l'état des populations des espèces sauvages ?

....

....

4 Retrouvez les noms des espèces ci-dessous, envisagées par le chef pour la nouvelle carte, puis entourez celles que vous lui suggérez de privilégier. Justifiez votre réponse.

....	....	....	....

• **Justification de votre choix :**

....

....

MISSION 4

Vérifier la traçabilité des produits de la mer et d'eau douce

« Il est important que vous sachiez lire les étiquettes qui figurent sur les produits de la mer et d'eau douce, et que vous puissiez vérifier les mentions obligatoires afin d'éviter les problèmes lors de la livraison (**document 8**). Cela est essentiel pour assurer une bonne traçabilité des produits que nous proposons au restaurant et pour renseigner aux mieux nos clients. Nous venons justement de réceptionner des maquereaux pour un nouveau plat que je souhaite tester. Je vous laisse vérifier l'étiquette (**document 9**). »

DOCUMENT 8 Mentions sur l'étiquetage des produits de la mer et d'eau douce

Depuis décembre 2014, il est **obligatoire** que soient mentionnés sur l'étiquetage des produits non transformés :
- l'identité du fournisseur ;
- la dénomination commerciale et le nom scientifique ;
- la méthode de production (pêché ou élevé) ;
- la zone de capture ou le pays d'élevage ;
- la catégorie d'engin de pêche ;
- la mention « produit décongelé », le cas échéant ;
- pour les coquillages, la date de conditionnement et la mention : « Ces coquillages doivent être vivants au moment de l'achat ».

D'autres mentions peuvent également apparaître mais elles sont facultatives, comme certains labels, le poids, le calibre...

DOCUMENT 9 Maquereaux reçus le 13/10/N

MAQUEREAU *(Scomber Scombrus)* .... Chalut ....

Débarqué à Lorient le 12/10/N — Pêché par : Alouette II ....

Pêché en Atlantique Nord-Est (27) .... — Calibre : 200/500 g ....

PAVILLON FRANCE
Suivez la pêche française ....

Température de conservation : 0 à + 2 °C .... Poids du colis : 5 kg ....

DUPONT MARÉE ....
3 av. du Port
22610 KERBORS *FR22-777-444 CE*

[code-barres] ....

1 Vous devez vérifier les étiquettes des maquereaux reçus. Dans le document 9, indiquez, dans les bulles, « O » si la mention est obligatoire et « F » si elle est facultative. Cette étiquette est-elle conforme ? Justifiez votre réponse.

....

> Il est important que vous connaissiez les labels qui garantissent la qualité des produits et le maintien des ressources halieutiques (**document 10**). Nous allons essayer de privilégier au maximum les produits qui possèdent ces labels afin d'accentuer notre démarche de pratique responsable.

DOCUMENT 10 Les différents labels qui assurent une pêche durable

PÊCHE DURABLE MSC www.msc.org/fr ™

Sauvage, traçable, durable : le label MSC ne s'applique qu'aux poissons sauvages ou aux fruits de mer provenant de pêcheries qui ont été certifiées durables selon le Référentiel MSC.

Pour être certifiée MSC, une pêcherie doit respecter nos 3 principes fondamentaux : 1. Stocks de poisson durables [...] ; 2. Impact environnemental minimisé [...] ; 3. Gestion efficace des pêcheries [...]

Vidéo : *Le label MSC de pêche durable* liennathan.fr/756ehn

www.msc.org

Vidéo : *Qu'est-ce que l'ASC ?* liennathan.fr/de54j4

L'ASC est un programme de certification et un label pour les produits de la mer issus de l'aquaculture afin de rendre leur production plus respectueuse de l'environnement et plus responsable socialement. L'ASC est un programme de certification volontaire et entièrement indépendant.

FARMED RESPONSIBLY asc CERTIFIED ASC-AQUA.ORG ™

https://fr.asc-aqua.org/

PAVILLON FRANCE
Suivez la pêche française

PAVILLON FRANCE est la marque collective impliquant tous les acteurs de la pêche française valorisant ses métiers, ses engagements et ses produits. [...]

Un produit PAVILLON FRANCE, c'est un poisson, coquillage ou crustacé qui a été pêché en mer par un bateau battant PAVILLON FRANCE. Sa fraîcheur optimale est garantie par un cahier des charges contrôlé régulièrement à chaque étape par l'ensemble des maillons de la filière. Chaque produit de la mer estampillé PAVILLON FRANCE est issu de la pêche française, sa traçabilité vous est garantie de la mer à l'assiette. [...] PAVILLON FRANCE et France Filière Pêche : toute une filière engagée pour une pêche française plus durable et plus responsable.

www.pavillonfrance.fr

Vidéo : *Pavillon France, la marque des produits de la pêche 100 % française* liennathan.fr/re93e9

2 **Quel est l'intérêt, pour la brasserie Archibald, d'acheter des produits avec ces labels ?**

....

....

3 **Quel est le label qui vous permettra de reconnaître :**

– les produits issus de la pêche française ? ☐ MSC ☐ PAVILLON France ☐ ASC

– les produits sauvages issus d'une pêche durable en mer ? ☐ MSC ☐ PAVILLON France ☐ ASC

– les produits d'élevage en mer respectueux de l'environnement ? ☐ MSC ☐ PAVILLON France ☐ ASC

4 **Quels éléments pourriez-vous valoriser afin de présenter les maquereaux reçus (document 9) aux clients du restaurant ?**

....

....

MISSION 5

Connaître les spécialités internationales à base de poissons

« À l'occasion de l'événement « Tous au restaurant », nous allons mettre en œuvre une carte éphémère. Cette carte explorera des recettes de la cuisine internationale, dont certaines à base de poissons. Je vous laisse les découvrir. »

- Reliez chaque spécialité de la carte éphémère de la brasserie Archibald à sa description.
- Vous pouvez vous aider des fiches spécialités européennes et mondiales p. 269.

Spécialités		Descriptions
	**Saumon gravlax** **Pays scandinaves**	Plat à base de poissons enrobés d'une pâte à frire ou panés puis frits.
	**Ceviche** **Pays d'Amérique latine**	Plat à base de saumon cru en filets marinés au sel, au sucre, à l'aneth et aux baies d'épices ou de poivre.
	**Tiep de poisson** **Sénégal**	Plat à base de poisson, de préférence à chair ferme, de tomates, d'oignons, de lait de coco et de curry.
	**Croquetas de bacalao** **Espagne, Portugal**	Plat à base de thon saisi à l'extérieur et cru à l'intérieur, puis mariné et coupé en fines tranches.
	**Fish and chips** **Pays anglo-saxons**	Plat à base de poisson cru et de jus de citron, de piment (aji), de coriandre et d'oignon.
	**Curry de poisson** **Inde**	Plat à base de pommes de terre et de morue panée et frite.
	**Tataki** **Japon**	Plat à base de riz, de légumes et de poisson cuit à la manière d'un ragoût.

MISSION 6

Respecter la saisonnalité des poissons

« J'aimerais enrichir notre carte avec des poissons de saison afin d'assurer une qualité et un approvisionnement constants à notre clientèle. Notre carte va évoluer au fur et à mesure des saisons en tenant compte du calendrier de saisonnalité proposé par nos fournisseurs (**document 11**). Je souhaite que vous me proposiez des poissons adaptés à la saison. »

DOCUMENT 11 Calendrier de saisonnalité des poissons des fournisseurs de Normandie

ESPÈCES	HIVER			PRINTEMPS			ÉTÉ			AUTOMNE		
	JAN.	FÉV.	MARS	AVRIL	MAI	JUIN	JUIL.	AOÛT	SEPT.	OCT.	NOV.	DÉC.
Bar	Moyenne saison	Absent	Absent	Basse saison	Basse saison	Basse saison	Moyenne saison	Moyenne saison	Moyenne saison	Moyenne saison	Haute saison	Haute saison
Barbue	Moyenne saison	Moyenne saison	Haute saison	Haute saison	Haute saison	Haute saison	Haute saison	Moyenne saison	Moyenne saison	Moyenne saison	Moyenne saison	Moyenne saison
Cabillaud	Basse saison	Basse saison	Basse saison	Moyenne saison	Moyenne saison	Moyenne saison	Moyenne saison	Moyenne saison	Moyenne saison	Haute saison	Haute saison	Basse saison
Congre	Haute saison	Haute saison	Haute saison	Haute saison	Moyenne saison	Moyenne saison	Moyenne saison	Moyenne saison	Moyenne saison	Haute saison	Haute saison	Haute saison
Daurade	Haute saison	Haute saison	Moyenne saison	Moyenne saison	Moyenne saison	Moyenne saison	Moyenne saison	Moyenne saison	Moyenne saison	Haute saison	Haute saison	Haute saison
Lieu jaune	Moyenne saison	Haute saison	Haute saison	Haute saison	Moyenne saison	Moyenne saison	Basse saison	Basse saison	Basse saison	Basse saison	Basse saison	Basse saison
Limande sole	Basse saison	Basse saison	Moyenne saison	Moyenne saison	Moyenne saison	Haute saison	Haute saison	Haute saison	Moyenne saison	Moyenne saison	Moyenne saison	Basse saison
Lotte	Moyenne saison	Moyenne saison	Moyenne saison	Moyenne saison	Basse saison	Moyenne saison	Moyenne saison	Haute saison	Haute saison	Haute saison	Moyenne saison	Basse saison
Maquereau	Basse saison	Basse saison	Basse saison	Moyenne saison	Moyenne saison	Haute saison	Haute saison	Haute saison	Haute saison	Haute saison	Basse saison	Basse saison
Merlan	Moyenne saison	Haute saison	Haute saison	Haute saison	Haute saison	Haute saison	Haute saison	Moyenne saison	Moyenne saison	Moyenne saison	Basse saison	Basse saison
Plie	Haute saison	Haute saison	Moyenne saison	Basse saison	Moyenne saison	Moyenne saison	Moyenne saison	Moyenne saison	Moyenne saison	Basse saison	Basse saison	Moyenne saison
Rouget	Haute saison	Moyenne saison	Moyenne saison	Moyenne saison	Moyenne saison	Basse saison	Basse saison	Haute saison	Haute saison	Haute saison	Haute saison	Haute saison
Saint-pierre	Basse saison	Basse saison	Basse saison	Moyenne saison	Haute saison	Haute saison	Haute saison	Haute saison	Haute saison	Moyenne saison	Basse saison	Basse saison
Sole	Basse saison	Basse saison	Haute saison	Haute saison	Moyenne saison	Haute saison	Haute saison	Haute saison	Moyenne saison	Moyenne saison	Basse saison	Basse saison
Truite	Basse saison	Basse saison	Basse saison / Haute saison	Haute saison	Haute saison	Haute saison	Haute saison	Haute saison	Haute saison / Basse saison	Basse saison	Basse saison	Basse saison
Turbot	Moyenne saison	Moyenne saison	Moyenne saison	Moyenne saison	Moyenne saison	Haute saison	Haute saison	Basse saison	Basse saison	Moyenne saison	Moyenne saison	Moyenne saison

Légende :
Absent — Haute saison — Moyenne saison — Basse saison

1 Dans le tableau ci-dessous, proposez au chef 2 poissons à mettre à la carte pour chaque saison.

Saisons	HIVER	PRINTEMPS	ÉTÉ	AUTOMNE
Poissons	• .... •	• .... •	• .... •	• .... • ....

2 Pourquoi est-il important de tenir compte de la saisonnalité pour choisir les poissons qui seront proposés à la carte ?

....

....

MISSION 7

Préparer les poissons

« Je souhaiterais tester plusieurs plats à base de poissons pour les futures cartes de la brasserie (**document 12**). Vous allez réaliser ces tests avec Diane. Ce sera l'occasion pour vous de voir ou revoir les découpes et préparations des poissons (**documents 13 et 14**). »

DOCUMENT 12 Plats à tester pour la nouvelle carte

Lotte aux noix		Bar en croûte de sel	
Rouget aux légumes de saison		Turbot rôti, herbes et purée de petits pois	
Lieu jaune confit, purée de patates douces		Lotte rôtie aux légumes primeurs	
Saumon au poivre de Timut		Daurade fondante aux asperges vertes	
Saumon farci aux Saint-Jacques et poireaux		Brochet frit sauce aux herbes	

DOCUMENT 13 Les principales préparations possibles pour les poissons

« De façon traditionnelle, on peut servir un poisson entier après l'avoir habillé et apprêté selon une recette. C'est surtout le cas pour des petits poissons (sole portion, maquereau, merlan, sardine...) ou pour des poissons servis pour plusieurs personnes demandant une découpe en salle devant les clients (en croûte de sel, en croûte de feuilletage, en croûte de cire d'abeille...).

Cependant, de nos jours, le plus courant est de servir des morceaux de poisson adaptés à une portion. On peut alors servir un filet ou un morceau de filet (dos ou pavé). Il est aussi possible de couper des morceaux plus fins comme les goujonnettes (bâtonnets longs).

Certaines découpes incluent l'arête centrale (darne, tronçon). Les poissons marinés ou fumés sont souvent tranchés à « la scandinave » (tranche droite dans le filet) ou selon la coupe traditionnelle « tranché main » (tranches larges et fines de filet).

Les poissons se prêtent bien à diverses techniques de conservation et d'aromatisation : fumage, salage, marinade, saumure... Certaines découpes ou certains taillages peuvent aussi être réalisés pour des recettes spécifiques : tartare (dés de poissons crus), carpaccio (très fines tranches), médaillon (tranche ronde d'environ 3 cm), paupiette (fine tranche de poisson qui enveloppe une farce), sashimi (tranche fine), tataki... »

DOCUMENT 14 Photos des découpes

Tartare	Carpaccio	Médaillon	Dos/Pavé

Paupiette	**Sashimi**	**Filet**	**Tronçon**

Darne	**Tataki**	**Tranche**	**Goujonnette**

1 En vous aidant des photos des plats à tester pour la nouvelle carte (document 12), indiquez le type de découpe que vous allez réaliser.

Plats testés pour la nouvelle carte	
Lotte aux noix	A
Rouget aux légumes de saison	B
Lieu jaune confit, purée de patates douces	C
Saumon au poivre de Timut	D
Saumon farci aux Saint-Jacques et poireaux	E
Bar en croûte de sel	F
Turbot rôti, herbes et purée de petits pois	G
Lotte rôtie aux légumes primeurs	H
Daurade fondante aux asperges vertes	I
Brochet frit sauce aux herbes	J

Types de découpe	
...	Tranche/Sashimi
...	Darne
...	Tronçon
...	Médaillon
...	Filet
...	Tartare
...	Goujonnette
...	Dos/Pavé
...	Entier
...	Paupiette

2 Indiquez les types de préparation ou de cuisson que vous allez mettre en œuvre pour chaque plat à tester pour la nouvelle carte (document 12).

Cru en marinade	Rôti
....	....
....	....
Sauté	**Frit**
....	....
....	....

MISSION 8

Préparer et valoriser les crustacés et mollusques

« Pour les mois à venir, j'aimerais aussi enrichir notre proposition de mollusques et crustacés à la carte. Outre le plateau de fruits de mer, je pense que nous pourrions créer des recettes au fil de l'année en utilisant les produits de saison. Nos fournisseurs nous ont donné quelques informations (**documents 15 et 16**). Pouvez-vous me faire des propositions ? »

DOCUMENT 15 Calendrier de saisonnalité des mollusques et crustacés en Atlantique-Manche

ESPÈCES	HIVER			PRINTEMPS			ÉTÉ			AUTOMNE		
	JAN.	FÉV.	MARS	AVRIL	MAI	JUIN	JUIL.	AOÛT	SEPT.	OCT.	NOV.	DÉC.
Araignée de mer femelle	Optimale	Moindre qualité	À éviter	À éviter	Moindre qualité	Moindre qualité	Moindre qualité	Optimale	Optimale	Optimale	Optimale	Optimale
Araignée de mer mâle	Optimale	Optimale	Optimale	Optimale	Optimale	Optimale	Optimale	Optimale	Moindre qualité	Moindre qualité	Moindre qualité	Optimale
Crevette rose	Optimale	Optimale	À éviter	À éviter	À éviter	À éviter	Optimale	Optimale	Optimale	Optimale	Optimale	Optimale
Étrille	À éviter	À éviter	Optimale	Optimale	Optimale	Optimale	Optimale	Optimale	Optimale	Moindre qualité	À éviter	À éviter
Homard	À éviter	À éviter	À éviter	À éviter	Optimale	Optimale	Optimale	Optimale	Optimale	Moindre qualité	Moindre qualité	Moindre qualité
Langouste rouge	Interdite	Interdite	Interdite	Moindre qualité	Moindre qualité	Moindre qualité	Optimale	Optimale	Optimale	Optimale	Optimale	Optimale
Langoustine	Moindre qualité	Moindre qualité	Moindre qualité	Optimale	Optimale	Optimale	Optimale	Optimale	Moindre qualité	Moindre qualité	Moindre qualité	Moindre qualité
Tourteau	Optimale	Optimale	Optimale	Optimale	Optimale	Optimale	Optimale	Optimale	Optimale	Optimale	Optimale	Optimale
Bigorneau	Optimale	Optimale	À éviter	À éviter	À éviter	Moindre qualité	Moindre qualité	Moindre qualité	Optimale	Optimale	Optimale	Optimale
Bulot	Interdite	Optimale	Optimale	Optimale	Optimale	Optimale	Optimale	Optimale	Moindre qualité	Optimale	Optimale	Optimale
Clam	Optimale	Optimale	Optimale	Optimale	Optimale	Optimale	À éviter	À éviter	Optimale	Optimale	Optimale	Optimale
Coquille Saint-Jacques	Optimale	Optimale	Optimale	Moindre qualité	Interdite	Interdite	Interdite	Interdite	Interdite	Optimale	Optimale	Optimale
Huîtres	Optimale	Optimale	Optimale	Optimale	Moindre qualité	Moindre qualité	Moindre qualité	Moindre qualité	Optimale	Optimale	Optimale	Optimale
Ormeau	Optimale	Optimale	Optimale	Optimale	Moindre qualité	Interdite	Interdite	Interdite	Optimale	Optimale	Optimale	Optimale
Encornet	Optimale	Optimale	Optimale	Moindre qualité	Moindre qualité	Moindre qualité	Moindre qualité	Optimale	Optimale	Optimale	Optimale	Optimale
Poulpe	Optimale	Optimale	Optimale	Moindre qualité	Moindre qualité	Optimale	Optimale	Optimale	Optimale	Optimale	Optimale	Optimale

Légende :
- Forme et saveur optimales (vert)
- Produit de moindre qualité (jaune)
- Période à éviter (orange)
- Pêche interdite (rouge)

DOCUMENT 16 Guide pour une consommation raisonnée des mollusques et crustacés

Les professionnels de la pêche ont constaté l'épuisement des ressources marines et ont pris conscience de la nécessité de préserver ces ressources pour pouvoir continuer à exercer leur métier.
Ainsi, une saisonnalité des produits de la mer est apparue. Le principe est d'éviter de pêcher les espèces pendant leur période de reproduction. Les animaux y sont souvent de moindre qualité et plus vulnérables car ils se regroupent et sont plus faciles à capturer en nombre. La saisonnalité d'une espèce dépend de chaque mer, voire de chaque zone de pêche, et doit être regardée au cas par cas.
Des tailles minimales légales ont également été définies. Ainsi, il est interdit de pêcher les animaux qui ne sont pas en âge de s'être reproduits.
D'autres mesures existent, comme la création de zones protégées (où la pêche est interdite ou autorisée en quantités limitées), des périodes d'interdiction de pêcher ou encore l'interdiction d'utiliser certaines méthodes de pêche.

1 **Surlignez, dans le document 16, les décisions prises pour protéger les ressources.**

2 Dans le tableau ci-dessous, proposez au chef 2 mollusques et 2 crustacés à mettre à la carte pour chaque saison.

Saisons	HIVER	PRINTEMPS	ÉTÉ	AUTOMNE
Mollusques	• .... •	• .... •	• .... •	• .... • ....
Crustacés	• .... •	• .... •	• .... •	• .... • ....

3 Pouvez-vous proposer de l'araignée de mer de bonne qualité toute l'année ? Si oui, à quelle condition ?

....

....

4 Pourrez-vous proposer des coquilles Saint-Jacques et des ormeaux sur la carte d'été de la brasserie ? Justifiez votre réponse.

....

....

« Voici plusieurs modes de préparation de mollusques et crustacés. Apprenez-les pour pouvoir réaliser les nouvelles recettes que nous allons bientôt mettre à la carte du restaurant. »

5 Reliez les différentes préparations que vous allez réaliser aux plats de la future carte de la brasserie.

 Dessabler des coquillages	 Ouvrir des coquillages à la main	 Partager un homard en deux	 Tailler un homard en tronçons
Faire tremper puis brasser les coquillages dans plusieurs bains d'eau claire afin qu'ils recrachent le sable qu'ils contiennent.	Insérer une lame pour couper le pied qui permet au coquillage de se refermer. Retirer la coquille supérieure.	Sectionner la tête puis la queue en deux parties égales. Retirer la poche sableuse, l'intestin et réserver le corail.	Sectionner la tête en deux parties égales. Retirer la poche sableuse. Détacher les pinces. Couper la queue en médaillons.
A	B	C	D

...	...	...	...
 Homard grillé	 Moules marinières	 Fricassée de homard	 Huîtres gratinées

1 Calculer les taux de perte lors de la préparation des poissons et des coquillages

Au sein de votre restaurant d'application, votre chef aimerait déterminer la quantité de chair sur les poissons entiers et les coquillages.

a Avec l'aide de votre chef et par groupes, choisissez plusieurs espèces de poissons (ronds ou plats) et de coquillages.

b Déterminez le poids brut des produits puis le poids de chair commercialisable. Déduisez-en le taux de perte pour chaque espèce.

c Calculez le coût de revient réel d'une portion de 100 g d'un poisson entier. En vous appuyant sur la mercuriale de votre établissement, comparez ce coût avec celui de la même portion de poisson acheté en filets.

2 Comparer différentes cuissons d'un poisson

a Par groupes, choisissez un poisson.

b Réalisez différentes cuissons sur des morceaux de ce poisson (sauter, griller, vapeur, basse température...). Vous pouvez répartir les cuissons au sein de votre groupe.

c En comparant la masse du morceau avant et après cuisson, déterminez la perte en eau subie lors de la cuisson.

d Procédez à une analyse sensorielle pour déterminer les profils organoleptiques issus de chaque cuisson.

Pour les experts

1 Tenir compte des ressources halieutiques dans le choix des produits

« Nous avons décidé d'entrer dans une démarche plus responsable vis-à-vis de notre offre de produits de la mer et d'eau douce. Nous souhaitons nous engager à ce niveau pour proposer à nos clients des produits issus de filières ou de stocks durables en évitant d'importer du poisson de pays ou de zones de pêche lointains (**documents 1 et 2**). »

LoKal

CHEFFE DE CUISINE | Théa Machado

DOCUMENT 1 Extraits du *Guide des espèces* de l'association Ethic Ocean

Espèces	Milieux	États des stocks	Labels
Truite	Eau de mer Eau douce	**À privilégier :** la truite représente une alternative de proximité au saumon et autres poissons d'élevage d'origine plus lointaine.	La France est le 1er producteur mondial de truite certifiée « AB ». 80 fermes d'élevage certifiées ASC dans le monde.
Chinchard	Eau de mer	**À éviter :** Atlantique Nord-Est **À privilégier :** le chinchard pêché le long des côtes portugaises est le plus abondant de tous.	–

•••▶

Espèces	Milieux	États des stocks	Labels
Saumon	Eau de mer Eau douce	**À éviter :** saumon sauvage de l'Atlantique **À privilégier :** saumon d'élevage certifié « AB »	100 fermes sont certifiées ASC dans le monde : en Norvège, en Écosse, en Pologne, dans les îles Féroé, en Irlande.
Thon germon	Eau de mer	**À éviter :** Pacifique **À privilégier :** océan Indien, océan Atlantique	11 pêcheries certifiées MSC : 10 dans le Pacifique et 1 en Atlantique Nord-Est (Espagne).
Sardine	Eau de mer	**À éviter :** péninsule Ibérique, Méditerranée **Avec modération :** golfe de Gascogne, Manche et mer Celtique **À privilégier :** sud du Maroc	3 pêcheries de sardines certifiées MSC en Grande-Bretagne et en France (sardine à la bolinche de Bretagne et du golfe de Gascogne).
Tilapia	Eau douce	**À privilégier :** élevage principalement en Asie du Sud-Est, Afrique et Amérique du Sud mais aussi en Europe	45 fermes ASC.

Source des données : www.guidedesespeces.org/fr

DOCUMENT 2 Facture du fournisseur

DUPONT MARÉE 3 avenue du Port 22610 KERBORS *FR22-777-444 CE*	**FACTURE N° 110987** Le 30/10/N Destinataire : Client n° 2021 **Brasserie ARCHIBALD** 15 avenue Victor Hugo Votre ville

Poids net (kg)	Désignation	PU	PT HT
10,00	Lot n° 201 – Saumon 1,5-2 kg Pêché en Atlantique Nord-Est *Salmo salar*	-	-
5,00	Lot n° 16201 – Longe de thon germon s/s-vide Pêché en océan Pacifique *Thunnus alaguna*	-	-
3,00	Lot n° 9078 – Sardine cal. 25/35 Pêché en Méditerranée *Sardina pilchardus*	-	-
12,00	Lot n° 74924 – Filets de tilapia Élevé au Vietnam *Oreochromis niloticus*	-	-

1 En vous appuyant sur le document 1, quels produits ne devront plus être commandés pour respecter la démarche de consommation responsable engagée par le restaurant ?

....

....

2 Pour chaque espèce à la carte, indiquez vos recommandations en complétant le tableau suivant.

Espèces	Recommandations
Tilapia	Choisir un élevage plus proche en Europe.
Saumon	....
Thon germon	....
Sardine	....

SYNTHÈSE

Les poissons sont classifiés selon 4 critères :

Milieu de vie
- ....
- ....

Type de chair
- ....
- Demi-gras
- ....

Forme
- ....
- Poisson rond

Mode de capture
- Pêche
- ....

D'autres produits de la mer peuvent être utilisés en cuisine :

....

Mollusques

....

Algues

....

Afin d'assurer la traçabilité des produits de la mer et d'eau douce, certaines informations obligatoires doivent figurer sur l'étiquette :

- Nom commercial
- ....
- ....
- ....
- Identité du fournisseur

Pour limiter son impact sur les ressources de la mer, un restaurateur doit tenir compte :

- De la saisonnalité
- De la méthode de capture
- De l'origine des produits
- De l'état des stocks des espèces

Différentes découpes ou préparations sont possibles avec les poissons :

Carpaccio •	• Dés dégustés crus
Médaillon •	• Tranche ronde d'environ 5 cm de large
Darne •	• Tranches marinées de quelques millimètres d'épaisseur
Tartare •	• Tranche conservant l'arête centrale

MOTS-CLÉS

Poissons • **Coquillages** • **Crustacés** • **Mollusques** • **Traçabilité** • **Ressources halieutiques**

QUIZ INTERACTIF
liennathan.fr/8my7x6

CHAPITRE 7

Maîtriser l'art de cuisiner les viandes de boucherie

COMPÉTENCE

C1-3.4 Produire des mets à base de viandes

SAVOIR ASSOCIÉ

SA C1-3.4 Les préparations culinaires à base de viandes

ATELIER EXPÉRIMENTAL ET TECHNOLOGIQUE
P. 110

Situation professionnelle

LoKal

Dans le cadre de votre stage au sein de la cafétéria LoKal, la cheffe Théa Machado souhaite vous intégrer au poste Viande.

La cheffe souhaite sélectionner et valoriser les viandes françaises de qualité dans les suggestions de la semaine et proposer des spécialités régionales à base de viandes. Vous allez la seconder pendant une semaine pour mettre en place les futurs plats.

AVANT LA CLASSE

Vidéo : ***Origine de la viande : une information obligatoire !***
liennathan.fr/p9i87b

- **Après avoir consulté la vidéo, identifiez les 2 méthodes d'identification de l'origine des viandes sur un étiquetage.**
- **Précisez la particularité pour les plats préparés à base de viandes.**

MISSION 1

Identifier les viandes de qualité

« Chaque semaine, nous proposons à nos clients différentes viandes françaises de qualité (**document 1**). Vous allez m'aider à sélectionner celles pour les plats de la semaine prochaine. »

DOCUMENT 1 Les viandes de qualité en France

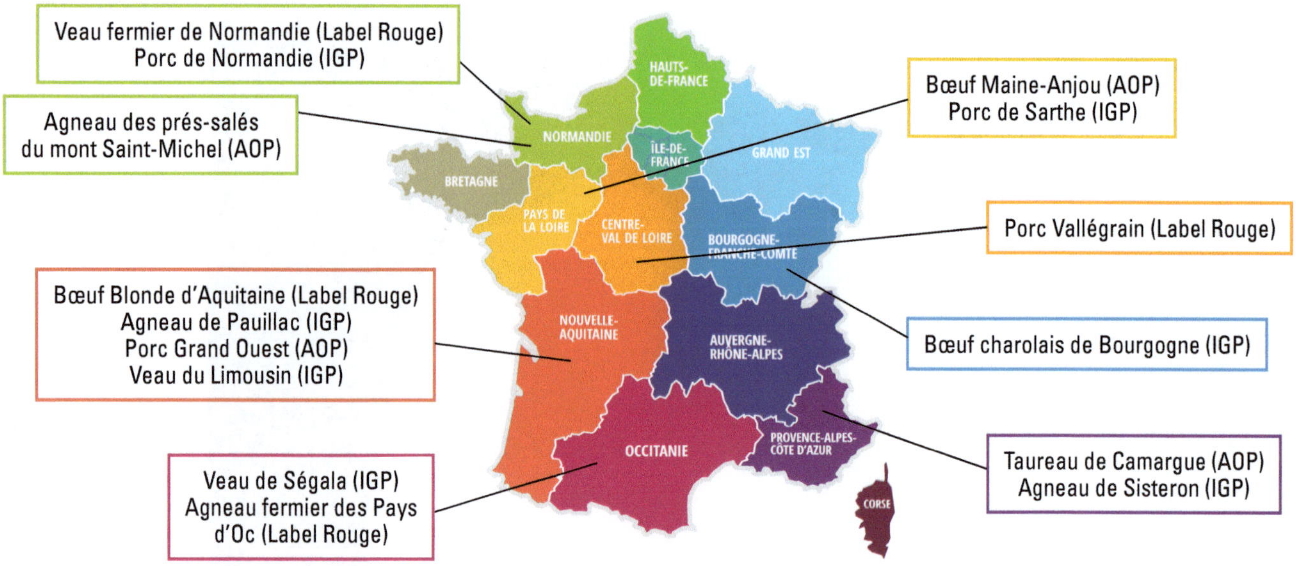

- **Pour chaque plat à préparer, indiquez l'appellation et la région d'origine puis cochez le label de la viande sélectionnée afin de préparer l'étiquette qui sera apposée à côté de l'intitulé du plat.**

Intitulé du plat	Viande et région d'origine	Label Rouge	AOP	IGP
Entrecôte de blonde d'Aquitaine à la bordelaise	Viande : Blonde d'Aquitaine Région : Nouvelle-Aquitaine	☐	☐	☐
Taureau de Camargue à la gardiane	Viande : .... Région :	☐	☐	☐
Jambon de Vendée grillé	Viande : .... Région :	☐	☐	☐
Blanquette de veau du Ségala	Viande : .... Région :	☐	☐	☐
Ragoût d'agneau des prés-salés du mont Saint-Michel	Viande : .... Région :	☐	☐	☐
Sauté de porc Vallégrain au bourgueil	Viande : .... Région :	☐	☐	☐

MISSION 2

Réceptionner et afficher l'origine des viandes de boucherie

« Vous allez m'aider à contrôler la réception de viandes de ce matin et à renseigner le tableau sur l'origine des viandes en respectant les mentions obligatoires (**document 2**). »

DOCUMENT 2 L'étiquetage d'une viande de boucherie

La réglementation européenne impose, depuis septembre 2000, de faire figurer certaines indications sur les étiquettes des viandes de boucherie :

1	Le pays d'abattage	2	Le pays de découpe	3	Le n° de lot	4	Le poids
5	L'estampille sanitaire	6	Les conditions de stockage	7	La DLC	8	L'adresse du fournisseur
9	La dénomination du produit						

Pour les viandes bovines, doivent figurer également :

10	Le type (viande laitière ou mixte)	11	La catégorie (veau, génisse, vache, bœuf)

Depuis le 10 juin 2020, les pays de naissance et d'élevage doivent également être indiqués s'ils sont différents du pays de découpe.

1 **Identifiez les informations obligatoires sur les étiquettes des viandes réceptionnées en mentionnant le numéro de la mention correspondante (document 2).**

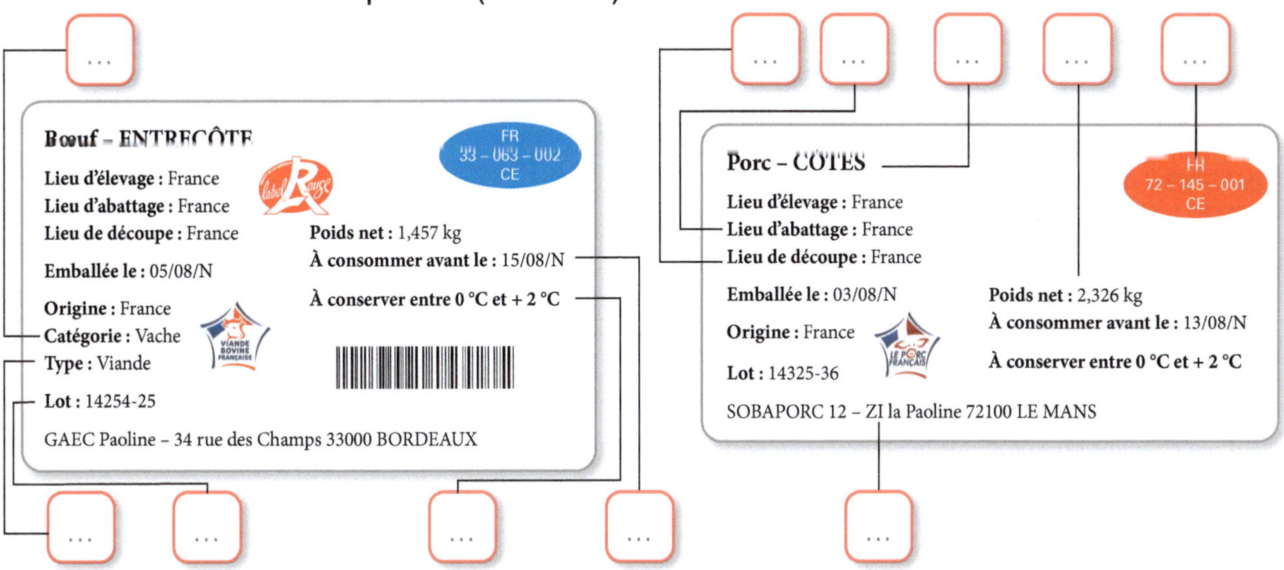

2 **Afin d'informer la clientèle comme l'impose la réglementation, complétez le tableau ci-dessous.**

Affichage de l'origine de nos viandes bovines, porcines, ovines, caprines et volailles

Conforme au décret n°2022-65 du 26 janvier 2022 relatif à l'étiquetage des viandes dans les établissements de restauration*

LoKal

Dénomination du produit	Lieu de naissance	Lieu d'abattage	Lieu de découpe
....	....	....	....
....	....	....	....

*Depuis le 1er mars 2022, l'affichage de l'origine est obligatoire pour <u>toutes</u> les viandes.

MISSION 3

Identifier et cuisiner la viande de veau

« Dans notre cafétéria, nous organisons souvent des semaines à thème avec différentes animations. La semaine prochaine, c'est l'Italie qui sera à l'honneur. Nous allons identifier ensemble les morceaux de viande de veau dont nous aurons besoin afin de contacter nos fournisseurs (**document 3**). »

Vidéo : *Parce qu'on le veau bien !*
liennathan.fr/74njr7

DOCUMENT 3 Les morceaux de viande de veau

Catégories	Morceaux		Modes de cuisson	
	Entiers	Détaillés	Morceau entier	Morceau détaillé
1re	**1** Carré	Côtes	Rôtir – Poêler	Sauter
	2 Longe + filet mignon	Médaillons	Rôtir – Poêler – Braiser	Sauter
	3 Quasi – Culotte	–		
	4 Noix	Escalope, grenadin, piccata		Sauter – Griller
2e	**5** Épaule	Détaillés en morceaux de 50 g pour la réalisation d'un ragoût et d'une blanquette	Braiser – Poêler	Ragoût – Pocher
	6 Poitrine			
3e	**7** Collier	Morceaux de 50 g assez gras	Braiser – Pocher	Ragoût
	8 Jarret	Osso-buco		

Appellations spécifiques

Escalope : tranche taillée dans la noix, la sous-noix ou la noix pâtissière
Fricandeau : tranche épaisse lardée et taillée dans la noix
Grenadin : petit fricandeau
Médaillon : tranche taillée dans le filet mignon
Paillard : fine escalope souvent aplatie et généralement grillée
Piccata : petite tranche taillée dans la noix

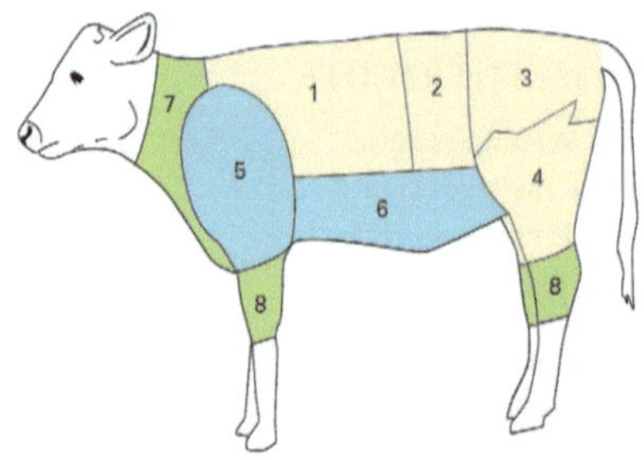

1 Pour chaque plat à préparer, indiquez la catégorie et le morceau de veau que vous allez choisir en justifiant votre choix.

Plat à préparer	Consigne de la cheffe	Catégorie, morceau choisi et justification
Veau marengo Ragoût de veau coloré à l'huile d'olive et au beurre, puis cuit longuement dans une sauce tomate à couvert au four	« Nous souhaitons proposer ce plat, très peu gras, à un prix très attractif. »	....
Vitello tonnato Tranches fines de veau et sauce à base de thon, jaunes d'œufs, anchois, câpres et huile d'olive, mélangée avec du jus de citron	« Les tranches de veau doivent être très fines et très tendres. »	....

2 En vous aidant des fiches pays p. 267, proposez un autre plat italien à base de veau. Indiquez ci-dessous le nom du plat et renseignez le morceau de veau à commander.

Nom du plat	....	Morceau	....

MISSION 4

Identifier et cuisiner la viande d'agneau

« Parmi les viandes labellisées à l'honneur cette semaine, nous allons proposer de nombreux plats à base d'agneau AOP des prés-salés du mont Saint-Michel. Il est considéré comme un mets festif aux qualités gustatives exceptionnelles. Vous allez m'aider à choisir les morceaux (**document 4**) et à identifier les cuissons « en mise en place », c'est-à-dire réalisées en avance, et « minute », soit au moment du service. »

Vidéo : *On ne gigote pas avec l'agneau !*
liennathan.fr/97q5ke

DOCUMENT 4 Les morceaux de viande d'agneau

Catégories	Morceaux		Modes de cuisson + temps de cuisson	
	Entiers	Détaillés	Morceau entier	Morceau détaillé
1re	**1** Carré	Côtelettes	Rôtir 10 min	Sauter – Griller 2 min
	2 Selle	Lamb chop Noisette, canon	Rôtir – Poêler – Braiser 20 min	Sauter – Griller 2 min
	3 Gigot	Tranche de gigot, souris		
2e	**4** Épaule	Détaillé en morceaux de 50 g pour la réalisation d'un ragoût	Rôtir – Poêler 1 h – Braiser	Ragoût – Pocher 2 h
3e	**5** Collier	Détaillés en morceaux de 50 g pour la réalisation d'un ragoût	–	Ragoût – Pocher 2 h
	6 Poitrine			

Appellations spécifiques

Baron : partie arrière d'une carcasse comprenant la selle et les deux gigots
Canon : filet et petit filet roulé dans sa panoufle, ficelés et préparés entiers
Lamb shop : tranche taillée dans la selle non désossée
Noisette : tranche taillée dans le filet issu de la selle désossée
Panoufle : partie représentant les flancs de l'animal
Rouelle : tranche taillée dans le gigot non désossé

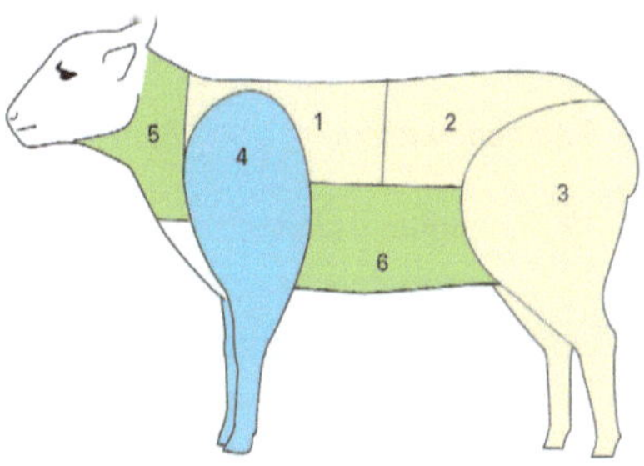

1 Identifiez les morceaux d'agneau à commander. Pour anticiper les cuissons, entourez en rouge les plats qui peuvent être cuisinés « en mise en place » et en bleu les cuissons « minute ».

Nom du plat : ragoût d'agneau des prés-salés du mont Saint-Michel

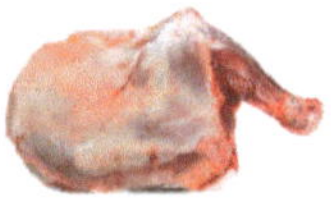

Nom du morceau :
....
....

Nom du plat : lamb chop sauté aux olives

Nom du morceau :
....
....

Nom du plat : souris d'agneau aux épices orientales

Nom du morceau :
....
....

Nom du plat : tranche de gigot d'agneau grillée jus court au romarin

Nom du morceau :
....
....

Nom du plat : côtelette d'agneau snackée aux épices orientales

Nom du morceau :
....
....

MISSION 5

Identifier et cuisiner la viande de porc

« Afin de proposer des plats économiques, la cafétéria ne peut pas faire l'impasse sur la viande de porc. C'est en effet la seule à ne pas posséder de catégories et la moins chère de toutes les viandes de boucherie (**document 5**). Nous allons notamment proposer cette semaine des plats à base de porc Vallégrain Label Rouge. »

Vidéo : *Tout est bon dans le cochon !* liennathan.fr/8qa4k2

DOCUMENT 5 Les morceaux de viande de porc

	Morceaux		Modes de cuisson et de préparation	
	Entiers	Détaillés	Morceau entier	Morceau détaillé
ÉPAULE	**1** Épaule	Détaillé en morceaux de 50 g pour la réalisation d'un ragoût ou d'un émincé	Rôtir – Pocher – Salaison (coppa) et charcuterie (type saucisse lyonnaise)	Ragoût – Sauter
ÉPAULE	**2** Jambonneau avant	–	Pocher – Salaison	
LONGE	**3** Échine	Détaillé en morceaux de 50 g pour la réalisation d'un ragoût ou d'un émincé	Rôtir – Pocher – Salaison (coppa)	Sauter
LONGE	**4** Carré	Côtes	Rôtir – Poêler	Sauter
LONGE	**5** Longe	Médaillons – Filet mignon – Paupiette	Rôtir – Salaison (bacon)	Sauter
POITRINE	**6** Poitrine	Lardons	Salaison (pancetta) – Fumaison	Pocher – Sauter
POITRINE	**7** Travers	–	Pocher	Griller
POITRINE	**8** Gorge	–	Morceaux principalement hachés et utilisés pour les salaisons (saucisson et saucisse) et les pâtés	
CUISSE	**9** Jambon arrière	Rouelle	Pocher – Braiser – Rôtir – Salaison (jambon blanc) – Fumaison	Rôtir
CUISSE	**10** Jambonneau arrière	–	Pocher – Braiser – Salaison	

Appellations spécifiques

Médaillon : tranche taillée dans le filet mignon

Rouelle : tranche taillée dans le jambon non désossé

Filet mignon : morceau le plus noble présent dans la longe. Appelé « lonzo » lorsqu'il est salé et séché.

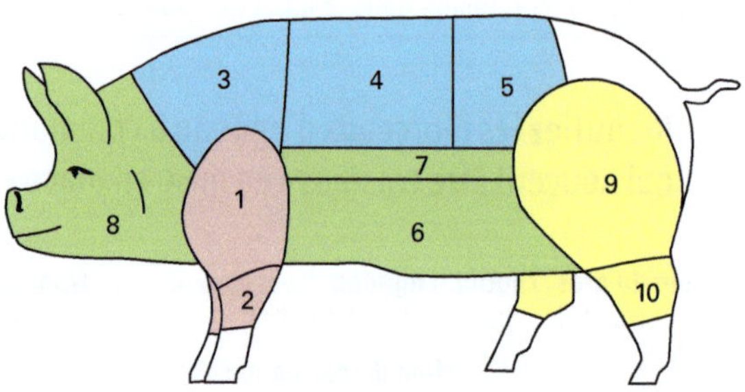

1 **Au buffet des entrées de la cafétéria, une cliente s'interroge sur l'assiette de charcuterie. Identifiez les morceaux utilisés.**

PANCETTA
Morceau : ....

LONZO
Morceau : ....

SAUCISSON SEC
Morceau : ....

JAMBON BLANC CUIT
Morceau : ....

BACON
Morceau : ....

2 La cheffe souhaite aussi mettre en valeur des plats à base de porcs d'autres terroirs.
Pour chaque plat à base de porc proposé ci-dessous, identifiez la région mise en valeur en vous aidant des fiches régions p. 253 et précisez le morceau de viande à commander.

Photo du plat	Intitulé et descriptif	Région mise en valeur	Morceau à commander
	**Quiche lorraine** Tarte salée originaire de Lorraine composée d'une pâte brisée, d'un appareil à flan et de lardons sautés		
	**Potée bretonne** Potée composée de choux et de différents morceaux de porc de 50 g		
	**Jambon de Reims** Épaule désossée non persillée cuite dans un bouillon (à la différence du jambon de Bourgogne, qui est persillé). Moulée. Sa surface est marbrée et chapelurée.		
	**Saucisson en brioche** Spécialité de Lyon. Saucisson à l'ail enroulé dans une pâte à brioche et cuit au four		
	**Paupiette de porc aux pruneaux d'Agen** Escalope de longe farcie avec des pruneaux d'Agen cuits et poêlée		
	**Morteau aux lentilles** Saucisse de Morteau taillée au couteau et fumée au bois de hêtre, cuite dans un bouillon avec des lentilles		
	**Cassoulet à la saucisse de Toulouse** Saucisse de Toulouse cuite avec des haricots en grains blancs et du confit de canard		

3 À la suite de ce travail, suggérez un plat qui pourrait être proposé en suggestion de la région de votre choix et précisez le morceau utilisé.

Intitulé	Descriptif technique	Région	Morceau

MISSION 6

Identifier et cuisiner la viande de bœuf

« Le bœuf est la viande par excellence, qu'il s'agisse de vache, taureau, veau, broutard, taurillon, génisse ou bœuf. Mon choix se porte toujours sur un morceau en fonction de la recette que l'on va mettre à l'honneur (**document 6**). Vous allez m'aider à réfléchir aux plats à base de bœuf que nous pourrions proposer la semaine prochaine. »

Vidéo : *Effet bœuf garanti !*
liennathan.fr/tn4g94

DOCUMENT 6 Les morceaux de viande de bœuf

Catégories	Morceaux – Entiers	Morceaux – Détaillés	Modes de cuisson – Morceau entier	Modes de cuisson – Morceau détaillé
1re	**1** Train de côtes	Côte – Entrecôte	Rôtir	Sauter – Griller
	2 Contre-filet-Rumsteck	Pavé – Steak	Rôtir – Cru	Sauter – Griller
	3 Filet	Tournedos – Chateaubriand	Rôtir – Cru	Sauter – Griller
	4 Tranche	Steak	Rôtir	Sauter
2e	**5** Paleron et macreuse (épaule)	Détaillés en morceaux de 50 g pour la réalisation d'un ragoût	Pocher	Hacher (sauter) – Ragoût
	6 Milieu de poitrine	Détaillé en morceaux de 50 g pour la réalisation d'un ragoût	Pocher	Hacher (sauter) – Ragoût
3e	**7** Collier	Utilisés transformés par l'industrie agroalimentaire (farce)		
	8 Poitrine			
	9 Gîte-gîte – Crosse			

Appellations spécifiques

Chateaubriand : tranche épaisse pour deux personnes, taillée dans la tête (début) du filet
Tournedos : tranche taillée dans le milieu du filet

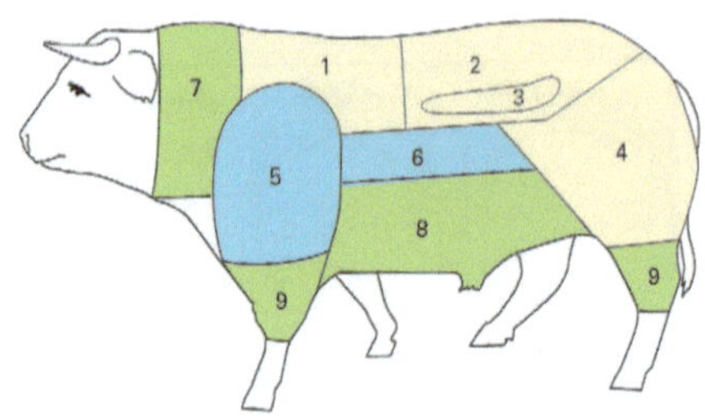

1 **Identifiez, pour chaque morceau commandé par la cheffe, la catégorie de la viande puis proposez un plat régional en vous appuyant sur les fiches régions p. 253 et renseignez le mode de cuisson.**

Morceau de viande		Catégorie 1re	2e	3e	Proposition de plat	Mode de cuisson
	Filet de bœuf	☑	☐	☐	Filet de bœuf Wellington	Rôtir
	Paleron ou macreuse	☐	☐	☐	....	....
	Gîte-gîte	☐	☐	☐	....	....
	Steak haché	☐	☐	☐	....	....

> « Nous réfléchissons à investir dans une chambre d'affinage des viandes afin de proposer des viandes maturées. Nous recevons un fournisseur de chambres d'affinage qui va nous présenter leurs caractéristiques (**document 7**). »

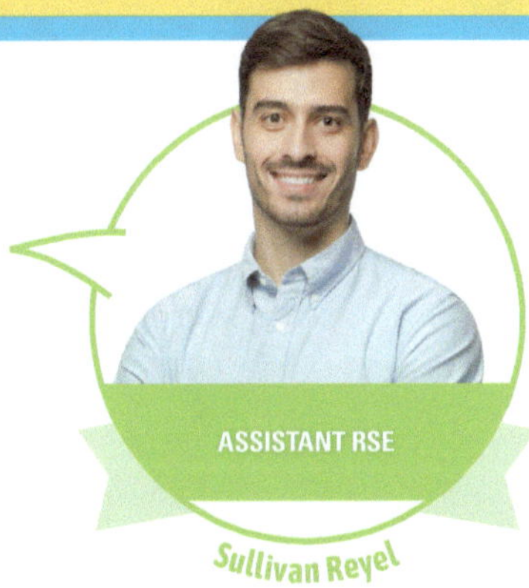

DOCUMENT 7 Explications du fournisseur de chambres d'affinage

« La viande doit rester suffisamment longtemps au repos après abattage pour que les diverses réactions chimiques puissent s'opérer. Ainsi, il faut comprendre que la maturation se fait en quelques étapes :
– la formation de la croûte oxydée permet de protéger la carcasse pendant la maturation. Celle-ci peut s'arrêter à partir de 15 jours de repos ;
– l'affinage permet à la viande de bœuf uniquement de se bonifier. Cette étape consiste à mettre la viande dans une **chambre d'affinage, dont le prix varie entre 2 500 et 4 500 €, et non dans une chambre froide**. En effet, le boucher doit considérer de nombreux paramètres pour que l'affinage puisse produire l'effet escompté, notamment le taux d'humidité de l'air, la température de l'atmosphère et d'autres critères. Cette étape peut durer jusqu'à 70 jours. À ce moment-là, la viande peut être vendue plus cher. En faisant maturer la viande, on peut également capter une nouvelle cible de clientèle. »

Vidéo : *Qu'est-ce que la viande maturée ?*
liennathan.fr/4ag9b2

2 La cheffe pourrait-elle affiner les viandes directement dans les chambres froides du LoKal ? Justifiez votre réponse.

....

3 Conseillez-vous au directeur du LoKal d'investir dans une chambre d'affinage, sachant que le budget est de 4 000 € ?

....

ATELIER EXPÉRIMENTAL ET TECHNOLOGIQUE

Préparer un tartare de bœuf

Vidéo : *Réaliser un steak tartare*
liennathan.fr/x6jk44

Lors de la séance d'atelier expérimental technique (AET) sur le thème des viandes de boucherie, vous allez valoriser un tartare de bœuf revisité par groupes de 2 ou 3. Votre chef vous met à disposition un ensemble de produits :

1 groupe par viande	Ingrédients pour un tartare		
• 0,250 kg Steak haché industriel • 0,250 kg Paleron • 0,250 kg Contrefilet • 0,250 kg Milieu de poitrine	• 0,010 kg Câpres hachées • 0,015 kg Cornichons hachés • 0,015 kg Oignon ciselé fin • 4 gouttes Tabasco • 1 pincée Poivre	• 1 CAC Worcestershire • 1 CAS Moutarde • 2 CAS Huile • 1 CAS Persil haché	• 1 CAC Ketchup • 2 pincées Sel • 1 œuf *CAS = cuillère à soupe* *CAC = cuillère à café*

a **À l'aide de la vidéo et par groupe**, hachez la moitié de la viande au couteau et l'autre moitié au hachoir, sauf pour le groupe « Steak haché industriel ». Réalisez le tartare avec les éléments donnés par votre chef. Chronométrez et notez le temps de réalisation.

b Réalisez une analyse comparative de l'ensemble des tartares sur les critères suivants : visuel, gustatif et temps de réalisation. **Après analyse**, présentez votre préférence concernant : le morceau de viande, le type de découpe du tartare. Expliquez pourquoi.

c **Pour conclure :** associez chaque tartare réalisé à un concept de restauration. Justifiez votre choix.

Pour les experts

1 Connaître et cuisiner les « morceaux du boucher »

« Vous allez m'accompagner chez un boucher qui a mis de côté pour moi des morceaux rares que l'on appelle les « morceaux du boucher ». Les clients de la brasserie L'Archibald sont de fins gourmets et les apprécient. Nous allons leur proposer de nouvelles suggestions pour les prochains jours. »

ARCHIBALD

SECOND | Samuel Cohen

1 Indiquez par des flèches l'emplacement des différents « morceaux du boucher » sur la carcasse de bœuf en vous aidant des explications du boucher.

Le merlan et la poire

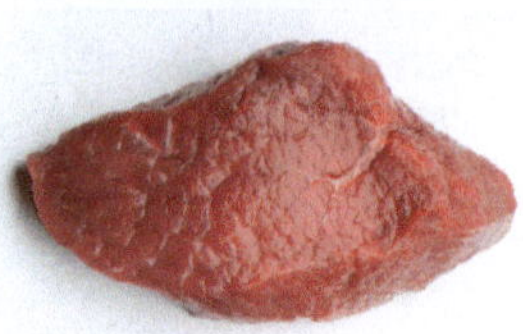

« C'est un petit muscle rond et charnu en forme de poire, d'où son nom. Son poids n'excède pas 600 g. Il est situé juste au-dessus de l'araignée. Une cuisson rapide est préconisée. »

La hampe

« C'est le bourrelet de muscle qui soude le diaphragme de l'animal à ses côtes. Elle est de forme très arrondie et allongée. Une cuisson rapide est préconisée. »

L'onglet

« Il est constitué de deux petits muscles unis par une membrane élastique et solide, que le boucher doit enlever avant de le couper en steaks. Il est en forme de quart de rond. Une cuisson rapide est préconisée. »

L'araignée

« C'est un muscle très plat et d'aspect particulier : la membrane qui le recouvre est sillonnée de nervures, ce qui le fait ressembler à une toile d'araignée. Elle est située dans la cuisse et est en forme de triangle. Une cuisson rapide est préconisée. »

2 Pour les suggestions de la semaine prochaine, proposez une ardoise de 4 plats intégrant les « morceaux de bœuf du boucher ».

Podcast : *Terroirs de Chefs – « C'est de saison : les morceaux du boucher ! »*
liennathan.fr/9gas72

Nom du « morceau du boucher » situé dans le bœuf	Proposition de suggestions
L'araignée	....
La hampe	....
Le merlan et la poire	....
L'onglet	....

2 Créer une meat box

« Notre restaurant Le District souhaite proposer une meat box à emporter avec des viandes de boucherie, pour partager de savoureux morceaux de viande de premier choix en famille ou entre amis. Les viandes qui seront proposées seront toutes de race française limousine et bio, un régal assuré ! Je souhaite développer cette offre de meat box pour le mois prochain. Avec des viandes de bœuf, d'agneau, de porc et de veau, cette box sera proposée avec une idée de recette (**document**). »

LE DISTRICT

CHEF DE CUISINE | Simon Patil

DOCUMENT Meat Box « Le District »

Toutes les semaines, nous vous livrons votre Meat Box contenant de savoureuses viandes de qualité !

Chaque semaine :

- 1 viande de bœuf
- 1 viande d'agneau
- 1 viande de veau
- 1 viande de porc

Fini le casse-tête du choix de viande et l'angoisse du frigo vide en semaine, on s'occupe de tout : courses, livraison... Pratique, vous n'avez plus qu'à cuisiner !

Pourquoi la cuisson d'une viande serait si compliquée ? Avec notre Meat Box **100 % française** et **au goût authentique**, il est possible de réaliser des cuissons simples, voire complexes, pour 2 ou 4 personnes. Dégustez votre viande avec le plaisir de l'avoir préparée vous-même.

1 En vous aidant du site Internet www.la-viande.fr/nos-recettes-viande, proposez 3 box pour les 3 semaines à venir en fonction des demandes du chef. Identifiez, pour chaque box, 4 morceaux de viande et 4 idées de recette.

1re box			
Bœuf – Morceau de 1re catégorie – Cuisson griller	**Veau** – Morceau de 1re catégorie – Cuisson sauter	**Agneau** – Morceau de 2e catégorie – Cuisson pocher	**Porc** – Taillé dans la cuisse – Cuisson pocher
....	....	....	....
2e box			
Bœuf – Morceau de 1re catégorie – Cuisson sauter-snacker	**Veau** – Morceau de 1re catégorie – Cuisson rôtir	**Agneau** – Morceau de 3e catégorie – Cuisson ragoût	**Porc** – Taillé dans la poitrine – Cuisson griller
....	....	....	....
3e box			
Bœuf – Morceau de 3e catégorie – Cuisson ragoût	**Veau** – Morceau de 2e catégorie – Cuisson pocher	**Agneau** – Morceau de 1re catégorie – Cuisson rôtir	**Porc** – Taillé dans la longe – Cuisson rôtir
....	....	....	....

2 Dans chaque box, le chef souhaite mettre un morceau de 3e catégorie ou un morceau peu valorisé du porc. Justifiez son choix.

....

SYNTHÈSE

Il existe différents labels de qualité en fonction des viandes :

....	....	....	....
• Agneau des prés-salés du mont Saint-Michel • Taureau de Camargue • Porc Grand Ouest	• Blonde d'Aquitaine • Veau fermier de Normandie • Porc Vallégrain	• Bœuf charolais • Veau de Ségala • Agneau de Sisteron	• Veau bio • Bœuf de Salers bio

Les mentions obligatoires à contrôler sur une étiquette de traçabilité des viandes de boucherie sont :

La dénomination du produit	Les conditions de stockage	Le lieu de naissance Le lieu d'abattage Le lieu de découpe	Pour le bœuf : la catégorie et le type de viande
....	....	....	....

On distingue plusieurs catégories en fonction des viandes de boucherie :

Viandes de veau, de bœuf et d'agneau				Viande de porc
Catégorie	**Situation sur l'animal et exemple de morceau**	**Modes de cuisson**	**Exemples d'applications culinaires**	
1re	**Partie dorsale** Exemple : .... **Partie postérieure** Exemple :	Cuissons courtes : Sauter – Griller – Rôtir	• Paillarde de veau grillé • Tournedos sauté châtelaine • Carré d'agneau rôti persillé	Il n'y a pas de catégories pour la viande de porc. **Exemples d'applications culinaires :** • Côte de porc charcutière • Palette à la diable • Jambonneau braisé au foin La viande de porc est aussi utilisée pour les salaisons et fumaisons (saucisson, jambon…).
2e	**Partie antérieure** Exemple :	Cuissons rapides et longues : Rôtir – Poêler – Ragoût	• Épaule de veau rôtie aux herbes • Pot-au-feu • Navarin aux pommes	
3e	**Partie abdominale** Exemple :	Cuissons longues : Ragoût – Pocher – Braiser	• Osso-buco à la milanaise • Marmite, gelée • Blanquette d'agneau	

MOTS-CLÉS

Viande de boucherie • Veau • Bœuf • Agneau • Porc

QUIZ INTERACTIF
liennathan.fr/8hdy73

CHAPITRE 8

Maîtriser l'art de cuisiner les œufs

COMPÉTENCE

C1-3.4 Produire des mets à base de viandes, volailles, gibiers, abats, œufs

SAVOIR ASSOCIÉ

SA C1-3.4 Les préparations culinaires à base d'œufs

CO-INTERVENTION P. 8

MATHS : 4. Connaître et savoir utiliser les ovoproduits en cuisine

ATELIER EXPÉRIMENTAL ET TECHNOLOGIQUE P. 123

Situation professionnelle

LE DISTRICT

Au fur et à mesure de vos semaines de stage au sein de l'établissement Le District, vous êtes amené(e) à cuisiner les œufs de différentes manières.

Le chef, Samuel Patil, souhaite faire évoluer les pratiques en termes d'achat des œufs et proposer de nouvelles préparations.

Il a observé ce qui se faisait dans les autres établissements de L'Atrium : la cafétéria LoKal, le restaurant gastronomique L'Éveil des sens ou encore la brasserie Archibald.

AVANT LA CLASSE

Vidéo : ***Gastronomie : l'œuf mollet parfait de la plus jeune chef étoilée de France !***
liennathan.fr/cx75v8

Recette : ***Œufs cocotte à la bordelaise***
liennathan.fr/g823br

- **Comparez les 2 types de préparation et de cuisson des œufs dans ces vidéos.**
- **Citez 3 points communs aux 2 recettes.**

MISSION 1

Connaître la structure et les propriétés de l'œuf

« Lors d'un dîner à L'Éveil des sens, j'ai découvert un « œuf parfait aux champignons ». Cette recette spécifique nécessite de connaître parfaitement la composition de l'œuf et d'avoir une approche scientifique sur la façon de le cuisiner (**document 1**). La cheffe m'a donné la recette, car j'aimerais mettre ce plat à la carte, mais il me faut la comprendre (**document 2**) ! Nous allons la tester ensemble. »

DOCUMENT 1 Explications du chef Simon Patil

« La coquille est une enveloppe poreuse et fragile, dont la couleur est déterminée par la race du volatile. Elle est recouverte par la cuticule, une fine couche transparente qui a pour rôle de protéger l'œuf contre toute attaque microbienne. Cette coquille pèse environ 10 g.

Le blanc, aussi appelé "albumen", a une partie épaisse et une plus liquide. L'albumen épais est près du jaune alors que l'albumen liquide est plus proche de la coquille. Le blanc représente environ 60 % de l'œuf. Il est composé à 87 % d'eau et 12 % d'albumine, une protéine. Il pèse environ 30 g. Il commence à coaguler à partir de 61 °C. Il est transparent, visqueux et ferme, et perd en consistance lorsqu'il vieillit.

Le blanc est protégé par la membrane coquillière, qui se trouve juste à l'intérieur de la coquille. Une poche d'air, appelée "chambre à air", se situe à la base de l'œuf, à l'intérieur.

Le jaune, ou vitellus, représente 30 % de l'œuf. Il est composé de 16 % de protéines et 30 % de lipides. Sa couleur varie en fonction de l'alimentation de la poule. Le maïs, par exemple, donne des jaunes qui tirent sur l'orangé. Le jaune pèse environ 20 g et il coagule à 68 °C. Il est maintenu au centre de l'œuf par les chalazes, une sorte de tortillons d'albumine. »

DOCUMENT 2 Recette de l'œuf parfait d'Anaëlle Nguyen

Pour réaliser un œuf parfait ou œuf à 65 °C

Plonger les œufs dans une casserole remplie d'eau à 65 °C hors du feu. Surveiller la bonne température de l'eau grâce à un thermomètre de cuisson. Replacer brièvement la casserole sur le feu si la température baisse ou ajouter de l'eau tiède. Laisser cuire 45 min à 1 h.

On peut aussi placer les œufs directement dans le four à 65 °C !

Bon courage !
Anaëlle Nguyen

Vidéo : Recette des œufs parfaits
liennathan.fr/cb69f4

1 Avant de réaliser la recette d'Anaëlle Nguyen, surlignez, dans les explications du chef, les différents éléments qui composent un œuf puis reportez-les sur le schéma.

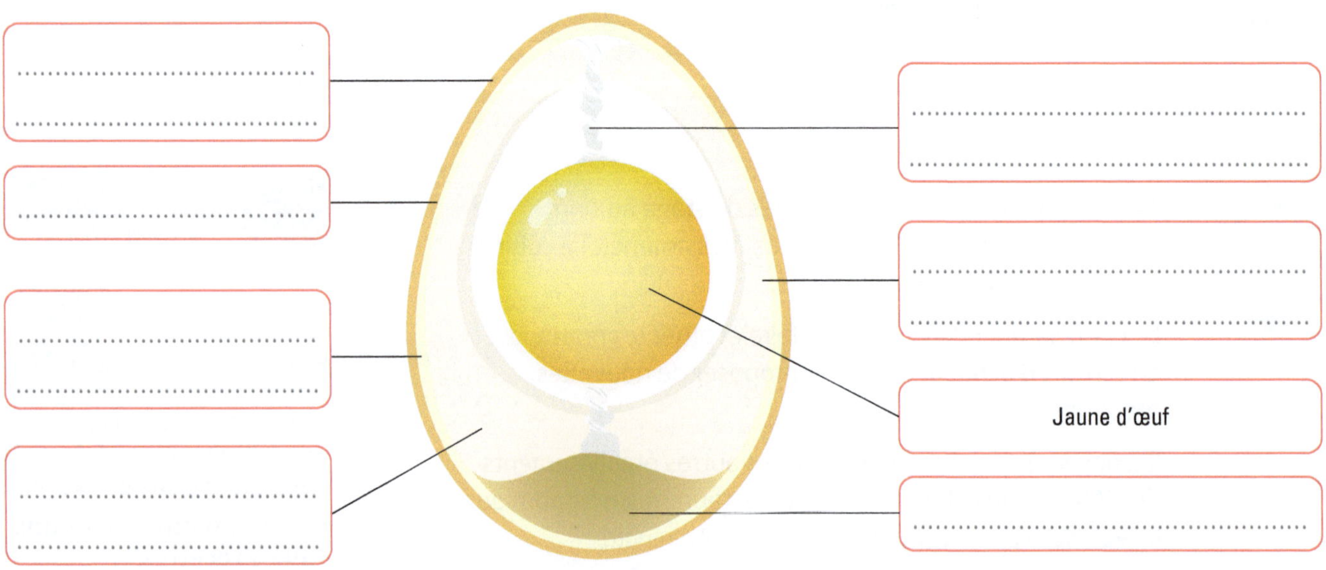

« Nous venons de voir que l'œuf est un aliment très complexe. Vous devez connaître les différentes propriétés de ce produit afin de réussir les différentes préparations culinaires à réaliser. »

2 **Classez, dans le tableau ci-dessous, les propriétés physico-chimiques de l'œuf en fonction des caractéristiques et des utilisations culinaires.**

Clarifiante – Colorante – Moussante et levante – Aromatique et sapide – Émulsifiante et stabilisante

	Utilisations culinaires	Caractéristiques	Propriétés
Œufs entiers	• Pâtes (sablée, à choux…) • Farces (pâté, terrine, mousseline), panures • Crèmes (d'amandes, pâtissière)	L'œuf mélangé, grâce aux protéines qu'il contient, lie entre elles les particules de farine ou tout autre ingrédient pour former une pâte.	Liante
Œufs entiers	Toutes préparations	L'œuf donne du goût aux préparations.	....
Jaunes d'œufs	• Pâtes • Crèmes (anglaise, caramel…) • Veloutés, consommés, sauces…	Les protéines du jaune d'œuf coagulent et forment un gel qui lie entre elles les composantes du produit.	....
Jaunes d'œufs	Sauces émulsionnées (mayonnaise, hollandaise), sabayon	L'émulsifiant contenu dans le jaune a la propriété de stabiliser les émulsions.	....
Jaunes d'œufs	• Dorures, gratins • Glaçage des sauces	Le jaune possède un pouvoir colorant grâce à la présence de pigments appelés « flavones ».	....
Blancs d'œufs	• Meringues • Soufflés • Pâte à frire • Biscuits (à la cuillère, de Savoie, Joconde, dacquoise)	Le blanc d'œuf peut être battu en neige. Sous l'action mécanique, il se sépare en de multiples petites particules qui emprisonnent l'air. Durant la cuisson, l'air se dilate et les bulles se développent jusqu'à ce que leurs parois soient coagulées sous l'effet de la chaleur, ce qui permet de faire gonfler la pâte.	....
Blancs d'œufs	Clarification des consommés, des gelées	Sous l'action de la chaleur, les protéines du blanc coagulent. Cette coagulation permet d'emprisonner et d'éliminer les impuretés d'un liquide. C'est la clarification.	....

3 **Pour chaque préparation à réaliser pour les mets de la carte du District, indiquez la partie de l'œuf que vous allez utiliser et la propriété de l'œuf qui va être utilisée.**

	Meringue de la Pavlova	Pâte sablée du cheesecake	Sauce béarnaise	Consommé de veau
Préparations à réaliser				
Partie de l'œuf utilisée	☐ Œuf entier ☐ Jaune ☐ Blanc	☐ Œuf entier ☐ Jaune ☐ Blanc	☐ Œuf entier ☐ Jaune ☐ Blanc	☐ Œuf entier ☐ Jaune ☐ Blanc
Propriété de l'œuf	....	....	....	....

MISSION 2

Choisir un type d'œuf adapté à la préparation

« Au District, nous sélectionnons les meilleurs produits afin de satisfaire notre clientèle. Le choix d'un œuf n'est pas anodin ! J'ai la chance d'avoir un très bon producteur, j'en ai parlé lors de mon passage à l'occasion d'une émission de radio (**documents 3 et 4**). »

DOCUMENT 3 Extrait de l'émission de radio locale « Mangeons bien ! »

Journaliste : Simon, nous avons été touchés par la qualité de vos assiettes. Quel est votre secret ?

Simon Patil : Je porte une attention particulière au choix des produits. J'entretiens une relation de confiance avec les producteurs et je me dois de mettre en valeur le résultat de leur travail.

Journaliste : Ces producteurs ne sont pas souvent mis à l'honneur. Pouvez-vous nous en parler ?

Simon Patil : Alors ce matin, par exemple, je suis allé rendre visite à M. Jean, mon producteur d'œufs, dans le but de trouver un œuf répondant à mes critères pour un plat de la future carte. Cet œuf sera poché, donc j'ai besoin d'un œuf très frais et de bonne taille, environ 70 g. Il doit être issu de l'agriculture biologique et l'aviculteur doit être dans la région afin de réduire l'empreinte carbone. On veut du local !

DOCUMENT 4 Types d'œufs et traçabilité

Sur la coquille de chaque œuf, on retrouve les informations suivantes :
- le **mode d'élevage** (0 – 1 – 2 – 3) ;
- le **pays d'origine** (ex. : FR = France) ;
- le **code producteur** et le **n° du bâtiment** ;
- la **DCR** (date de consommation recommandée).

Des informations complémentaires peuvent également figurer sur l'emballage, comme « **Pondu le** », qui correspond à l'indication de la date de ponte. Cette information peut être importante pour des chefs soucieux de la fraîcheur de leurs produits.

Calibrage	
Calibre	**Poids**
Small / Petit	Moins de 53 g
Moyen	De 53 à 62 g
Large / Gros	De 63 à 72 g
XLarge / Très gros	Plus de 73 g

Mode d'élevage
0 : Agriculture biologique
1 : poules élevées en plein air
2 : poules élevées au sol
3 : poules élevées en cage

Fraîcheur	
Extra-frais	**Frais**
L'œuf est considéré comme extra-frais jusqu'au 9e jour après la date de ponte. Il est conditionné uniquement en petits emballages (moins de 30).	DCR de 28 jours

1 Quels critères le chef de cuisine recherche-t-il pour son œuf ?

....

....

....

2 Les œufs du producteur M. Jean répondent-ils à ces critères ? Justifiez votre réponse.

....

....

....

3 Quels sont les avantages pour Le District de se fournir en œufs localement ?

....

....

....

DOCUMENT 5 Œufs du producteur de S. Patil

“ En fonction des préparations, nous n’utilisons pas les mêmes types d’œufs. Nous cuisinons uniquement des œufs extra-frais quand ils sont consommés crus, par sécurité alimentaire. Nous utilisons aussi des extra-frais pour les œufs pochés, car ils gardent une forme arrondie lors de la cuisson et le blanc est plus épais. Aujourd’hui, le 17 juillet, vous allez m’aider à réaliser les nouvelles préparations à base d’œufs. ”

SENIOR SOUS-CHEFFE

Nora Khalil

4 **Reliez chaque préparation culinaire prévue pour la nouvelle carte à l’œuf qui vous semble le plus adapté et précisez son mode d’élevage.**

Préparation culinaire

Œuf cocotte aux cèpes

Un œuf servi en entrée, cuit au bain-marie dans une cocotte, accompagné de morceaux de cèpes sautés en persillade.

Génoise pour fraisier

Biscuit moelleux à base d’œufs émulsionnés avec du sucre et de la farine.

Salade de lentilles, quinoa et œuf poché

Salade agrémentée de lentilles, de quinoa, d’aubergines, de jeunes pousses et d’un gros œuf bio poché.

Tartare de bœuf taillé au couteau

Viande de bœuf coupée finement au couteau, assaisonnée de condiments et d’un petit jaune d’œuf.

Œuf

Pondu le 14/07

Mode d’élevage :

....

Œufs extra-frais – XL

Pondu le 14/07

Mode d’élevage :

....

Œufs extra-frais – S

Pondu le 27/07

Mode d’élevage :

....

Œufs frais – L

Pondu le 28/07

Mode d’élevage :

....

Œufs frais – M

MISSION 3

Connaître la commercialisation des œufs

« Nous venons de recevoir une livraison d'œufs. Regardons de plus près le carton reçu ainsi que l'étiquette de traçabilité (**documents 5, 6 et 7**). »

DOCUMENT 5 Carton d'œufs reçu

DOCUMENT 6 Explications de Nora

« Le carton que nous venons de recevoir est une canadienne. C'est un carton de 12 plaques de 30 œufs, soit 360 œufs. Il existe aussi des demi-canadiennes de 180 œufs.
Afin d'assurer la traçabilité des œufs, nous conservons l'étiquette présente sur le carton : elle se détache et est autocollante, c'est pratique ! Cette étiquette contient plein d'informations, comme le nom et l'adresse de l'aviculteur, le numéro d'immatriculation, le nombre d'œufs, la catégorie, le calibre et la DCR (date de consommation recommandée). Toutes ces informations sont centralisées dans le QR Code. »

Vidéo : *La distribution des œufs de poules Cocorette*
liennathan.fr/495sue

DOCUMENT 7 L'étiquette de traçabilité

Catégorie A : œufs destinés aux consommateurs
Catégorie B : œufs livrés exclusivement à l'industrie alimentaire et non alimentaire

1 Citez les avantages, pour Le District, d'acheter des œufs en canadiennes.

....

2 Légendez l'étiquette de traçabilité (document 7) grâce aux informations données par Nora (document 6).

3 Quel est l'intérêt, pour Le District, de vérifier et de conserver cette étiquette de traçabilité ?

....

....

MISSION 4

Identifier et savoir utiliser les ovoproduits

« La cheffe de la cafétéria LoKal m'a confié qu'elle n'utilisait plus d'œufs en coquille. Elle cuisine uniquement avec des ovoproduits, qui sont des produits transformés à base d'œufs, plus rapides à utiliser et plus adaptés aux règles d'hygiène. Je lui ai emprunté le catalogue Cocotine (**document 8**). Nous allons regarder si certains produits pourraient nous faire gagner du temps pour les préparations à réaliser. Toutefois, je crains qu'on perde en qualité en les utilisant... »

DOCUMENT 8 Extrait du catalogue de présentation des ovoproduits Cocotine

1

Jaunes, blancs ou œufs entiers battus
Pasteurisés, frais ou surgelés
1 l de jaunes = 50 jaunes
1 l de blancs = 34 blancs
1 l d'œufs entiers = 20 œufs

2

Spray de dorure destiné à dorer les viennoiseries et pâtisseries de façon uniforme

3

Blancs d'œufs en neige cuits
Barquette de 2,2 l, environ 20 portions

4

Omelette individuelle de 90 g surgelée
Existe nature, aux herbes et à l'oignon

5

Œufs durs décoquillés en saumure, prêts à consommer

6

Œufs pochés cuits sous vide
Prêts à consommer froids ou à réchauffer

1 Pour chaque mets prévu à la nouvelle carte du District, identifiez les ovoproduits du catalogue Cocotine que vous pourriez utiliser en reportant leur numéro.

Mets de la nouvelle carte				
	Fraisier	Salade de lentilles, quinoa et œuf poché	Île flottante	Œufs mimosa au paprika
Ovoproduit possible	....	....	....	....

2 Citez les possibles avantages, pour Le District, d'utiliser ces ovoproduits.

....

....

3 Pourquoi Nora hésite-t-elle à utiliser des ovoproduits pour les préparations du District ?

....

....

MISSION 5

Maîtriser la cuisson des œufs

« Le service des œufs fait la renommée du brunch du dimanche au District ! Que les œufs soient cuits en coquille, au plat ou brouillés, leur cuisson nécessite un certain savoir-faire. Voici la carte du Eggs Corner (**document 9**) ainsi que mes recommandations afin que vous puissiez bientôt travailler sur ce poste (**document 10**). »

DOCUMENT 9 Carte du service des œufs

LE DISTRICT

EGGS CORNER

Cuits en coquille

– ....

– Mollet 6′

– Dur 10′

Accompagné de mouillettes, concassée de tomates et jambon blanc

Cuits entiers

– En cocotte, au foie gras ou aux cèpes

– Sauté sur la plancha au piment d'Espelette

– ....

– Poché, nature ou au vin rouge

Cuits mélangés

– Omelette roulée, nature ou au fromage

– Omelette plate, aux piquillos et patatas

– ....

1 Replacez les plats suivants dans le menu du Eggs Corner (document 9).

Œufs brouillés aux fines herbes ou à la truffe

Œuf à la coque 3 minutes

Œuf au plat nature

DOCUMENT 10 Les 10 conseils du chef du District pour la préparation des œufs

1. Pour la cuisson des œufs en coquille, laissez un peu les œufs à température ambiante avant de les plonger dans l'eau bouillante car le choc thermique peut faire éclater la coquille.
2. Une fois sortis de l'eau, les œufs cuits en coquille continuent de cuire. Stoppez la cuisson des œufs à la coque sous l'eau tiède et servez-les de suite. Les œufs mollets et durs peuvent être rafraîchis dans de la glace.
3. Écalez (enlevez la coquille) sous l'eau. Les œufs frais s'écalent mieux que les extra-frais.
4. Si vous préparez les œufs dans un récipient métallique, choisissez celui-ci en inox, car les œufs oxydent les autres métaux.
5. Utilisez des œufs extra-frais pour les pocher.
6. Pochez les œufs dans de l'eau vinaigrée, l'acidité améliore la coagulation du blanc.
7. Cassez les œufs un par un dans un ramequin. Si un œuf vous paraît suspect, vous ne gâcherez pas votre préparation.
8. En dépassant le temps de cuisson, le jaune de l'œuf perdra de sa couleur et le tour du jaune noircira.
9. Cassez les œufs à plat pour éviter de faire rentrer des impuretés dans l'œuf.
10. Lavez-vous les mains juste après avoir manipulé des œufs car ils n'ont pas été nettoyés lors du ramassage.

2 Pour chaque plat de la carte du Eggs Corner (document 9), retrouvez les conseils du chef correspondants en reportant les numéros (document 10).

Plats	N^{os} des conseils du chef	Plats	N^{os} des conseils du chef
Omelette au fromage	....	Œuf à la coque	....
Œuf dur	....	Œuf mollet	....
Œufs brouillés à la truffe	....	Œuf au plat nature	....
Œuf à la plancha au piment d'Espelette	....	Œuf poché au vin rouge	....

ATELIER EXPÉRIMENTAL ET TECHNOLOGIQUE

Comprendre l'action de la chaleur sur le blanc et le jaune d'œuf

Formez des groupes afin de réaliser des cuissons d'œufs à différentes températures.

Matériels nécessaires : fours vapeur précis, ou thermoplongeurs, ou thermomètres digitaux à sonde.

a Réalisez les cuissons de 2 œufs à la vapeur pendant 1 h en respectant les températures suivantes :
- groupe 1 : 2 œufs à 55 °C ;
- groupe 2 : 2 œufs à 60 °C ;
- groupe 3 : 2 œufs à 65 °C ;
- groupe 4 : 2 œufs à 70 °C.

b Lorsque la cuisson est finie, cassez et démoulez les œufs dans des bols différents.

c Réalisez une analyse comparative entre les 4 œufs cuits à l'aide du tableau ci-dessous.

Éléments à analyser	Œuf cuit à 55 °C	Œuf cuit à 60 °C	Œuf cuit à 65 °C	Œuf cuit à 70 °C
Visuel (couleur, forme, tenue)	....	....	....	....
Toucher (température perçue, texture)	....	....	....	....
Odorat	....	....	....	....
Goût (saveur, température, texture en bouche)	....	....	....	....

d Expliquez ce que vous comprenez et ce que vous pouvez conclure de cette analyse comparative pour vos réalisations futures à base d'œufs.

Pour les experts

1 Innover grâce à des nouveaux modes de consommation des œufs

« Au District, nous sommes sans cesse en recherche d'innovations culinaires ! J'ai eu l'idée de surprendre notre clientèle en développant la consommation d'œufs d'autruche et de caille. Pouvez-vous m'aider dans le développement de ce concept en vous appuyant sur les informations que j'ai déjà collectées ? »

LE DISTRICT

JUNIOR SOUS-CHEF | Léo Monthier

DOCUMENT 1 Les différents œufs

Œuf	Taille	Poids	Équivalence
Poule	Longueur : 8 cm Diamètre : 5,5 cm	60 g	–
Caille	Longueur : 3,5 Diamètre : 2,5 cm	10 g	6 œufs de caille = 1 œuf de poule
Autruche	Longueur : 15 cm Diamètre : 11 cm	1,2 kg	1 œuf d'autruche = 20 œufs de poule

Vidéo : *Œufs de caille pochés aux truffes*
liennathan.fr/gn247v

Vidéo : *Les œufs d'autruche au restaurant Le Mesturet*
1. liennathan.fr/s4q55w
2. liennathan.fr/7je86v

1 Afin de trouver une idée de commercialisation, citez les avantages et les inconvénients des œufs de caille et d'autruche. Vous pouvez vous aider des vidéos et d'une recherche sur Internet.

Œufs comestibles	Particularités	
	Points positifs	Points négatifs
Œuf d'autruche	....	....
Œuf de caille	....	....

2 Voici une liste d'idées de recettes trouvées par Léo pour la nouvelle carte. Reliez l'œuf le plus adapté pour chaque recette (œuf de poule, d'autruche ou de caille).

Œuf d'autruche

Œuf de poule

Œuf de caille

	Bruschetta à l'avocat, tomates cerises et œufs mollets (servie en entrée)
	Œuf à la coque à partager (servi au buffet)
	Œufs au plat en piperade (plat principal)
	Salade printanière aux petits œufs durs
	Œuf aux croûtons et lardons à partager (4 personnes)

3 Indiquez dans quelles situations vous pourriez proposer des œufs d'autruche et des œufs de caille au restaurant Le District et proposez des recettes adaptées.

Œufs	Situations adaptées	Recettes proposées
D'autruche	....	....
De caille	....	....

SYNTHÈSE

Afin de maîtriser et comprendre les préparations culinaires, il est nécessaire de connaître :

- ....
  Liantes, aromatiques, émulsionnantes, colorantes, moussantes, clarifiantes.
- Les températures de coagulation
  Blanc : ....
  Jaune : ....

Afin de choisir le type d'œuf adapté au concept de restaurant, il faut choisir :

- ....
  Pays de ponte et code éleveur sur coquille
- ....
  Petits, moyens, gros ou très gros (S, M, L, XL)
- ....
  0 : bio – 1 : plein air – 2 : au sol – 3 : en cage
- ....
  Extra-frais : 9 jours
  Frais : DRC 28 jours

La commercialisation des œufs en restauration se fait principalement en canadiennes de 360 œufs. L'étiquette de traçabilité doit contenir les informations :

Sur le producteur :
- ....
- ....
- ....
- ....

Sur l'œuf :
- Catégorie de classement de l'œuf (A ou B)
- Mode de conservation
- Conditionnement
- ....
- ....

Les ovoproduits peuvent se présenter sous plusieurs formes et possèdent certains avantages :

- ....
  Œufs entiers mélangés, jaunes, blancs, spray...
- ....
  Omelettes surgelées, œufs pochés sous vide, œufs durs en seau.
- AVANTAGES
  ....
  ....

La cuisson se divise en trois grandes familles :

- Œufs cuits en coquille
  ....
  ....
- Œufs cuits entiers
  ....
  ....
- Œufs cuits mélangés
  ....
  ....

MOTS-CLÉS

Albumen • **Coagulation** • **DCR** • **Ovoproduits**

QUIZ INTERACTIF
liennathan.fr/2ne2z9

CHAPITRE 9 Valoriser les abats

COMPÉTENCE

C1-3.4 Produire des mets à base de viandes, volailles, gibiers, abats, œufs.

SAVOIR ASSOCIÉ

SA C1-3.4 Les préparations culinaires à base de viandes, volailles, gibiers, abats, œufs

CO-INTERVENTION P. 8

MATHS : 10. Créer une fiche technique valorisée à l'aide du tableur

ATELIER EXPÉRIMENTAL ET TECHNOLOGIQUE P. 131

Situation professionnelle

ARCHIBALD

En tant que stagiaire au sein du restaurant Archibald, vous allez participer en cuisine à l'élaboration des nouveaux plats de la carte.

Le chef de cuisine, Archibald Meyer, a décidé d'ajouter des plats qui mettent en avant ce qu'il appelle « le 5e quart », c'est-à-dire les abats.

Il souhaite que toute son équipe, en cuisine et en salle, maîtrise suffisamment de connaissances sur ces produits afin de mieux les promouvoir auprès de la clientèle.

AVANT LA CLASSE

Vidéo : ***Comment donner les tripes de manger des abats ?***
liennathan.fr/h96um7

- **Repérez les abats cités dans la vidéo.**
- **Appréciez-vous les abats ? Si oui, lesquels ?**

MISSION 1

Reconnaître, classer et stocker les différents abats

« Le tripier vient d'arriver pour livrer les différents produits de la nouvelle carte. Vous allez nous aider à réceptionner puis stocker les produits (**documents 1, 2, 3 et 4**). »

DOCUMENT 1 Dialogue entre le chef de cuisine et le tripier

Charles (le tripier) – Bonjour, chef ! Comme convenu, je vous amène les différents produits commandés.

Archibald Meyer – Bonjour, Charles. Merci ! Que nous amènes-tu de bon ?

Charles – Dans ce premier colis, vous allez trouver les abats rouges : du foie, des rognons de veau, de la langue de bœuf, des cœurs et des joues de porc. Et dans le second colis, des abats blancs : des ris de veau, des pieds de cochon, des cervelles d'agneau, des tripes et de la fraise.

A. Meyer – Super, Charles ! Tout a l'air bien frais !

Charles – Oui, effectivement, les produits sont sous vide et conservés à 4 °C. Au fait, chef, qu'allez-vous nous concocter de bon avec ces produits ?

A. Meyer – Par exemple, les rognons seront plutôt sautés et déglacés à la moutarde à l'ancienne, alors que les ris de veau seront braisés avec un bon jus de viande. De même pour les foies ou les cœurs, ils seront sautés minute avec une persillade ! Les tripes nécessitent une cuisson plutôt en sauce tomatée relevée !

DOCUMENT 2 Photo du premier colis

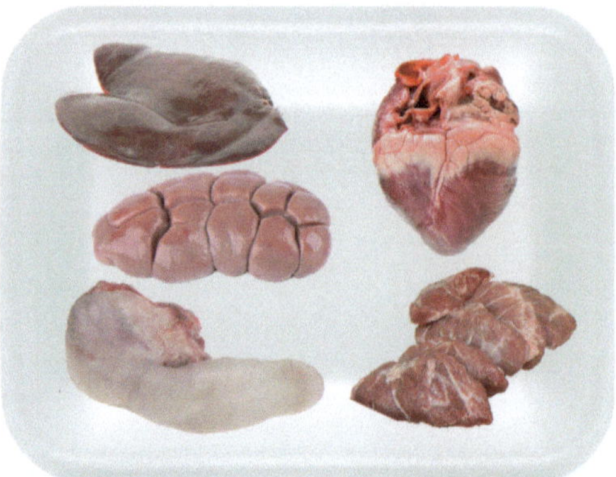

DOCUMENT 3 Photo du second colis

DOCUMENT 4 Illustration des animaux et leurs abats

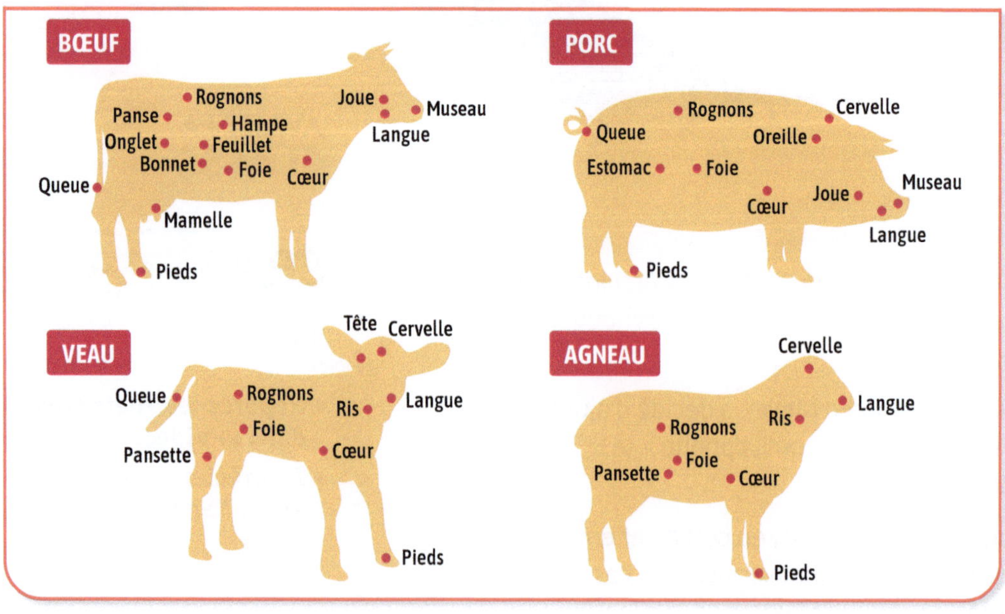

1 Nommez, sous chaque photo, le nom de l'abat puis indiquez par une flèche l'étagère sur laquelle vous allez le ranger dans la chambre froide, sachant que le chef vous a demandé de séparer les abats blancs des abats rouges. Indiquez ensuite la température de la chambre froide adaptée pour conserver ces abats.

....

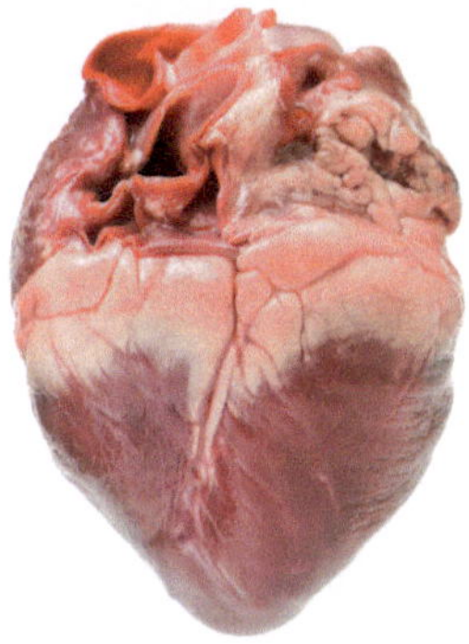

....

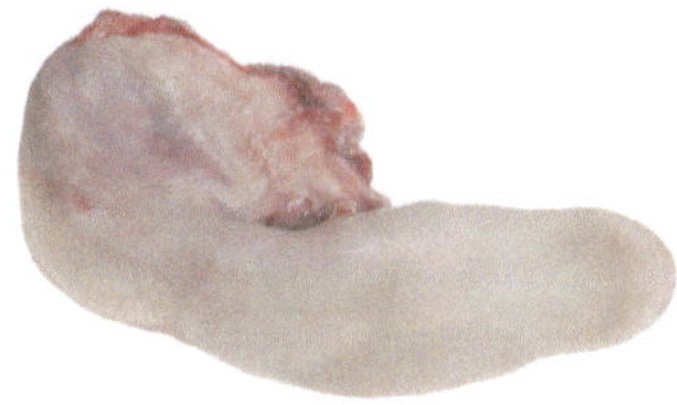

....

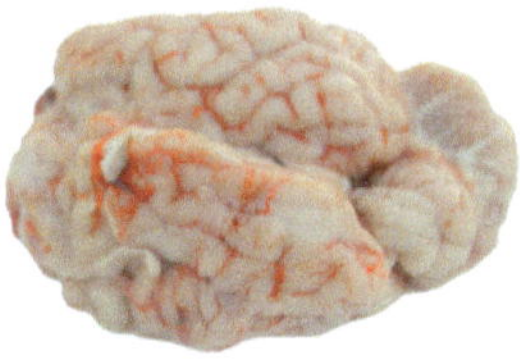

....

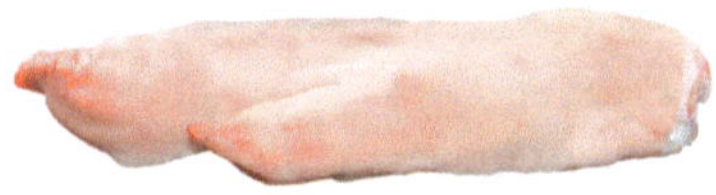

....

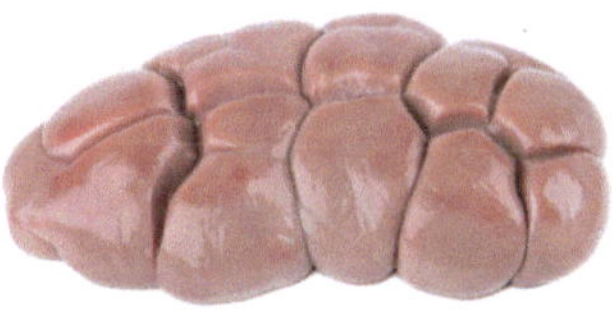

....

....

....

....

....

Température de stockage :

....

2 Que doit respecter le fournisseur pour la livraison de ces produits sensibles ?

....

MISSION 2

Préparer des abats

« Je vais vous expliquer les différentes préparations des abats, qui varient en fonction de leur couleur. Dans un premier temps, je vais vous présenter une assiette de ris de veau aux morilles et, dans un second temps, un plat à base de rognons de veau. »

1 Vous observez le chef préparer les ris de veau. Indiquez le nom de chaque étape et replacez ces étapes dans l'ordre.

- *Blanchir à l'eau froide*
- *Éplucher*
- *Presser*
- *Refroidir*
- *Dégorger*

Vidéo : *Comment préparer des ris de veau*
liennathan.fr/in4q97

N°	Photo de l'étape	Nom de l'étape	Objectif
....		....	Stopper la cuisson et raffermir les chairs.
....	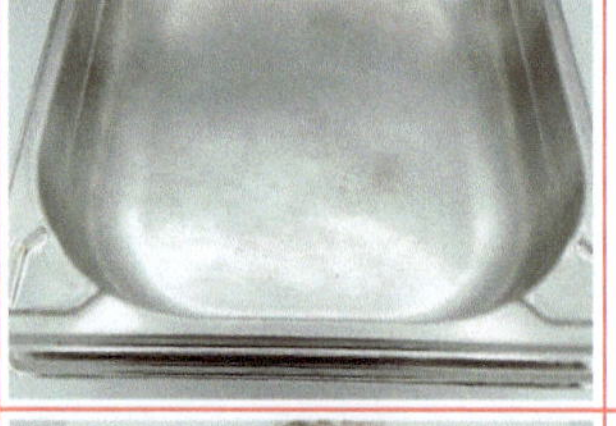	....	Former et rigidifier les chairs.
....	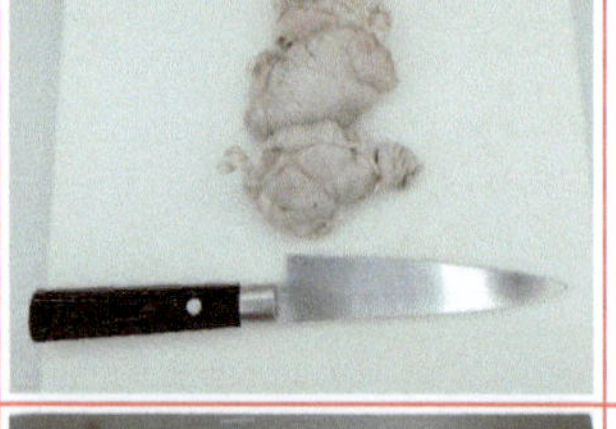	....	Éliminer l'aponévrose et les nerfs résiduels pour gagner en tendreté.
....		....	Enlever les impuretés.
....		....	Enlever les parties impures, sanguinolentes.

2 Vous observez le chef préparer les rognons. Indiquez le nom de chaque étape et replacez ces étapes dans l'ordre.

- *Parer*
- *Dégraisser*

Vidéo : *Préparation d'un rognon*
liennathan.fr/z9vp65

N°	Photo de l'étape	Nom de l'étape	Objectif
....	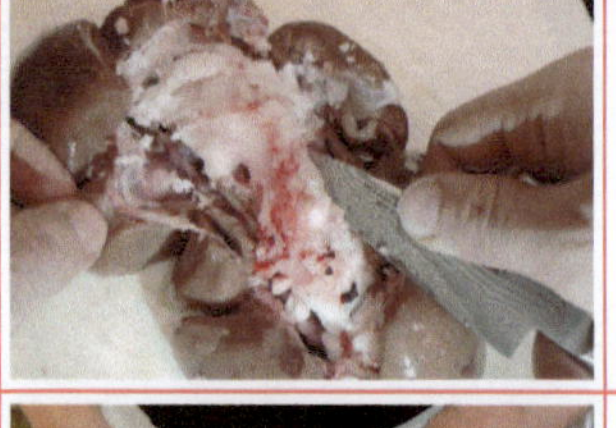	....	Supprimer les vaisseaux, le bassinet.
....		....	Dégager le rognon de sa gangue de graisse.

MISSION 3

Cuire et cuisiner les produits du 5e quartier

« Nous sommes en train de réfléchir à de nouveaux plats à base d'abats qui pourraient être commercialisés soit à la carte, soit dans une formule « menu » le midi à un prix abordable. Nous venons de finir les essais. Rejoignez-nous au passe pour analyser et déguster les plats (**document 5**). »

DOCUMENT 5 Photos de plats réalisés par le chef de cuisine et ses seconds

Plat 1	Plat 2	Plat 3	Plat 4
Langue de bœuf basse température, en fine tartelette, gribiche et navet mariné, graines de moutarde	Pot-au-feu à la langue de bœuf	Pomme de ris de veau pané	Ris de veau braisés aux morilles

Tarif : 22 €	Tarif : 15 €	Tarif : 38 €	Tarif : 27 €

- Le chef vous demande d'analyser les 4 assiettes, puis de définir s'ils sont adaptés à la brasserie Archibald.

N° du plat	Cuisson	Adapté à Archibald ?	Si oui, formule choisie	Justification
1	....	☐ Oui ☐ Non	☐ Formule midi ☐ Carte	....
2	....	☐ Oui ☐ Non	☐ Formule midi ☐ Carte	....
3	....	☐ Oui ☐ Non	☐ Formule midi ☐ Carte	....
4	....	☐ Oui ☐ Non	☐ Formule midi ☐ Carte	....

ATELIER EXPÉRIMENTAL ET TECHNOLOGIQUE

Moderniser un plat à base d'abats

Afin de préparer votre prochain TP, votre chef vous propose de réactualiser la recette classique de la cervelle de veau grenobloise.

a. En vous appuyant sur la lecture de la fiche technique de la version classique, identifiez les parties de la recette que vous souhaitez moderniser.

b. Après avoir validé vos choix avec le chef, réalisez la fiche technique du plat modernisé.

c. Réalisez le plat.

d. En binôme, analysez vos propositions en fonction des critères suivants : visuel, texture, saveur. L'objectif de revisite est-il atteint ? Votez pour la réalisation que vous jugez la plus réussie.

1 Revisiter les recettes pour mettre les abats au goût du jour

« Depuis une semaine, la nouvelle carte comportant les abats n'a pas de succès. Les intitulés et les dressages sont peut-être trop classiques. Je souhaite proposer à la carte les recettes originales à base d'abats de deux cuisiniers (**document 1**). Nous devons travailler les argumentaires de vente afin de mettre davantage en avant les atouts des abats et inciter les clients à être plus curieux (**document 2**). »

ARCHIBALD
CHEF DE CUISINE ET DIRECTEUR | Archibald Meyer

DOCUMENT 1 Recettes osées à base d'abats – Tripes de food

Dans cette recette, la cheffe réalise un burrito à base de chili con lengua. Au lieu d'utiliser de la viande de bœuf hachée, elle met en avant un émincé de langue mijoté dans la sauce tomate avec une garniture aromatique.

Vidéo : *Chili con lengua de Justine Piluso*
liennathan.fr/w4h7d8

Dans cette recette, le chef réalise un hamburger dans lequel il remplace le steak haché par un émincé de panse de bœuf sauté.

Vidéo : *Burger à la panse de bœuf d'Adrien Cachot*
liennathan.fr/kk594t

© Produits Tripiers – Interbev

1 Identifiez l'astuce de ces deux chefs pour revisiter les abats. Pourquoi ces recettes pourront-elles davantage plaire aux clients de la brasserie Archibald ?

....

DOCUMENT 2 Les abats bons, pour la santé

Le cœur est un morceau qui contient très peu de matière grasse mais il est cependant riche en protéines, en fer et vitamine B. La langue est un abat qui se compare très facilement à une viande maigre. Elle contient très peu de cholestérol.
Quant à la tête et aux pieds, même si ce sont des abats maigres, leur qualité protéinique est assez faible car ils sont composés de beaucoup de cartilage. De plus, ils sont majoritairement utilisés pour réaliser des plats en sauce type ragoût et sont essentiellement utilisés pour donner du goût.
A contrario, le ris de veau possède des protéines de meilleure qualité mais il est nettement moins riche en fer. Il est considéré comme l'abat le plus savoureux et le plus tendre.

2 Afin de préparer l'argumentaire de vente de la recette du chili con lengua de Justine Piluso, relevez 3 atouts liés à la consommation de langue de bœuf.

- ....
- ....
- ....

3 En vous appuyant sur les documents 1 et 2, rédigez, à l'aide d'un logiciel de traitement de texte, l'argumentaire commercial du chili con lengua, que le chef a décidé d'ajouter à la carte.

2 Préparer et cuisiner des rognons

« Les chefs de partie ont testé deux recettes de rognons pour la nouvelle carte. Ils vont vous les présenter (**documents 1 et 2**). »

ARCHIBALD

CHEF DE CUISINE ET DIRECTEUR | Archibald Meyer

DOCUMENT 1 Les étapes de préparation d'un rognon à la moutarde

Découper les rognons, les faire sauter puis les déglacer au cognac pour décoller les sucs.
Ajouter la moutarde à l'ancienne et crémer. Assaisonner et laisser mijoter à feu doux pour réduire le tout.

Vidéo : *Rognon de veau à la moutarde*
liennathan.fr/65eqq2

DOCUMENT 2 Recette de rognons de bœuf panés aux noisettes et frites de carottes

www.produitstripiers.com

OSEZ MANGER OSÉ LES PRODUITS TRIPIERS

Les produits tripiers ◆ Idées recettes ◆ Actualités

Préparation

- Couper en gros cubes les rognons de bœuf dénervés.
- Préparer 3 bols : dans le premier, battre rapidement l'œuf, le saler et poivrer ; dans le deuxième, mélanger la chapelure et la poudre de noisette ; dans le dernier, mélanger le curry avec la fleur de sel.
- Laver, sécher et peler les carottes. Les couper en frites.
- Faire chauffer un bain d'huile à 180 °C (th. 6).
- Passer les cubes de rognons de bœuf dans la farine, dans l'œuf battu puis dans la chapelure aux noisettes. Les réserver sur du papier absorbant.
- Plonger les frites de carottes dans le bain d'huile. Les laisser cuire environ 5 minutes, jusqu'à ce qu'elles soient bien dorées, et les égoutter. Répartir les frites de carottes dans les assiettes, les poudrer de sel au curry.
- Placer les cubes de rognons de bœuf panés dans le bain d'huile. Les laisser cuire environ 5 minutes, jusqu'à ce qu'ils soient bien dorés, et les égoutter.
- Servir avec les frites de carottes.

L'astuce du chef : les cubes de rognons de bœuf et les frites de carottes peuvent être cuits également à la poêle.

1 **Observez les deux recettes réalisées par les chefs de partie et comparez-les en complétant le tableau suivant.**

Recettes	Cuissons réalisées	Types de dressage	Textures
Rognons à la moutarde	....	....	....
Rognons de bœuf panés aux noisettes et frites de carottes	....	....	....

2 **Quelle recette choisissez-vous pour la nouvelle carte de la brasserie Archibald ? Justifiez votre choix.**

....

....

SYNTHÈSE

Il existe deux types d'abats :

Les abats ....

Exemples : ....
....

Les abats ....

Exemples : ....
....

Ces abats se préparent différemment :

....
....

....
....

Les cuissons adaptées pour chaque type d'abats sont :

....
....

....
....

Ils peuvent être cuisinés de différentes manières :

Exemple de recette : ....
....

Exemple de recette : ....
....

MOTS-CLÉS

Abats rouges/blancs • **Dégorger**

QUIZ INTERACTIF
liennathan.fr/68fyd9

CHAPITRE 10 Maîtriser l'art de cuisiner les volailles

COMPÉTENCE

C1-3.4 Produire des mets à base de viandes, volailles, gibiers, abats, œufs

SAVOIR ASSOCIÉ

SA C1-3.4 Les préparations culinaires à base de volailles

ATELIER EXPÉRIMENTAL ET TECHNOLOGIQUE P. 141

Situation professionnelle

ARCHIBALD

M. Meyer, le chef de cuisine du restaurant Archibald, a décidé d'organiser 3 journées avec son équipe pour visiter des exploitations de volailles de la région afin de choisir les produits les plus appropriés pour la future carte.

En stage au sein de cet établissement, vous êtes convié(e) à participer à ces journées.

Vous assisterez ensuite le chef de partie pour préparer les mets à base de volailles de la nouvelle carte.

AVANT LA CLASSE

Vidéo : *Cuisiner : Poulet, comment s'y retrouver ?* (jusqu'à 2 min 15)
liennathan.fr/826ybg

- **Listez les volailles citées dans la vidéo et rappelez les 2 catégories pour le classement des volailles.**

MISSION 1

Identifier les différents types de volailles

CHEF DE CUISINE ET DIRECTEUR

Archibald Meyer

« Le terme « volaille » désigne tous les animaux dits « de basse-cour », vivant à l'état domestique (gallinacés et palmipèdes), y compris les oiseaux de mêmes espèces que le gibier s'ils sont nés et élevés en captivité (cailles et pigeons). Notez également qu'il est d'usage courant de rattacher le lapin domestique à la classification des volailles. Vous allez découvrir toutes ces différentes espèces lors des visites chez les éleveurs et apprendre à les connaître. »

- **Reliez la photo de chaque volaille à son nom et sa définition et cochez s'il s'agit d'une volaille à chair brune ou à chair blanche en vous appuyant sur vos connaissances de 2nde.**

	☐ Chair brune ☐ Chair blanche	A
	☐ Chair brune ☐ Chair blanche	B
	☐ Chair brune ☐ Chair blanche	C
	☐ Chair brune ☐ Chair blanche	D
	☐ Chair brune ☐ Chair blanche	E
	☐ Chair brune ☐ Chair blanche	F
	☐ Chair brune ☐ Chair blanche	G
	☐ Chair brune ☐ Chair blanche	H
	☐ Chair brune ☐ Chair blanche	I

C	**Poularde** Poulette proche de la maturité sexuelle qui n'a jamais pondu. Elle est engraissée et abattue à un âge minimal de 120 jours.
.....	**Pintade** Oiseau petit et maigre, de couleur grise, originaire d'Afrique.
.....	**Dinde** Femelle du dindon. Elle est prête à consommer à 5 mois minimum. Sa chair est moins fine que celle du chapon.
.....	**Canard** Oiseau aquatique au cou court, au bec aplati apte à filtrer la vase, aux pattes palmées, très courtes.
.....	**Poulet** Jeune oiseau de l'espèce « poule », mâle ou femelle, n'ayant pas encore atteint la maturité sexuelle. Il est élevé au minimum 35 jours avant d'être abattu.
.....	**Oie** Gros oiseau à silhouette massive, au cou allongé, au bec large, aux pattes palmées, au plumage brun ou gris. Il est herbivore et migrateur.
.....	**Caille** Petite volaille d'environ 100 g à la chair délicate et savoureuse. Elle est élevée au moins 42 jours.
.....	**Coquelet** Poulet de moins de 650 g en carcasse (poids exprimé sans les abats, ni la tête ni les pattes), abattu au bout de 21 à 30 jours.
H	**Chapon** Poulet mâle castré chirurgicalement avant d'avoir atteint la maturité sexuelle et abattu à un âge minimal de 140 jours.

D'après www.bretagne.bzh

MISSION 2

Connaître les différents modes d'élevage et les sigles de qualité d'une volaille

« Le 1er jour de visite se déroulera dans un élevage de poulets fermiers bio, le 2e dans un élevage conventionnel qui élève des volailles standards et le 3e dans un élevage de poulets fermiers Label Rouge (**documents 1 et 2**). »

DOCUMENT 1 Les différents modes d'élevage des volailles

Vidéo : *Quels sont les différents labels d'élevage de poulets ?*
liennathan.fr/cv73c7

Volailles standards	Volailles certifiées	Volailles fermières élevées en plein air/en liberté	Volailles fermières bio
Jusqu'à **25** animaux au m²	**18** animaux au m² en moyenne	**11** animaux au m² maximum	**10** animaux au m² maximum
Bâtiment (claustration)	Bâtiment	Bâtiment + plein air **2 m²** minimum	Bâtiment + plein air **4 m²** minimum
Croissance entre **35** et **42** jours	Croissance : **56** jours minimum	Croissance : **81** jours (**Label Rouge**) **120** jours (**AOC**)	Croissance : **81** jours minimum
100 % végétaux, minéraux, vitamines	100 % végétaux, minéraux, vitamines (70 % de céréales min.)	100 % végétaux, minéraux, vitamines (75 % de céréales min.)	100 % végétaux, minéraux, vitamines (95 % bio)

DOCUMENT 2 Témoignages d'éleveurs

Agnès, éleveuse de poulets fermiers bio

« Mes volailles bio mangent 100 % de céréales bio, cultivées en France. J'ai choisi l'élevage bio par conviction, pour avoir le plaisir aussi de voir les animaux sortir. La viande est plus ferme du fait qu'ils peuvent […] courir et se tonifier. »

Vidéo : *Éleveur de poulets fermiers bio*
liennathan.fr/vp6y83

Mathieu, éleveur de poulets fermiers Label Rouge

« J'ai choisi de faire des volailles en Label Rouge pour leur principe de signe de qualité. On a des poulets qui sortent, qui peuvent courir. […] C'est une volaille élevée sans antibiotiques. »

Vidéo : *Éleveur de poulets fermiers d'Auvergne*
liennathan.fr/6h56cg

1 Cochez la volaille la plus adaptée aux prestations de la brasserie Archibald. Justifiez votre choix.

☐ 

Éleveur conventionnel

☐ 

Éleveur poulets fermiers

Justification :

....

....

....

2 Quelle est la principale différence entre les poulets élevés par les 2 éleveurs, Mathieu et Agnès ?

....

MISSION 3 Choisir le type de présentation commerciale et la classe de volailles adaptée

« À la fin de la visite de l'élevage de poulets fermiers Label Rouge, nous allons nous rendre dans la boutique de l'exploitation afin de voir les produits finis mis en vente (**documents 3 et 4**). N'hésitez pas à poser des questions ! »

DOCUMENT 3 Choisir la classe de volailles

Dialogue avec Mathieu, l'éleveur de poulets fermiers Label Rouge

Vous : Pourquoi toutes vos volailles ne sont pas au même prix au kg ?

Mathieu : Il s'agit tout simplement des mêmes volailles, mais avec des classes différentes. Celle-ci, la plus chère, est une classe A, elle ne présente aucun défaut. Au contraire de celle-là, qui est une classe B, avec 2 défauts : des ecchymoses (bleus), des fractures ou blessures.

Vous : Est-ce qu'il existe une classification de la volaille utilisée pour les produits transformés, par exemple pour les nuggets de volaille ?

Mathieu : Effectivement, les volailles présentant trop de défauts sont de classe C. Elles sont donc dirigées vers des unités de transformation.

1 Selon vous, quelle classe de volailles allez-vous sélectionner pour le plat de la carte de la brasserie Archibald « poulet de Challans rôti entier à la broche, jus de cuisson à l'ail, risotto de céleri-rave » ? Justifiez votre réponse.

....

DOCUMENT 4 Exemples de présentation commerciale

PAC : Prête À Cuire. Ablation totale de tous les viscères.

Effilée : c'est une volaille non vidée, à savoir qu'il reste les viscères : jabot, foie, gésier, cœur et poumons, et les abattis : pattes, tête et cou. Seul l'intestin est retiré.

Morceaux : la volaille est découpée en morceaux (généralement plus coûteux) :

Poulet	Dinde	Canard
Pilon, filet, blanc, haut de cuisse, manchon…	Aiguillette, escalope, filet, blanc, pilon, rôti…	Aiguillette, cuisse, filet, magret, manchon…

2 M. Meyer souhaite ajouter à sa carte une fricassée de dinde. Il vous demande de lister les avantages et les inconvénients d'utiliser ces 3 présentations commerciales. Pour rappel, une fricassée se compose de morceaux de volaille cuits dans un fond blanc.

Produits proposés par l'éleveur			
Nom de la présentation commerciale	....	....	....
Avantages	....	....	....
Inconvénients	....	....	....
Votre choix	☐	☐	☐

MISSION 4

Contrôler la qualité sanitaire de la volaille

« Nous venons de recevoir la livraison d'un de nos fournisseurs de volailles. Avec la brigade, nous allons vérifier la qualité des volailles reçues, tant au niveau visuel que sanitaire, puis les stocker (**documents 5 et 6**). »

DOCUMENT 5 La traçabilité des volailles

LE NUMÉRO DE LOT : également appelé « numéro individuel d'identification », il permet de remonter à la « fiche signalétique » du produit. Pour le poulet classique, il aide à identifier l'éleveur ; pour les labels, il permet de connaître l'éleveur, l'âge de l'animal à l'abattage, le type d'alimentation… […]

L'ESTAMPILLE SANITAIRE : délivrée par la DGAL (Direction générale de l'Alimentation), elle figure sur les étiquettes de toutes les viandes de volaille. Elle indique que le produit a été contrôlé dans un établissement agréé et qu'il satisfait aux exigences sanitaires en vigueur.

LA MENTION « 100 % VÉGÉTAUX, MINÉRAUX, VITAMINES » : aujourd'hui, les poulets français qui portent cette mention, quels qu'ils soient, bénéficient tous d'une alimentation 100 % végétale, minérale et vitaminique […].

LE REGISTRE D'ÉLEVAGE : il permet d'assurer la traçabilité du lot. Il est utilisé et rempli par l'éleveur, les techniciens et les vétérinaires.

www.volaille-francaise.fr

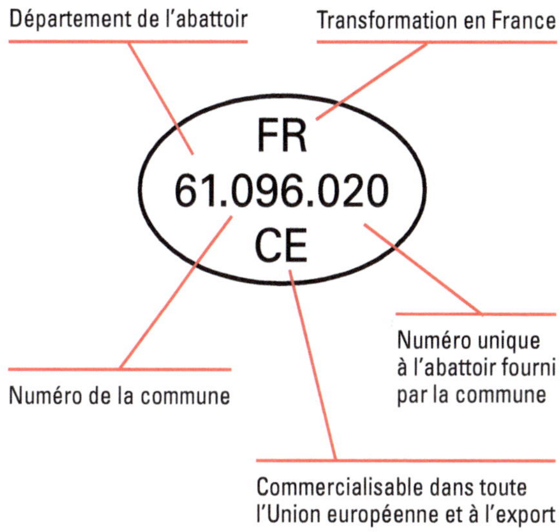

DOCUMENT 6 Une étiquette

© AVIGERS

1 Le chef vous donne l'étiquette apposée sur la volaille (document 6) afin de la ranger dans le classeur de traçabilité. Identifiez les différents éléments suivants.

Sigle de qualité	....
Classe	....
Type d'élevage	....
Pays et département d'élevage	....
Pays de transformation	....
DLC	....

2 Après le contrôle de l'étiquetage, le chef vous demande de stocker les volailles en chambre froide. À quelle température doit être cette dernière ?

....

MISSION 5

Cuisiner les volailles

« Maintenant que les produits sont contrôlés et réceptionnés, nous allons les tester à travers différentes recettes pour la nouvelle carte. »

1 **Reliez chaque plat de la nouvelle carte à la photo du morceau de volaille que vous allez utiliser.**

Plat		Volaille
	Confit de canard	
	Filets de poulet panés	
	Coquelet grillé en crapaudine	
	Blanc de dinde sauté et ses légumes	
	Cailles aux raisins	
	Suprême de pintadeau farci	
	Lapin à la moutarde	

DOCUMENT 7 Matériel mis à votre disposition par Diane

Plaque à rôtir	Poêle	Friteuse	Marmite	Rondeau bas	Barbecue japonais ou grillade

2 Pour chaque plat à base de volaille, choisissez le type de cuisson et le matériel (document 7) que vous allez utiliser.

Plats	Type de cuisson	Matériel
Confit de canard	....	....
Filets de poulet panés	....	....
Coquelet grillé en crapaudine	....	....
Blanc de dinde sauté et ses légumes	....	....
Cailles aux raisins	....	....
Suprême de pintadeau farci	....	....
Lapin à la moutarde	....	....

ATELIER EXPÉRIMENTAL ET TECHNOLOGIQUE

Réaliser une analyse comparative de plusieurs produits

Dans le cadre du prochain menu de votre restaurant d'application, vous allez réaliser de la volaille pochée. Vous allez choisir entre plusieurs produits en prenant en compte leur coût respectif.

a Pesez et découpez la volaille entière à cru en 9 morceaux. Complétez le tableau suivant.

Volaille entière : .... kg Prix d'achat au kg : 11 €/kg

Morceaux	Poids	Coût	Morceaux	Poids	Coût
2 Pilons			2 Blancs		
2 Hauts de cuisse			Carcasse		
2 Ailes					

b À l'aide des prix téléchargeables ci-contre et de la question a, analysez l'écart de coût entre les morceaux issus du poulet entier et ceux déjà découpés.

Prix des différents morceaux
liennathan.fr/s29yi3

Morceaux de volaille	Coûts volaille entière	Coûts morceaux prêts à cuisiner	Écarts
....	....	....	....

c Vous devez réaliser 3 litres de fond blanc avec votre carcasse et les produits mis à votre disposition, mais également avec du fond blanc de volaille déshydraté. Calculez leur coût respectif sachant qu'une boite de fond de volaille coûte 25 € pour un volume total obtenu de 40 L (poids net 800g).

d Pochez chaque morceau de volaille soit dans le fond blanc déshydraté, soit dans le fond blanc fait par vous-même. Procédez à une analyse organoleptique.

e En prenant en compte le coût ainsi que votre goût personnel, que choisirez-vous pour réaliser votre volaille pochée au restaurant d'application ? Justifiez votre choix.

Pour les experts

1 Valoriser les volailles à l'aide de recettes inventives

« Je souhaite mettre en place une gamme de tapas à partager. J'ai constaté que les clients apprécient beaucoup la volaille (**document 1**) et je voudrais que vous m'aidiez à imaginer des recettes originales de tapas qui permettent de valoriser différents types de volailles et différents morceaux (**document 2**). Le prix de vente de ces tapas sera compris entre 8 et 10 €. »

LE DISTRICT — CHEF DE CUISINE | Simon Patil

DOCUMENT 1 La consommation de volaille en France

ITAVI d'après SSP, Kantar Worldpanel, Eurostat, SSP, Dofra, Mapama, Destatis, Istat – 2021 © ADOCOM-RP

DOCUMENT 2 Recettes à base de volaille

Vidéo : *Réaliser des chips de peau de poulet* liennathan.fr/9ueb54

Vidéo : *Le poulet frit à l'américaine par Philippe Etchebest* liennathan.fr/3bv4w5

1 Pourquoi le chef souhaite-t-il utiliser la volaille comme produit principal de sa carte de tapas ? Son choix est-il justifié ?

....

....

2 Après avoir regardé les 2 vidéos, que trouvez-vous d'original dans chacune de ces recettes ?

....

3 Proposez au chef 3 tapas autour de la volaille.

Intitulé	Type de volaille	Morceau	Cuisson	Garniture / Sauce
....	....	....	....	....
....	....	....	....	....
....	....	....	....	....

2 Identifier les différentes appellations des volailles françaises et leurs régions

« Nous proposons des volailles d'exception à la carte du restaurant L'Éveil des sens. Nous travaillons notamment avec un éleveur du Sud-Ouest qui produit des volailles Label Rouge des Landes. Pour la nouvelle carte de la prochaine saison, je souhaiterais proposer d'autres volailles de nos terroirs. Pourriez-vous m'aider à identifier les différentes appellations régionales de volailles ? »

L'Éveil des sens

DIRECTRICE ET CHEFFE DE CUISINE | Anaëlle Nguyen

1 Complétez le tableau afin de comparer les différents types de volailles françaises. Vous pouvez vous aider des vidéos proposées.

Types de volaille	Volaille de Licques liennathan.fr/8m68id	Volaille de Loué liennathan.fr/t8zk42	Volaille des Landes liennathan.fr/tpp887	Volaille de Bresse liennathan.fr/di693y
Types d'élevage	....	....	....	....
Durée de vie avant abattage	....	....	....	....
Signes de distinction	....	....	....	....
Sigle de qualité	....	....	....	....
Nourriture	....	....	....	....
Prix	....	....	....	....
Idée de recette	....	....	....	....

2 À l'aide d'une recherche Internet, positionnez les 4 appellations de volailles françaises sur la carte ci-dessous.

....

....

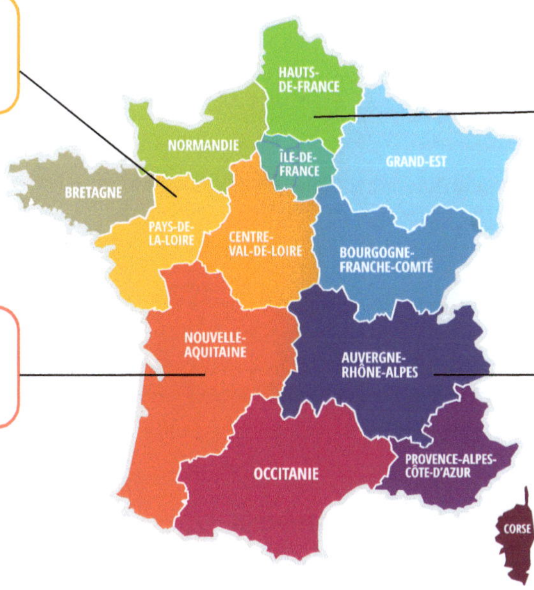

....

....

SYNTHÈSE

On distingue 2 types de volailles :

....	Volailles à chair blanche
Canard, pigeon, pintade	....

En fonction des conditions d'élevage, les volailles sont classées en différentes catégories :

....	....	....	....
Claustration Entre 35 et 42 jours	Claustration 56 jours minimum	Bâtiment + plein air 81 jours (Label Rouge) 120 jours (AOC)	Bâtiment + plein air 81 jours minimum Alimentation bio

Lors de la commande de volaille, il faut choisir :

La forme commerciale
- PAC
- ....
- ....

Le niveau de qualité
A : ....
B : ....
C : + de 2 défauts

Lors du stockage, je dois vérifier :

....

....

Il existe différentes manières de préparer et de cuisiner la volaille :

Exemple de préparation	Type de cuisson	Garniture
....	....	....
....	....	....
....	....	....

MOTS-CLÉS

Volaille • Chapon • Poularde • Coquelet • Claustration

QUIZ INTERACTIF
liennathan.fr/27w4it

CHAPITRE 11

Connaître les caractéristiques de la cuisine des gibiers

COMPÉTENCES

C1-2.2 Apprêter les matières premières
C1-3.4 Produire des mets à base de viandes, volailles, gibiers, abats, œufs

SAVOIRS ASSOCIÉS

SA C1-2.2 Les techniques d'apprêt des matières premières
SA C1-3.4 Les préparations culinaires à base de gibiers

ATELIER EXPÉRIMENTAL ET TECHNOLOGIQUE
P. 152

Situation professionnelle

L'Éveil des sens

La cheffe Anaëlle Nguyen, du restaurant gastronomique L'Éveil des sens, souhaite intégrer des plats à base de gibier dans la nouvelle carte d'automne. Très prisées pour leurs qualités nutritionnelles, diététiques et savoureuses, ces viandes sont aussi une vitrine du savoir-faire technique et culinaire français.

Vous êtes affecté(e) au poste « Viandes/Rôtisseur » pour les 3 semaines à venir avec Pablo Da Silva, le chef de partie Poste chaud. Vous l'aiderez à sélectionner les préparations à base de gibier à présenter à la cheffe.

AVANT LA CLASSE

Vidéo : *Histoire : Gibier à la carte !*
liennathan.fr/h69e3h

- **Citez des noms de gibiers et des noms de recettes à base de gibier que vous connaissez.**

MISSION 1

Repérer les différents types de gibiers et leurs caractéristiques

« Nous allons faire plusieurs essais de préparation pour la nouvelle carte d'automne. Vous allez vous occuper avec Chloé, l'apprentie, de réceptionner les différents gibiers que nous avons commandés pour les plats à tester (**document 1**). »

DOCUMENT 1 Explications de Pablo concernant les viandes de gibier

« Tout d'abord, il faut savoir que les animaux qu'on appelle "gibier sauvage" sont ceux qui vivent à l'état sauvage et qu'on peut légalement chasser pendant une période réglementée. Les mêmes espèces d'animaux, nées et élevées en captivité, sont appelées "gibier d'élevage".

Ensuite, vous devez retenir qu'en cuisine, on distingue deux types de gibier :
– le gibier à plumes, qui désigne les volatiles tels que le canard colvert, le faisan, le pigeon ramier... ;
– le gibier à poils, au sein duquel on distingue le **petit gibier** (lapin de garenne, lièvre, hase, ragondin...) du **gros gibier**, appelé "**venaison**" (biche, chevreuil, sanglier, chevrette*, cerf...). »

* Femelle du chevreuil

- **À l'aide de vos connaissances et du document 1, associez chaque plat au gibier concerné et cochez le type de gibier dont il s'agit.**

Plat		
	Chevrette aux fruits d'automne	A
	Caille sauvage rôtie aux graines de grenade et champignons	B
	Filet de cerf, oignons grelots, noisettes caramélisées	C
	Sanglier en croûte d'herbes, noisettes	D
	Canard colvert rôti sur sa peau, fruits rouges	E
	Civet de lapin de garenne sauvage, olives confites	F

Type de gibier		
....		☐ Gibier à plumes ☐ Petit gibier à poils ☐ Gros gibier à poils (venaison)
....		☐ Gibier à plumes ☐ Petit gibier à poils ☐ Gros gibier à poils (venaison)
....		☐ Gibier à plumes ☐ Petit gibier à poils ☐ Gros gibier à poils (venaison)
....		☐ Gibier à plumes ☐ Petit gibier à poils ☐ Gros gibier à poils (venaison)
....		☐ Gibier à plumes ☐ Petit gibier à poils ☐ Gros gibier à poils (venaison)
....		☐ Gibier à plumes ☐ Petit gibier à poils ☐ Gros gibier à poils (venaison)

MISSION 2 Connaître la réglementation des viandes de gibier

« La commercialisation des viandes de gibier est réglementée. Alexis et Cyril Moreau, nos fournisseurs principaux, sont venus nous livrer les gibiers commandés ; ils vont vous expliquer la réglementation à connaître avant de commercialiser du gibier (**documents 2 et 3**). »

DOCUMENT 2 La commercialisation du gibier

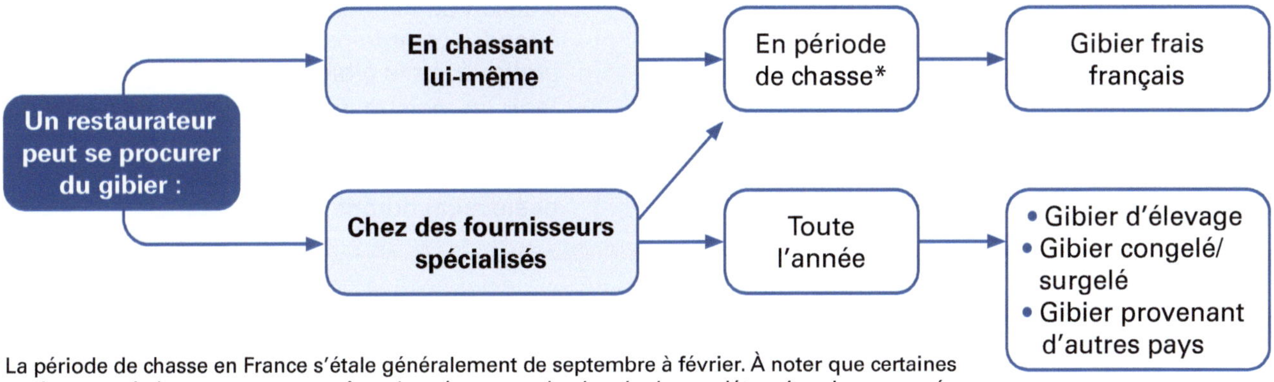

* La période de chasse en France s'étale généralement de septembre à février. À noter que certaines espèces protégées ne peuvent pas être chassées et que le plan de chasse détermine chaque année un quota d'animaux qui peuvent être chassés lors de la période de chasse.

1 La cheffe souhaite tester une recette avec des noisettes de biche et la mettre à la carte hors saison de chasse. Pourra-t-elle réaliser cette recette avec du gibier frais sauvage français ? Si non, quelles sont les alternatives possibles ?

....

DOCUMENT 3 Explications du fournisseur Cyril Moreau concernant la traçabilité du gibier

« Le gibier doit obligatoirement porter une bague (un bracelet), serrée sur la patte arrière de l'animal au moment où il a été abattu. Sur cette bague, on distingue l'espèce de l'animal, le département de chasse, le numéro de référence sur le plan de chasse, l'année, le mois et le jour de l'abattage.
S'il est vendu par un grossiste, l'animal va ensuite dans un abattoir ou un laboratoire agréé. Il est contrôlé et recensé par les services vétérinaires. Pour les sangliers, il est recherché un parasite appelé "trichine".
Si tout est conforme, salubre et commercialisable, le laboratoire dépose une estampille sanitaire, comme pour les viandes de boucherie. À la différence que celle-ci est pentagonale et non ovale. »

2 Cyril et Alexis ont-ils procédé eux-mêmes au contrôle de la viande de gibier qu'ils commercialisent ? Justifiez votre réponse.

....

3 Les contrôles seront-ils les mêmes pour le sanglier que pour le lapin de garenne que la cheffe a commandé ?

....

4 Comment pouvez-vous vous assurer que ce contrôle a bien été effectué ?

....

MISSION 3

Vérifier la qualité des viandes de gibier et connaître le principe du faisandage

« Vous allez aider Chloé à réceptionner les gibiers que la cheffe a commandés pour les plats de la nouvelle carte. Vous allez devoir vérifier plusieurs éléments afin d'assurer la qualité et la traçabilité du gibier (**documents 4 et 5**). »

DOCUMENT 4 Les obligations du restaurateur à la réception du gibier

- S'assurer que le gibier sauvage porte sa bague d'authentification ou qu'une attestation reprenant toutes les informations de la bague est fournie.
- Vérifier l'estampille sanitaire et l'examen de recherche des trichines s'il s'agit d'un sanglier. Vérifier la marque de salubrité prouvant cette inspection (lettre **T** apposée dessus).
- Vérifier que le fournisseur a bien remis la fiche d'accompagnement du gibier sauvage servant à rendre compte par écrit de l'examen initial pratiqué sur le gibier.
- Tenir un registre des gibiers sauvages, d'élevage et surgelés.
- Conserver ses preuves d'achat (sauvage et élevage) durant 5 ans.

DOCUMENT 5 Éléments observés avec le gibier reçu

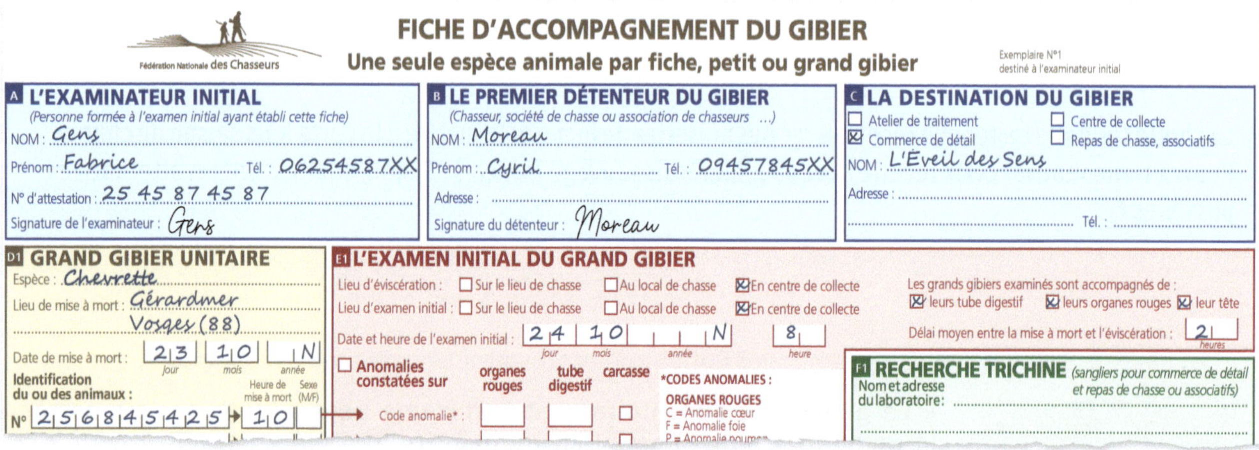

Fédération Nationale des Chasseurs

FICHE D'ACCOMPAGNEMENT DU GIBIER

Une seule espèce animale par fiche, petit ou grand gibier

Exemplaire N°1 destiné à l'examinateur initial

A L'EXAMINATEUR INITIAL
(Personne formée à l'examen initial ayant établi cette fiche)
NOM : Gens
Prénom : Fabrice Tél. : 06254587XX
N° d'attestation : 25 45 87 45 87
Signature de l'examinateur : Gens

B LE PREMIER DÉTENTEUR DU GIBIER
(Chasseur, société de chasse ou association de chasseurs ...)
NOM : Moreau
Prénom : Cyril Tél. : 09457845XX
Adresse :
Signature du détenteur : Moreau

C LA DESTINATION DU GIBIER
☐ Atelier de traitement ☐ Centre de collecte
☒ Commerce de détail ☐ Repas de chasse, associatifs
NOM : L'Eveil des Sens
Adresse :
Tél. :

D1 GRAND GIBIER UNITAIRE
Espèce : Chevrette
Lieu de mise à mort : Gérardmer Vosges (88)
Date de mise à mort : 23 (jour) 10 (mois) N (année)
Identification du ou des animaux : N° 2568454 25 (Heure de mise à mort) 10 (Sexe (M/F))

E1 L'EXAMEN INITIAL DU GRAND GIBIER
Lieu d'éviscération : ☐ Sur le lieu de chasse ☐ Au local de chasse ☒ En centre de collecte
Lieu d'examen initial : ☐ Sur le lieu de chasse ☐ Au local de chasse ☒ En centre de collecte
Date et heure de l'examen initial : 24 (jour) 10 (mois) N (année) 8 (heure)
Les grands gibiers examinés sont accompagnés de : ☒ leurs tube digestif ☒ leurs organes rouges ☒ leur tête
Délai moyen entre la mise à mort et l'éviscération : 2 heures
☐ Anomalies constatées sur — organes rouges — tube digestif — carcasse
Code anomalie* :
*CODES ANOMALIES :
ORGANES ROUGES
C = Anomalie cœur
F = Anomalie foie
P = Anomalie poumon

F1 RECHERCHE TRICHINE (sangliers pour commerce de détail et repas de chasse ou associatifs)
Nom et adresse du laboratoire :

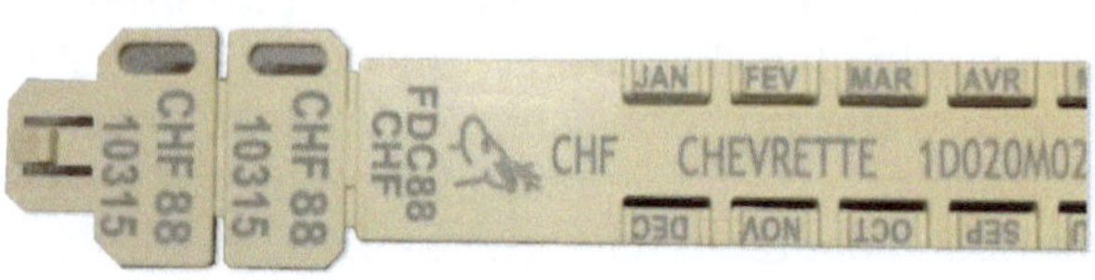

1 **Afin de réceptionner le gibier, complétez le registre des entrées de pièces de gibier du restaurant à l'aide du document 5.**

Date d'arrivée	....
N° d'identification	....
Coordonnées du fournisseur	....

Espèce	....
Nature	☐ Animal entier ☐ Morceaux
Nombre de pièces	....
Origine	....

“ Une fois ce registre complété et les contrôles effectués, nous allons vérifier la fraîcheur des gibiers reçus. Adrien, le second de cuisine, va nous rappeler ce que nous devons absolument vérifier (**document 6**). Nous procéderons ensuite au stockage et au faisandage des gibiers reçus (**document 7**). ”

DOCUMENT 6 Consignes d’Adrien concernant la fraîcheur et la qualité

“ Pour les gibiers à plumes, le plumage ne doit pas être trop abîmé. On se laisserait tenter, à tort, par un beau plumage, brillant et coloré. C’est celui des mâles, et c’est là l’erreur. La viande des gibiers à plumes “mâles” est plus prononcée et plus dure. Préférez donc si possible une femelle. Le goût est plus subtil et fin. Vous devez aussi apercevoir un fin duvet sous les plumes. La poitrine, qu’on appelle le coffre, doit être charnue.

Pour les venaisons et petits gibiers, reçus avec les poils, il faut vérifier l’aspect du pelage. Il doit être propre et brillant. Ensuite, il nous faut refuser les morceaux abîmés, avec lésions ou hématomes. La viande ne doit pas comporter de caillots de sang. Et enfin, l’odeur ! Elle doit être caractéristique du gibier. Sauvage, corsée et franche ! Plus forte que des viandes de boucherie. Attention, une odeur trop forte et prononcée signifie que la viande est trop âgée. Il ne faut pas hésiter à refuser les gibiers abîmés avec des traces de plombs, même infimes. ”

2 **Indiquez ce que vous vérifiez sur les deux gibiers reçus ci-dessous.**

Canard col vert	Chevrette
....	....
....	....

DOCUMENT 7 Deux principes très contrôlés de faisandage

Le gibier sauvage a naturellement une chair plus ferme. Sa couleur est plus prononcée mais moins grasse que celui d’élevage. Cependant, cette rigidité, ce manque de tendreté, implique que l’on puisse faisander cette viande. Il existe deux types de faisandage très réglementés :

La mortification	Le faisandage
Consiste à laisser la viande dans un endroit frais et ventilé 2 à 4 jours. Les fibres se détendent avec le temps. Le but principal est de perdre la rigidité de l’animal.	Désigne le même procédé que la mortification mais avec une tolérance plus importante concernant la durée : de 5 à 8 jours. Ce procédé est très réglementé. Le restaurateur peut le faire lui-même avec beaucoup de restrictions sanitaires (enceinte réfrigérée à part des autres denrées). Le but est d’attendrir les chairs et de développer un arôme. Il n’est pas possible d’acheter de la viande déjà faisandée, la commercialisation de ce type de viande étant strictement interdite.

Toutes les espèces de gibiers à poils doivent être faisandées. Pour les gibiers à plumes, certaines peuvent être apprêtées sans faisandage.

3 **Pourquoi la cheffe privilégie-t-elle les gibiers issus de la chasse aux gibiers d’élevage ?**

....

4 **La cheffe vous demande de faisander la chevrette que vous avez contrôlée. Qu’allez-vous devoir faire ?**

....

5 **Pourquoi cette étape de faisandage est-elle nécessaire avant de pouvoir commercialiser les plats à base de gibier au restaurant ?**

....

MISSION 4

Cuisiner les viandes de gibiers

« Vous allez maintenant m'aider à préparer les plats de gibier que la cheffe souhaite tester pour la nouvelle carte. Nous devons réfléchir aux types de cuisson, aux sauces et aux garnitures que nous allons proposer (**document 8**). »

DOCUMENT 8 Exemples de cuissons, de sauces et de préparations pour les gibiers

Espèces	Morceaux	Exemples de cuissons					Sauces et exemples de préparation
		Rôtir	Poêler	Griller Sauter	Ragoût Braiser	Sous vide Basse T°	
Lièvre 2,4 kg à 3 kg	Parties antérieures, râbles, cuisse	*	*	*	*	*	Sauces poivrade, Diane, genièvre, gingembre… Ex. : en civet, à la royale.
Lapin de garenne 1 kg à 1,2 kg	Parties antérieures, râbles, cuisse	*		*	*		Sauces chasseur, à la moutarde, forestière… Ex. : rillettes de lapin de garenne au poivre vert, gibelotte de garenne.
Chevreuil et chevrette 15 à 30 kg	Cuissot (gigue), selle, carré, côtelette, filet mignon, épaule, poitrine	*		*	*	*	Sauces chevreuil, grand veneur, poivrade… Ex. : gigue de chevreuil Saint-Hubert.
Biche et cerf 80 à 150 kg (femelle/mâle)	Cuissot (gigue), selle, carré, côtelette, filet mignon, épaule, poitrine	*		*	*	*	Sauces chevreuil, grand veneur… Ex. : civet de jeune cerf.
Sanglier 130 kg	Cuissot (jambon), carré, filet, épaule, collet, poitrine	*	*		*	*	Sauces grand veneur, poivrade… Ex. : terrine de sanglier aux baies et trompettes-de-la-mort, saucisson fumé.
Gibiers à plumes (caille, faisan…)	Suprême, cuisse…	*	*	*	*	*	Sauces salmis, chasseur, bigarade, Périgueux, porto… Ex. : cailles aux raisins, perdreaux en cocotte, pot-au-feu de pigeon ramier au raifort.

La plupart des gibiers sont parés à vif, c'est-à-dire dénervés et dégraissés avant la cuisson. On peut envisager une marinade également pour les pièces de gibier les plus importantes.

1 **Que devrez-vous faire avant de faire cuire la chevrette prévue en plat sur la nouvelle carte ?**

....

DOCUMENT 9 Composition des sauces

Sauces	Composition
Poivrade	Carcasses et parures de gibier concassées + garniture aromatique + vin rouge + poivre + vinaigre
Grand veneur	POIVRADE + gelée de groseilles Crème (facultatif)
Diane	POIVRADE + crème + truffes
Chasseur	Champignons émincés sautés + échalotes ciselées + vin blanc + fond (ou glace ou ½ glace) + persil haché
Bigarade	Fond de canard réduit + jus d'orange et citron + julienne de zestes d'orange et de citron
Chevreuil	POIVRADE + piment de Cayenne + sucre

DOCUMENT 10 Exemples de garnitures

- **Purées à base de légumes :** céleri, oignons, marrons…
- **Pommes de terre :** berny, pailles, gaufrettes…
- **Flan de légumes :** navets, carottes, épinards…
- **Base de fruits :** poires, cerises, groseilles, airelles…
- **Base de champignons :** morilles, truffes, cèpes…

2 Pour chaque plat proposé pour la nouvelle carte, proposez, à l'aide des documents 9 et 10, la cuisson du gibier, ainsi qu'une sauce et une garniture possibles qui se marient bien avec le type de gibier servi.

Plat		Cuisson	Sauce	Garniture
	Chevrette aux fruits d'automne	....	....	....
	Caille sauvage rôtie aux graines de grenade et champignons	....	....	....
	Filet de cerf, oignons grelots, noisettes caramélisées	....	....	....
	Sanglier en croûte d'herbes, noisettes	....	....	....
	Canard colvert rôti sur sa peau, fruits rouges	....	....	....
	Civet de lapin de garenne sauvage, olives confites	....	....	....

Proposer des plats à base de gibiers

Vous allez proposer des plats à base de gibier pour la nouvelle carte de votre restaurant d'application autour du thème « Nature et forêt ».

a Choisissez deux gibiers que vous pourriez commander, un gibier à poils et un gibier à plumes.

b À l'aide de la liste des fournisseurs de votre restaurant d'application et d'une recherche sur Internet, renseignez-vous sur les fournisseurs de votre région auprès desquels vous pourriez commander du gibier. En fonction de la saison, identifiez si vous pouvez commander du gibier frais ou non.

c Par groupes, proposez ci-dessous 2 plats qui mettraient en valeur ce gibier et qui pourraient être proposés au sein de votre restaurant d'application. Pensez à être créatif/créative et à associer des saveurs qui permettent de valoriser la viande de gibier et de jouer sur les textures.
Complétez un tableau comme celui ci-dessous en précisant l'appellation des plats, le morceau que vous utilisez, le type de cuisson, une ou deux idées de garnitures ainsi qu'une sauce.

Appellation du plat	Morceau du gibier	Cuisson	Garniture 1	Garniture 2	Sauce
....	....	....	....	....	....
....	....	....	....	....	....

d Présentez par groupes vos idées de plats à votre classe puis organisez un vote afin de sélectionner les 2 plats à base de gibier (1 à base de gibier à plumes et 1 à base de gibier à poils) qui seront ajoutés à la carte du restaurant. Vous pouvez utiliser le site www.jelevelamain.fr pour organiser le vote.

e Rédigez les fiches techniques des 2 plats retenus.

f Réalisez la préparation de ces 2 plats en cuisine à l'occasion de votre séance de travaux pratiques

Pour les experts

1 Identifier plusieurs variantes de plats à base de gibier

« La viande de gibier est souvent, à tort, considérée comme « non raffinée », avec un goût très fort. Elle a pourtant toute sa place en haute gastronomie. De très grands chefs revisitent les plats traditionnels à base de gibiers, comme le célèbre lièvre à la royale (**documents 1 et 2**). »

L'Éveil des sens

DIRECTRICE ET CHEFFE DE CUISINE | Anaëlle Nguyen

DOCUMENT 1 Recettes de lièvre à la royale

Vidéos : *Tombez dans le Piège : la cuisson et le dressage du lièvre à la royale*
liennathan.fr/c2x96e
liennathan.fr/xwk572

Article : *Lièvre à la royale à la façon du sénateur Couteaux de Frédéric Anton*
liennathan.fr/jz8t64

Vidéo : *Lièvre à la royale : la recette du champion du monde David Bizet !*
liennathan.fr/qr29v5

Vidéo : *Le lièvre à la royale de Christophe Pelé au Clarence*
liennathan.fr/3wt8h5

1 Comparez, dans le tableau ci-dessous, les 3 recettes de lièvre à la royale présentées dans le document 1.

Recettes	Étapes de préparation, garniture et sauce, dressage...
Lièvre à la royale de Jean-François Piège	
Lièvre à la royale à la façon du sénateur Couteaux de Frédéric Anton	
Lièvre à la royale de David Bizet	
Lièvre à la royale de Christophe Pelé	

2 Quelle recette de lièvre à la royale conseilleriez-vous aux restaurants suivants ? Justifiez vos choix.

L'Éveil des sens	
La brasserie Archibald	
Justification	

DOCUMENT 2 Conseils de Benoît Violier, chef ***

https://yam.paris

Comment conçoit-on une recette de gibier ? Pour bien concevoir une recette, il faut d'abord bien connaître les particularités de chaque gibier ; de là, savoir absolument jouer sur les contrastes. Par exemple, le lagopède, très fort gustativement, sera équilibré par une sauce plus douce ; le colvert, au contraire, a besoin d'une sauce acidulée au citron ou à l'ananas pour être mis en valeur...

Et les garnitures ? Elles sont une composante souvent essentielle dans une recette de chasse. J'aime les garnitures à base de châtaignes, chou vert ou rouge, coing, panais, courge, racine de cerfeuil, crosne... En ce moment, je propose, par exemple, une poêlée de légumes déglacée à la mélasse de grenade.

DOCUMENT 3 Déclinaisons proposées par Frédéric Anton*

Le lièvre

Le boudin noir de lièvre et tête de cochon en baudruche

Le lièvre à la royale du sénateur Couteau

Le steak au poivre de lièvre au parfum de sauge

La purée de pommes de terre rattes et lamelles de lièvre séchées

* MOF, chef du Pré Catelan et du restaurant Jules Verne.

3 À l'aide des conseils de Benoît Violier et d'une recherche sur Internet, proposez une revisite pour ces deux plats traditionnels de gibier.

Plats traditionnels		Proposition de revisite / déclinaison (appellation, marinade, garniture, sauce, dressage)
	Civet de chevreuil grand veneur	
	Pigeon en cocotte à la française	

SYNTHÈSE

On distingue 2 types de gibiers :

- ....
- ....

Le restaurateur peut commander et commercialiser :

- .... → En période de chasse
- • Gibier d'élevage
  • Gibier congelé/surgelé
  • Gibier provenant d'autres pays
  → Toute l'année

Lors de la réception de gibier, le restaurateur doit vérifier :

- ....
- ....
- ....
- .... Anomalies du pelage, de la chair, odeur…

→ Le restaurateur doit tenir un registre des gibiers à jour et conserver ses preuves d'achat pendant 5 ans.

Pour réussir un plat à base de gibier, il faut bien connaître le gibier et trouver un équilibre entre les saveurs.

- Préparations préliminaires ....
- Exemples de cuisson possible ....
- Exemples de sauce ....
- Exemples de garniture ....

MOTS-CLÉS

Civet • Gibier • Mortifier • Faisander • Venaison

MOTS CROISÉS liennathan.fr/7r5v4i

QUIZ INTERACTIF liennathan.fr/mej728

CHAPITRE 12

Dresser les préparations de manière créative

COMPÉTENCE

C1-4.1 Dresser et mettre en valeur les préparations

SAVOIRS ASSOCIÉS

SA C1-4.1 Les portions et les grammages

SA C1-4.1 Le dressage

CO-INTERVENTION P. 8

FRANÇAIS : 3. Visite collaborative en ligne du musée Escoffier

ATELIER EXPÉRIMENTAL ET TECHNOLOGIQUE P. 164

Situation professionnelle

L'Éveil des sens

Vous faites partie de la brigade de cuisine de L'Éveil des sens et vous participez, comme toute l'équipe, à la préparation de la prochaine carte.

En effet, la cheffe renommée Anaëlle Nguyen souhaite améliorer le dressage de certains plats et réfléchir à celui des nouveaux plats.

AVANT LA CLASSE

Vidéo : ***5 conseils de dressage***

liennathan.fr/e725vy

- **Quel est l'intérêt de ces 5 conseils de base pour réaliser un beau dressage ?**

MISSION 1

Identifier l'évolution du dressage à travers l'histoire

« Cet hiver, j'ai mis à l'honneur le canard à l'orange en deux services, qui est un plat classique de la cuisine française avec une découpe en salle au guéridon. Pour la prochaine carte, j'aimerais que vous réfléchissiez à un autre plat : le filet de sole Dugléré. Avant cela, plongez-vous dans l'évolution de sa présentation à travers l'histoire de la gastronomie (**document 1**). »

DOCUMENT 1 Le dressage, toute une histoire !

Le dressage de l'assiette place le cuisinier au centre d'un **savoir-faire sans limite**, à **forte valeur ajoutée créative**, mais qui a connu plusieurs évolutions et qui en connaîtra sans doute encore. [...]

Jusqu'au dernier tiers du xxe siècle, tout se passe à partir des plats présentés à côté puis à table selon les époques : les convives sont servis dans leurs assiettes soit par le personnel, avec un rôle prépondérant au maître d'hôtel, soit par eux-mêmes quand les plats sont tous placés au centre de la table. [...]

[**En 1968**,] la légende veut qu'un des frères Troisgros ait inventé le dressage sur assiette : pour servir un pot-au-feu, il présente les pièces de viande et les légumes sur de grandes assiettes. [...] Dès lors, la première opération du dressage s'impose en cuisine [avec des portions individuelles]. [...] À la faveur de la nouvelle cuisine, [...] la pratique consiste, dans un premier temps, à placer la viande ou le poisson en bas puis les légumes dans un ordre plus ou moins précis. Puis s'impose le dressage en pointe d'or : les éléments rejoignent le centre de l'assiette telles les nombreuses aiguilles d'une montre, le tout parsemé de sauce et d'herbes aromatiques, formant une parfaite symétrie de l'ensemble.

Dans les années 1990 vient le temps de la géométrie, de la ligne droite et du dressage millimétré [...] : l'assiette se fait œuvre d'art, très graphique. C'est la consécration de l'assiette zen où tout est question d'harmonie des volumes et des couleurs, le dépouillement l'emportant sur l'abondance [...].

La créativité se débride et le spectacle devient total. La cuisine moléculaire traverse dans cet esprit les **années 2000** avec ses vapeurs d'azote, ses émulsions insaisissables et ses couleurs translucides, auxquelles participent cuillères, vérines et autres accessoires [...].

[**Dans les années 2010**,] le dressage explose les structures, on invente des matières nouvelles, des matières parfois brutes, plus nature, moins travaillées, voire présentées à l'état sauvage.

[De nos jours,] le dressage se fait véritable œuvre d'art éphémère et performance individuelle du chef, non seulement en cuisine mais aussi dans la salle [...].

https://zepros.fr

1 À l'aide du document 1 et des photos ci-dessous, décrivez les styles de dressage de chaque époque.

Début du xxe siècle	À partir des années 1970	Années 1990	Années 2000	Depuis 2010
La cuisine codifiée	**La nouvelle cuisine**	**La néorestauration**	**La cuisine moléculaire**	**La jeune cuisine**

....	....	....	....	Retour au naturel, dressage brut et déstructuré

2 Observez les plats du filet de sole Dugléré à différentes périodes, puis cochez les caractéristiques des dressages de chaque époque.

Le filet de sole Dugléré à travers l'histoire de la cuisine	Analyse du dressage
XVIIIe et XIXe siècles : « l'âge d'or de la gastronomie française et le temps des palaces »  Dressage au plat pour 4 couverts avec découpe au guéridon (appelé « service à la russe » ou « à la française »)	☐ Dressage au plat ☐ Dressage à l'assiette ☐ Portion individuelle ☐ Multiportion ☐ Dressage lourd et compact ☐ Dressage symétrique ☐ Dressage graphique (asymétrique) ☐ Mise en avant du produit principal
Début du XXe siècle : « la cuisine codifiée » d'Escoffier  Dressage au plat (service à l'anglaise) et début du dressage à l'assiette codifié par des règles strictes	☐ Dressage au plat ☐ Dressage à l'assiette ☐ Portion individuelle ☐ Multiportion ☐ Dressage lourd et compact ☐ Dressage symétrique ☐ Dressage graphique (asymétrique) ☐ Mise en avant du produit principal
À partir des années 1970 : « la nouvelle cuisine »  Les découpes au guéridon et le service au plat disparaissent au profit du dressage à l'assiette	☐ Dressage au plat ☐ Dressage à l'assiette ☐ Portion individuelle ☐ Multiportion ☐ Dressage lourd et compact ☐ Dressage symétrique ☐ Dressage graphique (asymétrique) ☐ Mise en avant du produit principal

3 D'après vos observations, que pouvez-vous en conclure sur l'évolution du dressage à travers le temps ?

....

....

4 Quel style de dressage proposez-vous pour le nouveau plat de sole Dugléré que la cheffe souhaite ajouter à la carte de L'Éveil des sens ? Justifiez votre choix.

....

....

MISSION 2 Maîtriser l'art du dressage de base à l'assiette

> « Afin de créer notre plat de sole, je vais vous expliquer les règles de base pour concevoir un plat harmonieux (**document 2**). Puis ensemble, nous allons le créer pas à pas. Je vais vous accompagner à chaque étape pour créer une assiette gastronomique et équilibrée. »

DIRECTRICE ET CHEFFE DE CUISINE

Anaëlle Nguyen

DOCUMENT 2 Les conseils pour bien dresser son assiette

1. Réaliser un travail de réflexion à l'aide d'un **croquis**.

2. Choisir un **contenant ou support adapté** en fonction de la couleur des éléments, de la taille et de la forme.

3. Garantir des **espaces libres ou blancs** afin de permettre un repos de la vision et ne pas avoir un effet de lourdeur. Ne pas utiliser les bords.

4. Maîtriser **les formes et la netteté** grâce aux taillages réguliers, moules et emporte-pièces, mais aussi au lustrage des pièces pour apporter une brillance.

5. Maîtriser l'**harmonie des volumes** avec un élément principal plus grand et haut par rapport aux garnitures. Éviter le vide au centre de l'assiette et mettre les éléments volumineux au centre ou au fond de l'assiette (désaxé) comme un décor de théâtre.

6. Suivre une **logique dans la disposition des produits** en respectant une symétrie, une asymétrie ou une disposition naturelle (désordre ordonné). Préférer des éléments en nombre impair pour favoriser une harmonie.

7. Choisir une **combinaison de couleurs harmonieuse** : pas plus de 3 couleurs pour éviter la surcharge ou sous la forme d'un camaïeu d'une couleur.

Vidéo : *Technique de cuisine – Dresser des assiettes*
liennathan.fr/k5x4i7

8. Respecter la règle d'un **support propre** en évitant les traces de doigts sur les bords ou les exsudats des produits sur le fond. Une fois dressé, ne plus bouger les éléments.

9. Adapter la **température du support** au produit servi : chaud, froid ou glacé.

10. Apporter des **finitions** en donnant du volume, de la couleur, du croquant, qui doivent être en cohérence avec le plat, et surtout consommables.

1 Composez une assiette pertinente en tenant compte des conseils de la cheffe.

1. Le choix du contenant

Tenez compte du fait que la sole est un poisson blanc avec une sauce abondante jaune clair et qu'elle est servie dans un restaurant gastronomique.

Assiette creuse noire	Assiette Arcopal	Assiette en ardoise	Assiette avec motifs
	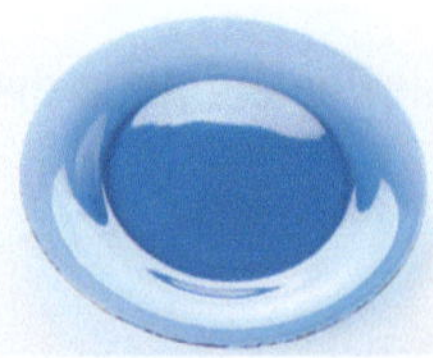		
☐	☐	☐	☐

2. L'harmonie des couleurs

Vous pouvez choisir le camaïeu (dégradé du même ton), le contraste entre 2 couleurs ou l'harmonie entre 3 couleurs. Attention, il y a des couleurs chaudes (jaune, orange, rouge), d'autres fraîches (vert). La nature propose toute la palette, sauf le bleu.

Assiette en contraste	Assiette camaïeu	Assiette en harmonie de couleurs

☐	☐	☐

3. Le choix et la maîtrise de la disposition

Classiquement, on dresse l'élément principal (viande, poisson) en bas avec la sauce et les garnitures en haut en nombre impair. Aujourd'hui, il n'y a plus de règles : on peut suivre des règles de géométrie avec la symétrie ou l'asymétrie.

Dressage codifié	Asymétrie	Symétrie semi-rigide

☐	☐	☐
Symétrie rigide	**Mouvement : souffle du vent**	**Désordre organisé**

☐	☐	☐

4. La recherche du volume et de la légèreté

Afin de mettre en valeur le produit et donner une idée de légèreté ou d'abondance, il est conseillé de mettre du volume en superposant des éléments ou en ajoutant des éléments de décor (herbes, tuiles...). La mise en volume ne veut pas dire qu'il faut tout entasser et ne pas laisser d'espaces libres !

Effet de légèreté avec superposition d'éléments de décor	Effet symétrique et superposition d'herbes	Superposition pour effet d'abondance

☐	☐	☐

2 À partir de vos choix, dessinez sur une feuille le croquis de votre plat de sole Dugléré.
Vous devez utiliser 2 filets de sole, 3 pommes anglaises, une sauce au vin blanc, une concassée de tomates, du persil haché et des pluches de cerfeuil. Vous pouvez vous aider des photos de sole Dugléré de la mission 1.

MISSION 3

Sélectionner le matériel nécessaire au dressage et les éléments de décoration

« Votre plat de poisson est plus que correct (**document 3**). Vous avez respecté les principes de base. Cependant, il ne peut pas être mis à la carte de L'Éveil des sens. Il faut encore l'améliorer. Voici quelques conseils (**document 4**). »

DOCUMENT 3 Votre proposition de plat de poisson

DOCUMENT 4 Conseils de la cheffe pour plus de netteté

« Pour qu'une assiette soit jolie au premier coup d'œil, cela passe par la maîtrise technique. Le poisson ou la viande doivent être bien portionnés, les garnitures taillées régulièrement et les éléments onctueux bien formés à l'aide d'emporte-pièces ou autres. Cette maîtrise technique donne une netteté au plat.

En plus, vous pouvez lustrer les éléments avec un pinceau et de l'huile ou du beurre fondu, absorber le jus des produits sur un papier absorbant avant de les poser sur l'assiette, et surtout, ne jamais les déplacer une fois dressés pour ne pas souiller l'assiette.

Vous pouvez aussi améliorer la netteté de chaque élément en utilisant des ustensiles comme un flacon pour dresser les coulis, une poche ou des emporte-pièces pour dresser de la purée. »

1 **Afin d'améliorer votre assiette (document 3), indiquez l'ustensile approprié pour dresser chacune des préparations ci-dessous.**

Flacon	Emporte-pièces	Moule en silicone	Mandoline	Poche à douille	Pince

A	B	C	D	E	F

…	…	…	…	…	…
Tian de légumes	Crème chantilly	Décor pétales de fleurs	Timbale de purée	Crème de vinaigre balsamique	Flan de courgettes

Pour un restaurant comme L'Éveil des sens, la décoration doit être plus recherchée (une tomate cerise crue et un quartier de citron vert correspondent à un concept plus simple). De même que la disposition de la sauce. Voilà d'autres conseils pour vous aider **(document 5)**.

DIRECTRICE ET CHEFFE DE CUISINE

Anaëlle Nguyen

DOCUMENT 5 Les conseils de la cheffe pour décorer une assiette

Vidéo : *Dressage des plats en cuisine*
liennathan.fr/d67bv6

Le décor n'est **pas le but principal** (qui reste la **recherche du goût**) mais il participe à faire passer une **émotion**.

Les éléments de décor ne doivent **pas surcharger** l'assiette (attention à laisser les bords libres).

Ils doivent être **comestibles** et apporter un **« plus » gustatif**, comme du **croustillant** avec du pain séché, une feuille de brick, une tuile…, tout en restant cohérents avec l'élément principal.

Ils apportent aussi de la **couleur** grâce aux herbes fraîches ou aux fleurs comestibles, mais aussi du **volume** ou du mouvement.

La **sauce** ou le **coulis** peuvent participer à la finition de l'assiette en donnant un style et un mouvement.

2 **Déterminez ce que chaque élément de décor peut apporter à votre plat en complétant le tableau avec les termes suivants : *couleur – mouvement – fraîcheur – effet de volume (hauteur)*.**

Herbes fraîches	Réduction	Tuile de parmesan	Fleurs comestibles

....	....	....	....

3 **Proposez des améliorations pour votre plat en complétant les étiquettes de la légende.**

Votre proposition de plat de poisson

Éléments de décor :
....

Purée :
....

Coulis de vinaigre balsamique :
....

Filet de poisson :
....

MISSION 4

Adapter les quantités et le dressage aux différentes prestations

« Plusieurs contrats ont été signés pour commercialiser des plats « signature » ou pour assurer de grands événements. Nous allons livrer des plateaux-repas pour une importante réunion qui aura lieu la semaine prochaine au centre d'affaires de L'Atrium et la semaine suivante, nous réaliserons une prestation de traiteur pour un événement qui aura lieu au sein du centre de loisirs de L'Atrium. Nous devons donc adapter à la fois nos quantités et nos dressages pour ces différentes prestations (**document 6 et 7**). »

DOCUMENT 6 Les conseils de la cheffe

« Peu importent les styles de restauration, le cuisinier doit toujours respecter les règles de base de dressage : la netteté, l'harmonie des couleurs, la précision dans la disposition, la recherche de l'équilibre dans la présentation et l'ajout de finitions ou de décors.

Cependant, selon la praticité (modes de consommation et de distribution), le support doit être adapté (verrines pour un cocktail, vaisselle jetable pour la vente à emporter, plateaux-repas pour les livraisons en entreprise…).

De même, selon le prix de vente, la quantité servie et la noblesse du support changent. »

DOCUMENT 7 Standards moyens à respecter concernant les quantités servies

Entrée	200 g de cuidités ou crudités	**Sauce**	10 cl de sauce par personne
Poisson	Entre 120 g et 140 g de produit net	**Fromage**	30 g par personne
Viande	Entre 150 g et 180 g de produit net sans os	**Dessert**	80 g à 100 g de produits par personne
Garnitures	Entre 200 g et 250 g de légumes et/ou féculents		

1 **La cheffe exige une attention particulière quant aux portions servies dans un souci de régularité mais aussi de maîtrise du coût. Déterminez la portion idéale pour chaque élément d'un plateau-repas livré au centre d'affaires.**

Un plateau-repas livré au centre d'affaires de L'Atrium

Dessert : mousse au chocolat maison = ……… g

Fromage : petit pélardon = ……… g

Plat : fricassée de veau aux carottes et sa polenta viande

Fricassée = ……… g

Garniture = ……… g

Entrée : saumon fumé et salade de penne safranée = ……… g

2 Retrouvez, pour chaque prestation proposée par les différents restaurants de L'Atrium, le plat et le mode de dressage qui correspond le mieux.

Prestations des restaurants de L'Atrium		
LE DISTRICT	Prestation de room service (service en chambre) par le restaurant Le District	A
LoKal	Plat proposé en libre-service à la cafétéria LoKal	B
LE DISTRICT	Plat à partager proposé par le restaurant Le District	C
L'ATRIUM	Plat proposé dans un distributeur de plats préparés au sein de L'Atrium	D
L'Éveil des sens	Entrées servies pour un cocktail, prestation réalisée par L'Éveil des sens	E
LE DISTRICT	Plat proposé à la livraison par le restaurant Le District	F
L'ATRIUM	Plats proposés par le mini food truck occasionnel dans les jardins de L'Atrium	G
ARCHIBALD	Plat proposé pour une dégustation sur place à la brasserie Archibald	H

Dressage		
…	Blésotto aux girolles servi dans un bocal hermétique	
…	Poke bowl au saumon servi dans de la vaisselle en carton jetable	
…	Calamars frits et frites servis dans un cornet	
…	Charcuteries à partager dressées sur une planche en bois	
…	Fruits de mer disposés sur des plateaux en métal	
…	Paella pour la semaine « Saveurs de l'Espagne », servie en chafing dish	
…	Repas complet (entrée, plat, dessert) servi sur un plateau-repas	
…	Noix de Saint-Jacques et écume de pommes de terre servies en verrines	

Dresser une entrée classique de façon originale

Vous allez dresser une quiche lorraine en travaux pratiques. Votre chef souhaite que vous transformiez cette entrée classique en une entrée moderne et originale qui sera proposée aux clients de votre restaurant d'application.

a Afin de proposer un dressage original, préparez votre travail en dessinant au préalable votre assiette avec les éléments suivants.

Quiche portion

Mesclun

Coulis de persil

Crème de vinaigre balsamique

b Proposez un élément de décor supplémentaire qui pourrait venir compléter votre dressage et ajoutez-le sur votre croquis en précisant ce qu'il apporte de plus (croustillant, couleur...).

c Réalisez la quiche individuelle en respectant les grammages par personne et le coulis de persil.

d Choisissez, parmi la vaisselle à votre disposition au sein de votre restaurant d'application, une assiette plate que vous allez utiliser pour sublimer votre dressage.

e Rassemblez le matériel dont vous allez avoir besoin pour réaliser votre dressage. Remplissez les éventuelles poches à douille ou flacons que vous allez utiliser.

f Réalisez le dressage de votre assiette en respectant les règles d'un bon dressage.

g Organisez un vote pour élire les 3 assiettes avec les dressages les plus réussis qui pourront être servies au restaurant d'application.

1 Réaliser un trompe-l'œil avec le design culinaire

« Si le dressage permet de stimuler la vue du client, cela n'est pas son seul rôle. La présentation et la disposition peuvent aussi permettre de faciliter la dégustation, donner du sens et faire passer une émotion, divertir le client ou encore le surprendre ou le faire réfléchir. C'est bien là le rôle du design culinaire ! De nombreux chefs actuels proposent notamment des trompe-l'œil culinaires et je souhaiterais en proposer un bientôt à la carte du restaurant (**document**). J'aimerais que vous m'aidiez à y réfléchir. »

LE DISTRICT

CHEF DE CUISINE | Simon Patil

DOCUMENT Les plats en trompe-l'œil, la grande illusion en cuisine

Dans des restos ou pâtisseries en vogue, mais surtout sur Pinterest, Instagram et dans les concours télévisés, le trompe-l'œil fait son show, son *cooking show* [...]. Bienvenue dans un monde où ce que l'on voit n'est pas ce que l'on croit, où ce qui fait saliver – mais aussi grimacer – diffère de ce que l'on va déguster. [...]

À l'échelon gastronomique, le chef David Toutain, dans son restaurant parisien [...], dispose sur les tables en hiver des bois de salsifis dont on jurerait qu'ils ont été ramassés sur un chemin forestier. « [...] Je crée l'illusion du bois par un travail d'oxydation, mais le cœur est moelleux, presque crémeux : j'ai réconcilié ainsi des tas de gens avec les salsifis ! [...] »

L'œuf, en particulier, par son aspect bicolore singulier, se prête à des transpositions amusantes sur la carte des desserts. Dans le rôle du jaune, un oreillon d'abricot ou une sphère de gelée de mangue ; dans celui du blême albumen, d'authentiques blancs battus en neige, une panna cotta ou du fromage blanc... Résultat : des œufs presque parfaits, au plat, mollets, cocotte et même à la coque dans une séduisante recette du pâtissier de Toulouse Yannick Delpech, servie avec des mouillettes caramélisées... Parmi les desserts imitatifs inégalement trompeurs, citons encore les sushis et makis aux fruits (riz au lait et chantilly verte en guise de wasabi) ou l'indémodable saucisson au chocolat issu de la tradition italienne.

Impossible de parler de virtuosité visuelle sucrée sans évoquer, bien sûr, les fruits sculptés qui ont fait la renommée de Cédric Grolet. [...] Outre les fruits d'un réalisme confondant, le trentenaire déploie sa dextérité dans le maniement de la poche à douille en créant de somptueuses créations florales.

S. Noblet, www.lemonde.fr, 13 février 2022.

1 Quel est le principe d'un trompe-l'œil en cuisine ?

....

....

2 Vous souhaitez proposer au chef une recette de trompe-l'œil sucré d'un œuf au bacon. Réalisez, sur une feuille ou à l'aide d'un logiciel de présentation, un croquis de votre trompe-l'œil.

Indiquez par des flèches les ingrédients sucrés qui viendront remplacer les éléments salés. Veillez à proposer un dressage moderne et à choisir des ingrédients sucrés qui s'approchent des textures et du bacon et de l'œuf.

SYNTHÈSE

On observe une évolution du dressage à travers les époques :

Début du XXe siècle	À partir des années 1970	Années 1990	Années 2000	Depuis 2010
La cuisine codifiée Dressage au plat et début du dressage à l'assiette	**La nouvelle cuisine**	**La néorestauration**	**La cuisine moléculaire** Le dressage devient spectacle	**La jeune cuisine** ....

Pour réaliser un dressage, il faut respecter les règles suivantes :

- ....
- Élément de décor comestible et cohérent avec l'élément principal
- Sauce disposée en respectant la forme de l'ensemble
- ....
- Pas trop de couleurs

Pour réaliser un dressage correct et élégant, il faut disposer :

De matériels adaptés

Ex. : ....

D'éléments de décor

Ex. : ....

Les standards de grammage doivent être respectés :

- **Entrée :** 200 g de cuidités ou crudités
- **Poisson :** entre 120 g et 140 g
- **Viande :** ....
- **Garnitures :** ....
- **Sauce :** 10 cl de sauce par personne
- **Fromage :** ....
- **Dessert :** 80 g à 100 g de produits

Les contenants et le type de dressage doivent être adaptés aux prestations :

Exemples

Vente à emporter/livraison : ....

Restaurant traditionnel : sur assiette

Traiteur : verrines

Libre-service/buffet : chafing dish

Room service : ....

MOTS-CLÉS

Dressage • **Grammages** • **Poche à douille** • **Cuisine moléculaire** • **Néorestauration** • **Nouvelle cuisine**

QUIZ INTERACTIF liennathan.fr/k2uq86

CHAPITRE 13

Réaliser les desserts

COMPÉTENCES

C1-2.5 Réaliser les sirops

C1-2.9 Réaliser les préparations de base (appareils et crèmes)

C1-2.10 Réaliser les pâtes de base

C1-3.6 Réaliser les desserts

SAVOIRS ASSOCIÉS

SA C1-2.9 Les préparations de base (appareils et crèmes)

SA C1-2.10 Les pâtes de base

SA C1-3.6 Les desserts

SA C1-2.5 Les sirops

CO-INTERVENTION P. 8

MATHS : 5. Comprendre le principe du tempérage du chocolat

6. Calculer le nombre de feuilles d'un millefeuille

ATELIER EXPÉRIMENTAL ET TECHNOLOGIQUE

P. 175

Situation professionnelle

LE DISTRICT

Lors de votre période de formation en milieu professionnel au sein du restaurant tendance et bar rooftop Le District, vous intégrez pendant une semaine le poste « Pâtisserie ». Vous épaulerez Dimitri Vassine, chef pâtissier, dans le développement des futurs desserts.

Vous allez faire partie de sa brigade pour les services du midi ou du soir, mais également pour la préparation des pâtisseries et des desserts pour le *tea time*, servi sous forme de buffet le samedi après-midi.

AVANT LA CLASSE

Vidéo : *8 astuces pour décorer vos assiettes*
liennathan.fr/8vf3y7

- **À l'aide de la vidéo, listez 5 techniques de décor pour un dessert à l'assiette.**
- **Identifiez 4 sauces ou coulis qui peuvent accompagner un dessert.**

MISSION 1

Maîtriser la réalisation des pâtes de base

« Nous allons devoir réaliser différentes pâtes de base pour les pâtisseries qui seront proposées lors du *tea time*. J'ai mis à votre disposition une fiche technique que j'ai commencé à rédiger et qui récapitule les caractéristiques et ingrédients de ces principales pâtes. »

1 **Complétez la fiche de synthèse réalisée par Dimitri en renseignant les différentes familles de pâtes : pâte poussée, pâte molle, pâte sèche, pâte montée, pâte levée, pâte liquide.**

Familles	Ingrédients	Particularités	Exemples
	• **Farine (kg)** 0,500 • **Beurre (kg)** 0,250 • **Œufs (kg)** 0,100 • **Sel (kg)** 0,010 • **Liquide (L) :** eau ou lait 0,125	La technique de base de cette famille de pâtes est le sablage. Un sablage grossier donnera une pâte friable alors qu'un sablage fin donnera une pâte compacte. Bien travailler au froid.	Pâte brisée
....	• **Farine (kg)** 0,500 • **Beurre (kg)** 0,225 • **Œufs (kg)** 0,100 • **Sucre (kg)** 0,275 • **Sel (kg)** 0,005	Elle se conserve très bien mais est très friable en raison de l'hydratation réduite lors de sa réalisation. Bien travailler au froid.	Pâte sucrée
	• **Farine (kg)** 0,500 • **Beurre (kg)** 0,375 • **Sel (kg)** 0,010 • **Liquide (L) :** eau 0,250	Elle est réalisée par tourage de couches de beurre et de détrempe (mélange eau + farine). Lors de la cuisson, le beurre fond et la détrempe se soulève.	Pâte feuilletée ordinaire
....	• **Farine (kg)** 0,550 • **Beurre (kg)** 0,450 • **Œufs (kg)** 0,050 • **Sel (kg)** 0,015 • **Liquide (L) :** eau 1,000	Elle est réalisée avec une panade (eau + beurre + sel + farine) et des œufs. Elle doit être utilisée immédiatement après. Sous l'effet de la chaleur, l'eau s'évapore et fait gonfler la pâte. Ne pas oublier de dorer au pinceau avant la cuisson.	Pâte à choux
....	• **Farine (kg)** 0,500 • **Beurre (kg)** 0,250 • **Œufs (kg)** 0,400 à 0,720 • **Sucre (kg)** 0,030 • **Sel (kg)** 0,005 • **Liquide (L) :** lait 1,500 • **Divers :** zeste d'orange ou de citron	Elle est très simple à réaliser. Elle est cuite sur le feu (à la poêle) ou dans un bain d'huile.	Pâte à crêpes
....	• **Farine (kg)** 1,000 • **Beurre (kg)** 0,700 • **Œufs (kg)** 0,600 • **Sucre (kg)** 0,800 • **Sel (kg)** 0,020 • **Liquide (L) :** eau environ 20 à 30 g • **Divers :** levure de bière ou de boulanger 0,030 kg poudre de lait 0,030 kg	Cette pâte se développe grâce à la levure de bière lors de la pousse (la pâte double de volume à 25 °C) et une cuisson.	Pâte à brioche
....	• **Farine (kg)** 0,500 • **Beurre (kg)** 0,150 fondu chaud • **Œufs (kg)** 0,800 • **Sucre (kg)** 0,500 • **Sel (kg)** 0,005	Cette pâte ne peut pas attendre. Elle contient un mélange d'œufs ou de blancs d'œufs fouettés qui la rend extrêmement légère avant et après cuisson.	Génoise
....	• **Farine (kg)** 0,650 • **Beurre (kg)** 0,600 • **Œufs (kg)** 0,525 • **Sucre (kg)** 0,600 • **Sel (kg)** 0,005 • **Divers :** levure chimique 0,015 kg zeste d'orange ou de citron	Elle se développe grâce à la levure chimique qu'elle contient et sous l'action de la chaleur.	Cake à l'orange ou au citron

2 **Reliez ci-dessous chaque consigne de Dimitri à la tâche que vous allez devoir faire et à la pâte à laquelle cette tâche correspond.**

Consigne de Dimitri	Ce que vous allez faire	Pâte à réaliser
« Tu peux faire la détrempe ? » •	• Mélanger de l'eau et de la farine. •	• Pâte feuilletée
« Je te laisse réaliser la panade. » •	• Laisser lever la pâte à la levure de bière à une température de 25 °C pour doubler en volume. •	• Pâte à brioche
« Il va falloir laisser pousser la pâte. » •	• Mélanger de l'eau, du beurre, du sel et de la farine. •	• Pâte à choux

3 Afin de réaliser la mise en place pour les pâtisseries et les desserts du *tea time*, identifiez les pâtes de base à réaliser à partir des descriptions des spécialités proposées.

Nom du dessert		Région	Description	Pâte de base
Tarte tatin		Centre-Val de Loire	Tarte aux pommes caramélisées, au sucre et au beurre, dont la pâte, réalisée avec une détrempe et un tourage, est disposée au-dessus de la garniture avant la cuisson au four.	....
Saint-honoré		Île-de-France	Pâtisserie à base de crème chantilly, de crème chiboust et de petits choux glacés au sucre.	....
Pain (ou brioche) perdu(e)		Hauts-de-France	Dessert à base de pâte levée riche en beurre, imbibée dans un mélange de lait et d'œufs puis sautée.	....
Tarte aux myrtilles / aux bleuets		Grand Est	Myrtilles disposées sur un fond de pâte très friable nappé d'une crème d'amandes.	....
Kouign-amann		Bretagne	Pâtisserie boulangère à base de pâte à la levure de bière et de beurre. En breton, *kouign* signifie « gâteau » et *amann*, « beurre ».	....
Cannelé bordelais		Nouvelle-Aquitaine	Petit gâteau dont l'élément principal est le lait, parfumé au rhum et à la vanille, en forme de cylindre cannelé.	....

4 Entourez ci-dessous le matériel dont vous avez besoin pour réaliser la pâte à choux du saint-honoré.

Vidéo : ***La pâte à choux – Technique de base en cuisine***
liennathan.fr/a25f7f

MISSION 2

Réaliser les crèmes, les appareils de base et leurs dérivés

« Après avoir mis en place les pâtes pour le *tea time*, je vous propose de faire un tour d'horizon des différentes crèmes que l'on doit utiliser pour monter les desserts (**documents 1 et 2**). La pâtisserie française est certainement l'une des plus réputées et l'une des plus complexes, mais au cours de la semaine prochaine, les desserts du monde seront mis à l'honneur durant le *tea time*. »

DOCUMENT 1 Les recettes des crèmes à base d'œuf

Crèmes de base ou dérivées	Ingrédients	Particularités
Crème pâtissière	• **Lait (L)** 1 • **Œufs (kg)** : jaunes ..... 0,200 • **Sucre (kg)** ..... 0,180 • **Liaison (kg)** : farine 0,100	Gratter la gousse et infuser dans le lait. Blanchir les jaunes d'œufs et le sucre, ajouter la poudre à crème ou la farine, verser le lait bouillant, porter à ébullition, filmer au contact.
Crème chiboust (dérivée)	• **Lait (L)** 1 • **Œufs (kg)** : jaunes ..... 0,200, + blancs ..... 0,250 • **Sucre (kg)** ..... 0,050 0,250 • **Liaison (kg)** : farine ..... 0,100 • **Divers** : gélatine ..... 0,012 kg	Meringue italienne chaude + crème pâtissière bouillante + gélatine.
Crème au citron (dérivée)	• **Œufs (kg)** : entiers ..... 0,750 • **Sucre (kg)** ..... 0,500 • **Beurre (kg)** ..... 0,500 • **Liaison (kg)** : farine ..... 0,030 (facultatif) • **Divers** : jus de citron 0,300 L + zestes	Cuisson 1 min si poudre à crème. Sinon, juste à ébullition.
Soufflé chaud	• **Lait (L)** ..... 0,500 • **Œufs (kg)** : jaunes ..... 0,080 + blancs ..... 0,500 • **Sucre (kg)** ..... 0,150 • **Beurre (kg)** ..... 0,050 • **Liaison (kg)** : farine 0,070	Crème pâtissière + jaunes d'œufs + blancs d'œufs montés. Cuisson au four.
Crème anglaise	• **Œufs (kg)** : jaunes ..... 0,200 • **Sucre (kg)** ..... 0,180 • **Crème (kg)** ..... 1,000 • **Divers** : vanille, menthe, chocolat, café…	Gratter la gousse et infuser dans le lait. Blanchir les jaunes d'œufs et le sucre, ajouter la poudre à crème ou la farine, verser le lait bouillant, porter à ébullition, filmer au contact de la crème.
Crème sabayon (sauce)	• **Œufs (kg)** : jaunes ..... 0,125 • **Sucre (kg)** ..... 0,250 • **Divers** : vin blanc liquoreux ..... 0,200 L liqueur ..... 0,050 L	Blanchir les jaunes d'œufs et le sucre. Ajouter le vin, monter sur le feu, parfumer à la liqueur.

1 Pour réaliser le saint-honoré du *tea time*, vous devez réaliser une crème chiboust. Identifiez la crème de base puis indiquez le nom des étapes de réalisation. Replacez ces étapes dans l'ordre chronologique puis nommez les éléments à ajouter pour obtenir la crème dérivée.

Crème de base	....				

1	....	....	....	....	....
Gratter-infuser	Filmer	Blanchir	Verser le lait	Ajouter la farine	Faire bouillir
Éléments à ajouter pour la crème chiboust	....				

DOCUMENT 2 Les recettes d'appareils de base

Appareils	Ingrédients	Particularités
	Appareils à base d'œufs	
Appareil à crème prise sucrée	• **Lait (L)** ..... 0,500 • **Œufs (kg)** : entiers ..... 0,300 • **Sucre (kg)** ..... 0,150 • **Liaison (kg)** : poudre à crème ..... 0,040 • **Crème (kg)** ..... 0,500 • **Divers** : 0,5 gousse de vanille	Mélanger tous les ingrédients. Parfumer.
Pots de crème : vanille, chocolat, café, orange…	• **Lait (L)** ..... 1,000 • **Œufs (kg)** : jaunes ..... 0,160 • **Sucre (kg)** 0,120	Remplir les pots, cuire au bain-marie au four à 140 °C pendant 45 min.
Crème brûlée à la vanille	• **Lait (L)** ..... 0,200 • **Œufs (kg)** : jaunes ..... 0,160 • **Sucre (kg)** ..... 0,120 • **Crème (kg)** ..... 0,500 • **Divers** : gélatine feuille 0,010 kg, 1 gousse de vanille	Bouillir le lait et la crème, ajouter les jaunes d'œufs et le sucre blanchi. Cuire au four dans un plat à gratin à 160 °C. Mixer, incorporer la gélatine, couler en cercle, congeler.
Meringue	• **Œufs (kg)** : blancs ..... 0,500 • **Sucre (kg)** 0,500	Meringue italienne : sucre cuit à 121 °C et versé sur les blancs d'œufs montés. Meringue suisse : sucre glace mélangé avec les blancs d'œufs montés à 50 °C. Meringue française : sucre incorporé petit à petit aux blancs d'œufs montés.
	Appareil à base de chocolat	
Ganache classique	• **Beurre (kg)** ..... 0,100 • **Crème (kg)** ..... 0,400 • **Divers** : chocolat à 50 % ..... 0,500 kg	Ne pas trop travailler pour éviter l'incorporation d'air.
	Appareils à base de produits laitiers	
Crème au beurre au sucre cuit	• **Œufs (kg)** : jaunes ..... 0,250 • **Sucre (kg)** ..... 0,300 • **Beurre (kg)** ..... 0,500 • **Divers** : vanille ou autre parfum	Cuire le sucre à 117 °C, verser sur les jaunes d'œufs et monter. Incorporer au beurre pommade.
Crème chantilly	• **Sucre (kg)** ..... ± 0,100 • **Crème (kg)** ..... 1,000 • **Divers** : 0,5 gousse de vanille	
	Appareil à base de fruits oléagineux	
Crème d'amandes	**Œufs (kg)** : entiers ..... 0,300 • **Sucre (kg)** ..... 0,500 • **Beurre (kg)** ..... 0,500 • **Liaison (kg)** : poudre à crème ..... 0,050 • **Divers** : rhum 0,100 L, poudre d'amandes 0,500 kg	Crémer le beurre, le sucre, la poudre d'amandes, la poudre à crème. Ajouter les œufs et le rhum.

2 **En lisant l'explication que le pâtissier vous donne, identifiez les appareils de base des spécialités du monde.**

Nom du dessert	Explication	Origine	Appareil(s) de base
Cheesecake 	Dessert à base de pâte sablée garnie d'une crème composée de fromage blanc, maïzena, crème, œuf et sucre, le tout cuit au four. Souvent servi avec un coulis de fruits rouges.	États-Unis	....
Crème catalane 	Dessert composé de crème, maïzena, sucre, zeste de citron et vanille, le tout cuit au bain-marie et brûlé sur le dessus avec du sucre blanc.	Espagne	....
Sachertorte 	Gâteau composé d'une légère génoise au chocolat traversé par une couche de marmelade d'abricots, le tout recouvert d'un glaçage au chocolat noir.	Autriche	....
Pavlova 	Gâteau à base de meringue « suisse », nappé de crème chantilly (ou de crème glacée) et recouvert de fruits frais.	Nouvelle-Zélande	....

MISSION 3

Réaliser les sirops de base

« Pour le *tea time*, la clientèle apprécie aussi énormément les desserts glacés. Nous allons avoir besoin de réaliser des sirops pour les sorbets (**document 3**), qu'il ne faut pas confondre avec la glace qui est produite avec une crème anglaise turbinée. »

DOCUMENT 3 Les sirops de base et les sorbets

Un sirop simple peut être réalisé à froid ou à chaud à partir d'une quantité déterminée de sucre et d'eau. Le poids de sucre contenu dans une quantité d'eau déterminée définit la densité d'un sirop.

Sirops de base	Eau (kg)	Sucre (kg)	Particularités	Utilisations en pâtisserie
Sirop à 30 % Brix*	1,000	0,500	Faire bouillir l'eau et le sucre, ajouter le parfum. Régler entre 25 et 30 % au réfractomètre avec de l'eau de source.	– Puncher (imbiber) un savarin, un baba. – Pocher un fruit frais. – Réaliser un sorbet à base de fruits ou un granité. – Réaliser une meringue, du caramel.
Sirop à 50 % Brix*	1,000	1,000	Au moment de l'utilisation, ajouter l'eau-de-vie et régler à 35 % Brix avec de l'eau et le réfractomètre.	– Puncher un biscuit (forêt-noire). – Réaliser un sorbet à base d'alcool (eau-de-vie, rhum…).

* Le degré Brix est l'unité de mesure officielle de la concentration en sucre d'un sirop. Il peut être calculé à l'aide d'un réfractomètre, qui calcule la densité de sucre. Pour les préparations qui doivent être congelées, il est conseillé de remplacer 10 % du sucre par un sirop de glucose pour diminuer l'apport en sucre.

- **Dans le cadre de la mise en place des desserts glacés du *tea time*, identifiez le type de sucre à utiliser et reliez chaque dessert au degré de cuisson du sirop de sucre en vous aidant des températures indiquées.**

Dessert glacé		Type de sirop			Degré de cuisson
	Sorbet framboise (sirop cuit à 101 °C)	☐ Sirop à 30 % ☐ Sirop à 50 %	•	•	« Cuit à la nappe » entre 100 °C et 103 °C
	Nougatine du décor (sucre cuit à 160 °C)	☐ Sirop à 30 % ☐ Sirop à 50 %	•	•	« Petit boulé » cuit entre 112 °C et 116 °C
	Nougat glacé (sucre cuit à 130 °C)	☐ Sirop à 30 % ☐ Sirop à 50 %	•	•	« Grand boulé » cuit entre 121 °C et 127 °C
	Sorbet à l'eau-de-vie de mirabelle (sucre cuit à 113 °C)	☐ Sirop à 30 % ☐ Sirop à 50 %	•	•	« Petit cassé » cuit entre 128 °C et 142 °C
	Vacherin glacé avec en base une meringue italienne (sucre cuit à 121 °C)	☐ Sirop à 30 % ☐ Sirop à 50 %	•	•	« Caramel » cuit entre 145 °C et 165 °C

MISSION 4

Sublimer un dessert de restaurant

« Décorer une assiette est un art. Dans notre restaurant, nous apportons un soin particulier au dressage et aux éléments de décoration de nos desserts (**document 4**). »

DOCUMENT 4 Les éléments de décor

Éléments de décor

À base de chocolat

- Décor en chocolat blanc, noir, coloré.
- De formes et de volumes différents.

À base de fruits

- Coulis, décor en fruits taillés.
- Cristalline de fruits.
- Fruits à coque torréfiés ou caramélisés.

À base de sucre

- Sucre filé cuit à 128 °C (petit cassé).
- Sucre cristal dôme transparent à 155 °C.
- Décor en caramel à 165 °C.

Autres

Vermicelle, guimauve, fleurs, crème chantilly, pâte à tuile, pochoir

- **Identifiez les éléments de décor qui permettent de sublimer les desserts du restaurant Le District.**

....

....

....

....

....

....

MISSION 5

Utiliser des PAI en dessert de restaurant

« Un fournisseur de produits issus de l'industrie agroalimentaire vient ce matin nous présenter ses produits alimentaires intermédiaires (PAI). Comme je m'interroge sur les avantages et les inconvénients d'utiliser ce type de produits, je souhaiterais que vous puissiez être présent(e) afin d'identifier les produits que nous pourrions utiliser, notamment pour simplifier le travail de mise en place du *tea time* (**documents 5 et 6**). »

DOCUMENT 5 Extrait du catalogue du fournisseur

Prêts à garnir

Choux pur beurre
- *Classique 76 mm*
  Carton de 120 pièces ▸ **011919**
- *Grand modèle 84 mm*
  Carton de 80 pièces ▸ **006699**
- *Saint-Honoré 43 mm*
  Carton de 200 pièces ▸ **011920**
- *Lunch*
  Carton de 120 pièces ▸ **011916**

Plaque feuilletée
Non piquée, 33 % de beurre, 60 × 40 cm.
Carton de 15 plaques
▸ **000038**

Fond de tarte sablée
Pur beurre. Carton de 96 pièces
- *Ø 11 cm* ▸ **002575**
- *Ø 22 cm* ▸ **006037**
- *Ø 24 cm* ▸ **013532**
- *Ø 28 cm* ▸ **013534**

Fond de tarte sucré cru
Pur beurre
- *Ø 8,2 cm*
  Carton de 126 pièces ▸ **021266**
- *Ø 9,3 cm*
  Carton de 80 pièces ▸ **019149**
- *Ø 10 cm*
  Carton de 90 pièces ▸ **021267**
- *Ø 26 cm*
  Carton de 16 pièces ▸ **021268**
- *Stick - 135 × 45 mm*
  Carton de 70 pièces ▸ **020988**

Feuille génoise
- *Surgelé*
  580 × 375 × 7 mm.
  Carton de 12 pièces
  Cacao ▸ **000296**
  Nature ▸ **000295**
- *Ambiant*
  8 mm.
  Carton de 14 feuilles de 400 g
  Cacao ▸ **006222**
  Nature ▸ **006221**

Crémerie

COCOTINE

Ovoproduits
Œufs frais pondus en France.
Bidon de 2 litres
- *Blanc d'œuf* ▸ **002914**
- *Œuf entier* ▸ **002917**
- *Jaune nature* ▸ **002913**

Produits de laboratoire

Garniture pâtissière à froid extrafine
Sac de 25 kg ▸ **000984**
- ***Préparation en poudre pour garniture pâtissière à froid extrafine***
- ***Idéale en montage, texture ferme et légère***
- ***Saveur vanille fruitée***
- ***Couleur jaune doré***

Alaska-express
Boîte de 1 kg
- *Framboise* ▸ **000961**
- *Chocolat* ▸ **000958**
- *Passion* ▸ **000967**
- *Fraise* ▸ **000960**
- *Poire* ▸ **000964**
- *Neutre* ▸ **001000**
- *Chocolat blanc* ▸ **000996**
- ***Préparation à froid en poudre pour mousse bavaroise***
- ***Autres parfums disponibles***

Produits à base de fruits secs

Crème pâtissière à chaud
- *Carton de 5 kg* ▸ **000982**
- *Sac de 25 kg* ▸ **000981**
- ***Préparation en poudre pour crème pâtissière à chaud et flan parisien***
- ***Idéale en garniture, texture souple et onctueuse***

- ***Châtaigne d'Ardèche AOP, un véritable produit du terroir***
- ***Recette simple : châtaignes et sucre***

Châtaignes d'Ardèche
Boîte 4/4
- *Pâte* ▸ **021987**
  - ***À détendre pour incorporer dans un biscuit, ou utiliser dans une ganache (bonbons chocolat...)***
- *Confiture* ▸ **021988**
  - ***À incorporer dans une bavaroise ou une simple crème montée à dresser***
  - ***Moins sucrée qu'une crème de marrons traditionnelle, la confiture révèle les arômes de la châtaigne d'Ardèche et vous permet de maîtriser les saveurs du fruit.***

www.deliceetcreation.fr

DOCUMENT 6 Argumentaire du commercial

« Nos produits de base sont de première qualité et sains. Nous veillons à l'hygiène irréprochable de nos locaux et matériels, et un suivi est réalisé par un laboratoire indépendant (hygiène du personnel, prélèvements de surface, analyse d'échantillons, contrôle des documents de traçabilité). Nos processus de fabrication permettent d'avoir des DLC ou DDM plus longues.

Nous utilisons très peu d'additifs alimentaires. Le transport se fait en camion réfrigéré à + 3 °C pour les produits frais et – 18 °C pour les produits surgelés, sans aucune rupture de la chaîne du froid. La personnalisation est facilitée avec une gamme de produits très large. Les PAI sont considérés comme des produits standardisés avec des goûts très peu affirmés, peu adaptés au concept gastronomique. »

Catalogue Délice et création
liennathan.fr/g99w3g

1 Identifiez les PAI que le restaurant Le District pourrait utiliser pour réaliser les desserts suivants. Indiquez les références du catalogue du fournisseur correspondantes.

Desserts du *tea time*	Produits PAI	Références catalogue
Saint-honoré	....	....
Pavlova à la châtaigne	....	....
Bavarois chocolat	....	....

2 Citez 3 avantages et 3 inconvénients, pour le restaurant Le District, d'utiliser des produits alimentaires intermédiaires en pâtisserie.

Avantages	Inconvénients
....	....
....	....
....	....

ATELIER EXPÉRIMENTAL ET TECHNOLOGIQUE

Utiliser des PAI en pâtisserie

a Lors de votre séance de TP, formez des binômes afin de tester 2 manières de réaliser une forêt-noire en verrine qui sera servie dans le cadre du restaurant d'application, donc type semi-gastronomique.

b Répartissez-vous le travail au sein de votre binôme :
- l'un(e) d'entre vous réalise le dessert selon la méthode traditionnelle : biscuit génoise au chocolat, crème chantilly et copeaux de chocolat réalisés par vos soins ;
- l'autre réalise avec des produits PAI : biscuit génoise + bombe de chantilly et copeaux déjà fabriqués.

Ingrédients à votre disposition : biscuit génoise PAI – crème 35 % – copeaux de chocolat – chocolat – crème chantilly en bombe – cerises à l'eau-de-vie – farine – œuf – sucre – cacao amer – glace vanille ou chocolat – kirsch

c Réalisez une analyse comparative entre les 2 desserts à l'aide d'un tableau comme celui-ci :

	Forêt-noire « traditionnelle »	Forêt-noire « PAI »
Facilité de réalisation	☐ Simple ☐ Complexe	☐ Simple ☐ Complexe
Temps de réalisation	....	....
Coût matière	....	....
Analyse gustative	....	....
Présentation	....	....

d Suite à cette expérience, pourriez-vous démentir la citation : « Les PAI sont considérés comme des produits standardisés avec des goûts très peu affirmés, peu adaptés au concept gastronomique » ?

e Pourriez-vous utiliser ce type de produits dans votre restaurant d'application ? Justifiez votre réponse.

Pour les experts

1 Réaliser un café gourmand

« Dans le cadre du déploiement de la nouvelle carte du restaurant Archibald, et après avoir lu cet article paru ce matin (**document**), vous allez m'aider à proposer un café gourmand sur le thème des îles composé de 4 pièces sucrées individuelles qui doivent être faciles à manger : une à base de fruits, une avec une pâte de base et une crème, une boule de sorbet et une à base d'œufs. »

ARCHIBALD

CHEFFE DE PARTIE PÂTISSERIE | Alexia Artemiadi

DOCUMENT Le café gourmand

Apprécié des gastronomes indécis ou des cadres pressés, ce concept a relancé les ventes de desserts. « Entre la crise économique et le temps de plus en plus court accordé aux repas, les clients prenaient moins de pâtisseries, raconte Bernard Boutboul, fondateur du cabinet Gira Conseil et co-inventeur de cette trouvaille avec La Criée. Le café gourmand contribue à augmenter le chiffre d'affaires du restaurateur, et sa rentabilité aussi. »

G. Haurillon, www.capital.fr, 29 mars 2019.

1 Quel est l'intérêt pour le restaurant de proposer un café gourmand ?

....

2 Proposez 4 pièces qui pourraient constituer le café gourmand Archibald puis, à l'aide d'une mercuriale, chiffrez-en le prix. Vous pouvez également réaliser ce travail sur tableur en créant des formules de calcul automatique.

Mercuriale liennathan.fr/3xnm93

Nom de la pièce	Composition pour 8 personnes		Coût matière
Salade de fruits exotiques	**Mangue** 1 pièce • **Passion** 2 pièces • **Grenade** 1 pièce • **Sucre roux** 0,050 kg • **Vanille gousse** 0,5 pièce		3,80 € / 8 = 0,48 €
....	Pâte brisée : **Farine** 0,250 kg **Beurre** 0,125 kg **Œuf** 1 **Sel** 0,005 kg **Sucre** 0,010 kg	Crème citron : **Jus de citron** 0,100 L **Citron combava** (jus + zeste) 2 **Sucre** 0,250 kg **Farine** 0,030 kg **Œuf** 0,375 kg **Beurre** 0,250 kg	....
....	**Noix de coco râpée** 0,125 kg • **Sucre semoule** 0,100 kg • **Blancs d'œufs** 0,060 kg		....
Sorbet passion	**Pulpe de passion** 0,500 L • **Sirop de glucose** 0,100 kg • **Jus de citron** 0,010 L		2,40 € / 8 = 0,30 €
		TOTAL	....

3 Déterminez un prix de vente pour ce café gourmand en tenant compte des prix de la carte du restaurant Archibald.

Archibald : carte des mets liennathan.fr/8j8sq7

....

ARCHIBALD

2 Choisir le matériel de pâtisserie

« Nous avons reçu le catalogue des nouveaux matériels de pâtisserie. La production de petites pièces prend de plus en plus de temps à réaliser et le chef s'interroge sur les possibilités d'acheter un nouveau matériel (**document**). »

DEMI-CHEF DE PARTIE PÂTISSERIE | Doumé Kousso

DOCUMENT Promotion des nouveaux matériels de pâtisserie

Tempéreuse à chocolat	Pacojet	Mouleuse à tartelettes	Cuit crème
	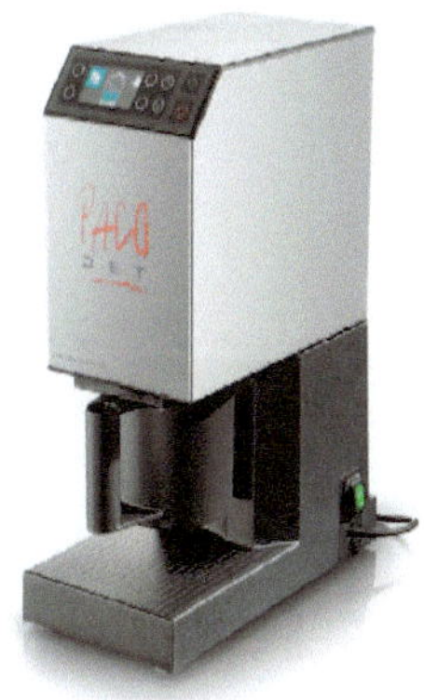		
La tempéreuse fait fondre le chocolat à l'intérieur de la cuve réchauffée. Elle maintient le chocolat à bonne température et il ne reste plus qu'à tremper. Ex. : petits chocolats.	Le robot Pacojet permet de réaliser des préparations naturelles à base de produits frais en quelques secondes et sans décongélation préalable. Ex. : sorbet framboise.	La mouleuse permet de faire et de cuire des tartelettes de pâtes feuilletée, sablée et brisée. Ex. : fond de tarte.	Le cuit crème est idéal pour la réalisation d'une quantité modérée de produits toujours frais (crèmes, coulis, confitures…). Ex. : coulis d'abricot.

- **Pour chaque dessert proposé à la nouvelle carte, indiquez le matériel le plus adapté pour gagner du temps lors de la réalisation.**

Éléments de décor en chocolat	Crème au citron	Tartelettes	Sauce chocolat

....	....	....	....
Glace fraise	**Coulis de mangue**	**Sorbet basilic**	**Crème anglaise**

....	....	....	....

SYNTHÈSE

On distingue différentes pâtes de base :

- **Pâtes sèches**
  - .... / ....
  - Pâte feuilletée
- **Pâte molle**
  - .... / ....
- **Pâte poussée**
  - Pâte à madeleines
- **Pâte battue**
  - .... / ....
- **Pâte levée**
  - Pâte à brioche

Il existe 2 types de sirops de sucre :

- **Sirop à 30 %** : ....
- **Sirop à 50 %** : ....

Il existe différentes crèmes de base :

- **Appareils à base d'œufs**
  - ....
  - *Ex. : millefeuille*
- **Appareils à base de produits laitiers**
  - Crème chantilly
  - *Ex. : cygne en chantilly*
- **Appareils à base de chocolat**
  - Ganache
  - *Ex. : tarte au chocolat*
- **Appareils à base de fruits oléagineux**
  - ....
  - *Ex. : pithiviers*

Un décor d'assiette peut être réalisé notamment à base de :

- ....
- ....
- ....

Utiliser des PAI (produits alimentaires intermédiaires) en pâtisserie présente des :

....	....
Rapidité d'exécution	Produits standardisés
Créativité facilitée – possibilité de faire plus de desserts différents	Prix
Hygiène maîtrisée	Ajout d'additifs alimentaires

MOTS-CLÉS

Pâte de base • **Crème de base** • **Appareils de base** • **Sirop** • **Éléments de décor de pâtisserie** • **PAI**

QUIZ INTERACTIF
liennathan.fr/586ebn

CHAPITRE 14

Proposer des plats créatifs en respectant l'équilibre et le développement des saveurs

COMPÉTENCES

C1-3 Cuisiner

C5-2.5 S'inscrire dans une démarche de veille, de recherche et de développement (innovation, créativité…)

SAVOIRS ASSOCIÉS

Connaissances C1.3 :

- *L'identification des modes d'assaisonnement et des quantités de base*
- *L'identification des modes d'utilisation des vins et des alcools en cuisine et leurs fonctions*

SA C5-2.5 L'identification des différentes démarches de créativité appliquées à la profession

CO-INTERVENTION P. 8

FRANÇAIS : 4. Artistes cuisiniers

ATELIER EXPÉRIMENTAL ET TECHNOLOGIQUE P. 188

Situation professionnelle

LE DISTRICT

Le District est un restaurant tendance qui se doit de surprendre ses clients avec des plats simples mais novateurs.

Pour ce faire, le chef de cuisine Simon Patil et le chef de pâtisserie Dimitri Vassine vous demandent de leur proposer quelques plats qui surprennent à la fois les yeux et les papilles de votre clientèle branchée.

AVANT LA CLASSE

Vidéo : ***La création d'un plat à l'Épicurien***

liennathan.fr/th828z

- **Après avoir visionné la vidéo, listez tous les éléments importants que le chef cite dans la création d'un plat.**

MISSION 1 Découvrir le processus de la créativité

« Nous devons proposer à Simon Patil une nouvelle carte des desserts. Le chef attend de notre part des desserts créatifs et novateurs pour surprendre notre clientèle branchée. Afin de trouver l'inspiration, nous allons nous plonger dans l'univers des chefs d'hier et d'aujourd'hui, tels que Thierry Marx (**document 1**), le professeur de cuisine Edmond Neirinck (**document 2**), le designer culinaire Stéphane Bureaux (**document 3**) ou encore le chef Balzac (**document 4**). »

DOCUMENT 1 « Il n'y a pas de conflit entre tradition et innovation »

« *On koti chin* » signifie en japonais : « si vous voulez connaître des choses nouvelles, étudiez d'abord les anciennes ». Tirons deux enseignements de cette expression. Le premier est qu'il est impossible d'explorer de nouvelles directions sans maîtriser au préalable les bases fondamentales. Par exemple, on ne pourra créer une pâtisserie liquide si on n'est pas à même de réaliser une pâte sablée classique. Le second est de se demander pourquoi certains opposent encore « tradition » et « innovation » : n'est-ce pas en s'appropriant la tradition, en puisant dans les fondamentaux et les bases classiques que l'on vient à écrire sa propre signature [...].

Rien n'est définitif, ni figé [...]. L'ouverture d'esprit est probablement la clef de l'innovation : « sortir le cuisinier de sa cuisine ». Il faut savoir remettre en question ce qu'on nous enseigne, pour le vérifier par ses soins, le tester, et réellement se l'approprier [...]. Il faut aussi apprendre de ses erreurs et tirer parti de ses échecs [...]. Il faut enfin acquérir une systématique de recherche et de développement et ne pas avoir peur de se lancer dans des tests de texture [...].

Thierry Marx et Raphaël Haumont,
Le Répertoire de la cuisine innovante, © Flammarion, 2012.
Avec l'aimable autorisation des Éditions Flammarion.

1 **Après avoir lu les conseils de Thierry Marx, expliquez pourquoi il faut connaître les bases culinaires avant d'être créatif.**

....

2 **Dans quel état d'esprit doit être le chef Simon Patil pour pouvoir créer ?**

....

DOCUMENT 2 La définition et le processus de la créativité

La créativité comporte plusieurs éléments. Le plat créé :
- doit être original et inconnu (notion de rareté) ;
- doit intégrer une ingéniosité technique ;
- doit présenter des associations de saveurs et de goûts éloignés des habitudes.

Dans tous les cas, la créativité, comme tout acte culinaire, doit apporter une sensation hédonique (de plaisir) au client.

Créativité = Rareté + Ingéniosité technique + Associations éloignées

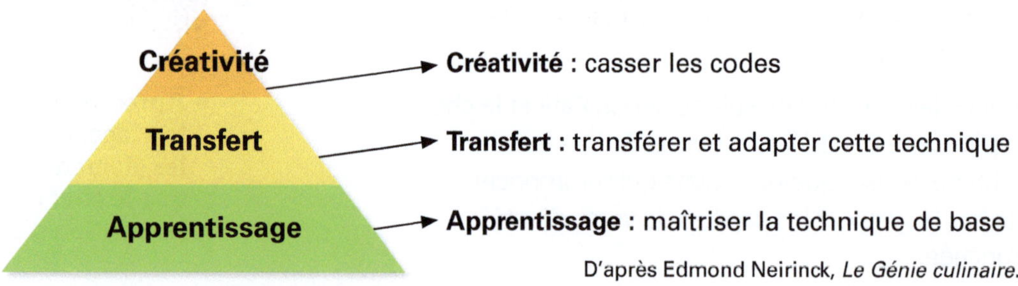

D'après Edmond Neirinck, *Le Génie culinaire.*

DOCUMENT 3 La galette des rois « Bluetooth » de Stéphane Bureaux, designer

La galette « Bluetooth » est une galette des rois avec une fève en capsule contenant un colorant bleu.

La fève fond dans la bouche et on ne peut savoir qui est le roi qu'à partir du moment où chacun tire la langue.

Cette galette détourne les codes tout en étant ludique. Il y a un jeu de mots entre « langue bleue » et « Bluetooth », mais aussi un parallèle entre le sang royal bleu et la couleur du liquide de la fève.

3 **Selon la pyramide d'Edmond Neirinck (document 2), en quoi la galette « Bluetooth » casse-t-elle les codes et est-elle un dessert créatif ?**

....

4 **À l'aide des documents 2 et 3, identifiez en quoi cette galette est créative en complétant les 3 critères de la créativité.**

Rareté	....
Ingéniosité technique	....
Associations éloignées	....

DOCUMENT 4 L'omelette norvégienne du chef Balzac

L'omelette norvégienne est un entremets composé d'une crème glacée à la vanille entre un fond et un couvercle de génoise, le tout recouvert d'une meringue. On la fait cuire quelques minutes au four et au moment de servir, on flambe à l'alcool, généralement du Grand Marnier. L'originalité réside bien sûr dans le contraste entre la couverture brûlante et l'intérieur encore glacé. [...] Son invention remonte en fait à l'Exposition universelle de Paris en 1867. Pendant l'exposition, la Ville de Paris reçut une délégation chinoise à dîner au Grand Hôtel. Le chef de ce palace, Balzac, apprenant que les convives allaient parler de la fée Électricité alors encore toute nouvelle, décida de créer un dessert « scientifique » en se repenchant sur les expériences conduites par le comte de Rumford, un physicien anglo-américain émigré en Bavière. Région que Balzac situait par erreur en Norvège [...] ! En 1804, Rumford avait en effet établi « l'inconductibilité du blanc d'œuf battu » ! Autrement dit, la meringue est un mauvais conducteur de chaleur. Et c'est ainsi que le grand chef mit au point... l'omelette norvégienne !

Sébastien Durand, *Histoire des desserts*, blog « Du sacré au sucré ».

5 **D'après la recette de l'omelette norvégienne (document 4), indiquez la source d'inspiration de cette création et expliquez comment le chef Balzac a transféré cette inspiration dans un dessert.**

....

....

MISSION 2
Réaliser un plat créatif

« Je souhaiterais que vous nous proposiez un nouveau dessert en vous inspirant d'un grand classique de la pâtisserie française : la crêpe Suzette. Pour cela, je vous conseille de prendre exemple sur les méthodes de chefs créatifs, mais aussi de vous ouvrir à tous les domaines hors du contexte culinaire qui peuvent être aussi une grande source d'inspiration. »

1 **Les sources d'inspiration et leur levier ci-dessous peuvent vous aider à créer une nouvelle crêpe Suzette. Associez-les à l'application culinaire qui leur correspond.**

Sources d'inspiration	Leviers		
Les matériels innovants		Siphon	A
Les matériels détournés		Tourne-disque	B
Les arts, la musique, l'architecture, la mode…	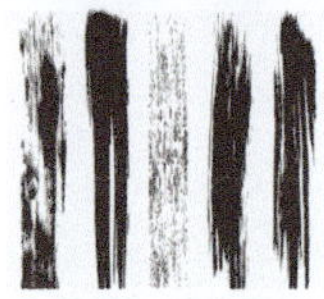	Tableau d'art abstrait	C
La nature	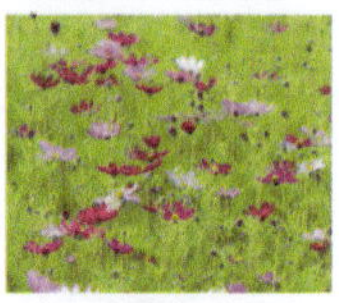	Champ fleuri	D
Les cuisines étrangères		Produits asiatiques	E
Les recettes classiques		Pêche melba	F
Les sciences, les techniques	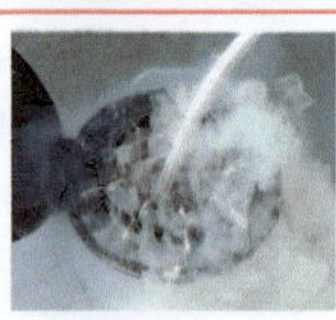	Azote liquide	G
Les habitudes des consommateurs		Déjeuner sur le pouce	H
Un souvenir, un rêve…		Souvenir d'enfance	I

	Applications culinaires	
…		Dessert revisité
…		La mousse carambar
…		Plat « Le Gargouillou » de Michel Bras
…		Tataki de thon sauce soja
…		Spirale de mousse fraise
…		Dressage au coulis de truffes
…		Meringue glacée à la fraise
…		Coulant au chocolat
…		Sandwich triangle

2 En vous aidant de ces 2 photos, identifiez, en les pointant par des flèches, les composants de la crêpe Suzette traditionnelle et celle réalisée dans le restaurant La Villa Lalique.

La crêpe Suzette classique

Garniture orange

Crêpe

Sauce Suzette

L'interprétation de la crêpe Suzette par Nicolas Multon au restaurant La Villa Lalique

3 En observant la crêpe Suzette revisitée par le restaurant La Villa Lalique, repérez les éléments qui rendent ce dessert plus moderne : forme, textures, températures en bouche, volumes...

....

....

....

4 Proposez votre propre interprétation de la crêpe Suzette afin de la proposer au chef. Listez les éléments qui composent votre dessert et rédigez un descriptif technique. Sur une feuille, dessinez un croquis de votre dessert avec sa légende.

Éléments qui composent le dessert	– .... – .... – ....
Descriptif technique	....

MISSION 3

Apporter de la créativité avec les vins et alcools

« Nous allons recevoir ce matin un fournisseur de vins et alcools spécialisé pour la cuisine et la pâtisserie. Il va nous présenter un produit innovant afin de réaliser des crèmes brûlées minute devant les clients. Spectacle garanti (**document 5**) ! »

CHEF PÂTISSIER

Dimitri Vassine

DOCUMENT 5 Présentation du produit « Secret de flambage Cookal »

Notre gamme de saveurs

Caramel
Cointreau
Fumée
Piment
Thym
Poivre noir

C'est une nouvelle approche de l'art du flambage et de la cuisson spectacle, sur la base de l'utilisation d'une eau-de-vie très concentrée en alcool 94 %, infusée à différents arômes.
Véritable innovation brevetée qui permet de parfumer une préparation tout en offrant un spectacle à ses convives. Le tout sans résidu d'alcool.

Un pur spectacle

La flamme fait son spectacle, sans fumée, pour le plus grand bonheur des convives.

Des saveurs variées

Les diverses aromatisations du **Secret de Flambage** se marieront avec différents mets de l'entrée au dessert (aucun goût résiduel d'alcool car 100 % de l'eau-de-vie concentrée est flambée).

Un flambage à froid

L'allumage se fait de manière rapide par simple contact d'une flamme. De plus, Secret de Flambage permet un dosage précis, facile ainsi qu'une élimination totale de l'alcool après combustion.

www.cookal.fr

1 Quels sont les avantages, pour Le District, de proposer une crème brûlée flambée devant les clients ?

....

....

....

Vidéo : *Flambage de crème brûlée à l'alcool Cookal*
liennathan.fr/td29k7

2 Est-ce que « Secret de Flambage » va apporter un goût d'alcool à la crème brûlée ? Pourquoi ?

....

....

....

3 Associez une saveur de la gamme Cookal à un plat de la carte du District, salé ou sucré, avec flambage devant les clients.

....

....

....

Le District
Carte des mets
liennathan.fr/8e33wa

> « Afin de renouveler la carte des desserts, je souhaiterais également explorer un peu plus l'utilisation des alcools en pâtisserie, ce qui peut ajouter une touche très intéressante à certains desserts (**document 6**). Notre fournisseur peut nous proposer de nombreux alcools très différents (**document 7**). »

DOCUMENT 6 « Cuisiner au vin rouge : quel vin choisir ? »

Dans la plupart des cas, il faut rendre au terroir ce qui lui appartient ! Quand on remonte aux origines des recettes, on réalise à chaque fois que les plats de notre patrimoine culinaire ont été imaginés avec les ingrédients cultivés/élevés sur place, il fut un temps où chaque cuisinier était naturellement locavore. En toute logique, il est donc conseillé d'utiliser du vin de Bordeaux pour préparer une sauce bordelaise, et de se tourner vers un bourgogne pour préparer un bœuf bourguignon.

Dans un dessert, le vin rouge permet de pocher les fruits. On pense tout de suite aux poires, mais cela fonctionne aussi avec les figues, ou même les fraises. On utilise le vin rouge pour préparer un sirop : il est chauffé avec du sucre et des épices (cannelle, vanille, badiane, zestes d'orange, etc.), les fruits sont ensuite pochés dans ce sirop très parfumé. Utilisé en petites quantités, le vin rouge trouve également sa place dans des recettes généralement associées au vin blanc. C'est notamment le cas avec le risotto, qui prendra alors une jolie teinte rosée.

E. Robin et E. Zrour, www.femmeactuelle.fr

DOCUMENT 7 Extrait du catalogue du fournisseur d'alcools

Porto	Amaretto	Rhum	Cognac	Kirsch
Vin de liqueur portugais. Arômes boisés, de fruits secs, doux et liquoreux au goût.	Liqueur italienne à l'amande. Fruité, réconfortant, des notes d'abricot.	Eau-de-vie antillaise de canne à sucre. Arômes de vanille, cannelle, épices.	Eau-de-vie de vin, région Charente. Arômes boisés, puissants et complexes.	Eau-de-vie de cerise, origine Nord-Est de la France, Allemagne. Arômes puissants et fruités.

4 Attribuez à chacun des plats classiques revisités ci-dessous le vin ou l'alcool nécessaire à la réalisation de la recette.

Baba Baby pineapple, Amaury Guichon	Finger Forêt-noire	Macaron Tiramisu	Bœuf bourguignon revisité
 Vidéo liennathan.fr/c89s4g			
....	....	....	....

5 Revisitez un plat et un dessert issus de votre région contenant un vin ou alcool régional.

Plat de votre région	Dessert de votre région
....	....
Alcool ou vin de votre région	**Alcool ou vin de votre région**
....	....
Intitulé de votre plat revisité	**Intitulé de votre dessert revisité**
....	....

MISSION 4

Développer sa créativité grâce aux épices

« Je m'inspire beaucoup du chef breton Olivier Roellinger, véritable référence par sa connaissance et sa maîtrise des épices (**documents 8 et 9**). Je vous laisse découvrir son univers et les produits de sa boutique afin d'éveiller votre créativité et de proposer un plat à base d'épices que nous pourrons mettre à la carte. »

DOCUMENT 8 Extrait du catalogue de l'épicerie Épices Roellinger

Pavot bleu Graines bleuâtres au goût de noisette provenant d'une grande plante aux fleurs blanches (famille des coquelicots), originaire de l'Himalaya.	**Cannelle** Écorce du cannelier du Sri Lanka qui s'est roulée au soleil. Parfum à la fois profond et fin. Goût agréable, doux et intense tout en étant très net. Il est à la fois chaud et sucré.
Baies roses La baie rose est le fruit d'un arbre originaire d'Amérique du Sud. Sa couleur est très séduisante. Appelée également « poivre rose », son goût est légèrement sucré et fruité avec une pointe de piquant.	**Poivre long** Ce poivre délicieux en provenance du Cambodge est le plus cacaoté de tous. On peut se demander s'il ne s'agit pas de cacao au poivre… Il est idéal pour assaisonner toutes les volailles mais plus particulièrement le canard, le pigeon et le foie gras.
Badiane Fruit du badianier séché, l'anis étoilé est originaire de Chine. Au parfum attirant, elle est, avec le Sichuan, la cannelle, le fenouil et le clou de girofle, la cinquième composante de la célèbre poudre « cinq épices ».	**Clous de girofle** Petit clou brun originaire d'Indonésie. Boutons floraux du giroflier séché. Puissance aromatique unique. Accompagné du poivre, de la muscade, de la cannelle et du gingembre, il signe élégamment tous les grands currys.
La noix de muscade Amande du fruit du muscadier en provenance des Caraïbes. Saveur riche et chaude, légèrement sucrée. Se râpe et se marie parfaitement avec le lait, le beurre, les pommes de terre et les œufs.	**Poivre du Sichuan** Baies aux notes boisées et anisées. Récoltées sur un petit frêne épineux d'origine chinoise que l'on trouve également au Vietnam. Pour assaisonner des volailles, viandes blanches, canards et pigeons.
Curcuma Poudre obtenue d'un rhizome (comme le gingembre) d'origine asiatique, au parfum légèrement musqué et à la saveur amère et poivrée. Cette poudre d'or est présente dans tous les currys et lui donne cette couleur si douce.	**Cardamome verte** Petite capsule verte qui est en fait le fruit séché de la plante cardamome originaire d'Inde. Grande fraîcheur en bouche et en rétro-olfaction. Elle est présente dans de nombreux mélanges indiens et asiatiques en particulier dans les currys et massalé.

www.epices-roellinger.com

1 **Replacez le nom des épices en vous aidant des explications du document 8.**

DOCUMENT 9 L'art et la manière de cuisiner les épices, par Olivier Roellinger

Pour Olivier Roellinger, les épices n'ont d'intérêt que si elles sont mélangées : « prenez le ras el-hanout ou le garam masala, dans les pays qui les cuisinent au quotidien, ce sont des épices associées à d'autres », explique celui qui se considère comme un constructeur de saveurs. En Inde, curry signifie d'ailleurs littéralement mélange d'épices en langue tamil. Comme pour un parfum, il faut trouver les associations qui nous plaisent.

On l'aura compris, en matière d'épices, il faut se montrer un peu aventurier et se lancer en créant ses propres associations. « C'est exactement comme avec le parfum, on peut commettre deux erreurs : ne pas en mettre assez – personne ne le remarque – ou s'asperger avec », sourit notre expert. « Le jeu, c'est de les associer et là, les combinaisons sont infinies et merveilleuses ; moi j'y joue depuis trente-cinq ans », poursuit-il. On commence donc avec des petites quantités que l'on augmente au fur et à mesure, jusqu'à trouver le dosage qui nous convient. On se méfie de l'ail qui n'est pas facile à marier et on se lance en ne s'empêchant pas d'y associer des herbes de Provence ou même des algues séchées. Pour commencer, Olivier Roellinger nous conseille des mélanges simples.

Vidéo : *Les épices, histoire et cuisine bretonne*
liennathan.fr/x968wq

Claire Mione, https://madame.lefigaro.fr, 6 juin 2017

2 En vous appuyant sur l'utilisation des épices et des leviers de créativité, revisitez des plats de la carte du District (2 plats salés et 1 sucré).

Le District
Carte des mets
liennathan.fr/8e33wa

Plats de la carte du District	Épices choisies	Éléments de créativité	Intitulés des plats revisités
Pavlova aux fruits rouges	Baies roses et cannelle	Meringues réalisées à l'azote liquide	Pavlova glacée « minute » aux fruits rouges en sirop épicé

Proposer un amuse-bouche créatif

Votre chef veut proposer au sein de votre restaurant d'application un amuse-bouche sur le thème du chèvre chaud au lard sur toast.
Il souhaite surprendre la clientèle d'habitués aussi bien au niveau de la présentation que dans les associations de saveurs.

a Par groupes, proposez à votre chef une assiette créative autour de la thématique du chèvre chaud au lard sur toast composée d'une trilogie à manger sans couverts. L'assiette devra être composée des éléments suivants :

1	Élément à boire à la paille, type milk-shake, avec les saveurs chèvre et lard et un élément croustillant en pain
2	Élément de type croque-monsieur chèvre et lard changeant de la présentation classique
3	Élément chaud frit et croustillant sous la forme d'un dip frit à la saveur chèvre et lard

Les éléments choisis respecteront les contraintes de dégustation, les saveurs chèvre/lard/pain de mie, et apporteront une originalité dans leur présentation mais aussi avec une association de saveurs originales.

b Réalisez par groupes un descriptif technique et un croquis de votre trilogie, et présentez-les à vos camarades.

c Organisez un vote afin de choisir les éléments qui pourront être commercialisés au sein de votre restaurant d'application puis réalisez-les lors d'une séance de travaux pratiques.

Pour les experts

1 Être créatif grâce aux herbes aromatiques

« Les herbes aromatiques, appelées aussi « aromates », tiennent une part importante dans l'originalité des plats du District. Je voudrais associer une herbe à chaque plat de notre carte. Afin de bien utiliser ces herbes, je m'appuie souvent sur les conseils de grands chefs (**document**). »

LE DISTRICT
CHEFFE DE CUISINE | Simon Patil

DOCUMENT Herbes aromatiques, conseils de chef

L'un des secrets d'une cuisine créative et sensible, c'est l'art d'utiliser les herbes. Les chefs donnent parfois quelques-uns de leurs secrets.

Les herbes sont des trésors de senteurs et de saveurs. Beaucoup de chefs en ont fait l'une des clefs de leur cuisine. L'un des plus talentueux en la matière s'appelle Régis Marcon. Il est le chef triple étoilé d'un restaurant gastronomique, Le Clos des Cimes, à Saint-Bonnet-le-Froid, en Haute-Loire. [...]

Angélique archangélique – Certaines sont familières, telles les quatre fines herbes (ciboulette, cerfeuil, persil, estragon), ou encore l'ail des ours, la verveine, les menthes, la lavande. D'autres sont plus inattendues (feuilles de géranium pour la confiture et les pâtisseries, fleurs d'acacia en beignets). Régis Marcon révèle qu'il a un faible pour l'angélique archangélique, qu'il utilise, confite, pour un riz au lait. [...] Le chef de Haute-Loire donne des conseils

•••▶

simples : utilisez les herbes avec modération, jamais plus qu'il ne faut. Il faut cueillir, ne pas arracher, avoir le geste doux et respectueux. Un chapitre entier est consacré aux gestes de base : laver, ciseler, effeuiller, plier, frire les herbes… et aux préparations (jus, beurres, bouillons…). […]

Oser – […] Édouard Loubet, chef de deux établissements deux étoiles (Le Moulin de Lourmarin, La Bastide de Capelongue) dans le Luberon, cultive, sur un jardin de cinq hectares, plus de 120 plantes aromatiques : sauge, romarin, sarriette, serpolet, arquebuse, lavande, angélique…

Son conseil : oser. Essayer toutes les associations quitte à être déçu. C'est ce qu'il fait pour une de ses recettes, la nage aux escargots, avec un tabac d'herbes (coriandre, menthe, basilic…). Il ne faut pas hésiter non plus à utiliser des herbes moins connues. Le chef de Lourmarin aime la marjolaine, encore appelée origan des jardins. Cette plante vivace est plus délicate que l'origan. Il vaut mieux l'ajouter en fin de préparation, prévient le chef, car une cuisson trop longue risque de détruire son arôme.

https://observatoire-des-aliments.fr, 1er décembre 2021

1 Quels conseils retenez-vous des chefs Régis Marcon et Édouard Loubet sur l'utilisation des herbes aromatiques ?

....

....

2 Associez chaque herbe à un plat de la carte du District en tenant compte des spécificités de chacune.

Le District
Carte des mets
liennathan.fr/8e33wa

Aneth 	**Basilic** 	**Cerfeuil** 	**Ciboulette** 
Goût anisé et citronné. **Utilisations :** saumon rôti à l'aneth, sauce yaourt aneth citron.	Goût anisé et intense. **Utilisations :** cuisine méditerranéenne, pesto, sauce tomate, tomates mozzarella.	Goût subtil anisé et frais, herbe délicate. **Utilisations :** sauce béarnaise, omelette aux fines herbes.	Goût d'oignon très doux, apporte de la fraîcheur. **Utilisations :** salade de pommes de terre, beurre blanc ciboulette.
....	....	....	....
Laurier 	**Menthe** 	**Persil** 	**Romarin** 
Goût âpre, épicé, de muscade. **Utilisations :** aromatisation des huiles, marinades, bouillons, fonds.	Goût mentholé. Apporte de la fraîcheur et une touche orientale. **Utilisations :** sauce blanche kébab, salade de fruits et légumes.	Goût herbacé agréable. Relève le goût des aliments. **Utilisations :** persillade, pommes de terre, viande.	Goût intense, fraîche et amère (citron/pin) **Utilisations :** agneau, porc, légumes grillés, pommes de terre, chèvre.
....	....	....	....
Coriandre 	**Estragon** 	**Sauge** 	**Thym** 
Goût et odeur très intense, épicé, anis. **Utilisations :** spécialités exotiques, curry de poulet, pad thaï, couscous.	Goût puissant et anisé. **Utilisations :** poulet à l'estragon, sauté chasseur, sauce béarnaise.	Goût puissant, légèrement amer et camphré. **Utilisations :** fromage de chèvre, viandes blanches, crème.	Goût légèrement amer, épicé, anisé. **Utilisations :** spécialité provençale, bouquets garnis, agneau, légumes.
....	....	....	....

SYNTHÈSE

La créativité désigne :

....

Plusieurs leviers ou sources d'inspiration peuvent permettre de développer la créativité :

- Habitudes alimentaires
- .... / ....
- .... / ....
- .... / ....
- Émotions

Afin d'accroître sa créativité, un cuisinier peut utiliser les vins et alcools pour développer :

- .... Ex. : le flambage réalisé en salle devant les clients
- .... Ex. : le kirsch dans le sirop pour la forêt-noire
- .... Ex. : le vin de Bourgogne dans le bœuf bourguignon
- .... Ex. : la banane réunionnaise flambée au rhum

Un cuisinier peut utiliser les épices pour :

- .... « Les épices n'ont d'intérêts que si elles sont mélangées. »
- .... Cambodge, Inde, Chine, Pérou...
- .... Avec du piquant, de l'amer, des goûts inconnus.
- .... En faisant découvrir de nouveaux produits exotiques

Les épices peuvent provenir de différentes parties des végétaux :

- .... Ex. : poivre
- **Écorces** Ex. : ....
- **Fruits / Amandes** Ex. : cardamome
- .... Ex. : pavot bleu
- **Fleurs / Boutons séchés** Ex. : ....

Les herbes aromatiques, appelées aussi « aromates », apportent différentes saveurs :

- **Fraîcheur** Ex. : menthe, coriandre
- **Amertume** Ex. : laurier, romarin, sauge, thym
- **Anisé** Ex. : estragon, aneth, basilic, coriandre
- **Herbacée** Ex. : persil, ciboulette, cerfeuil

MOTS-CLÉS

Créativité • **Épices** • **Aromates**

QUIZ INTERACTIF
lienathan.fr/fe3p65

CHAPITRE 15

Optimiser la communication avec les clients et l'équipe pour améliorer la satisfaction

COMPÉTENCES

- C2-2.1 Communiquer avant le service avec le personnel de salle
- C2-2.2 Communiquer en situation de service : répondre aux annonces, suivre les commandes
- C2-2.3 Communiquer avec la clientèle
- C2-2.4 Gérer les réclamations et les objections éventuelles

SAVOIRS ASSOCIÉS

- SA C2-2.1 Les techniques de valorisation des matières premières et des fabrications
- SA C2-2.2 Les relations entre les services
- SA C2-2.3 L'argumentaire commercial
- SA C2-2.4 La mesure de la satisfaction de la clientèle

CO-INTERVENTION P. 8

FRANÇAIS : 5. Les plats à l'honneur !

MATHS : 7. Calculer et analyser les indicateurs de satisfaction des clients

ATELIERS EXPÉRIMENTAUX ET TECHNOLOGIQUES P. 202

Situation professionnelle

LE DISTRICT

Avec une image résolument moderne et dynamique, le restaurant Le District veut adopter une communication innovante et interactive au sein de l'équipe et avec les clients. Le chef, Simon Patil, souhaite privilégier les technologies numériques pour créer une vraie communauté autour de l'établissement.

Il vous demande de l'assister dans le développement et les choix de communication de la cuisine.

AVANT LA CLASSE

Compte TikTok Père & Fish
liennathan.fr/74q8si

- **Regardez différentes vidéos publiées par ce restaurateur sur son compte TikTok.**
- **Relevez 3 objectifs du restaurateur en postant ces vidéos.**

MISSION 1

Connaître et choisir les médias pour communiquer avec la clientèle

« Afin de mieux définir notre future stratégie de communication destinée à nos clients, je vous propose d'étudier la revue de presse du District, qui comprend les avis, les articles et les reportages qui ont été récemment publiés sur le restaurant (**document 1**). »

CHEF DE CUISINE

Simon Patil

DOCUMENT 1 Extraits de la revue de presse du restaurant Le District

Le District 16 h

WE ARE BACK!!... enfin !! 😊
radis, verveine, kombucha
Réservations ouvertes sur
www.ledistrict-restaurant.com
et par téléphone au 09 54 56 87 XX
#onafaim #newplate #goodvibes #retourenforme

....

La Gazette des gourmands

Le 16 juillet

Le 15 juillet, Delphine CASALIS, directrice du restaurant Le District du complexe L'Atrium, recevait une délégation internationale dans le cadre des partenariats de jumelage de notre ville.

....

www.worldfoodguide

World Food guide

Ici, les papilles parlent cuisine du monde en proposant un voyage parfumé au fil des épices. Les assiettes sont basées sur des produits sourcés avec soin par le chef Simon PATIL. [...]

....

www.leblogdesimon.fr

COUP DE CŒUR DU MOIS

Au restaurant Le District, on sent la salle vibrer, faire sonner verres et couverts, rigoler à l'occasion. Car ici, l'atmosphère découle naturellement de l'assiette. Conviviale et chaleureuse, à l'image de cette planche de grillades du moment.

....

« Je suis venue sur recommandation d'amis qui travaillent près du restaurant. Une belle découverte ! Je compte revenir en famille pour leur faire découvrir. »

....

www.ledistrict-restaurant.com

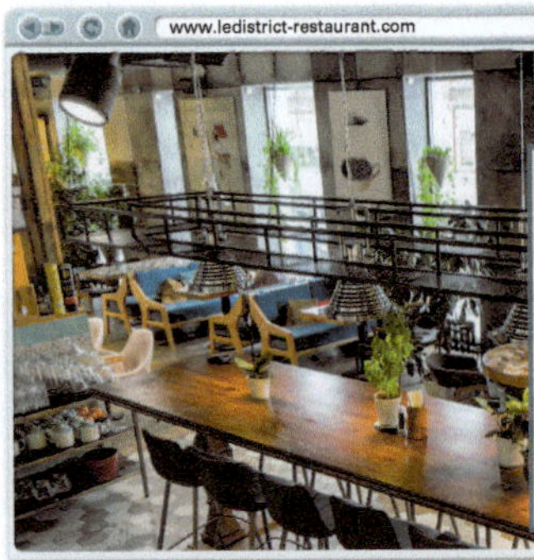

Situé sur le site commercial de L'Atrium, le restaurant dispose de 150 places assises sur 2 niveaux. Venez découvrir notre carte moderne et adaptée à tous les goûts, réalisée à partir de produits frais choisis par nos soins.

....

Raph1977

●●●●● Avis publié : il y a 3 semaines

FANTASTIQUE !

Une carte simple et efficace pour un déjeuner façon snacking élaboré et très tendance dans un cadre original et vintage ! C'était très bon !

....

Podcast
La cuisine colorée de Simon Patil

....

Replay
Journal du 12 mars

Ouverture des nouveaux restaurants de l'ensemble commercial moderne L'Atrium

....

1 Retrouvez, pour chacun des extraits de la revue de presse, le type de média utilisé par le restaurant en reportant la lettre correspondante dans chaque bulle.

A	Blog Internet
B	Guide culinaire
C	Site d'avis en ligne
D	Bouche-à-oreille
E	Radio
F	Site Internet du restaurant
G	Réseau social
H	Télévision
I	Presse

2 Quel est l'intérêt, pour Le District, d'utiliser des supports différents pour faire parler de lui ?

....

....

> D'après les informations que j'ai réunies, les voies de communication les plus efficaces pour attirer de nouveaux clients sont le bouche-à-oreille, les sites d'avis en ligne et les réseaux sociaux. J'aimerais que vous nous aidiez à développer notre présence sur les réseaux sociaux. Cependant, il en existe beaucoup et tous ne sont peut-être pas adaptés. Appuyez-vous sur cette synthèse (**document 2**) et le profil type de notre clientèle (**document 3**) pour faire les bons choix.

DOCUMENT 2 Synthèse des réseaux sociaux utilisés en restauration

Nom du site	Avantages	Inconvénients	Âge des principaux utilisateurs (% des utilisateurs totaux)
Facebook	• Leader dans de nombreux pays • Possibilité de faire des live vidéos • Informations partageables par les clients de façon virale	Difficile d'être visible sans payer	25 à 49 ans (50 %)
Twitter	• Efficace pour toucher une clientèle haut de gamme et la presse • 300 millions d'utilisateurs quotidiens	• Chronophage : poster plusieurs fois par jour pour avoir de l'impact. • Diffusion progressive : il faut suivre des comptes pour être suivi en retour.	18 à 34 ans (47 %)
YouTube	• Créer des vidéos permet d'être bien référencé sur les moteurs de recherche. • Vidéos exportables sur d'autres plateformes (Vimeo, site web…)	Il faut réaliser des vidéos de qualité pour séduire les clients. Cela demande beaucoup de temps, du bon matériel et donc de l'argent.	18-49 ans (50 % l'utilisent quotidiennement)
Instagram	• 20 millions d'utilisateurs en France • Permet de créer des contenus interactifs pour renforcer le lien avec les clients • Réseau qui engage le plus d'interactions	• Il faut publier une fois par jour pour maintenir l'attention des suiveurs. • Peu de contrôle sur les commentaires	18 à 34 ans (63 %)
TikTok	• Vidéos courtes avec plus de vues que sur d'autres réseaux • Autant d'utilisateurs que Facebook	Nécessité de publier au moins une fois par jour	Moins de 18 ans (55 %)

DOCUMENT 3 Profil type de la clientèle du restaurant Le District

Michael, 36 ans, vit avec sa femme et ses 2 filles dans un appartement du centre-ville. Il est cadre dans le centre d'affaires de L'Atrium et a un niveau de vie plutôt aisé.

Pour ses déjeuners en semaine, il privilégie un bon rapport qualité/prix. Pour ses repas entre amis le week-end, l'ambiance et le cadre du lieu sont importants.

Sans habitudes fixes, il aime choisir où il prendra sa pause déjeuner en suivant, sur son smartphone, les recommandations de ses amis ou les posts Instagram ou Facebook des restaurants de la ville.

3 **À partir des documents 2 et 3, identifiez les 2 réseaux sociaux à privilégier pour communiquer avec les clients du restaurant et justifiez vos choix.**

Nom du réseau social à privilégier	Justification
Choix n° 1	....
Choix n° 2	....

MISSION 2

Développer et maîtriser la communication avec les clients sur les réseaux sociaux

« J'ai pu obtenir les coordonnées de spécialistes des réseaux sociaux. Je les ai contactés pour avoir les informations qui nous permettront de rendre nos pages Facebook et Instagram complètes et opérationnelles (**document 4**). Pour lancer notre campagne de communication, j'aimerais que vous trouviez une idée qui amène les clients à s'abonner à notre page. »

Vidéo : *Les conseils de Bernard Boutboul pour bien communiquer sur les réseaux sociaux*
liennathan.fr/5sv37f

1 Surlignez les bonnes pratiques sur les réseaux sociaux et barrez les erreurs à éviter.

- Compléter les informations du restaurant : adresse, concept, site Internet, heures et jours d'ouverture, prix...
- Créer 3 à 4 publications par semaine.
- Publier le menu du jour mais pas le menu complet.
- Ne pas renseigner le numéro de téléphone du restaurant pour ne pas être dérangé pendant le service.
- Ne pas surcharger la description du restaurant, seul le nom suffit.
- Créer de l'interaction en répondant aux commentaires des clients.
- Privilégier des textes et des vidéos longues (5 minutes minimum).
- Soigner la qualité des photos et des vidéos publiées.
- Laisser passer plusieurs semaines entre chaque publication.
- Ajouter des boutons interactifs (envoi d'un message, appel, réservation...).

2 À votre avis, le restaurant doit-il arrêter les méthodes de communication traditionnelles (flyer, site Internet...) pour se concentrer sur les réseaux sociaux ? Justifiez votre réponse.

....

....

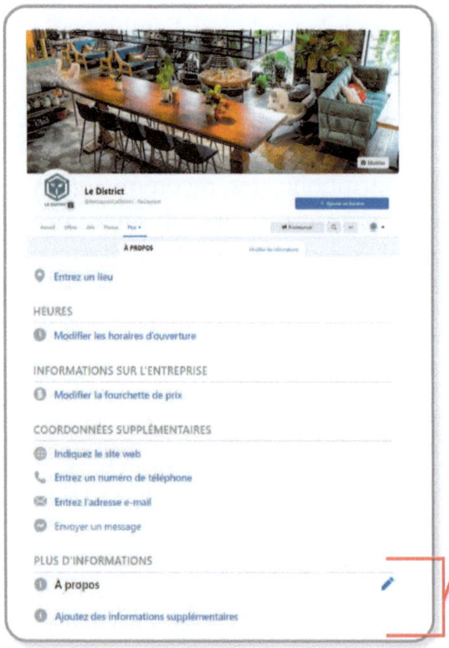

3 À l'aide des informations données en page 12, complétez la rubrique « À propos » de la page d'accueil Facebook du District.

PLUS D'INFORMATIONS

À propos

....

....

....

....

Ajoutez des informations supplémentaires

....

DOCUMENT 4 Conseils d'Alexia, community manager*, pour publier sur les réseaux sociaux

Les utilisateurs des réseaux sociaux apprécient l'interactivité, par exemple qu'on leur pose des questions, qu'on leur propose un sondage ou des jeux. Les stories et leurs stickers d'engagement sont idéaux pour cela.

Les utilisateurs se lassent aussi rapidement et s'attendent à avoir des contenus réguliers variés et authentiques : photo de l'équipe, investissement dans du nouveau matériel, venue d'une personnalité… Il est préférable d'éviter les sujets trop polémiques sur un compte professionnel.

Les publications avec plusieurs photos ou une vidéo sont 25 à 50 % plus relayées qu'un post avec une seule photo. Les visuels de qualité et des textes courts (moins de 150 caractères si possible) permettront d'augmenter l'impact des publications.

À noter que certaines heures sont stratégiques pour publier sur les réseaux sociaux. Par exemple, pour un restaurant, 11 h et 18 h sont des heures idéales, car les clients commencent à avoir faim et à chercher où manger.

* Un community manager, ou gestionnaire de communauté, aide les entreprises à définir leur stratégie de communication en ligne. Ce professionnel du Web peut aussi s'occuper d'alimenter les comptes de ses clients sur les réseaux sociaux.

4 **Indiquez si les propositions de publication suivantes vous semblent judicieuses en cochant la case appropriée. Justifiez vos réponses en vous aidant du document 4.**

Idées de publication	Oui	Non	Justification
Une vidéo de 20 minutes pour présenter l'équipe du restaurant	☐	☐	....
Un vote ou un sondage pour le prochain menu du jour	☐	☐	....
Une interview du chef de 40 lignes	☐	☐	....
Une vidéo de 2 minutes sur le dressage d'un nouveau plat de la carte	☐	☐	....
3 photos du nouveau matériel reçu en cuisine	☐	☐	....
Une affiche qui critique la nouvelle loi…	☐	☐	....

5 **En vous inspirant des conseils d'Alexia (document 4), proposez des idées d'événements en lien avec les thèmes proposés.**

Exemple : *Noël : calendrier de l'avent avec une offre différente chaque jour (café offert, réduction pour toute réservation, cadeau à l'effigie du restaurant…).*

Halloween : ....

Jeu-concours en ligne : ....

Fête du Cinéma : ....

Offre de parrainage : ....

Soirée caritative : ....

MISSION 3

Publier sur les réseaux sociaux

« Nous devons publier les actualités du restaurant sur les réseaux sociaux. Le repas spécial prévu pour la soirée de la Saint-Valentin est une excellente occasion de rédiger un post sur le compte du restaurant (**documents 5 et 6**). »

DOCUMENT 5 Menu spécial Saint-Valentin du restaurant Le District

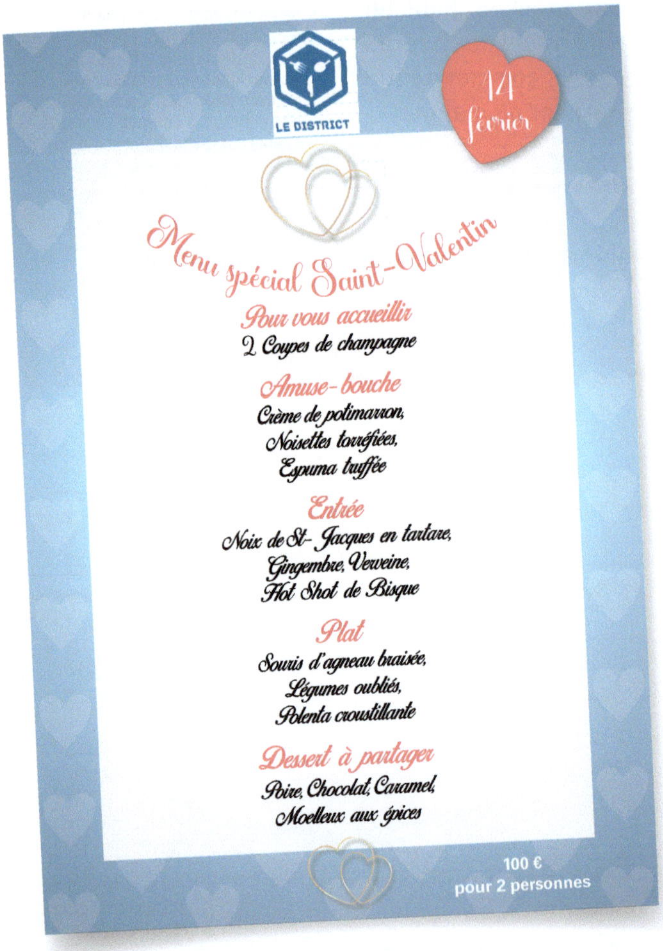

DOCUMENT 6 Les règles d'or pour une publication réussie

1. Soyez clair dans vos messages. Faites des phrases courtes et bannissez les fautes d'orthographe.
2. Accompagnez toujours vos messages de 4 à 10 émojis ; adaptez-les au contenu de vos messages.
3. Ajoutez des hashtags populaires pour être lu par un maximum d'utilisateurs. Par exemple, #food compte plus de 250 millions d'interactions par mois. Pensez aussi aux hashtags avec le nom de la ville, du restaurant, du produit ou de l'événement en lien avec votre publication.
4. N'hésitez pas à taguer vos partenaires, fournisseurs dans vos publications. Ils en seront avertis et relaieront sans doute votre publication sur leur compte. Relayez aussi les posts de clients qui vous citent.

Taguer : consiste à citer le compte de quelqu'un d'autre dans une publication. Exemple : @nom_du_compte

Hashtag : signe # utilisé devant un mot-clé pour référencer la publication. Lorsqu'un utilisateur effectue une recherche sur un hashtag, toutes les publications qui le contiennent remontent. Exemple : #mot_clé

1 Choisissez 3 photos pour illustrer le post de la soirée de la Saint-Valentin (une par thème).

Plat	Dessert	Ambiance
☐ 	☐ 	☐ 
☐ 	☐ 	☐ 

2 Justifiez vos choix de photos.

Plat	Dessert	Ambiance
....	....	....
....	....	....
....	....	....
....	....	....

3 Rédigez le texte qui sera joint à votre publication Instagram pour la soirée de la Saint-Valentin en utilisant les règles d'or du document 6. Entourez les émojis à utiliser.

LE DISTRICT

....

....

....

....

....

....

....

....

4 Comment pourriez-vous améliorer la diffusion de votre publication ? Cochez les cases correspondantes en vous aidant du document 5. Vous pouvez ajouter une autre proposition.

- ☐ Répondre aux commentaires.
- ☐ Demander aux employés de commenter la publication.
- ☐ Créer une story avec un sticker d'engagement.
- ☐ Taguer les fournisseurs.
- ☐ Faire une vidéo des préparatifs de la soirée.
- ☐ Demander aux producteurs des denrées utilisées pour le menu de commenter la publication.

Autre proposition : ....

5 La Saint-Valentin est un jour propice à la création de menus spéciaux. Indiquez d'autres dates ou périodes de l'année qui se prêtent à cette proposition.

....

....

MISSION 4

Optimiser la communication en équipe

« Hier soir, les équipes de salle et de cuisine n'ont pas su communiquer entre elles de façon efficace. Cela a perturbé le déroulement du service et entraîné des réclamations clients, qui ont été mal traitées. Je vous ai tous réunis pour que nous trouvions des solutions afin d'éviter ce problème à l'avenir (**document 7**). »

DOCUMENT 7 Situations observées

Situation 1

Le client : S'il vous plaît, j'avais demandé ce pavé de bœuf grillé à point et il est saignant. Pouvez-vous faire quelque chose ?

Nassim, chef de rang : Je vais prendre votre assiette et voir en cuisine si on peut recuire votre viande.

Nassim part en cuisine avec l'assiette.

Nassim : Chef, ce client veut qu'on cuise plus sa viande.

Simon Patil, chef de cuisine : C'est la table 6 ? Mais tu ne m'avais pas donné d'appoint !

Il prend l'assiette, recuit la viande pour un appoint « bien cuit » et redresse l'assiette, que Nassim rapporte en salle. Le client est déçu que sa viande n'ait pas été cuite comme il l'avait demandée.

Situation 2

Bastien, runner salle, arrive en cuisine pour envoyer une table mais il manque une assiette.

Bastien : Je peux commencer à envoyer les plats de la table 7 ?

Coline, cheffe de partie : Attends, la dernière assiette sort dans une minute.

Bastien prend les assiettes dressées et part en salle. Il revient 10 minutes plus tard.

Bastien : Un client de la table 7 réclame son plat. Les autres ont presque fini leur assiette.

Coline : Ça fait longtemps qu'elle est prête, prends-la vite !

Finalement, le client est déçu car il a longtemps attendu son plat, qui lui est servi froid.

Relevez, dans le tableau ci-dessous, les erreurs commises par les membres de l'équipe et cochez les règles de communication qui n'ont pas été respectées.

Situation	Erreurs commises	Règles non respectées
1	Par Nassim : .... Par Simon Patil :	☐ Parler distinctement en cuisine. ☐ Se faire confiance et se respecter entre collègues. ☐ Transmettre des informations utiles, claires et précises. ☐ Prendre le temps d'écouter. ☐ Délivrer les informations au bon moment.
2	Par Bastien : .... Par Coline :	

MISSION 5

Mesurer la satisfaction de la clientèle

« Afin de suivre de façon plus régulière et efficace la satisfaction de notre clientèle (**document 8**), j'aimerais que vous m'aidiez à choisir une solution adaptée à notre restaurant. »

DOCUMENT 8 Les enjeux de la satisfaction de la clientèle

Si un client satisfait parle de son expérience à 1 ou 2 personnes en moyenne, un client insatisfait en parle à 10 ou 12. De plus, il est beaucoup plus facile de fidéliser les clients qu'en attirer de nouveaux. Quand on sait, en outre, qu'un client régulier apporte beaucoup plus de chiffre d'affaires qu'un nouveau client, le restaurateur a tout intérêt à chercher à satisfaire et fidéliser sa clientèle.

Questionner les clients permet de mieux cerner leurs attentes et d'adapter l'offre pour mieux les satisfaire. Par ailleurs, les clients peuvent relever des points d'amélioration dont le restaurateur n'a pas conscience. Utiliser plusieurs types d'enquête permet de recueillir des données plus précises.

1 Les illustrations suivantes résument des solutions possibles pour récolter et évaluer la satisfaction des clients. Reportez, sous chaque photo, le nom de l'outil parmi la liste suivante.

Courriel – Livre d'or – Borne digitale – Enquête papier – QR Code – Questions à l'oral – Réseaux sociaux

A ....

B ....

C ....

D ....

E ....

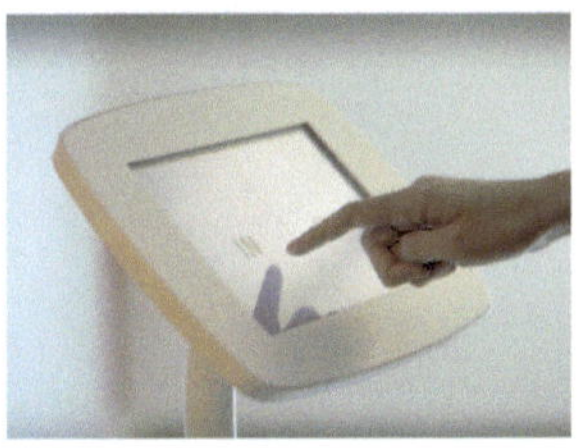

F ....

G ....

2 Indiquez la lettre du type d'enquête correspondant aux avantages et inconvénients cités.

	Avantages	Inconvénients
....	Rapide et simple	Donne un niveau de satisfaction général.
....	Permet d'avoir un avis « à chaud ».	Mal adapté aux restaurants gastronomiques
....	Permet d'interroger un grand nombre de clients.	Faible taux de réponse. Nécessite la récupération des adresses électroniques des clients.
....	Informations précises et adaptées au client	Prend beaucoup de temps. Ne permet pas d'interroger beaucoup de clients à chaque service.
....	Les clients sont libres de parler de ce qu'ils souhaitent.	Ne permet pas de synthétiser les avis qui y sont écrits.
....	Moderne et interactif	Nécessite un smartphone pour scanner.
....	Gratuit, complet. Offre de la visibilité au restaurant.	Pas de contrôle sur le contenu des avis

MISSION 6 Gérer les retours et avis des clients

« Sur un important site d'avis en ligne, Le District a reçu une critique sévère d'une cliente (**document 9**) qui, selon moi, est exagérée. Toutefois, ceci représente un réel problème pour l'image du restaurant. J'aimerais que vous vous renseigniez pour savoir si nous devons y répondre ou non (**documents 10 et 11**). »

DOCUMENT 9 Avis négatif posté sur un site

France Chateuil

●○○○○

Déception

Nous avons eu le malheur de dîner vendredi soir au restaurant Le District. Dès notre arrivée, le serveur nous a indiqué que notre réservation n'était pas enregistrée. Nous avons dû patienter au bar le temps qu'une table se libère car le restaurant était plein. Sinon, les plats étaient bons, mais là encore, de l'attente pour être servis. Les desserts sont également trop copieux, je n'ai pas pu finir le mien. Le chef doit mal estimer les portions car il y a du gâchis.

DOCUMENT 10 Les faits selon Julian Courseaux, F&B manager du restaurant Le District

Cette cliente s'est trompée de date pour sa réservation. Nous avions pris la réservation pour le lendemain. Malgré le service complet, nous lui avons trouvé une table et avons même offert une boisson aux 4 convives pour les faire patienter. Un de ces clients a souhaité changer de plat alors que le serveur commençait à déposer les assiettes sur table. Le plat lui a été préparé sans facturation supplémentaire. Cela a forcément occasionné de l'attente.

1 **Retrouvez les arguments de la cliente et de Julian qui s'opposent.**

Arguments de la cliente	Explications du F&B manager
La réservation n'est pas enregistrée.	....
....	Boisson offerte pour faire patienter les clients
Beaucoup d'attente pour être servis	....

DOCUMENT 11 Avis sur Internet : les restaurateurs inquiets

Les mauvais commentaires sur Internet peuvent ternir la réputation d'un restaurant, entraînant une baisse de la fréquentation et donc du chiffre d'affaires. Cela énerve les restaurateurs ciblés car ils se sentent humiliés parfois injustement. Pourtant, il ne faut pas ignorer ces avis car 80 % des internautes consultent les sites d'avis en ligne pour choisir le restaurant où manger. D'autant plus qu'un restaurant ne peut refuser d'apparaître sur ces sites.

Les notes attribuées aux restaurants par les utilisateurs de ces sites donnent lieu à un classement par villes. Une variation dans le classement impacte également la fréquentation des restaurants (– 15 % de chiffre d'affaires pour un restaurant passé de la 11e à la 27e place dans sa ville).

Face à des commentaires injustes, les restaurateurs peuvent saisir la justice. Cependant, les procédures sont longues (plus d'un an) et coûteuses (3 000 à 5 000 € en moyenne). De plus, on ne peut avoir gain de cause au tribunal que s'il y a diffamation*. Vous ne pourrez donc rien face à un client simplement déçu et qui le fait savoir en ligne.

Pour éviter ces procédures compliquées, une solution consiste à répondre à chaque commentaire négatif en montrant de l'intérêt au client. Les réponses seront lues par les autres utilisateurs du site, qui verront l'engagement du restaurateur auprès de ses clients.

* Diffamation : accusation de faute sans apporter de preuve (manque d'hygiène, fraude…).

Vidéo : *Avis sur Internet : les restaurateurs inquiets*
liennathan.fr/aa9h68

2 Le chef, énervé par cet avis, a décidé de l'ignorer et de ne pas répondre.
À votre avis, est-ce une bonne idée ? Que pouvez-vous lui conseiller ?

....

....

3 M. Patil peut-il porter plainte contre Mme Chateuil ? Justifiez votre réponse.

....

....

« Julian, le F&B manager, et moi-même avons chacun rédigé une réponse à l'avis de cette cliente. Je sais que notre community manager a laissé un message à ce sujet, mais je n'ai pas encore eu le temps de le lire (**document 12**). Pouvez-vous le faire et choisir la réponse la plus adaptée ? »

DOCUMENT 12 Comment répondre à un avis négatif ?

- Il faut toujours répondre aux avis négatifs et le faire en moins de 24 heures pour trouver une solution positive à la situation et éviter que le client mécontent ne fasse de la mauvaise publicité au restaurant.
- Même si vous ne vous sentez pas fautif, ou que vous pensez que le client exagère, il faut toujours présenter des excuses au client pour qu'il sente que vous voulez le satisfaire.
- Il faut répondre de manière courte et respectueuse, en cherchant une solution, et proposer un moyen de continuer la conversation en dehors du site d'avis (adresse électronique, par exemple).
- Enfin, il ne faut jamais citer le nom du restaurant ou des mots-clés afin qu'un client ne trouve pas cet échange en recherchant l'établissement sur Internet.

4 Cochez la réponse qui vous semble la plus adaptée. Justifiez votre réponse.

Réponse rédigée par M. Patil

Bonjour Madame,

Je trouve votre avis très injuste et insultant pour les équipes du restaurant Le District. Je vous rappelle que c'est vous qui vous êtes trompée de date dans la réservation.

Par ailleurs, nos équipes travaillent sérieusement, il est impossible que vous ayez attendu vos plats. Quant aux desserts, si vous n'aviez plus faim, il ne fallait pas en demander.

Alors soyez honnête et avouez la vérité !

☐

Réponse rédigée par Julian

Bonjour Mme Chateuil,

Merci pour votre avis. Nous sommes désolés d'apprendre que vous avez vécu une expérience décevante chez nous.

Comme vous pouvez le voir avec nos autres critiques, votre situation est l'exception et loin de nos évaluations habituelles. Cela nous rend d'autant plus désireux de veiller à ce que cela soit résolu et ne se reproduise plus.

Envoyez un message à notre équipe du service client (contact@ledistrict.com) pour leur faire connaître tous les détails et nous vous promettons que nous trouverons une résolution satisfaisante pour vous.

Cordialement,

☐

Justification : ....

....

1 Digitaliser la mesure de la satisfaction de la clientèle

pix **3.1 - Développer des documents textuels**

a. Réalisez un questionnaire de satisfaction *via* un outil numérique (Google Forms, LimeSurvey, Beekast, Genially...). Liez ce questionnaire à un QR Code, que vous imprimerez.

b. Lors d'un service au restaurant pédagogique de votre lycée, ou sur votre lieu d'apprentissage, proposez aux clients de répondre à votre questionnaire en scannant le QR Code avec leur smartphone.

c. Présentez les résultats de votre enquête à vos camarades et votre professeur lors d'une séance de synthèse.

2 Créer du contenu sur les réseaux sociaux

pix **2.2 - Partager et publier**

a. Créez une page Instagram ou Facebook pour votre classe.

b. Postez des contenus en rapport avec les activités professionnelles réalisées (venue d'un chef, visite pédagogique, menu spécial, technique particulière, vie de classe...).

Pour les experts

1 Rédiger une charte d'entreprise sur la communication des employés sur les réseaux sociaux

« Un employé a récemment publié sur Facebook des commentaires diffamatoires vis-à-vis de la direction du restaurant Archibald. Je souhaite trouver une solution pour éviter ce genre de comportements. Pouvez-vous vous renseigner sur ce que dit la loi à ce sujet (**document 1**) ? Ainsi, nous pourrons mieux protéger l'image de l'établissement. »

CHEF DE CUISINE ET DIRECTEUR | Archibald Meyer

DOCUMENT 1 Injures, dénigrement, diffamation sur Internet. Ce que dit la loi

La diffamation est un propos qui porte atteinte à l'honneur d'une personne ou à l'image d'une entreprise sans apporter de preuve. Ces accusations doivent pouvoir être vérifiées (exemples : texte écrit, présence de témoins). L'injure, elle, ne peut être vérifiée, contrairement à la diffamation (phrase dite à l'oral en privé à la personne injuriée, par exemple).

Le dénigrement, enfin, cible un produit ou un service, et non une marque ou une personne.
Les peines encourues pour des commentaires diffamatoires, injurieux ou dénigrants publics sur Internet vont de 12 000 € à 45 000 € (en cas d'injures racistes, sexistes ou portant sur un handicap).

Article : Injure, diffamation, dénigrement
liennathan.fr/47ur6f

1 À l'aide du document 1, retrouvez, parmi les commentaires ci-dessous, celui qui contient des propos diffamatoires vis-à-vis de la brasserie Archibald.

- ☐ **a.** « Je regrette d'avoir quitté mon travail au restaurant Le Phare. Là-bas, l'ambiance était bonne alors qu'ici, tous mes collègues se critiquent. En plus, la cuisine était bien meilleure là-bas. »
- ☐ **b.** « Marre de bosser pour des idiots et @Archi_MEYER le pire de tous. En plus, à ARCHIBALD, tous les produits qu'on sert sont moisis, jamais je ne mangerai ici. »

☐ **c.** « Je suis déçu par mon emploi chez ARCHIBALD. Je fais tous les efforts possibles, mais ils ne sont pas récompensés par la promotion de poste que j'espère depuis des mois. »

☐ **d.** « Je n'ai jamais mangé au restaurant où je travaille car les plats servis ont l'air mauvais. »

2 Repérez le commentaire qui constitue un dénigrement. Justifiez.

....

3 À quelle peine s'expose l'employé qui a posté le commentaire b ?

....

« Les réseaux sociaux sont de formidables outils de communication pour promouvoir un restaurant. Utilisés par les clients comme les employés, ils peuvent aider un établissement à bâtir sa réputation. Toutefois, les propos qui y sont publiés peuvent aussi défaire l'image de marque et déstabiliser une société. J'ai donc proposé à M. Meyer d'établir une charte d'entreprise du numérique destinée aux employés (**document 2**). »

ARCHIBALD

MANAGER | Sonia Wakam

DOCUMENT 2 Extrait de la discussion entre Archibald Meyer et Sonia

Exemple de charte d'entreprise
liennathan.fr/fk53h8

Archibald Meyer : En quoi consiste la charte que vous me proposez de mettre en place ?

Sonia : La charte est un ensemble des règles de bonne conduite à respecter et des attitudes à éviter lorsque vos employés parlent du restaurant sur Internet (Web, réseaux sociaux). Les objectifs sont de les responsabiliser dans leurs pratiques numériques et qu'ils ne fassent pas de tort au restaurant sur le Web.

A. Meyer : Que peut-on écrire comme règles ?

Sonia : En premier lieu, il est important de rappeler, en introduction de la charte, que les réseaux sociaux sont une vitrine pour la société et que les employes doivent préserver leur entreprise même en dehors des horaires de travail. Ils sont responsables de tout ce qu'ils écrivent et publient en ligne.

A. Meyer : Et ensuite ?

Sonia : Je vous propose d'organiser la charte en indiquant des choses à faire et d'autres à éviter. Nous allons réfléchir ensemble aux contenus...

4 À l'aide du document 2, indiquez les buts de la charte que souhaite mettre en place le restaurant.

....

5 Cochez, pour chaque règle, si elle peut ou non figurer dans la charte.

Règles	À faire figurer dans la charte ? Oui	Non
Parler au nom du restaurant sur les réseaux sociaux	☐	☐
Utiliser le logo du restaurant comme avatar ou bannière	☐	☐
En cas de doute sur un contenu ou sur des informations, demander l'avis du responsable/directeur	☐	☐
Parler et écrire à la première personne du singulier	☐	☐
Contester les commentaires en ligne des clients	☐	☐
Publier des photos ou des vidéos prises sur le lieu de travail montrant des employés ou des clients	☐	☐
Soigner l'orthographe, être poli et courtois dans les contenus publics	☐	☐
Communiquer des informations sur les clients, les fournisseurs ou d'autres employés	☐	☐

SYNTHÈSE

Pour faire connaître un restaurant et développer son activité, le restaurateur peut s'appuyer sur différents médias :

- .... Réseaux sociaux, site Internet, blog, site d'avis
- .... Guide culinaire, quotidien régional, presse spécialisée
- .... Radio, télévision

Pour choisir les réseaux sociaux, un restaurateur doit s'appuyer sur plusieurs critères :

- ....
- ....
- ....

Sur les réseaux sociaux, pour créer une communauté forte autour du restaurant, il faut respecter les règles suivantes dans les publications :

- ....
- Répondre aux commentaires des clients
- ....
- Ajouter des boutons interactifs
- ....

La communication entre les services est essentielle à la bonne marche d'un restaurant. Une mauvaise communication entraîne les conséquences négatives suivantes :

- Stress des employés
- ....
- ....
- ....

Un restaurant doit impérativement soigner la satisfaction de ses clients. Deux démarches sont à mettre en œuvre :

- .... Avec des questionnements écrits ou oraux, des QR Codes...
- .... En répondant aux avis négatifs en ligne, en essayant de trouver une solution favorable

MOTS-CLÉS

Communication • Réseau social • Satisfaction de la clientèle • Interactif

QUIZ INTERACTIF
liennathan.fr/c93mr8

CHAPITRE 16

Adapter l'offre aux habitudes de consommation des clients et aux nouvelles tendances

COMPÉTENCES

C5-1.1 Être à l'écoute de la clientèle

C5-1.4 Appliquer des principes de nutrition et de diététique

C5-2.5 S'inscrire dans une démarche de veille, de recherche et de développement (innovation, créativité…)

SAVOIRS ASSOCIÉS

SA C5-1.1 Les modes de consommation

SA C2-1.4 Les pratiques professionnelles respectueuses de la nutrition et de la diététique

SA C5-2.5 La restauration : évolution et prospectives

CO-INTERVENTION P. 8

FRANÇAIS : 6. Consommateurs ou consom'acteurs ?

ATELIER EXPÉRIMENTAL ET TECHNOLOGIQUE P. 213

Situation professionnelle

LE DISTRICT

Mme Casalis, la directrice du restaurant Le District, et Simon Patil, le chef de cuisine, observent, depuis quelques années, des changements de comportement alimentaire de la part des clients. En effet, une clientèle internationale de plus en plus importante est en demande de plats ou de menus adaptés à son régime alimentaire.

Ils souhaitent donc mener une réflexion pour accueillir cette clientèle et répondre au mieux à ses besoins.

AVANT LA CLASSE

Vidéo : ***Alain Ducasse retourne à la cuisine authentique*** **(jusqu'à 3'35")**

liennathan.fr/k8ds84

- **Décrivez en quelques phrases le nouveau concept culinaire de « naturalité » expliqué par Alain Ducasse.**
- **À votre avis, pourquoi un chef de cuisine doit-il toujours être à l'affût des nouvelles tendances culinaires ?**

MISSION 1

Identifier les principaux régimes alimentaires

« Certains clients peuvent suivre un régime alimentaire pour différentes raisons (**documents 1, 2 et 3**).
Il est très important que vous connaissiez ces différents régimes afin de pouvoir proposer des plats adaptés. »

CHEF DE CUISINE
Simon Patil

DOCUMENT 1 Les régimes alimentaires pour convictions personnelles

VÉGÉTARIEN	VÉGÉTALIEN
Il exclut tout aliment ayant entraîné la mort d'un animal : ni viande, ni poisson, ni fruits de mer.	Il proscrit tout aliment d'origine animale : ni viande, ni poisson, ni œufs, ni fruits de mer, ni produits laitiers, ni miel.
VÉGAN	**FLEXITARIEN**
Au niveau alimentaire, le régime est le même que le régime végétalien. Il refuse également l'utilisation du cuir (chaussures, vêtements…), des produits cosmétiques testés sur les animaux et contenant des substances animales… Le véganisme est un mode de vie excluant tout impact sur la souffrance animale. Vidéo : *Végétarien, végétalien, végan, quelles différences ?* liennathan.fr/hk6c99	Il n'interdit pas la consommation de catégories spécifiques d'aliments. Le flexitarisme prône une consommation de viande raisonnée (1 à 2 fois par semaine) avec une consommation variée de fruits et légumes. Vidéo : *C'est quoi le flexitarisme ?* liennathan.fr/3i53dj

DOCUMENT 2 Les régimes alimentaires pour raisons de santé

Un régime alimentaire spécifique peut être suivi pour des raisons médicales, par exemple dans le cadre de maladies comme le diabète* ou l'hypertension, en raison d'intolérances et/ou d'allergies alimentaires ou bien encore d'une grossesse. Depuis 2015, une loi oblige les restaurateurs à informer leur clientèle par écrit si une préparation alimentaire contient des allergènes : lait, œufs, gluten (protéine de blé), crustacés, arachides, soja, fruits à coque, poissons, moutarde, mollusques, sulfites, sésame, céleri, lupin.

* Maladie chronique caractérisée par la présence d'un excès de sucre dans le sang.

DOCUMENT 3 Les régimes alimentaires pour convictions religieuses

Certaines religions prescrivent des régimes spécifiques.
Exemples :
– la religion musulmane interdit, notamment, la consommation d'alcool et de viande de porc ainsi que la viande d'animaux qui n'ont pas été tués selon le rite halal ;
– la religion juive autorise uniquement les viandes préparées selon les préceptes kasher et proscrit, entre autres, la consommation de viande de porc, de lapin, de cheval, ainsi que de mollusques.

DOCUMENT 4 Témoignages de clients

Hugo : « Je ne peux plus manger de plats qui contiennent du blé car cela me rend malade. »

Léa : « Je ne mange plus aucune viande animale. »

Fabio : « Je refuse de consommer tout ce qui provient des animaux. »

Sonia : « Je suis croyante et pratiquante. Je ne mange pas de porc et je ne bois pas d'alcool. »

1 **À partir des témoignages du document 4 et des documents 1, 2 et 3, cochez, pour chaque client, le type de régime alimentaire correspondant.**

Clients	Types de régime alimentaire					
	Convictions personnelles				Intolérance / allergie	Convictions religieuses
	Végétarien	Végétalien	Végan	Flexitarien		
Hugo	☐	☐	☐	☐	☐	☐
Léa	☐	☐	☐	☐	☐	☐
Fabio	☐	☐	☐	☐	☐	☐
Sonia	☐	☐	☐	☐	☐	☐

2 **Identifiez, dans le tableau ci-dessous, les plats que vous pouvez proposer à chaque client en tenant compte de son régime alimentaire.**

ENTRÉES				
Acras de morue	Salade tomates, feta, concombre, olives	Tempura de légumes sans farine et œuf	Soupe du moment (de poireau)	Pâté de porc en croûte

☐ Hugo ☐ Léa ☐ Fabio ☐ Sonia	☐ Hugo ☐ Léa ☐ Fabio ☐ Sonia	☐ Hugo ☐ Léa ☐ Fabio ☐ Sonia	☐ Hugo ☐ Léa ☐ Fabio ☐ Sonia	☐ Hugo ☐ Léa ☐ Fabio ☐ Sonia
PLATS				
Steak Angus, sauce béarnaise, écrasé de patate douce	Bò bún (vermicelles de riz, nems de bœuf et de légumes croquants)	Buddha bowl (blé, avocat, tofu, carottes, concombre, tomates)	Quiche aux légumes, fromages et crème fraîche	Filet mignon de porc et poireaux

☐ Hugo ☐ Léa ☐ Fabio ☐ Sonia	☐ Hugo ☐ Léa ☐ Fabio ☐ Sonia	☐ Hugo ☐ Léa ☐ Fabio ☐ Sonia	☐ Hugo ☐ Léa ☐ Fabio ☐ Sonia	☐ Hugo ☐ Léa ☐ Fabio ☐ Sonia
FROMAGES / DESSERTS				
Planche de fromages régionaux	Carpaccio d'ananas et pomme verte	Cheesecake mangue passion base spéculoos	Baba au rhum	Pudding aux graines de chia et myrtilles et lait végétal

☐ Hugo ☐ Léa ☐ Fabio ☐ Sonia	☐ Hugo ☐ Léa ☐ Fabio ☐ Sonia	☐ Hugo ☐ Léa ☐ Fabio ☐ Sonia	☐ Hugo ☐ Léa ☐ Fabio ☐ Sonia	☐ Hugo ☐ Léa ☐ Fabio ☐ Sonia

MISSION 2

Proposer des produits de substitution adaptés aux différents régimes

« Nous souhaitons offrir à nos clients des propositions culinaires adaptées à leurs régimes. Vous devez donc connaître les principaux produits de substitution (**documents 5 et 6**) et être vigilant(e) sur la composition des produits semi-élaborés. »

CHEF DE CUISINE

Simon Patil

DOCUMENT 5 Cuisine et pâtisserie véganes : par quoi remplacer les denrées d'origine animale

Denrées d'origine animale	Alternatives végétales possibles
Viande, poisson... Apportent les protéines et contribuent à la texture du plat. 	**Soja, tofu, céréales complètes** (quinoa, épeautre...), **légumineuses** (lentilles, haricots secs...) préparés sous différentes formes (steak de soja...). 
Beurre Corps gras qui apporte une texture onctueuse (empêche un gâteau de devenir compact et collant, permet de lier les sauces...) 	**Huiles végétales** (de coco, de noisette, d'olive, de sésame, de tournesol...) **Purées, beurres d'oléagineux** (cacahuètes, cajou...) 
Œufs Le jaune sert souvent d'épaississant, de liant aux crèmes et sauces. Le blanc, quand il est foisonné, permet aux gâteaux de se développer à la cuisson et leur apporte de la légèreté. 	**Farine, fécule de pomme de terre ou de maïs** pour jouer le rôle d'épaississant. **Aquafaba** (jus de pois chiches) pour remplacer le blanc d'œuf et qui foisonne aussi bien. 
Lait Sert principalement à réaliser des sauces, détendre des pâtes, les rendre plus souples, voire liquides. 	**Laits végétaux** (de soja, d'amande, de riz, d'épeautre, de noisette...). Possibilité d'ajouter du jus de fruits pour assouplir une pâte trop épaisse. 
Crème Est utilisée dans les gâteaux pour donner du moelleux et de l'onctuosité, ou pour lier une sauce. 	**Crèmes végétales** (de soja, d'avoine, de riz, de coco...) Seule la crème de coco est efficace pour être montée en chantilly. 

DOCUMENT 6 Quelques farines sans gluten et alternatives au sucre blanc

Farines sans gluten	De **riz** (goût neutre, très bien à 100 %) ; de **sarrasin** (goût typé, idéale à 40 %) ; de **maïs** (gâteaux et cakes, idéale à 100 %) ; de **pois chiche** (crêpes et terrines, idéale à 100 %)
Substituts possibles au sucre	**Miel** (composé d'eau, de fructose et de glucose) **Sirop d'érable et sirop d'agave** (cuisson au four) **Sucre de coco** (à base de sève de cocotier, multiusage)

DOCUMENT 7 Extrait de la fiche produit « Baba bouchon au rhum surgelé », 100 g, carton de 24 pièces

Eau, crème liquide (24 %) (crème, stabilisant : carraghénanes), sirop de sucre inverti, biscuit savarin (11,8 %) (farine de blé, œufs entiers liquides, beurre concentré (1,8 %), levure, sel, sucre), rhum* Negrita® (6,2 %) (rhum*, colorant : caramel ordinaire), sucre (saccharose), sucre glace, gousse de vanille broyée en grains (0,09 %). Traces éventuelles de soja et fruits à coque. Contient 1,7 % d'alcool. Pour votre santé, attention à l'abus d'alcool.

1 Après une lecture attentive de la fiche produit « Baba bouchon au rhum surgelé » (document 7), identifiez et reportez les ingrédients sensibles en fonction des principaux régimes décrits dans la colonne de droite du tableau.

Clients avec régimes alimentaires	Ingrédients de la recette qui posent problème
Client diabétique	....
Cliente végane	....
Client allergique au gluten	....
Client intolérant au lait	....
Cliente allergique aux arachides	....

2 À l'aide des documents 5 et 6, identifiez, pour chaque client, les préparations / ingrédients qui posent problème et proposez une alternative adaptée.

Situations et attentes du client	Ingrédient(s) et préparation(s) qui posent problème	Alternatives possibles
 « Chef, un client aurait aimé goûter le gravlax de poisson et ses blinis mais il est allergique au gluten. Peut-on lui proposer une alternative ? »	....	....
 « De plus en plus de clients nous demandent une version végane du burger signature. Serait-il possible de leur proposer cette version ? »	.... Cheddar fondu : lait de vache	.... Spécialité végétale au goût fromager
 « Une cliente diabétique souhaiterait terminer son repas par le smoothie coco, gingembre, ananas. »	....	....

MISSION 3

Analyser l'évolution des habitudes alimentaires

« Nous avons constaté une évolution des habitudes alimentaires de la clientèle du District. Nous allons observer le profil de ces nouveaux consommateurs afin de répondre au mieux à leurs besoins et de diversifier nos offres (**documents 8 et 9**). »

DOCUMENT 8 L'alimentation aujourd'hui

Pourcentages sur l'assiette alimentaire

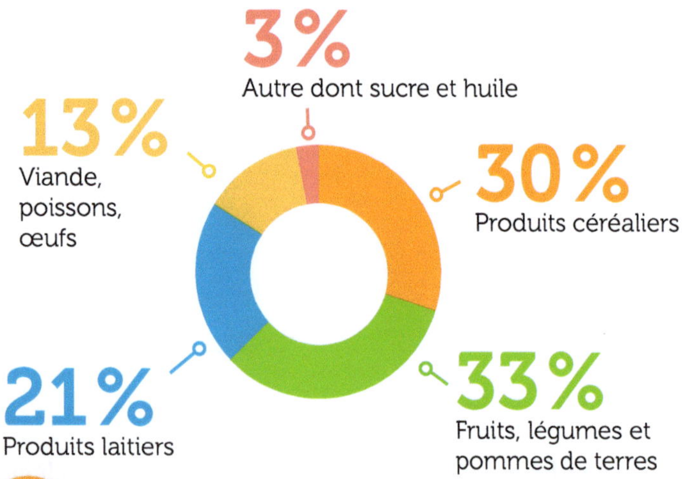

La consommation de produits de restauration rapide (**snacking**) est en augmentation, avec une plus grande attention des consommateurs à la qualité des produits (**fast good**).

https://presse.ademe.fr, 2019.

La consommation moyenne de viande par habitant passe de **86 kg en 2019** à **84,5 kg en 2020** (– 1,7 %).

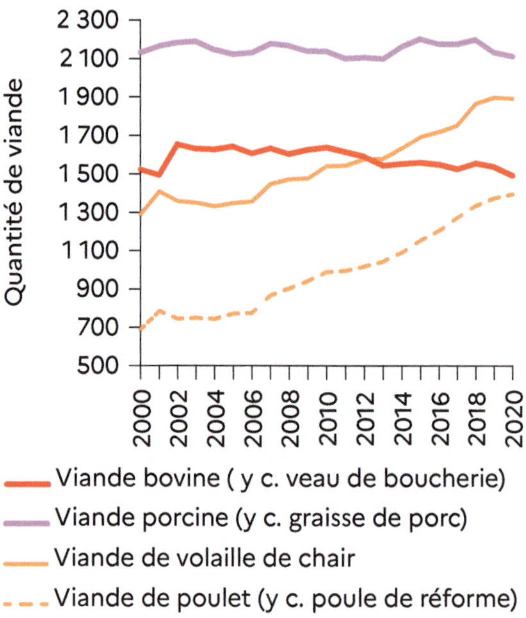

Sources : Agreste, DGDDI.

DOCUMENT 9 L'évolution des comportements alimentaires

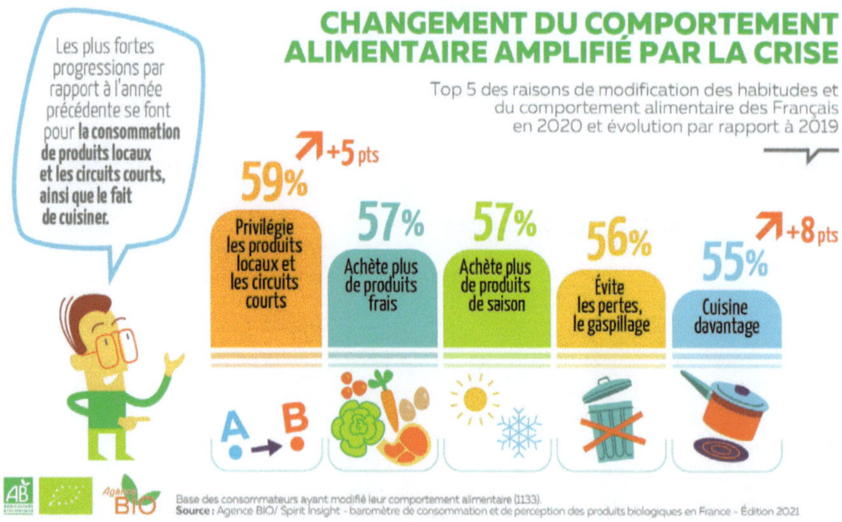

15 % **de nouveaux consommateurs** consomment des produits issus de l'agriculture biologique.

Locavorisme : *mode de nutrition consistant à ne consommer que des aliments produits dans un rayon de 100 à 250 km.*

Circuit court : *le producteur vend ses produits soit directement au consommateur, soit avec un seul intermédiaire entre les deux.*

La **livraison à domicile** et le **click & collect** (vente à emporter) se sont également développés avec la crise sanitaire.

Vidéo : La vente à emporter s'installe dans nos assiettes
liennathan.fr/u96i3f

1 **En vous appuyant sur les documents 8 et 9, reliez les témoignages des clients aux propositions du District qui peuvent correspondre à leurs attentes et à leurs habitudes alimentaires.**

Témoignages			Offres du restaurant
	« Pour manger plus sainement et soutenir l'agriculture locale, nous sommes devenus locavores ! » •	•	Proposer des produits issus de l'agriculture biologique et l'afficher sur la carte.
	« Je travaille à côté du restaurant mais je n'ai pas beaucoup de temps le midi et je mange souvent sur le pouce. » •	•	Proposer des plats « faits maison » à partir de produits frais et afficher le logo sur la carte.
	« Je privilégie toujours les produits sans pesticides. » •	•	Proposer un service de vente à emporter (VAE).
	« Je suis passée au zéro déchet et je fais attention à ne pas gaspiller. » •	•	S'approvisionner chez des producteurs de la région.
	« J'évite de manger des plats tout prêts surgelés. » •	•	Proposer des doggy bags pour permettre aux clients d'emporter les restes (obligatoire depuis le 1er juillet 2021).

2 **Le District a décidé de revoir sa carte pour proposer moins de plats à base de viande et mettre en avant la cuisine végétale. Ce choix vous semble-t-il judicieux ? Justifiez votre réponse.**

....

....

....

MISSION 4

Identifier les nouvelles tendances culinaires

« Je souhaite que vous vous documentiez sur les nouvelles tendances culinaires actuelles (**document 10**). J'aimerais en tenir compte pour adapter notre offre de restauration (**document 11**). »

DOCUMENT 10 Tendances food

1 La cuisine traditionnelle...
[...] Quoi de plus réconfortant qu'une bonne raclette, des lasagnes ou une soupe à l'oignon revigorante ? Les sauces, les vinaigrettes et les bouillons seront les stars de nos assiettes, comme en témoignent les cartes des plus grands chefs. [...]

2 & la cuisine traditionnelle... internationale !
Les recettes traditionnelles [font] leur grand retour, tout en permettant l'évasion *via* l'enthousiasme croissant pour les cuisines traditionnelles du monde.

3 Les graines anciennes reviennent sur le devant de la scène
Elles présentent de nombreux avantages en termes de nutrition, pour l'environnement mais aussi pour retrouver le goût d'hier. [...]

4 L'alimentation pour un futur solide et durable
– Le **Slow Food**, qui utilise des produits bio et saisonnier, qui respectent les producteurs locaux dont ils proviennent.

– La **cuisine raisonnée** qui consiste à réduire le volume des ingrédients et à les utiliser entièrement pour limiter les déchets, réduire le gaspillage alimentaire et cuisiner des légumes « moches » ou non calibrés.

5 Le véganisme, tendance à suivre qui se répand rapidement
[...] Les végétaux prennent place dans nos assiettes à l'instar des plantes et des fleurs sauvages comestibles qui connaissent un réel engouement. Les chefs proposent de plus en plus de menus entièrement végétaux où la protéine arrive en seconde place et où le végétal est toujours plus sublimé. [...]

www.thefork.fr, 2022.

1 En vous aidant du document 10, identifiez, pour chaque portrait de chef, la tendance culinaire correspondante.

Portraits de chefs	Tendance culinaire correspondante
Christopher Coutanceau, chef 3 étoiles à La Rochelle, défend une pêche artisanale, saisonnière et durable. Sa table gastronomique sert des produits de la mer, pêchés localement à la ligne.	....
Le chef **Jean Imbert**, au Relais Plaza, propose une carte qui met en avant les recettes familiales : endives au jambon, volaille à la broche et harengs pommes à l'huile sont au rendez-vous.	....
Michel et **Sébastien Bras** plantent les graines en vedette à La Halle aux Grains, restaurant situé au dernier étage de la Bourse du commerce à Paris. Les grains, graines, légumineuses, semences viennent consolider les jus, soutenir les légumes et décupler les goûts des plats.	....
Claire Vallée, cheffe du restaurant ONA sur le bassin d'Arcachon, premier restaurant de gastronomie végétale étoilé au monde, met au centre de ses menus les légumes, épices, fleurs et fruits, toujours de saison et locaux.	....
Mory Sako, jeune chef 1 étoile, a ouvert son premier restaurant, Mosuke, qui propose une cuisine d'influences japonaise et africaine.	....

DOCUMENT 11 Extrait de la carte des mets du District

LE DISTRICT

Nos succulentes entrées

Assiette de mezzés	6 €
Acras de morue	6 €
Gravlax de poisson	8 €
Soupe du moment (froide ou chaude selon la saison)	6 €
Tataki de thon	9 €
Tempura de légumes locaux	8 €

Nos fabuleux plats

Bò bún du moment	16 €
Salade César	16 €
Burger signature bio	20 €
Noix de veau basse température	28 €
Entrecôte Angus, sauce béarnaise	30 €
Légumes de saison, riz basmati, sauce miel et épices	16 €
Pâtes fraîches à la carbonara et parmesan	16 €

Sides : cocotte de légumes de saison, onion rings, frites maison, salade mixte, Coleslaw.

Le District
Carte des mets
liennathan.fr/8e33wa

2 Quelles tendances culinaires l'offre proposée par Le District suit-elle ?

....

....

....

....

....

....

....

3 Quels types de plats Le District devrait-il développer davantage pour répondre encore mieux aux tendances culinaires actuelles ?

....

....

....

....

....

....

....

ATELIER EXPÉRIMENTAL ET TECHNOLOGIQUE

Proposer une production adaptée en fonction d'un régime précis et des attentes des clients

Certains clients qui ont réservé dans votre restaurant d'application ont indiqué qu'ils étaient intolérants au gluten et végétariens.

a Choisissez un menu pour votre restaurant d'application et indiquez dans un tableau comme celui ci-dessous le ou les produits qui posent problème ainsi que des produits de substitution.

Menu	Produits problématiques	Produits de substitution

b Par groupes, répartissez-vous la réalisation de ce menu. Dans un premier temps, réalisez les fiches techniques à l'aide de la mercuriale et en tenant compte de la saisonnalité.

c Réalisez le menu en tenant compte des différentes contraintes (dressage à l'assiette, à emporter, sans gluten, végétarien). Chaque groupe réalise soit l'entrée, soit le plat, soit le dessert.

d Effectuez une analyse organoleptique des plats pour vérifier leur conformité à vos exigences.

1 Appréhender l'évolution de la cuisine du XXe siècle

« À l'occasion de l'anniversaire du restaurant Archibald, je souhaite proposer un menu qui met à l'honneur des plats emblématiques de l'histoire de la cuisine. Je souhaiterais ajouter sur le menu une petite frise chronologique de l'histoire de la gastronomie au XXe siècle (**documents 1 et 2**). »

CHEF DE CUISINE ET DIRECTEUR | Archibald Meyer

DOCUMENT 1 La réussite de la cuisine française

Au début du XXe siècle, [la cuisine française] doit s'adapter à la modernité de la société. Les « mille soucis de l'industrie et du négoce accaparent l'esprit de l'homme », qui « ne peut donner à la bonne chère qu'une place restreinte dans ses préoccupations », écrit Auguste Escoffier en 1907. Le dressage des mets est simplifié et les décorations non comestibles sont supprimées. [...] C'est également la période des palaces et de leur internationalisation, avec une industrie hôtelière qui se met au service d'un art de vivre à la française. [...] Dans les années 1920-1930, on prend conscience de la valeur des cuisines régionales et de leur importance dans le contexte culinaire français. Elles deviennent un atout et sont valorisées. Une cinquantaine d'années plus tard, c'est une « nouvelle cuisine » qui voit le jour. Très médiatisée, elle est portée par les journalistes Henri Gault et Christian Millau, et par de jeunes chefs [comme Paul Bocuse] qui ont le souci de la qualité et de la saveur des produits. Cette nouvelle cuisine, qui prône la simplicité, les cuissons courtes, la légèreté et la créativité, rencontre un succès international. Elle marque encore aujourd'hui nos manières de cuisiner.

P. Rambourg, www.vie-publique.fr, 25 novembre 2019.

DOCUMENT 2 Frise chronologique de l'histoire de la gastronomie française

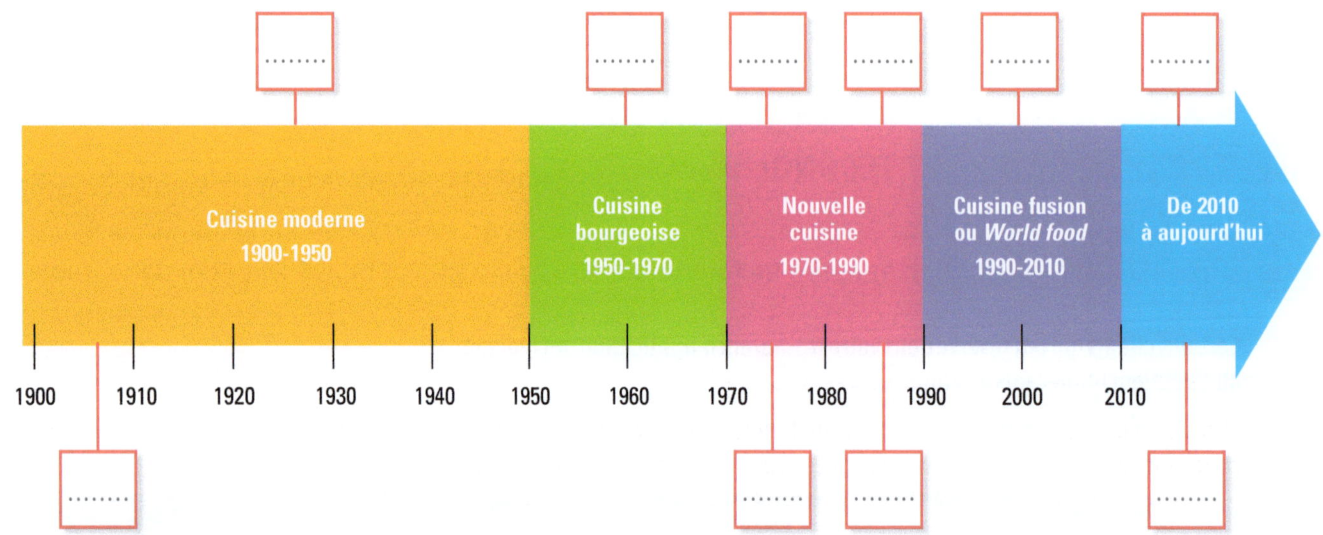

- **À l'aide de recherches sur Internet et du document 1, replacez sur la frise chronologique (document 2) les éléments suivants en reportant leur numéro.**

Les chefs	Les ouvrages culinaires	Les établissements	Les tendances culinaires
1 Auguste Escoffier 2 Paul Bocuse 3 Alain Ducasse	4 *Le Guide culinaire* 5 *La Grande Cuisine minceur*	6 Les Plats mijotés 7 L'Auberge du Pont de Collonge 8 L'Oustau de Baumanière	9. La cuisine moléculaire 10. Fooding

2 Découvrir et utiliser de nouveaux produits

« Depuis quelques années, j'observe, sur les réseaux sociaux de grands chefs, qu'ils utilisent de plus en plus de nouveaux types de végétaux (**document**). J'aimerais utiliser ce type de produits, mais je ne me suis jamais renseigné. Pourriez-vous m'aider à en savoir plus ? »

SECOND DE CUISINE | Adrien Guyot

Site du producteur La Ferme Crapaudel
liennathan.fr/i4n4u4

DOCUMENT L'intérêt en cuisine des micro-pousses, graines germées...

Dans la plupart des plats, pousses, légumineuses ou oléagineuses sont utilisées en « niac ». Un terme essentiel dans le vocabulaire gastronomique des Bras* : il désigne ce qui « dynamise, tonifie et interroge par des provocations » et entraîne à de nouvelles saveurs.

« On va travailler autour des céréales fermentées, de graines germées déshydratées. C'est un peu la moutarde du pot-au-feu, un point d'accroche sur chacun de nos plats, salés ou sucrés », détaille Sébastien Bras. Des céréales sont travaillées sous forme de pickles. [...] De la lentille lactofermentée disposée sur le fond de l'assiette pour relever une pièce de bœuf d'Aubrac rôtie.

* Michel et Sébastien Bras, chefs 3 étoiles

www.lexpress.fr, 24 mai 2021.

1 **Consultez le site Internet du producteur La Ferme Crapaudel et synthétisez les informations en remplissant le tableau suivant.**

Nouveaux produits	Définitions	Exemples	Apports pour une recette
 Graines germées	Graines que l'on a fait germer, en général hors sol, à des fins alimentaires. Stade précédant la micro-pousse.	• Céréales (quinoa, alfalfa…) • Légumineuses (lentilles, pois) • Plantes aromatiques (basilic) • Légumes (brocoli, radis)	• Apportent une texture craquante, une saveur piquante (radis). • Élément de décoration qui apporte modernité, couleur, finesse dans le dressage.
 Micro-pousses			
 Fleurs comestibles			

2 **Présentez brièvement à Adrien l'intérêt de l'utilisation de ces pousses et graines pour les futurs plats de la carte du restaurant L'Éveil des sens.**

SYNTHÈSE

Un restaurateur doit s'adapter aux différents régimes alimentaires des clients.

Régime pour convictions personnelles

- …………………… : Pas de viande, ni de poisson, ni de fruits de mer.
- …………………… : Aucun aliment d'origine animale (ni œufs, ni miel, ni lait…).
- …………………… : Même régime que le végétalien. Refuse aussi de porter du cuir…
- …………………… : Limite la consommation de viande.

Régime pour convictions religieuses

Certaines religions prescrivent des régimes spécifiques.

Régime pour raisons médicales

Allergies
Intolérances (14 allergènes référencés)
Diabète
Grossesse…

Pour s'adapter à ces différents régimes alimentaires, le restaurateur doit :

- Privilégier les préparations à base de végétaux
- Être vigilant sur la lecture des étiquettes des produits semi-élaborés
- **Utiliser des produits de substitution**
  - ……………………… ……………………… ………………………
  - ……………………… ……………………… ………………………
  - Substituts au sucre : ……………………… ………………………
  - ……………………… ……………………… ………………………

Pour des raisons de santé et pour préserver l'environnement, les consommateurs sont de plus en plus nombreux à :

- Consommer des produits de saison produits à moins de 250 km (locavores)
- ……………………… ……………………… ………………………
- Privilégier les produits sans pesticides et sans OGM
- Consommer des produits plus sains, sans additifs
- ……………………… ……………………… ………………………

On peut distinguer, à l'heure actuelle, plusieurs grandes tendances culinaires :

- ……………………… ……………………… ………………………
- ……………………… ……………………… ………………………
- Un retour vers une cuisine traditionnelle régionale et internationale
- ……………………… ……………………… ………………………

MOTS-CLÉS

Régime alimentaire • **Végétarien** • **Végétalien** • **Végan** • **Flexitarien** • **« Fait maison »** • **Locavorisme** • **Gluten** • **Allergènes** • **Slow food**

QUIZ INTERACTIF
liennathan.fr/k8j48i

CHAPITRE 17

Intégrer les dimensions liées à l'environnement et au développement durable dans sa pratique professionnelle

COMPÉTENCE

C5-1.3 Intégrer les dimensions liées à l'environnement et au développement durable dans sa pratique professionnelle

SAVOIR ASSOCIÉ

SA C5-1.3 Les pratiques professionnelles respectueuses de l'environnement

CO-INTERVENTION P. 8

FRANÇAIS : 7. Vers une gastronomie durable

ATELIER EXPÉRIMENTAL ET TECHNOLOGIQUE P. 226

Situation professionnelle

LoKal

La cafétéria LoKal souhaite aller plus loin dans sa démarche écoresponsable afin de répondre au mieux aux attentes de la clientèle.

Le directeur, Vincent Tixier, a demandé aux équipes de cuisine et de salle de réfléchir à des solutions et des actions afin de développer une offre de restauration encore plus durable, tendre vers le zéro déchet en limitant notamment le gaspillage alimentaire et maîtriser la consommation en énergies.

AVANT LA CLASSE

Vidéo : ***Bien se nourrir pour respecter la planète avec Florent Ladeyn***
liennathan.fr/9z3bw2

- **Après avoir visionné la vidéo, quel plat est à l'origine du déclic de Florent Ladeyn pour tendre vers une cuisine plus responsable ?**

MISSION 1

Prendre conscience des enjeux du développement durable

« L'évolution des attentes de la clientèle évolue en permanence. Nos clients attachent une importance croissante au respect de l'environnement, ils souhaitent être les acteurs d'un avenir plus écoresponsable, des « consom'acteurs ». J'ai récemment participé à un congrès avec différents professionnels de la restauration sur le développement durable afin de voir comment nous pourrions renforcer nos engagements (**documents 1 et 2**). »

DOCUMENT 1 Le développement durable

Le terme « développement durable » apparaît au début des années 1970 et 1980 dans des écrits scientifiques. C'est un développement qui prend en compte trois dimensions : économique, environnementale et sociale. La particularité du développement durable est de se situer au carrefour de ces 3 piliers.
L'objectif du développement durable est de prendre en compte à la fois les impératifs présents mais aussi ceux du futur, comme la préservation de l'environnement et des ressources naturelles.

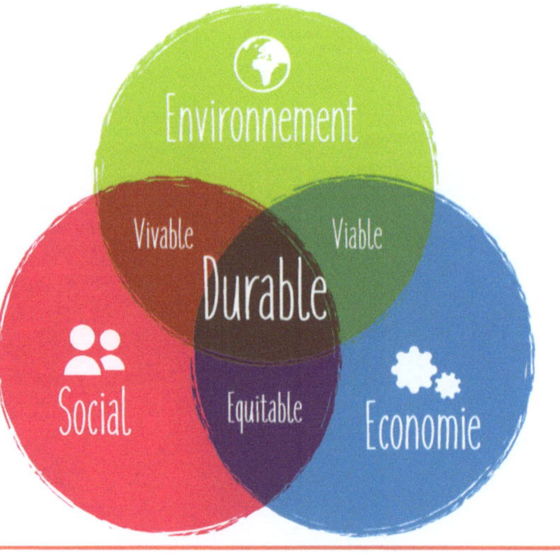

DOCUMENT 2 Les enjeux du développement durable en restauration

Le développement durable est devenu un enjeu très concret pour la restauration. Les consommateurs y sont d'ailleurs très sensibles puisque 76 % des Français considèrent que manger de façon responsable est un moyen concret de s'impliquer dans la préservation de l'environnement. Ainsi, le choix d'un restaurant se fait de plus en plus sur des critères de transparence des produits utilisés et d'une carte mettant à l'honneur les produits locaux ou issus de modes de production responsables. [...] Les restaurateurs ont aujourd'hui une véritable opportunité de se démarquer et de conquérir de nouveaux clients en mettant leurs valeurs à l'honneur auprès des consommateurs de plus en plus exigeants et soucieux d'une restauration durable. [...]
[S'inscrire] dans une démarche de développement durable [...] peut être source d'économie et [permettre] de répondre aux trois enjeux économiques :

> « Le durable en restauration n'est pas une mode mais un enjeu stratégique pour l'avenir de la profession »
>
> Régis Marcon, restaurant 3*** à Saint Bonnet-le Froid

FIDÉLISER SES CLIENTS POUR DÉVELOPPER SON CHIFFRE D'AFFAIRES	ACCROÎTRE SA RENTABILITÉ	FIDÉLISER ET FÉDÉRER SON PERSONNEL
en répondant aux attentes de consommateurs soucieux de préserver l'environnement et attentifs à ce qu'ils consomment.	en faisant des économies grâce à une bonne gestion des énergies, en privilégiant les produits de saison.	par un management participatif pour impliquer et valoriser ses équipes et en faire des ambassadeurs de votre établissement.

Guide restaurant durable, www.metro.fr

1 **Pourquoi est-il nécessaire, pour la cafétéria LoKal, de renforcer ses engagements en matière de développement durable ?**

....

....

2 Lors du congrès, M. Tixier a rencontré plusieurs professionnels de la restauration. Pour chaque témoignage, cochez, dans le tableau suivant, le pilier principal du développement durable concerné.

Témoignages	Environnement	Social	Économie
Mauro Colagreco, Mirazur, Menton « Une gastronomie responsable s'intéresse aux origines des produits et se soucie de l'impact qu'elle produit dans la nature, en essayant de le réduire au maximum. [...] Il faut essayer de réduire l'utilisation de plastiques et des produits pétrochimiques. »	☐	☐	☐
David Royer, Castel A'ch, Plouguerneau « C'est aussi une gastronomie responsable vis-à-vis de ses équipes à travers l'apprentissage des produits et de leur mode de production, le respect des horaires et des collaborateurs. »	☐	☐	☐
Alessandra Montagne, Nosso, Paris « Si en tant que chef ou cheffe, on n'entretient pas l'agriculture locale et artisanale, tout va devenir monoculture et standardisé. Nous devons faire travailler les producteurs qui sont juste à côté de nous, pour qu'ils puissent vivre et perdurer. »	☐	☐	☐
Gérald Passedat, Le Petit Nice, Marseille « Travailler en harmonie avec la nature, les saisons, même si elles sont changeantes. Respecter et valoriser la pêche ancestrale et militer pour le respect de nos sources naturelles. »	☐	☐	☐
Denis Courtiade, Plaza Athénée, et **Corinne Hacquemand** « Adopter une attitude durable n'est pas qu'une question de *sourcing* produits. C'est aussi une attention quotidienne portée aux relations et au management des équipes, notamment celles au contact de la clientèle. »	☐	☐	☐

Témoignages extraits du *Livre blanc de la gastronomie responsable*, 2019, et de *Cuisine (R)évolution* n° 5.

3 M. Tixier redoute que le fait de renforcer la démarche du LoKal en termes de développement durable soit source de dépenses supplémentaires pour la cafétéria. Sur quels points cette démarche peut-elle être, au contraire, une source d'économies pour le LoKal ?

....

....

4 M. Tixier a récemment décidé de mettre à l'honneur des produits locaux sur sa carte. Quel est l'intérêt de cette action, selon vous ?

....

MISSION 2

Connaître le contexte réglementaire et mettre en place des actions pour un restaurant plus durable

« J'ai transmis aux équipes des différentes cafétérias LoKal de France un document qui récapitule l'évolution de la réglementation en termes de développement durable. Il est essentiel que tout le personnel soit informé des réglementations en vigueur aujourd'hui et celles qui le seront demain (**document 3**) afin de proposer des actions qui répondent à ces réglementations (**document 4**). »

ASSISTANT RSE

Sullivan Reyel

DOCUMENT 3 La réglementation en matière de développement durable

2040 : Interdiction totale des produits plastiques à usage unique (tous les emballages alimentaires, les flacons et bouteilles, …)

2025 : La réglementation biodéchets sera mise en place, encadrant les restaurateurs et leur imposant le tri à la source.

2023 : La vaisselle jetable utilisée en restauration rapide sera interdite pour les repas servis sur place.

2022 : Les sachets de thé en plastique et les jouets en plastique distribués gratuitement dans la restauration gratuite seront interdits.

2021 : Les pailles en plastique, les couverts jetables, les touillettes, les boîtes en polystyrène utilisées dans la restauration rapide, etc., seront interdits et devront être remplacés par des alternatives durables et responsables.

La réglementation Gourmet Bag rendra obligatoire la mise à disposition de « *doggy bag* » dans les lieux de restauration.

Les consommateurs pourront apporter leurs propres contenants dans les commerces. Les vendeurs de boissons à emporter devront proposer un tarif plus bas aux clients présentant leur propre récipient.

2020

2016 : Le seuil déclenchant l'obligation de valorisation est de 60 litres par an. Ce seuil est à considérer par site et non pas pour la production totale d'une entreprise ayant plusieurs établissements.

Si plus de 10 tonnes de biodéchets sont générées par an, il est obligatoire de disposer d'une solution de tri à la source en vue de leur valorisation, soit par retour au sol (compost), soit par production énergétique (méthanisation).

Le décret sur les 5 flux exige le tri des produits et leur mise en filière de recyclage.

2012 : Les huiles alimentaires usagées doivent être triées à la source et valorisées.

Légende :
- RÉUTILISATION DES HUILES ALIMENTAIRES USAGÉES
- TRI ET RECYCLAGE DES DÉCHETS
- LIMITATION DU GASPILLAGE ALIMENTAIRE
- VERS LA DISPARITION DU PLASTIQUE À USAGE UNIQUE

› Les chiffres clés

1 kWh D'ÉNERGIE NÉCESSAIRE POUR PRODUIRE UN REPAS

10 L D'EAU NÉCESSAIRES POUR RÉALISER UN REPAS EN MOYENNE

145 g DE DÉCHETS SONT GÉNÉRÉS POUR CHAQUE PLAT

30 kg DE PRODUITS PERDUS OU JETÉS PAR AN ET PAR PERSONNE EN FRANCE, DONT 7 KG NON DÉBALLÉS, SOIT ENVIRON 100 €

53 kg DE PLASTIQUES SONT PRODUITS PAR AN ET PAR HABITANT

1/3 DES DÉCHETS PLASTIQUES NE SONT PAS RECYCLÉS

300 millions DE TONNES DE DÉCHETS PLASTIQUES SE RETROUVERONT DANS L'OCÉAN D'ICI 2030

Guide restaurant durable, www.metro.fr

1 Pourquoi est-il tout particulièrement important de réduire dès aujourd'hui l'utilisation de plastique ?

....

DOCUMENT 4 Différentes actions durables proposées par le personnel du LoKal

① Valoriser les déchets alimentaires en compost avec l'aide d'un spécialiste.

② Mettre en place des solutions pour que le client puisse ramener ses restes chez lui.

③ Informer régulièrement les équipes sur le suivi, l'évolution des démarches mises en place.

④ Limiter l'utilisation de détergents polluants et privilégier les produits d'entretien écologiques (Ecocert...).

⑤ Remplacer les contenants en plastique par des contenants réutilisables ou recyclables.

⑥ Installer des régulateurs de débit d'eau et réutiliser l'eau des carafes et seaux à vin pour le lavage des sols.

⑦ Faire plus attention aux conditions de travail (température en cuisine, bruit, ergonomie).

⑧ Privilégier la lumière naturelle dans la salle de restaurant et veiller à utiliser des ampoules basse consommation.

⑨ Regrouper les livraisons pour limiter l'ouverture des chambres froides.

⑩ Remplacer les poubelles pour améliorer le tri sélectif et bien séparer verre, plastique, carton/papier, bois et métal.

⑪ Trouver un nouveau partenaire pour que les huiles alimentaires usagées soient collectées et valorisées.

⑫ Afficher des communications type écogestes, tri des déchets, plan de nettoyage au sein de la cafétéria.

2 L'équipe du LoKal a fait plusieurs propositions d'actions durables (document 4).
Entourez celles qui répondent à des obligations réglementaires déjà en vigueur ou à venir.

3 En vous appuyant sur le document 3, classez les actions qui correspondent à ces réglementations (document 4) en reportant leurs numéros dans le tableau.

Limitation du gaspillage alimentaire	Tri et recyclage des déchets	Vers la disparition du plastique à usage unique	Réutilisation des huiles alimentaires usagées
....	....	....	....

4 Classez toutes les actions proposées par l'équipe (document 4) en fonction de l'objectif qu'elles visent en reportant leurs numéros dans le tableau.

	**Maîtrise des énergies et des polluants**		**Optimisation du tri et du recyclage des déchets** ....
	**Limitation des déchets (alimentaires, plastiques...)**		**Implication, formation et motivation des équipes** ....

MISSION 3

Proposer une offre de restauration durable

« Depuis la crise sanitaire, nos clients sont de plus en plus soucieux de consommer des produits sains de qualité, provenant du terroir local et encourageant une production de proximité. Il est donc important que notre carte soit durable afin de répondre à ces nouvelles attentes (**documents 5, 6 et 7**). »

DOCUMENT 5 Proposer des menus durables

Les produits guident le menu : c'est l'approvisionnement qui doit déterminer le menu et non l'inverse. Le cuisinier doit se mettre à l'écoute de ceux qui cultivent, élèvent, pêchent et cueillent pour composer ses plats au plus proche de la nature.

Faire la part belle au végétal : la production de viande (élevage et cultures fourragères) représente près de 15 % des émissions de gaz à effet de serre. [...]
Il faut inverser les proportions animal/végétal dans les assiettes : 1/3 de protéines animales pour 2/3 de produits végétaux. [...] La gastronomie contemporaine doit approfondir le travail autour des protéines végétales, et se recentrer sur les légumes, céréales et légumineuses [...].

Quelques suggestions pour menus durables

→ Inverser les proportions mais aussi les mentions légumes et viandes sur les intitulés de la carte, comme à l'Épi Dupin de François Pasteau. Par exemple : « Poêlée de patate douce au sésame, échine de cochon basque » ou « Navets rôtis au miel, poitrine de veau confite ».

→ Proposer systématiquement une option végétarienne : tout menu devrait comporter une option 100 % végétarienne, aussi intéressante et appétissante que le reste, sans qu'il soit nécessaire au client de la réclamer.

Livre blanc de la gastronomie responsable, 2019, https://agriculture.gouv.fr

DOCUMENT 6 Ma carte passe au durable

En privilégiant le végétal, de saison, avec une provenance locale ou française, vous diminuez ce que l'on appelle « l'empreinte carbone » de l'assiette. Il faut savoir que l'empreinte carbone moyenne d'une assiette est de **2 040 g de CO^2** par repas, soit l'équivalent de 15 km parcourus en voiture, ce qui est assez élevé.

Guide restaurant durable, www.metro.fr

1 Quel est l'intérêt, pour la cafétéria LoKal, de proposer une carte durable ?

....

....

....

....

....

....

....

2 Surlignez, sur le document 7 (page suivante), les éléments qui montrent que la carte proposée est durable.

DOCUMENT 7 Extrait de la carte de la cafétéria LoKal

LoKal

ENTRÉES

Bar à soupes fraîches de saison (le bol) [VEGAN]
avec des légumes de nos producteurs locaux .... 3,50 €
Assiette moyenne de crudités de saison
(buffet en libre-service) *avec des légumes*
de nos producteurs locaux [VEGAN] .... 4,50 €
Macédoine de légumes .... 3,50 €
Assiette de charcuterie, beurre de baratte .... 4,50 €
Samossa aux légumes [VEGGIE] .... 3,50 €

PLATS

Tarte du jour .... 6,95 €
Dahl de lentilles [VEGAN] .... 8,00 €
Burger LoKal .... 11,50 €
Poke bowl veggie [VEGGIE] .... 7,50 €
Poke bowl saumon .... 9,50 €
Salade de saison [VEGAN]
avec des légumes de nos producteurs locaux .... 6,50 €
Gnocchis au 4 fromages [VEGGIE] .... 7,50 €
Pavé de saumon grillé au thym et citron
Issu de la pêche durable .... 10,95 €
Brochette de crevettes à la thaï,
lait de coco et gingembre .... 10,00 €
Entrecôte à la plancha .... 11,50 €
Filet de dinde fermière grillé .... 8,50 €
Steak haché XL bio .... 9,00 €
Jambon braisé au porto .... 7,50 €

Accompagnements et sauces au buffet

DESSERTS

Assiette de fromages locaux .... 3,50 €
Cheesecake .... 2,50 €
Glace ou sorbet bio .... 2,50 €
Mousse au chocolat
Produit issu du commerce équitable [VEGAN] .... 3,50 €
Tarte aux fruits de saison .... 3,00 €
Salade de fruits de saison [VEGAN] .... 2,50 €
Fromage blanc fermier et crème de marron .... 2,00 €

3 Comment la démarche durable est-elle mise en valeur sur la carte ?

4 Quelles idées pourriez-vous proposer pour améliorer l'offre durable ?

5 Que feriez-vous pour améliorer la mise en valeur de l'offre durable auprès des clients ?

« Je souhaite tester un nouveau grossiste proposant une gamme locale de légumes. Il nous a envoyé la liste des produits qu'il proposera pour la saison d'hiver. Je souhaiterais que vous m'aidiez à sélectionner les légumes de saison que nous pourrons choisir pour le bar à soupes (**document 8**). »

DOCUMENT 8 Liste des légumes

Légumes	
Poireaux	Laitues
Topinambours	Citrouilles
Artichauts	Carottes
Courgettes	Haricots
Céleri	Choux
Radis	Tomates
Asperges	Navets

6 En vous référant au calendrier des produits de saison p. 279, barrez, sur le document 8, les légumes proposés qui ne correspondent pas à la saison d'hiver.

7 Quels sont les avantages pour les clients de déguster des produits locaux et de saison ?

MISSION 4

Réduire le gaspillage alimentaire et gérer les invendus

« Je remarque que les clients ont tendance à ne pas finir leurs assiettes et à jeter une quantité assez importante de nourriture. Je souhaite que les équipes de salle et de cuisine se réunissent afin de repérer les anomalies et de trouver des solutions pour éviter ce gaspillage, comme le préconise la loi anti-gaspillage (**documents 9** et **10**). »

Vidéo : *Comment lutter contre le gaspillage alimentaire ?*
liennathan.fr/j58t5i

DOCUMENT 9 Vers une réduction de 50 % de gaspillage alimentaire d'ici 2025

D'ici 2025, les secteurs de la distribution alimentaire et la restauration collective auront pour objectif impérieux de réduire le gaspillage alimentaire de 50 % par rapport au niveau de 2015. Ceci concerne notamment les cantines scolaires, les cantines d'entreprises ou encore les supermarchés. [...] La restauration commerciale a jusqu'à l'année 2030 pour réduire le gaspillage alimentaire de 50 %.

Informer les clients pour sensibiliser au zéro déchet et lutter contre le gaspillage alimentaire

Depuis janvier 2021, les clients peuvent venir avec leur contenant dans les commerces de vente de détail. Bien évidemment, c'est également possible dans les restaurants. Aussi, lorsqu'un client vient manger dans votre restaurant, n'hésitez pas à lui rappeler que le doggy bag est possible et même conseillé pour éviter le gâchis.

Favoriser les dons alimentaires pour supprimer le gaspillage

[...] Il est tout à fait possible pour les restaurateurs [...] d'offrir les restes à des associations, ou encore de faire appel à des entreprises tierces comme la start-up Too GoodTo Go pour vendre les invendus à travers de paniers repas à moindre prix au lieu de les jeter à la poubelle.

Il est également tout à fait possible de donner ses légumes moches, ou ses fruits invendus, mais aussi les épluchures à des start-up ou des entreprises qui vont les réutiliser pour fabriquer d'autres produits, comme des cosmétiques. Ce qui a pour conséquence une valorisation des déchets.

https://oaformation.com, 12 mai 2021.

1 Pour chaque situation ci-dessous observée à la cafétéria LoKal, identifiez s'il y a un risque de gaspillage et proposez une solution pour l'éviter.

Pratiques observées		Risque de gaspillage	Solutions proposées
	**Joël Michaud**, cuisinier « Je prévois de vendre 50 portions de Poke Bowl pour le service du midi mais prépare toujours 20 % en plus pour être tranquille. »	....	....
	**Boris Petrovic**, agent de restauration « J'étais responsable de la caisse aujourd'hui. Au moment du règlement des clients, j'ai donné un morceau de pain à chacun. »	....	....
	**Nina Andersen**, agent de restauration « Une cliente n'a terminé ni son plat ni son dessert. Je lui ai indiqué l'endroit où aller déposer son plateau. »	....	....
	**Lou Masson**, cuisinière « Pour être certaine de ne pas être dans "le jus" durant le service, je grille d'avance 30 pavés de saumon. »	....	....

2 Pour chaque solution proposée par Sullivan Reyel, RSE du groupe, indiquez l'équipe qui aura la charge de ces améliorations.

Solutions pour limiter le gaspillage	Équipe de salle	Équipe de cuisine	Direction
1. Communiquer sur le gourmet bag auprès des clients.	☐	☐	☐
2. Recycler les restes dans un nouveau plat (soupe, tarte, salade de fruits…).	☐	☐	☐
3. Élaborer un grammage précis *via* les fiches techniques.	☐	☐	☐
4. Sensibiliser le personnel à l'impact du gaspillage, à une bonne gestion des stocks.	☐	☐	☐
5. Utiliser les produits arrivant en fin de durée de vie en premier.	☐	☐	☐
6. Optimiser l'utilisation des ingrédients (zéro déchet).	☐	☐	☐
7. Mettre en place des partenariats avec des associations pour réaliser des dons alimentaires.	☐	☐	☐
8. Donner/proposer le pain à la demande.	☐	☐	☐
9. Mesurer le volume de déchets produits par le restaurant.	☐	☐	☐
10. Demander à être référencé sur une application qui permet de vendre les invendus à des tarifs avantageux.	☐	☐	☐

DOCUMENT 10 Quelle est la différence entre un reste et un excédent de nourriture ?

Les **excédents** peuvent être resservis à certaines conditions. Ils recouvrent deux types de denrées :
– les denrées dans des contenants maintenus dans une armoire chaude ou froide en amont du service ;
– les produits préemballés en sachets individuels stables à température ambiante (biscuits, biscottes…), qui peuvent être récupérés sur les plateaux, sous réserve naturellement que leur conditionnement soit resté intact.

Un **reste alimentaire** ne peut pas être reconditionné ou servi ultérieurement même après refroidissement rapide. Il s'agit des plats et produits présentés aux consommateurs, sur la chaîne d'un self ou à table, comme les bacs gastronomes entamés, les goiottes et ramequins proposés sur des présentoirs réfrigérés ou les saladiers placés en libre-service.

3 Vous avez fini le service et Joël vous demande de débarrasser les différents îlots. Indiquez, pour chaque plat présenté ci-dessous, s'il s'agit d'un excédent ou d'un reste alimentaire, s'il peut ou non être resservi, et justifiez votre réponse.

Plat	Excédent ou reste alimentaire	Peut être resservi	Justification
Lasagnes à la bolognaise conservées en cuisine à + 63°	☐ Excédent ☐ Reste alimentaire	☐ Oui ☐ Non	…………………………………… ……………………………………
Fruits coupés mis en place sur l'îlot Desserts	☐ Excédent ☐ Reste alimentaire	☐ Oui ☐ Non	…………………………………… ……………………………………
Poke Bowl au saumon, fermé et mis à disposition des clients	☐ Excédent ☐ Reste alimentaire	☐ Oui ☐ Non	…………………………………… ……………………………………
Assiette de fromages filmée maintenue à + 3 °C durant le service	☐ Excédent ☐ Reste alimentaire	☐ Oui ☐ Non	…………………………………… ……………………………………

Participer à la semaine européenne du développement durable

Dans le cadre de la semaine européenne du développement durable, vous allez proposer un menu durable aux clients de votre restaurant d'application. Ce sera aussi l'occasion de réfléchir à des solutions afin d'améliorer certaines pratiques au sein de la cuisine de votre établissement.

a) En vue de la confection du menu pour la semaine du développement durable, recherchez des fournisseurs autour de votre lycée vous permettant d'être dans une démarche de locavorisme. Vous pouvez vous aider d'une recherche sur Internet (Mappy.fr…) et de la liste des fournisseurs de votre établissement.

b) Complétez un tableau comme ci-dessous pour synthétiser les résultats de votre recherche.

Fournisseur	Distance du lycée en km	Produit concerné	Fréquence de livraison	Bio ou non

c) Par groupes, créez un menu durable qui soit locavore, de saison et zéro déchet si possible, composé d'une entrée, d'un plat et d'un dessert.

d) Mesurez l'empreinte carbone des recettes de votre menu à l'aide de l'éco-calculateur développé par Eco2 Initiatives, disponible sur le site www.bonpourleclimat.org.

e) À l'occasion de cette séance de travaux pratiques, demandez aux éco-délégués de votre établissement d'identifier les points à améliorer à l'aide d'une grille d'observation que vous aurez créée en classe.

Éco-calculateur
liennathan.fr/k9f3k4

Pour les experts

1.1 - Mener une recherche et une veille d'information pix

1 Connaître les distinctions de l'engagement durable

« Nous souhaiterions mettre en valeur notre engagement durable. Plusieurs distinctions récompensent un engagement durable. J'aimerais que vous vous documentiez sur ce sujet afin de voir auxquelles nous pourrions prétendre (**document**). »

L'Éveil des sens

DIRECTRICE ET CHEFFE DE CUISINE | Anaëlle Nguyen

DOCUMENT Les distinctions qui récompensent l'engagement durable des restaurants

Étoile verte Michelin
liennathan.fr/48kjx5

Palmes du tourisme durable, catégorie « Restauration »
liennathan.fr/52bam8

Trophées de la nutrition durable
liennathan.fr/238gee

1 Recherchez, sur les sites proposés, des informations sur ces 3 distinctions.

2 À quelle(s) distinction(s) le restaurant L'Éveil des sens pourrait-il prétendre ? Justifiez votre réponse.

………

………

2 Communiquer sur son engagement responsable

« Je souhaite mettre en avant nos engagements en termes de développement durable auprès de nos clients qui sont très attachés à la cause environnementale (**document 1**). J'aimerais que vous m'aidiez à réfléchir à des solutions pour communiquer davantage sur notre démarche durable (**document 2**). »

LE DISTRICT

DIRECTRICE | Delphine Casalis

DOCUMENT 1 L'importance des propositions ou des informations au restaurant

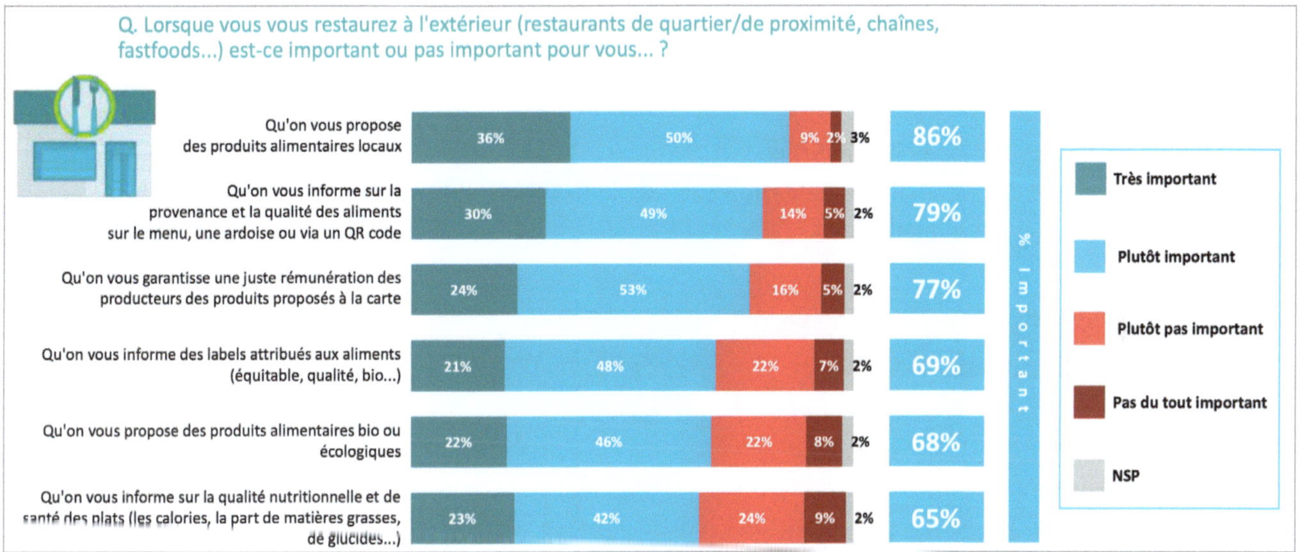

Restauration21.fr, l'actualité de la restauration durable, 6 décembre 2021.

1 Pourquoi la directrice du District souhaite-t-elle communiquer davantage sur les engagements du restaurant ? Sur quels éléments lui conseilleriez-vous de communiquer en priorité ?

....

....

DOCUMENT 2 Restaurant écoresponsable : engagez-vous et faites-le savoir

1. Les labels : ils fleurissent ces dernières années pour certifier les restaurants responsables : Restaurant Engagé Anti-Gaspi, Ecotable, Green Food, Care Eat... Les labels vous permettent de **garantir auprès de vos clients le sérieux de votre démarche**. Mettez-les en valeur sur les menus et sur les murs de votre établissement. [...]

2. Les plateformes de restauration responsable : elles permettent de toucher les internautes qui cherchent une « bonne adresse écolo ». Des applications comme The place to bio, VegOresto ou encore Yes we green référencent les restaurants « ecofriendly ».

3. Les opérations spéciales : profitez des journées internationales pour **proposer un menu du jour responsable**. Par exemple, le 18 juin, pour la Journée mondiale de la gastronomie durable. [...]

4. Le digital : relayez sur vos réseaux sociaux l'obtention des labels, la mise en place de partenariats de dons aux associations, etc. Postez des photos et des vidéos du travail en cuisine...

www.metro.fr, 4 janvier 2021.

2 À l'aide d'un logiciel de présentation, présentez à Delphine Casalis plusieurs solutions concrètes afin de développer la communication pour mettre en valeur les engagements du restaurant Le District.

3 Rendez-vous sur le site de YES WE GREEN et repérez autour de vous les restaurants qui y sont référencés.

SYNTHÈSE

Le développement durable désigne un développement qui préserve les ressources naturelles afin de les rendre durables dans le long terme. Il comprend 3 dimensions :

- ....
- ....
- ....

Plusieurs réglementations en matière de développement durable s'appliquent au secteur de la restauration. Elles visent à :

- Limiter le gaspillage alimentaire
  → Loi anti-gaspillage
- ....
  → Décret 5 flux
  → Réglementation biodéchets
- ....
  → Loi anti-gaspillage
- Recycler les huiles alimentaires usagées
  → Code de l'Environnement et code de la Santé publique

Afin de s'engager dans une démarche durable, un restaurant doit :

- Privilégier les circuits courts (producteurs locaux...)
- Privilégier les produits végétaux
- ....
- ....
- ....
- Limiter les déchets et favoriser le tri et le recyclage

Afin de limiter le gaspillage alimentaire, un restaurant peut :

En cuisine
- Optimiser l'utilisation des ingrédients (cuisine zéro déchet)
- ....

En salle
- Proposer le pain à la demande
- ....

Au niveau de la direction
- Proposer des produits sur des applications de vente de produits en fin de vie.
- ....

→ **Seuls les excédents** peuvent être resservis s'ils n'ont pas été servis aux clients et s'ils ont été conservés dans une armoire chaude ou froide en amont du service.

MOTS-CLÉS

Développement durable • **Doggy bag (ou gourmet bag)** • **Gaspillage alimentaire** • **Circuit court** • **Zéro déchet**

QUIZ INTERACTIF
liennathan.fr/7v2h5k

CHAPITRE 18

Identifier et contrôler une démarche qualité

COMPÉTENCES

C5-2.1 Contrôler la qualité sanitaire des matières premières et des productions

C5-2.2 Contrôler la qualité organoleptique des matières premières et des productions

C5-2.3 Contrôler la qualité marchande des matières premières et des productions

C5-2.4 Gérer les aléas liés aux défauts de qualité

SAVOIRS ASSOCIÉS

SA C5-2.1 à 4 La qualité globale

SA C5-2.1 à 4 Les contrôles et autocontrôles

CO-INTERVENTION P. 8

FRANÇAIS : 8. Des robots dans ma cuisine !

MATHS : 11. Comprendre la notion de contrôle qualité

ATELIER EXPÉRIMENTAL ET TECHNOLOGIQUE P. 235

Situation professionnelle

ARCHIBALD

Pour donner suite à de nombreux retours clients, dont certains sont négatifs, Archibald Meyer, le chef de cuisine et directeur du restaurant Archibald, souhaite mettre en place une démarche qualité afin d'améliorer la prestation commerciale.

Tous les personnels de cuisine sont conviés à une réunion pour mettre en place les nouvelles directives.

En tant que stagiaire, vous allez participer à la mise en place de cette démarche qualité sous la responsabilité de Diane Kaminsky, second de cuisine.

AVANT LA CLASSE

Vidéo : AB, AOP, IGP... Comment s'y retrouver parmi les différents labels alimentaires ?

liennathan.fr/jeh464

- **Lors de vos expériences professionnelles et à l'aide de la vidéo, identifiez les labels qui vous permettent d'identifier les produits de qualité présents en restauration.**

MISSION 1

Analyser et améliorer la qualité globale

« Pour donner suite aux retours négatifs de certains clients, nous avons réalisé un audit sur la qualité totale de l'établissement et le comité de direction a établi un plan d'action global (**document 1**). Toutes les équipes doivent être impliquées pour parvenir à une qualité parfaite. Nous avons pris plusieurs décisions avec le comité de direction concernant la qualité marchande, qui seront appliquées dès le mois prochain (**document 2**). »

DOCUMENT 1 Plan d'action global

Qualité totale
***Total Quality Management* (TQM)**

La clientèle
- Appliquer les changements pour répondre aux attentes des clients
- ....
....

Le marché
- Déterminer ses cibles et répondre à leurs besoins
- Adapter les prix
- ....
....

La concurrence
- Étudier la concurrence
- ....
....

L'amélioration continue des procédures
- Établir des projets à long terme
- Optimiser le temps de travail et les coûts de production
- Innover
- Faire de la veille marketing et technologique
- ....

Le personnel
- Former et motiver le personnel
- ....
....

1 Replacez les axes d'amélioration suivants dans les rubriques correspondantes du plan d'action global pour le restaurant Archibald.

Se différencier – Communiquer – Améliorer les conditions de travail – Anticiper les besoins – Analyser les avis des clients

2 Diane, second de cuisine, est responsable de l'axe « Innover ».
Elle a pris des notes afin d'améliorer l'offre de plats sur la prochaine carte de mets.
Aidez-la à les remettre dans un ordre logique pour atteindre cet objectif.

- Mener un état des lieux des plats favoris. ....
- Faire réaliser les nouvelles cartes et les proposer aux clients. ....
- Mobiliser l'ensemble du personnel. ....
- Mettre en œuvre les fiches techniques au sein de chaque poste (froid, chaud, pâtisserie), en optimisant le temps de travail et les coûts de production. ....
- Identifier des plats potentiels pour les futures cartes. ....

DOCUMENT 2 La qualité marchande

La qualité marchande assure à la clientèle que la qualité d'un produit correspond à ses attentes dans le cadre de sa consommation en restaurant.

Qualité organoleptique
Le consommateur veut prendre du plaisir à regarder son assiette bien présentée, à respirer de bonnes odeurs, à manger des produits sains et frais.

Qualité nutritionnelle
Le consommateur veut s'assurer que son alimentation est équilibrée.

Qualité marchande

Qualité sanitaire
Le consommateur veut pouvoir manger en toute sécurité, sans risque d'intoxication alimentaire.

Qualité du service
Elle doit être satisfaite par les prix, les horaires, la rapidité du service, le choix des plats et des produits, la tenue et le comportement des serveurs.

3 **Pour chaque propos de client du restaurant Archibald, cochez le type de qualité marchande correspondante afin d'affiner le diagnostic sur la qualité totale.**

Propos des clients		Qualité			
		Organoleptique	Du service	Sanitaire	Nutritionnelle
	« J'ai adoré mon plat, les légumes étaient bien cuisinés et fondants ! »	☐ Bonne ☐ Mauvaise	☐ Bonne ☐ Mauvaise	☐ Bonne ☐ Mauvaise	☐ Bonne ☐ Mauvaise
	« Nous venons manger tous les midis entre collègues, j'aime avoir du choix. »	☐ Bonne ☐ Mauvaise	☐ Bonne ☐ Mauvaise	☐ Bonne ☐ Mauvaise	☐ Bonne ☐ Mauvaise
	« Il restait un peu de terre sur certaines feuilles de salade servies avec le hachis. »	☐ Bonne ☐ Mauvaise	☐ Bonne ☐ Mauvaise	☐ Bonne ☐ Mauvaise	☐ Bonne ☐ Mauvaise
	« Nous avons pu manger rapidement, ce qui était parfait car nous étions pressés pour aller au spectacle ! »	☐ Bonne ☐ Mauvaise	☐ Bonne ☐ Mauvaise	☐ Bonne ☐ Mauvaise	☐ Bonne ☐ Mauvaise
	« Les plats sentent bon et sont toujours bien présentés. »	☐ Bonne ☐ Mauvaise	☐ Bonne ☐ Mauvaise	☐ Bonne ☐ Mauvaise	☐ Bonne ☐ Mauvaise
	« Les vins proposés à la carte ont toujours un bon rapport qualité/prix. »	☐ Bonne ☐ Mauvaise	☐ Bonne ☐ Mauvaise	☐ Bonne ☐ Mauvaise	☐ Bonne ☐ Mauvaise
	« J'ai eu un doute sur la fraîcheur des huîtres. Par précaution, je ne les ai pas mangées, je ne voulais pas être malade ! »	☐ Bonne ☐ Mauvaise	☐ Bonne ☐ Mauvaise	☐ Bonne ☐ Mauvaise	☐ Bonne ☐ Mauvaise
	« Vos desserts n'ont pas l'air très diététiques… »	☐ Bonne ☐ Mauvaise	☐ Bonne ☐ Mauvaise	☐ Bonne ☐ Mauvaise	☐ Bonne ☐ Mauvaise
	« On a été très bien accueillis, ma tante américaine a pu parler en anglais avec le serveur. »	☐ Bonne ☐ Mauvaise	☐ Bonne ☐ Mauvaise	☐ Bonne ☐ Mauvaise	☐ Bonne ☐ Mauvaise
	« J'adore l'Archibald mais c'est dommage de ne pas proposer plus de plats végétariens et équilibrés. »	☐ Bonne ☐ Mauvaise	☐ Bonne ☐ Mauvaise	☐ Bonne ☐ Mauvaise	☐ Bonne ☐ Mauvaise

4 **D'après les propos des clients, quels sont les types de qualité sur lesquelles le restaurant doit s'améliorer ?**

....

....

MISSION 2 Identifier des problèmes et des causes afin d'améliorer la qualité

« En allant sur les réseaux sociaux, un membre du comité de direction a lu ces commentaires à propos de la brasserie Archibald (**document 3**). Nous devons absolument rester vigilants sur la qualité sanitaire des plats. J'aimerais que vous m'aidiez à identifier les causes d'un tel problème pour éviter que cela se reproduise. Nous pouvons utiliser le diagramme Ishikawa, qui est en arêtes de poisson, afin d'identifier les différentes causes. »

DOCUMENT 3 Extraits de commentaires publiés sur Facebook

Marie Lou
Ce midi, j'ai mangé à la brasserie Archibald et j'ai été victime de douleurs intestinales. Je pense que c'est une intoxication alimentaire qui viendrait de la viande hachée du hachis Parmentier que j'ai mangé...
J'aime • Répondre • 2 h

Fabrice LF
Moi aussi, j'ai eu la même chose ! Mais ça ne m'a pas étonné car quand je suis allé aux toilettes, j'ai vu en cuisine du matériel sale et même entreposé à même le sol.
J'aime • Répondre • 2 h

Ibrahim M.
Moi, j'ai un copain qui a travaillé dans les cuisines et qui m'a dit que l'hygiène et le nettoyage n'étaient pas faits quotidiennement.
J'aime • Répondre • 2 h

Charlotte Jasmin
En tout cas, le personnel fume devant le restaurant et leur tenue n'est pas toujours professionnelle.
J'aime • Répondre • 2 h

Thélio Fabioli
Ça peut également venir de leur méthode de réalisation du hachis. Si la cuisine ne respecte pas les temps de refroidissement ou de réchauffe, le plat peut être contaminé...
J'aime • Répondre • 2 h

Paoline L.
Ou bien c'est à cause de la provenance des marchandises. Si ça se trouve, les dates limites de consommation étaient dépassées !
J'aime • Répondre • 2 h

1 À l'aide des commentaires, identifiez, pour chaque catégorie, une cause qui a pu provoquer l'intoxication alimentaire de la cliente.

Main-d'œuvre (personnel)
....
....

Matériels
....
....

Méthode
Protocole de refroidissement non respecté

Marchandises
....
....

Milieu
....
....

Effet Intoxication alimentaire

2 Pourquoi est-il important pour la brasserie Archibald d'identifier précisément les causes de ce problème ?

....

MISSION 3

Contrôler et améliorer la qualité organoleptique d'un plat

« Suite à ces avis négatifs, nous allons réaliser une analyse organoleptique du hachis Parmentier qui a été réalisé ce matin. Pour cela, nous allons nous aider de nos 5 sens afin d'observer attentivement la préparation (**document 4**). »

DOCUMENT 4 L'analyse organoleptique du hachis Parmentier par Diane

« Avant de goûter le hachis Parmentier, on regarde l'assiette présentée : au visuel, on peut remarquer que la salade servie en accompagnement est un peu jaune sur les bords. Ensuite, on se concentre sur l'odeur : on sent comme une odeur de brûlé pas très agréable...
Après ces deux étapes, on commence la dégustation. On remarque déjà au toucher, que ce soit au contact des doigts ou de la bouche, que le hachis n'est pas très chaud.
Une fois en bouche, le hachis est très peu salé.
Pour finir, si on se concentre sur le bruit, le fromage au-dessus ne croustille pas du tout. »

1 Reclassez les étapes de l'analyse organoleptique du hachis Parmentier dans l'ordre chronologique et précisez les organes sollicités. Dans un second temps, ajoutez les descripteurs cités par Diane.

Étapes	Sens	Organes	Critères d'appréciation AOSTE	Exemples de descripteurs	Descripteurs cités par Diane
....	La vue	....	Aspect	**Aspect :** brillant, mat, liquide, solide. **Couleur :** rouge, violet, noire. **Forme :** rond, carré, rectangle, triangle. **Volume :** plat, aéré.	....
....	Le goût	....	Saveur	**Acide :** citron, tomate, vinaigre. **Amer :** cacao, endive. **Salé / Sucré** **Épicé :** piquant, brûlant	....
....	L'odorat	....	Odeur ou arôme	**Agréable / Désagréable** **De fruits :** pomme, abricot. **De légumes :** champignon, carotte. **Épices et aromates :** thym, coriandre.	....
....	L'ouïe	....	Écoute	Craquant, pétillant	....
....	Le toucher	.... La bouche	Texture	**Chaleur :** froid, tiède, chaud. **Consistance :** dure, ferme, molle.	....

2 Quel est l'intérêt, pour le restaurant Archibald, de réaliser cette démarche ?

....

3 Proposez des pistes pour améliorer le plat.

....

....

MISSION 4

Identifier des solutions pour améliorer la qualité globale d'un plat

« Dans le cadre de la mise en place du plan de maîtrise sanitaire (PMS) de l'établissement, la réglementation nous impose des protocoles pour identifier les risques mais surtout améliorer notre qualité globale. Nous avons extrait la fiche du hachis Parmentier (**document 5**) créée à l'aide du guide de bonnes pratiques d'hygiène (GBPH) et nous allons identifier les éléments qui nous permettront d'améliorer ce plat. »

DOCUMENT 5 Fiche de bonnes pratiques du hachis Parmentier extraite du PMS de la brasserie Archibald

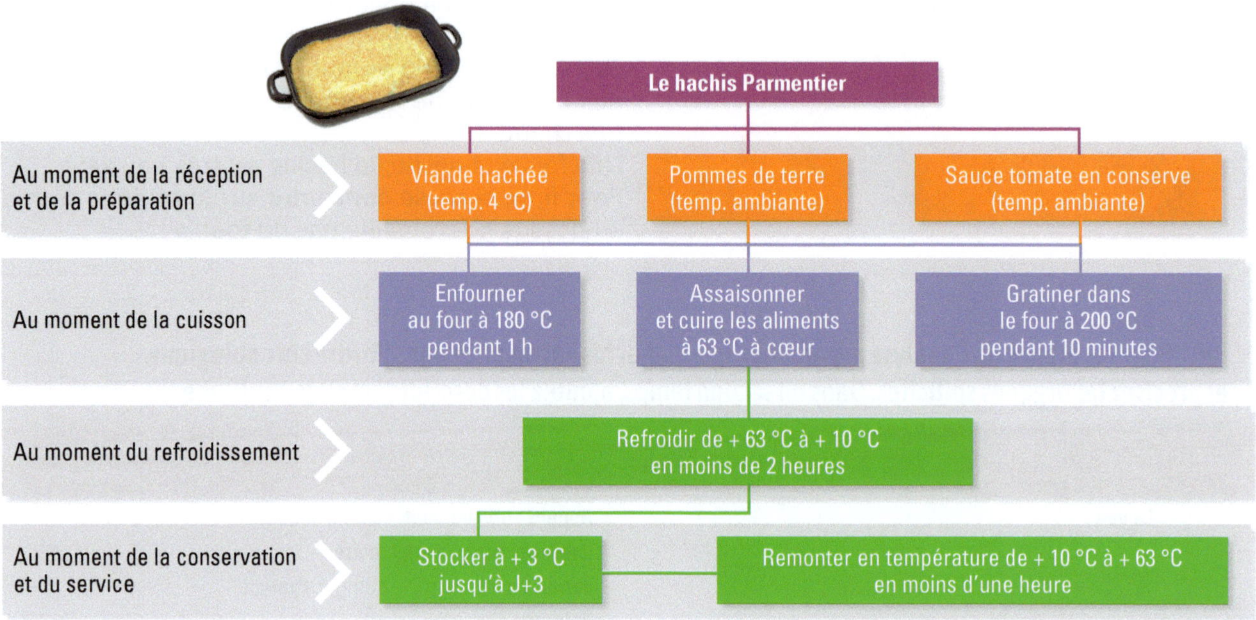

1 **Reliez les étapes de fabrication aux autocontrôles qui pourraient être mis en place afin d'améliorer la qualité et de garantir la sécurité sanitaire du plat.**

Au moment de la réception •	• Relever les températures des aliments à cœur et assaisonner les plats
Au moment du refroidissement •	• Contrôler les marchandises et la température du camion de livraison
Au moment de la cuisson •	• Prendre la température des plats réchauffés
Au moment du service •	• Enregistrer la durée pour passer de + 63 °C à + 10 °C

2 **Cochez si les recommandations de Diane vont améliorer la qualité sanitaire, nutritionnelle ou organoleptique.**

Recommandations de Diane	Qualité		
	sanitaire	nutritionnelle	organoleptique
« Il faut absolument que les matériels de préparation soient bien propres avant de démarrer. »	☐	☐	☐
« La cuisson du hachis Parmentier doit être vérifiée avant l'envoi. »	☐	☐	☐
« Faites très attention à ce que les boîtes de sauce tomate ne soient pas gonflées ou cabossées. »	☐	☐	☐
« Lors de la préparation, il ne faut pas trop saler afin de réduire l'apport en sel dans l'alimentation. »	☐	☐	☐

3 Entourez en rouge les causes d'apparition de danger et en bleu les actions correctives apportées pour la réalisation du hachis Parmentier.

- Matériel sale
- Cuisson correcte à 180 °C
- Servir le plat dans les 24 heures après la production
- Tenue du personnel incomplète
- Bien gratiner à 200 °C
- Rectifier les assaisonnements
- DLC dépassée d'une journée
- Réaliser le plat dans un local avec des déchets au sol
- Refroidissement en plus de 3 heures

ATELIER EXPÉRIMENTAL ET TECHNOLOGIQUE

Identifier les risques et comparer la qualité d'une préparation

a Lors d'une séance de travaux pratiques, vous allez proposer un cocktail de crevettes en entrée. En accompagnement, réalisez 2 sauces mayonnaises : l'une à base de vinaigre de vin rouge et l'autre sans œuf (voir les ingrédients ci-dessous). Vous pouvez réaliser ce travail par groupes de 2. Une fois les sauces réalisées, identifiez-les par un numéro attribué par votre chef.

Sauce mayonnaise à base de vinaigre de vin rouge	Sauce mayonnaise sans œuf
• 0,25 L d'huile de tournesol • 0,05 L de vinaigre de vin rouge • 1 jaune d'œuf • 0,010 kg de moutarde • Sel, poivre	• 0,25 L d'huile de tournesol • 0,10 L de lait entier • 0,010 kg de moutarde • Sel, poivre Émulsionner avec un mixeur plongeant.

b Dans le cadre de la réflexion du PMS, identifiez, pour les 5 M, des points de vigilance à respecter afin d'éviter une intoxication alimentaire.

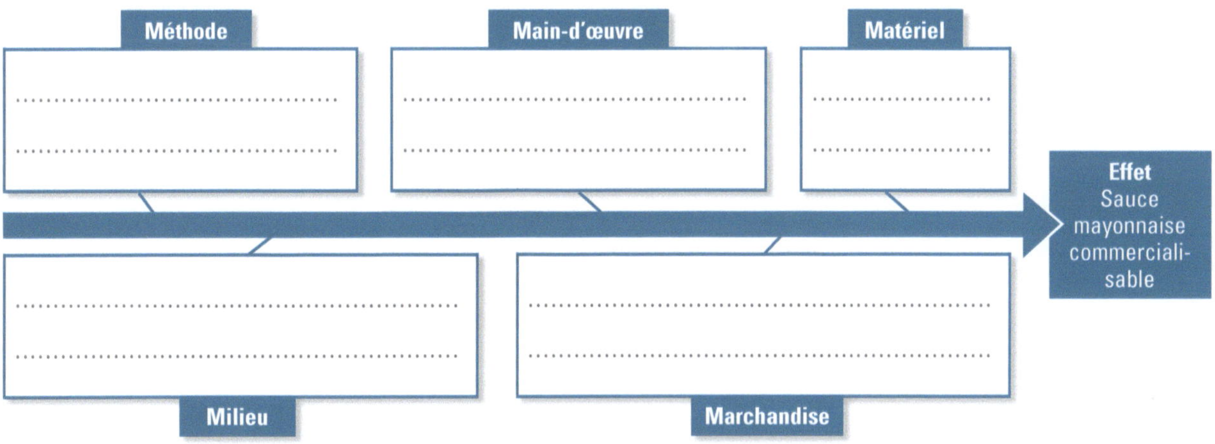

c Rassemblez toutes les sauces produites au même endroit afin de les observer. Inscrivez, dans le schéma ci-dessous, les numéros des sauces après avoir comparé la qualité visuelle (texture, couleur) et la qualité gustative (saveur) de chacune d'elles.

	Excellent	
Couleur trop pâle		Couleur trop vive
Trop liquide		Trop ferme
Pas salée		Trop salée
Pas d'acidité		Trop d'acidité
Pas grasse		Trop grasse

d Identifiez la sauce qui peut être consommée par une personne allergique ou végétalienne. Justifiez.

e Choisissez la sauce la plus appréciée par le groupe. Justifiez.

Pour les experts

LoKal

1 Améliorer la qualité dans le cadre du nettoyage

« À la suite d'un prélèvement de surface qualifié de « non satisfaisant » sur la trancheuse de la cafétéria LoKal, nous allons utiliser la roue de Deming. Elle permet de planifier les nettoyages, de mettre en œuvre un suivi, de contrôler ces nettoyages soit de manière visuelle, soit par des autoprélèvements et ainsi d'améliorer la qualité hygiénique de notre trancheuse. »

ASSISTANT HYGIÈNE | Fabrice Pereira

1 **Positionnez les actions suivantes sur la roue de Deming afin d'améliorer la qualité hygiénique de la trancheuse de la cafétéria LoKal.**

A. Reformuler et identifier les points à risque ou critiques lors de la désinfection.
B. Renseigner le tableau des utilisations de la trancheuse.
C Vérifier que les nettoyages sont effectués avec des prélèvements par lames gélosées (photo ci-contre).
D. Nettoyer et désinfecter après chaque utilisation de la trancheuse.

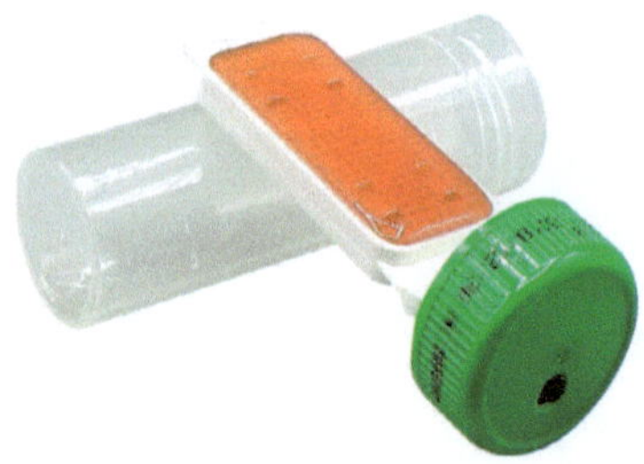

Quelle est la fréquence de nettoyage ?

....
....

Comment optimiser le protocole ?

....
....
....
....

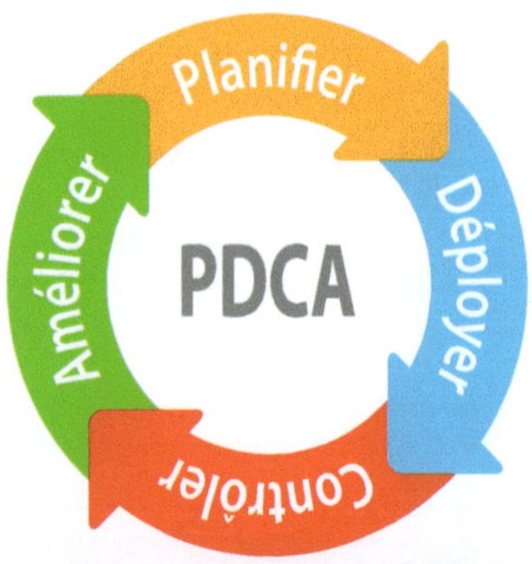

Qui est l'utilisateur et quels sont les produits tranchés ?

....
....
....

Comment contrôler que la machine est correctement désinfectée ?

....
....

2 **En cas d'autocontrôle non conforme réalisé par la cheffe de cuisine, repositionnez les actions de correction à destination du personnel dans l'ordre chronologique.**

Après 2 formations et en cas d'oubli de la part d'un des collaborateurs, un avertissement verbal sera fait. ……

Refaire une formation sur les étapes de nettoyage de la trancheuse. ……

En cas de récidive de ce même collaborateur, un courrier d'avertissement lui sera envoyé. ……

2 Établir une charte de qualité pour le restaurant scolaire de votre établissement

« Lors du conseil d'administration de votre établissement, les représentants des élèves ont souhaité une charte de qualité pour la restauration scolaire afin de s'évaluer et de s'améliorer en permanence. Vous pouvez prendre en exemple la charte proposée par la Région Centre (**QR code ci-dessous**). »

1 Quel est l'intérêt de créer une charte de qualité pour la restauration scolaire ?

....

2 Complétez le tableau suivant pour identifier vos choix afin de constituer la charte de qualité de votre restaurant scolaire.

Axes d'engagements	Description des engagements qualité
L'accueil	....
Les prestations	....
Les produits	....
Les matériels et le système de production	....
Le personnel	....
Les animations	....
L'équilibre alimentaire et les régimes spécifiques	....
L'organisation du temps du repas	....
Autre axe :	....

3 Présentez à la classe, par groupes, votre proposition de charte et organisez un vote pour établir la charte que vous pourriez présenter au conseil d'administration de votre établissement. Vous pouvez organiser le vote à l'aide de l'outil en ligne www.jelevelamain.fr.

Charte d'engagement qualité pour la restauration et l'hébergement dans les lycées de la Région Centre
liennathan.fr/p544ck

4 À l'aide d'un logiciel de traitement de texte ou de Framindmap (https://framindmap.org), créez une affiche pour présenter les grands engagements qualité de la charte dans votre restaurant scolaire. Vous pouvez éditer un QR Code (https://fr.qr-code-generator.com) pour que les élèves puissent y avoir accès rapidement.

SYNTHÈSE

On distingue 4 types de qualité marchande d'un produit :

- ....
- ....
- Qualité du service
- ....

Le diagramme d'Ishikawa peut être utilisé pour déterminer les causes d'un problème et identifier les éléments à contrôler pour améliorer la qualité.

Les causes sont classées grâce aux 5M :

- M...
- M...
- M...
- M...
- M...

→ EFFET

Pour améliorer la qualité organoleptique d'un plat, on peut réaliser une analyse organoleptique qui consiste à solliciter ses 5 sens :

....	....	....	....	....
• Aspect • Forme • Couleur	• Texture • Température	• Odeur	• Saveur • Température	• Bruit

On peut améliorer la qualité d'un plat aux différentes étapes de production :

ÉTAPE 1	ÉTAPE 2	ÉTAPE 3	ÉTAPE 4 ....
Contrôle des marchandises Vérification de l'assaisonnement	Relevé des températures des aliments à cœur et des matériels	Enregistrement de la durée et de la baisse de température	Vérification de la température des plats réchauffés et la présentation

MOTS-CLÉS

Qualité marchande • **Diagramme d'Ishikawa** • **Analyse comparative** • **Analyse sensorielle**

QUIZ INTERACTIF
liennathan.fr/75zn2t

CHAPITRE 19

Maîtriser et faire respecter la réglementation en termes d'hygiène et de sécurité

COMPÉTENCES

C1-1.4 Entretenir les locaux et les matériels

C1-4.2 Distribuer la production

C5-1.2 Respecter les dispositions réglementaires, les règles d'hygiène, de santé et de sécurité

SAVOIRS ASSOCIÉS

SA C1-1.4 L'entretien des locaux

SA C1-4.2 La réglementation

SA C5-1.2 Hygiène des méthodes

CO-INTERVENTION P. 8

MATHS : 12. Étudier la prolifération de bactéries en cuisine

ATELIER EXPÉRIMENTAL ET TECHNOLOGIQUE P. 247

Situation professionnelle

LoKal

Le directeur de la restauration de la cafétéria LoKal place l'hygiène et la sécurité parmi ses priorités.

Le responsable hygiène du groupe est venu aujourd'hui afin de sensibiliser et former les nouvelles recrues au respect des règles d'hygiène et de sécurité. Vous participez à cette formation.

AVANT LA CLASSE

Vidéo : *Inspection d'un restaurant à l'hygiène déplorable*

liennathan.fr/n48xb8

- Repérez 3 problèmes d'hygiène dans ce restaurant.

MISSION 1

Situer le secteur d'activité de son entreprise dans la déclaration aux services d'hygiène

« Lors de la création de la cafétéria LoKal, Vincent Tixier, le directeur, a dû effectuer une déclaration de manipulation de denrées alimentaires d'origine animale auprès de la Direction départementale de la protection des populations (DDPP) (**documents 1 et 2**). Sur ce document, on signale notamment si le restaurant appartient à la restauration collective quand il a un but social et qu'il produit des repas pour des convives d'une collectivité déterminée comme un hôpital, ou s'il relève de la restauration quand il s'adresse à toutes les clientèles et que son but est lucratif. Tout changement d'activité doit être signalé. »

DOCUMENT 1 Règles d'hygiène dans la restauration et les commerces alimentaires

L'exploitant d'un établissement produisant, manipulant ou entreposant des denrées alimentaires d'origine animale ou comportant des ingrédients d'origine animale (viandes, produits laitiers, produits de la pêche, œufs, miel), destinées à la consommation humaine est dispensé d'agrément sanitaire, mais est soumis à l'obligation de déclaration, avant le démarrage de l'activité déclarée. [...] Elle doit être effectuée avant l'ouverture de l'établissement.

Cette déclaration est obligatoire pour permettre au service Hygiène et sécurité alimentaire de la DDPP (Direction Départementale de la Protection des Populations) de programmer les visites de contrôle sanitaire. [...] La 1re visite de contrôle sanitaire a lieu après l'ouverture de l'établissement. L'établissement est prévenu de la 1re visite. Les contrôles qui suivent sont programmés soit à échéances régulières, soit effectués à l'improviste.

https://entreprendre.service-public.fr/

DOCUMENT 2 Déclaration de manipulation de denrées alimentaires d'origine animale (formulaire 13984*06)

Section 1 – ACTIVITÉS DE RESTAURATION

☑ **RESTAURATION COMMERCIALE** ☐ Traditionnelle ☐ Rapide — **Nombre de places assises** ....

Particularités le cas échéant : ☐ Livraison de repas à domicile ☐ Vente de repas à distance ☐ Véhicule boutique (foodtruck) ☐ Restaurant caritatif ☐ Cuisine à domicile

☐ Mise à mort de grenouilles ☐ Mise à mort d'escargots ☐ Viande hachée à l'avance

☐ **RESTAURATION COLLECTIVE** *Dans le cas où l'activité de restauration est sous-traitée à une société de restauration collective, alors deux déclarations sont nécessaires ; une par le propriétaire des locaux et une par le prestataire.*

Nombre de repas par semaine ....

Statut de l'établissement déclarant : ☐ Propriétaire — indiquer le numéro de SIRET du prestataire le cas échéant : |_|_|_|_|_|_|_|_|_|_|_|_|_|_|

☐ Prestataire indiquer le numéro de SIRET du bénéficiaire de la prestation de service *(ne pas remplir les rubriques suivantes et joindre la déclaration du propriétaire)*: |_|_|_|_|_|_|_|_|_|_|_|_|_|_|

Public sensible : ☐ Jeunes enfants ☐ Enfants ☐ Personnes hospitalisées ☐ Personnes âgées / maison de retraite

Lieu de distribution :

☐ Centre aéré, accueil de loisirs ☐ Établissement pénitentiaire
☐ Crèche (dont micro-crèche) ☐ Établissement médico-social
☐ Crèche parentale ☐ Établissement d'enseignement
☐ Centre de vacances permanent ☐ Restaurant d'entreprise / administration
☐ Centre de vacances occasionnel ☐ Cuisine pédagogique
☐ Portage à domicile

Fonctionnement :

☐ Cuisine centrale
Attention, l'agrément sanitaire peut être requis
Nombre de cuisines satellites sur le site de la cuisine centrale :..........
☐ Cuisine sur place (fabrication et distribution de repas sur place)
☐ Cuisine satellite (consommation de repas sur place)
Indiquer le n°SIRET de la cuisine centrale qui vous livre
|_|_|_|_|_|_|_|_|_|_|_|_|_|_|
☐ Liaison chaude ☐ Liaison froide

1 À l'aide du contexte (p. 14) et de ce que vous avez vu dans le chapitre 1, complétez la déclaration (document 2) pour le LoKal sachant que tous les plats sont réalisés sur place et que la cafétéria dispose de 200 places assises.

2 Indiquez, dans le tableau ci-dessous, le secteur d'activité de restauration pour les entreprises nommées.

Entreprises		Particularités	Restauration commerciale	Restauration collective
	**Le camion guinguette**	Restauration rapide Véhicule boutique (food truck)	☐	☐
	**CoM télécommunication**	Restaurant d'entreprise	☐	☐
	**L'Éveil des sens**	Restauration traditionnelle	☐	☐
	**EHPAD Les Tilleuls**	Établissement médico-social Public sensible (personnes âgées)	☐	☐
	**Restaurant d'initiation**	Cuisine pédagogique en lycée hôtelier	☐	☐
	**Le Jardin d'enfants**	Crèche Public sensible (jeunes enfants)	☐	☐
	**Élio à domicile**	Restauration traditionnelle Cuisine à domicile	☐	☐

3 Tous les établissements cités dans la question 2 devront-ils remplir la déclaration de manipulation de denrées alimentaires d'origine animale (document 2) ? Quel est l'intérêt de remplir cette déclaration ?

....

....

4 Quel élément les établissements EHPAD Les Tilleuls et Le Jardin d'enfants ont-ils dû signaler en plus sur le document 2 ? Pourquoi est-il important de signaler cela ?

....

....

5 La cafétéria LoKal souhaiterait développer la livraison de repas à domicile. Que devra-t-elle faire ? Pourquoi ?

....

....

MISSION 2

Connaître et appliquer la réglementation en restauration

> « Afin de respecter la loi et d'assurer la sécurité de nos clients, nous nous appuyons sur un ensemble de règlements européens : c'est le Paquet Hygiène. La réglementation impose une obligation de résultat : elle fixe les objectifs à atteindre mais c'est à nous, au LoKal, de mettre en œuvre tous les moyens nécessaires. Regardons ensemble ces textes (**document 3**). »

DOCUMENT 3 Les 5 règlements du Paquet Hygiène

Le **règlement (CE) n° 178/2002** est le texte clé du Paquet Hygiène : la Food Law (la législation alimentaire). [Il] est applicable à tous les acteurs des filières alimentaires et de l'alimentation animale. Il assigne la responsabilité de la sécurité des denrées aux professionnels qui les placent sur le marché. Il définit des obligations spécifiques : obligation de traçabilité, obligation de retrait de produits susceptibles de présenter un risque pour la santé publique, obligation d'information des services de contrôle… […]

Le **règlement (CE) n° 852/2004** relatif à l'hygiène des aliments est applicable à tous les exploitants du secteur alimentaire : qu'ils soient au stade de la production primaire, de la transformation ou de la distribution ; et quelles que soient les filières de production. Il exige, entre autres, la mise en place de procédures fondées sur les principes HACCP dans le cadre d'un plan de maîtrise sanitaire (sauf pour la production primaire).

Le **règlement (CE) n° 853/2004** fixant des règles spécifiques d'hygiène applicables aux denrées alimentaires d'origine animale est applicable à tous les exploitants du secteur alimentaire manipulant ou transformant des denrées animales ou d'origine animale. Il précise l'obligation d'agrément sanitaire [pour la revente aux professionnels, ou l'obligation de déclaration d'activité 13984*06 (si destiné à des consommateurs)].

Règlement (CE) n° 183/2005 établissant des exigences en matière d'hygiène des aliments pour animaux.

Le **règlement (UE) 2017/625** […] concernant les contrôles officiels et les autres activités officielles servant à assurer le respect de la législation alimentaire et de la législation relative aux aliments pour animaux ainsi que des règles relatives à la santé et au bien-être des animaux, à la santé des végétaux et aux produits phytopharmaceutiques.

https://agriculture.gouv.fr/

1 **Pour chaque règlement du Paquet Hygiène, complétez les obligations spécifiques que la cafétéria LoKal doit respecter.**

FOOD LAW
Règlement n° 178/2002
- ....
- ....
- ....

Hygiène des aliments
Règlement n° 852/2004
- ....
- ....

Hygiène des denrées d'origine animale
Règlement n° 853/2004
- ....
- ....

Hygiène des aliments pour animaux
Règlement n° 183/2005

Contrôles officiels
Règlement n° 2017/625

→ **PAQUET HYGIÈNE**

« Tous les membres de notre personnel ont reçu une formation à l'hygiène et à l'HACCP (**document 4**). Cette formation s'appuie sur les bases du *Guide de Bonnes Pratiques d'Hygiène* (**documents 5 et 6**). »

DOCUMENT 4 Qu'est-ce que l'HACCP ?

Hazard Analysis Critical Control Point : analyse des dangers et contrôle des points critiques. Cette méthode a été inventée par la NASA afin d'éviter les infections alimentaires des astronautes. En partant du principe qu'il vaut mieux prévenir que guérir, elle permet d'identifier tous les dangers, les CCP (points critiques), afin de les maîtriser. Ces dangers peuvent être biologiques, chimiques ou physiques. Concrètement, en cuisine, les CCP sont identifiés lors de préparations sensibles (risques élevés) et des solutions doivent être apportées afin de les maîtriser.

2 **Repérez les points critiques dans les activités du LoKal et indiquez le type de danger.**

Situations	Points critiques (CCP)	Types de danger		
		Biologique	Chimique	Physique
Garnir les verrines avec la mousse au chocolat.	Risque de verre cassé qui se retrouverait dans la mousse	☐	☐	☐
Désinfection des légumes pour les crudités avec de l'eau de Javel	....	☐	☐	☐
Présentation des sandwichs jambon/beurre en vitrine	....	☐	☐	☐

DOCUMENT 5 Le *Guide de Bonnes Pratiques d'Hygiène* du restaurateur

Le recours aux guides de bonnes pratiques d'hygiène (GBPH) est fortement encouragé par la réglementation du Paquet Hygiène. Le GBPH « Restaurateur », constitué de 195 pages et élaboré par des professionnels au niveau national, est la référence de l'hygiène pour la restauration commerciale. Il a pour objectif d'aider les professionnels à maîtriser la sécurité sanitaire des aliments et à respecter leurs obligations réglementaires.
Si le professionnel choisit de ne pas l'appliquer, il doit réaliser sa propre démarche d'analyse des dangers et prouver l'efficacité du système qu'il met en place.

GBPH Restaurateur
liennathan.fr/vc348j

DOCUMENT 6 Extrait du sommaire du GBPH

Fiches de Bonnes Pratiques d'Hygiène (BPH)
Hygiène et formation du personnel
Nettoyage et désinfection
Gestion des déchets et des poubelles
[...]
Points de maîtrise
Réception des matières premières
Stockage
[...]
Fiches de fabrication
- Bases [...]
- Entrées froides

[...]
Traçabilité, retrait et rappels
Annexes techniques

3 **Pourquoi la cafétéria LoKal a tout intérêt à suivre les recommandations du GBPH « Restaurateur » ?**

....

....

....

4 **En vous appuyant sur le sommaire, dans quelle partie du GBPH allez-vous trouver les règles d'hygiène à respecter pour la réalisation d'une sauce mayonnaise ?**

....

MISSION 3

Mettre en place le Plan de Maîtrise Sanitaire

« Lorsque nous avons été contrôlés par les services d'hygiène, nous avons dû fournir notre Plan de Maîtrise Sanitaire (PMS). Ce plan est un ensemble de documents décrivant les moyens mis en œuvre par l'entreprise afin de garantir la sécurité alimentaire. Chaque établissement a son propre PMS et, en général, plus l'établissement sert un nombre de couverts important, plus il est détaillé. Regardons ensemble celui de la cafétéria (**document 7**). »

DOCUMENT 7 Plan de maîtrise sanitaire de la cafétéria LoKal

PLAN DE MAÎTRISE SANITAIRE

LoKal

1 **À votre avis, pourquoi la cafétéria LoKal doit avoir un PMS encore plus complet que les autres établissements de L'Atrium ?**

....

....

2 **Relevez les 4 grandes parties qui composent ce PMS.**

....

....

3 **Pour chaque situation à risque ci-dessous, identifiez sur le PMS du LoKal le numéro de la rubrique correspondante et proposez des solutions.**

Situations à risque détectées par les employés du LoKal		N° du PMS	Solutions qui peuvent être apportées
	« Nous réalisons notre mayonnaise avec des œufs en coquille. Notre fournisseur est local. »	3.1	Bien identifier les CCP (risque de contamination avec les coquilles d'œuf) sur la fiche de préparation de la mayonnaise.
	« Des crottes de souris ont été retrouvées en pâtisserie près des sacs de farine. »	....	....
	« Un client nous a dit que le cuisinier à la grillade ne paraissait pas propre : sa veste et son pantalon étaient sales. »	....	....
	« Un de nos fournisseurs nous demande de retirer des stocks les fromages blancs fermiers. Il y a eu une négligence d'hygiène à la fabrication. »	....	....
	« C'est le 2e client qui se plaint que la soupe du bar est tiède ! »	....	....
	« À la réception des marchandises surgelées, les cartons étaient mouillés et les produits mous. »	....	....
	« Un client nous soutient que le bœuf des grillades n'est pas local, que cela doit être du bœuf allemand car il est moins cher. »	....	....

MISSION 4

Mettre en place une démarche de traçabilité

« La traçabilité doit permettre de reconstituer le parcours d'un produit, de la production à la distribution. À la cafétéria, nous veillons à ce que cette traçabilité soit particulièrement bien suivie (**document 8**). De plus, nous avons choisi de mettre en avant les produits de fournisseurs de notre région que nous connaissons et auxquels nous pouvons rendre visite de temps en temps. Le nom de notre cafétéria doit inspirer confiance à nos clients ! »

DOCUMENT 8 La traçabilité comme moyen de suivi à toutes les étapes

La traçabilité doit permettre de retracer le chemin parcouru par un produit de sa production à sa distribution et permettre le retrait d'un produit ou d'identifier le moment où il y a pu y avoir contamination. La traçabilité est rendue obligatoire par le règlement CE n° 178/2002 qui oblige l'exploitant à engager sa responsabilité dans le choix du système de traçabilité mis en place dans son établissement. Ce dernier n'a aucune obligation de moyens mais une obligation de résultat. Certains cuisiniers choisissent tout simplement de garder les étiquettes et de les classer par jours ou par semaines, d'autres préfèrent prendre des photos puis les classer au format numérique. Les étiquettes de traçabilité doivent être gardées au minimum pendant 6 mois pour les produits frais et 5 ans pour les produits secs.

Vidéo : *Un restaurant fait le pari d'une traçabilité exemplaire*
liennathan.fr/652cni

1 **Quel est l'intérêt, pour la cafétéria LoKal, d'assurer une traçabilité exemplaire des produits qu'elle propose ?**

2 **Pourquoi est-il plus facile d'assurer la traçabilité des produits en travaillant avec des fournisseurs locaux ?**

Les lois évoluent, et nous devons être au fait des dernières mesures de sécurité alimentaire ! Début 2022, la loi concernant l'affichage des viandes a évolué et nous avons dû la mettre en place à la cafétéria (**document 9**).

DOCUMENT 9 Lois relatives à l'affichage obligatoire de l'origine de certains produits

[Depuis le] 1er mars 2022, les établissements proposant des repas à prendre sur place ou à emporter [doivent] indiquer aux consommateurs l'origine des viandes de volailles, porcs et moutons qu'ils mettent à leurs menus, comme ils le faisaient déjà pour la viande de bœuf. Cette obligation concerne les viandes achetées crues (fraîches ou surgelées) et cuisinées par les restaurateurs, mais ne s'applique pas aux viandes déjà préparées.
Les pays d'élevage et d'abattage [doivent] être précisés lorsqu'ils sont différents, le lieu d'origine [suffit] lorsqu'ils sont identiques. Ces mentions [sont] portées à la connaissance du consommateur, de façon lisible et visible, par affichage, indication sur les cartes et menus, ou sur tout autre support. [...]
Outre l'étiquetage obligatoire de l'origine des viandes en restauration, la loi relative à la transparence de l'information sur les produits agricoles et alimentaires du 10 juin 2020 rend également obligatoire l'indication du pays d'origine pour le cacao, le miel et la gelée royale, le vin et la bière.

www.service-public.fr

3 **Proposez une solution pour respecter ces lois (document 9) au sein de la cafétéria LoKal.**

Aujourd'hui, certaines techniques et certains logiciels sont développés afin d'améliorer la traçabilité d'un produit en permettant d'enregistrer numériquement les données et de les transférer d'un acteur à l'autre de la filière (**document 10**). On arrive ainsi à recréer de façon numérique toute la vie d'un aliment avant qu'il arrive dans l'assiette !

DOCUMENT 10 La blockchain* dans le secteur élevage-viande

[...] Il est aujourd'hui impossible pour un consommateur d'accéder au registre complet de traçabilité d'un produit. Cela résulte principalement d'un manque de communication entre les différents systèmes de traçabilité [...]. Il est ainsi courant qu'un abattoir utilise un logiciel [...] pour son système de traçabilité alimentaire, qu'un transformateur en utilise un autre, et puis qu'un distributeur assure la traçabilité souvent par des papiers dans des classeurs. [...]
La technologie blockchain permet [...] de distribuer les données de traçabilité auprès des différents acteurs de la filière, et ainsi donner au consommateur les moyens de confronter différentes sources d'information.
Dans le cadre de cette [...] expérimentation, un QR Code est affiché sur l'emballage de chacun des produits, et le scan de ce dernier permet de rediriger vers une application web. Une fois redirigé sur cette application web, l'utilisateur est invité à renseigner le numéro de lot du produit [...] afin d'accéder à l'historique du produit, depuis la phase de l'élevage, jusqu'au distributeur [...].

B. Jornet, I. Achour,
www.viandesetproduitscarnes.fr,
7 mai 2021.

* La blockchain est une technologie de stockage et de transmission d'informations transparentes, sécurisées.

4 Quels sont les avantages d'une traçabilité générée informatiquement ?

....

5 D'après vous, que pourrait apporter cette nouvelle technologie à la cafétéria LoKal ?

....

ATELIER EXPÉRIMENTAL ET TECHNOLOGIQUE

Organiser une course « de la fourche à la fourchette »

Vous allez organiser une course pour remonter la chaîne de traçabilité de produits le plus vite possible.
Il est préférable d'organiser cette course lors d'une séance d'enseignement professionnel sans clients.

Matériel nécessaire : 1 étiquette de viande, 1 étiquette de poisson, 1 étiquette d'œufs, 1 étiquette de pommes de terre (positionnez ces étiquettes sur une table, face cachée).

a Formez 4 groupes égaux et répartissez-vous en îlots. Au sein de chaque équipe, désignez un capitaine, un maître du temps, un secrétaire et un rapporteur.

b Le capitaine du groupe tire au sort une étiquette (on commence du plus jeune au moins jeune).

Annonce des consignes : « Remontez la chaîne de traçabilité de votre produit le plus vite possible ! Vous avez 20 minutes ! »

Un compte à rebours peut être lancé à l'aide de l'application www.classroomscreen.com.

c Par groupes, essayez d'obtenir des informations sur le produit que vous avez tiré au sort. Vous pouvez aller voir l'économe de votre établissement, vous servir de votre téléphone pour appeler des fournisseurs, chercher sur Internet...

d À la fin des 20 minutes, chaque rapporteur annonce jusqu'où son groupe a pu remonter, raconte les difficultés rencontrées, les intervenants contactés...

Résultat : le gagnant de la course est le groupe qui est remonté jusqu'au producteur le plus rapidement.

Pour les experts

1 Maîtriser l'hygiène dans son établissement avec les nouvelles technologies

« Nous avons rendez-vous ce matin avec un commercial de l'entreprise ePack Hygiène. Il vient nous présenter son application informatique de gestion du plan de maîtrise sanitaire (**document**). J'aimerais que vous soyez présent(e) à cette présentation. »

ARCHIBALD

CHEF DE CUISINE ET DIRECTEUR
Archibald Meyer

DOCUMENT ePack Hygiène

e-pack Hygiène est une solution tactile qui permet de simplifier la démarche HACCP et de renforcer la traçabilité alimentaire.

Vidéo : *ePack Hygiène*
liennathan.fr/928pzu

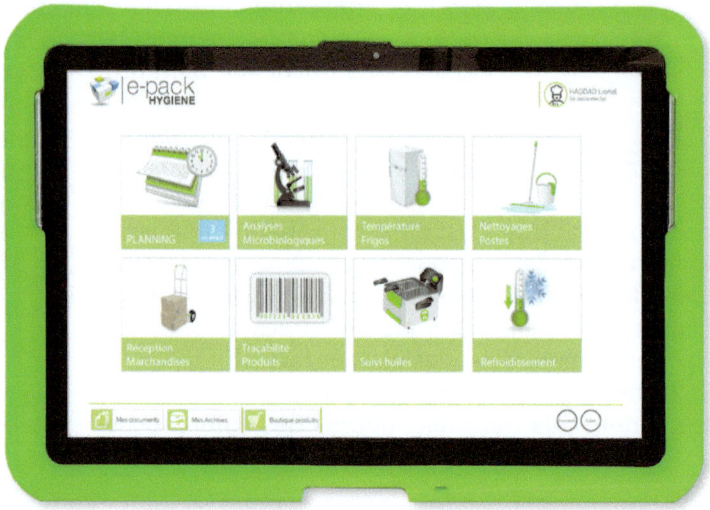

- En vous appuyant sur la vidéo de présentation du logiciel, citez l'action à laquelle correspond l'image puis donnez 3 avantages par rapport à la méthode traditionnelle.

Photos des étapes	Étapes HACCP	Avantages
Vidéo à 00:28 	....	....
Vidéo à 00:47 	....	....
Vidéo à 1:06 	....	....
Vidéo à 1:36 	....	....

2 Maîtriser l'hygiène pour assurer son image de marque

« Lors de notre dernier contrôle d'hygiène, nous avons vu nos résultats publiés sur le site du gouvernement (**document**). Grâce à tous nos efforts, nous avons été récompensés d'un smiley « très satisfaisant ». »

LoKal

CHEFFE DE CUISINE | Théa Machado

DOCUMENT Alim'confiance : les résultats des contrôles sanitaires accessibles à tous

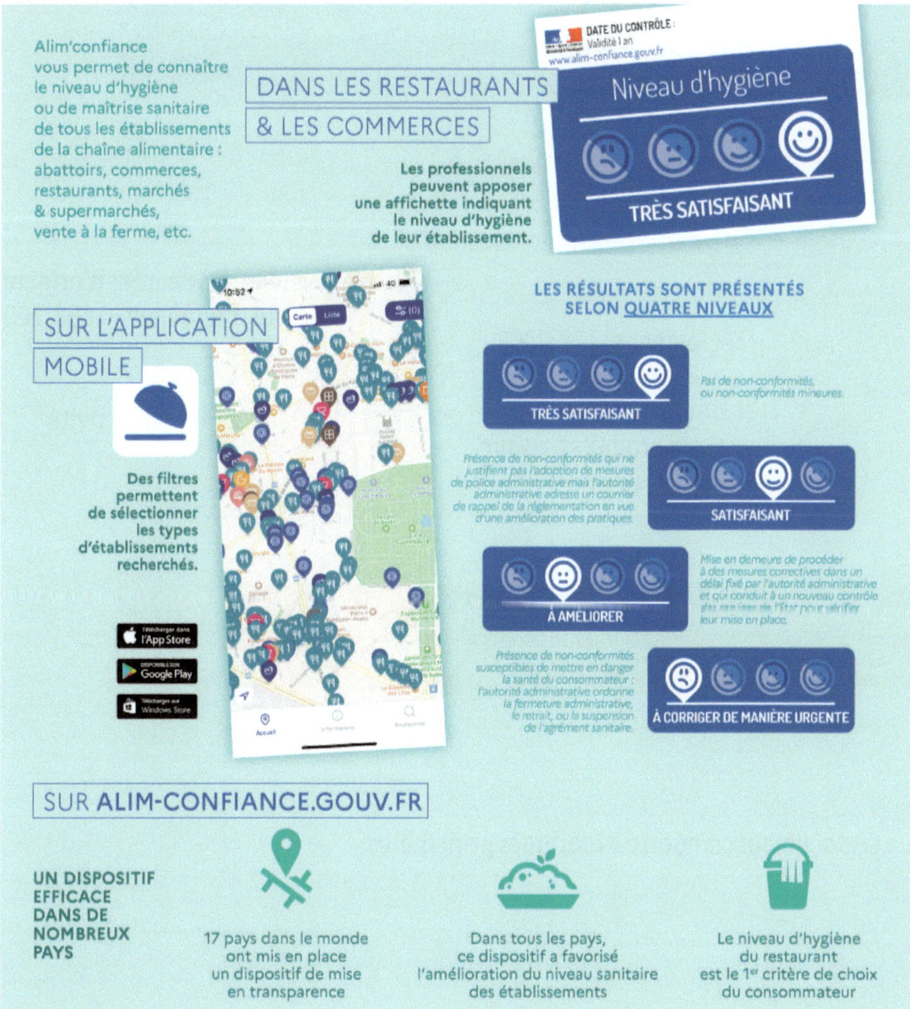

Site Alim'confiance
liennathan.fr/eq6z93

www.alim-confiance.gouv.fr

1 D'après vous, quelles sont les raisons pour lesquelles le gouvernement a mis en place cette application ?

....

....

2 Quels peuvent être les avantages pour la cafétéria LoKal d'avoir une bonne notation ?

....

....

3 Téléchargez l'application Alim'confiance ou consultez le site Alim'confiance et cherchez les notations des restaurants à proximité de votre établissement.

SYNTHÈSE

Lors de la déclaration de manipulation de denrées animales aux services d'hygiène, le restaurateur doit indiquer si son activité relève de :

- ....
  But lucratif. Ex. : restauration traditionnelle ou rapide (livraison à domicile, food truck...).
- ....
  But social. Ex. : cantines d'écoles, lycées, maisons de retraite, hôpitaux, prisons.

Afin de respecter la réglementation d'hygiène, le restaurateur doit respecter un ensemble de règlements européens :

LE PAQUET HYGIÈNE

- Hygiène des aliments : règlement n° 852/2004
  - ....
  - ....
- .... : règlement n° 178/2002
  - Traçabilité
  - Retrait de produits à risque
  - Informer services de contrôle
- Hygiène des denrées d'origine animale : règlement n° 853/2004
  - Déclaration d'activité

Chaque restaurant doit mettre en place un document décrivant les moyens d'hygiène mis en œuvre appelé :

....

Ce document comporte 3 rubriques principales :

- ....
  Fait par les professionnels pour les professionnels
- ....
  - Analyse des dangers
  - Contrôle des points critiques (CCP)
- ....
  - Enregistrement des étiquettes
  - Affichage de la provenance des viandes

Pour gagner en efficacité dans la mise en application des règles d'hygiène, le restaurateur peut s'appuyer sur différentes solutions digitales (applications, QR Codes...).

MOTS-CLÉS

Restauration commerciale • Restauration collective • Paquet Hygiène • Food Law • PMS • HACCP • GBPH • Traçabilité

QUIZ INTERACTIF
liennathan.fr/33m4lb

SPÉCIALITÉS FRANÇAISES RÉGIONALES

HAUTS-DE-FRANCE

PRODUITS MARQUEURS

PRODUITS DE LA MER : anguille, crevettes, hareng.

VIANDES : bœuf belle bleue, agneau de pré-salé, volaille de Licques.

FRUITS ET LÉGUMES : haricots de Soissons, artichauts de Laon, endives (chicons), petits pois, pommes, poires, fraises, groseilles.

SPÉCIALITÉS

FICELLE PICARDE

ROLLMOPS

CARBONADE FLAMANDE

MOULES MARINIÈRES

WATERZOOÏ

PÂTISSERIES

TARTE AU SUCRE

RABOTE PICARDE

FROMAGES

AOC MAROILLES (PMCL-Vache)

BOULETTE D'AVESNES

DIVERS

CARAMBAR, CHICORÉE

BÊTISES DE CAMBRAI

GAUFRES À LA VERGEOISE

BOISSONS

BIÈRES
Jenlain, Ch'ti,
Angelus

EAU-DE-VIE DE GENIÈVRE

ÎLE-DE-FRANCE

PRODUITS MARQUEURS

PRODUITS D'EAU DOUCE : friture du bord de Marne.

VIANDES : volaille du Gâtinais, agneau, bœuf d'Île-de-France.

FRUITS ET LÉGUMES : asperges d'Argenteuil, carottes de Croissy, champignons de Paris, cerises de Montmorency, fraises de Marcoussis.

SPÉCIALITÉS

POTAGE SAINT-GERMAIN

GNOCCHI À LA PARISIENNE

ENTRECÔTE SAUTÉE BERCY

BLANQUETTE DE VEAU

PÂTISSERIES

OPÉRA

SAINT-HONORÉ

PARIS-BREST

TARTE BOURDALOUE

FROMAGES

AOC BRIE DE MEAUX
(PMCF-Vache)

BOISSONS

GRAND MARNIER
Noyau de Poissy

DIVERS

CONFIT DE PÉTALES DE ROSE DE PROVINS
Vinaigre et moutarde de Meaux
Safran du Gâtinais

SPÉCIALITÉS FRANÇAISES RÉGIONALES

NOUVELLE-AQUITAINE

PRODUITS MARQUEURS

PRODUITS DE LA MER : lamproie, chipirons, esturgeon (caviar d'Aquitaine), huîtres et fruits de mer.

VIANDES ET CHARCUTERIE : poulet des Landes, canard, agneau de Pauillac, bœuf de Chalosse, jambon de Bayonne.

LÉGUMES : tomate de Marmande, truffes du Périgord, cèpes.

FRUITS : melon charentais, noix et fraises du Périgord, pruneaux d'Agen, cerises d'Itxassou, piment d'Espelette, pomme du Limousin.

SPÉCIALITÉS

FOIE GRAS DE CANARD

CHARCUTERIE DE PORC NOIR BASQUE KINTOA

MELON AU PINEAU DES CHARENTES

SOLE À LA CHARENTAISE

LAMPROIE À LA BORDELAISE

PÂTISSERIES

CLAFOUTIS AUX CERISES

PASTIS LANDAIS

FLOGNARDE

GÂTEAU BASQUE

FROMAGES ET PRODUIS LAITIERS

AOP CHABICHOU DU POITOU (Chèvre)

AOP OSSAU IRATY (PPNC-Brebis)

JONCHÉE (fromage frais)

BEURRE CHARENTES-POITOU

BOISSONS

EAUX MINÉRALES : Abatilles et Ogeu (plates et pétillantes)

AUTRES BOISSONS :
Lillet (vermouth), pineau des Charentes
Fine de Bordeaux
Marie Brizard, armagnac, Izzara

COGNAC

ÉPICERIE

Caviar d'Aquitaine
AOP Piment d'Espelette
Moutarde violette de Brive
Angélique confite de Niort

TRUFFES DU PÉRIGORD

BISCUITERIE

CANNELÉS

MACARONS DE SAINT-ÉMILION

CONFISERIE

Bouchons de Bordeaux
Perles de Bordeaux
Coucougnettes du Vert Galant
Rochers de Biarritz

SARMENTS DU MÉDOC

SPÉCIALITÉS FRANÇAISES RÉGIONALES

CORSE

PRODUITS MARQUEURS

PRODUITS DE LA MER : loup, rouget, rascasse, anchois, sardine, calamar, oursins, huîtres d'Urbino.

VIANDES : sanglier sauvage, veau et agneau de lait, cabri.

FRUITS ET LÉGUMES : fèves, olives, pois chiches, cèpes, menthe, myrte, noisettes, cédrats, châtaignes, grenades, clémentines de Corse (IGP), figues, bergamote.

SPÉCIALITÉS

SOUPE DE CHÂTAIGNES

MANFARE
(beignets à base de fromage de brebis ou de chèvre)

OMELETTE AU BROCCIU ET À LA MENTHE

AZIMINU
(bouillabaisse corse)

STUFATU
(ragoût de veau ou de bœuf)

PÂTISSERIES

FIADONE

AMBRUCCIATA

FROMAGES

AOP BROCCIU

NIOLO

CHARCUTERIES DE CORSE

Figatellu (saucisse de foie de porc), prisuttu (jambon cru), coppa, panzetta (poitrine de porc), sangui (boudin), vuletta, terrine de sanglier, jambon sec…
Porc nustrale (jambon…)

LONZO DE PORC NUSTRALE

DIVERS

Confiture de châtaignes
Huile d'olive vierge (AOC)
Miels de Corse (AOC)
Farine de châtaigne (AOC)
Cédrat confit (fruit confit)
Canistrellu (biscuit sec)

BOISSONS

EAUX MINÉRALES : Saint-Georges (plate), Orezza (pétillante).
AUTRES BOISSONS : liqueur de châtaigne ou de myrte, cédratine, vermouth du Cap Corse.
BIÈRES : Pietra, Colomba.

PROVENCE-ALPES-CÔTE AZUR

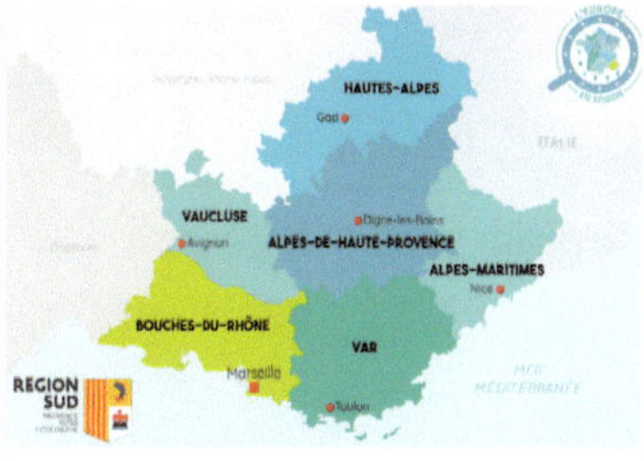

PRODUITS MARQUEURS

PRODUITS DE LA MER : rouget, rascasse, dorade, anchois, sole, lotte, oursins, moules, huîtres.

VIANDES : veau et agneau de Sisteron, taureau de Camargue.

FRUITS ET LÉGUMES : ail, aubergines, olives de Nice, tomates, courgettes, poivrons, riz de Camargue, AOC Figue de Solliès, fraises de Carpentras et de Grasse, citron de Menton, melon de Cavaillon.

SPÉCIALITÉS

SOCCA NIÇOISE

POUTARGUE

PAN BAGNAT

SALADE NIÇOISE

PISSALADIÈRE

SARDINES À L'ESCABÈCHE

PETITS FARCIS NIÇOIS

BOUILLABAISSE

LOUP GRILLÉ AU FENOUIL FLAMBÉ AU PASTIS

GARDIANE DE BŒUF

AGNEAU DE SISTERON AU ROMARIN

PÂTISSERIES

TARTE TROPÉZIENNE

TARTE AU CITRON DE MENTON

FROMAGES

AOP BANON

BLEU DU QUEYRAS

BOISSONS

EAUX MINÉRALES : eau de Pioule (source) Beaupré (source), Fontan.
AUTRES BOISSONS : pastis de Marseille, anisette – liqueurs de cédrat, d'arbouse, de figue.

DIVERS

Pompe à huile, oreillettes
Tapenade
Calissons d'Aix
Fruits confits d'Apt
Berlingot de Carpentras
Miel d'acacia

SPÉCIALITÉS FRANÇAISES RÉGIONALES

PAYS DE LA LOIRE & CENTRE-VAL DE LOIRE

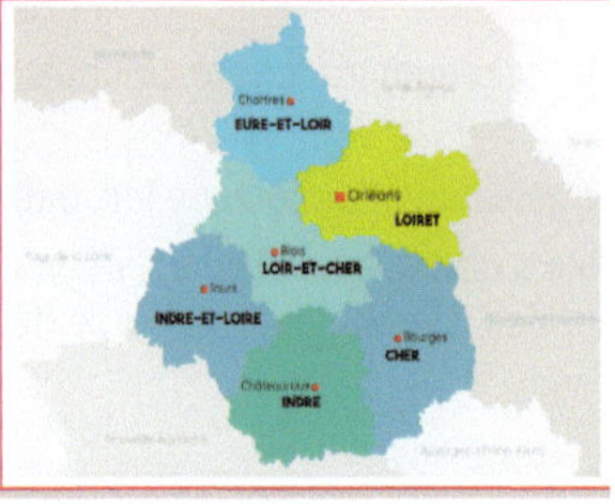

PRODUITS MARQUEURS

PRODUITS DE LA MER/D'EAU DOUCE : huîtres de Vendée, moules de Bouchot, bar, sole, maquereau, thon blanc, turbot, sandre, saumon de Loire.

VIANDES : bœuf gras à l'herbe du Maine, bœuf fermier de Vendée, porc de la Sarthe et de Vendée, agneau de Vendée, lapin, canard, chapon du Mans, pintade, dinde.

FRUITS ET LÉGUMES : asperges, pommes de terre de Noirmoutier, mogettes, petits pois, laitue, radis, mâche nantaise, oignons de Mazé – kiwi, cassis, framboises, poire tapée, pomme reinette, melon, poires, fraises, prunes.

SPÉCIALITÉS

RILLETTES DE TOURS

BROCHET AU BEURRE BLANC

JAMBON DE VENDÉE ET MOGETTES

POIRE TAPÉE

CUL DE VEAU À L'ANGEVINE

BAR EN CROÛTE DE SEL DE GUÉRANDE

CURÉ NANTAIS

SOUFFLÉ AU COINTREAU

POIRE BELLE ANGEVINE

PITHIVIERS

FROMAGES AOP	GÂTEAUX & CONFISERIES	BOISSONS	DIVERS
CHÈVRE : crottin de Chavignol, selles-sur-cher, pouligny-saint-pierre, sainte-maure-de-touraine, valençay. 	Confit de roses, prune d'Angers Rigolettes nantaises, berlingots, sablés de Sablé-sur-Sarthe Brioche vendéenne Petit Beurre (Nantes)	**EAUX MINÉRALES :** Chambon, Fontanel (plates), Cristal Roc (pétillante). **AUTRES BOISSONS :** guignolet, cointreau.	Sauce au beurre blanc Sauce au beurre nantais Rillettes du Mans AOC Beurre des Charentes

OCCITANIE

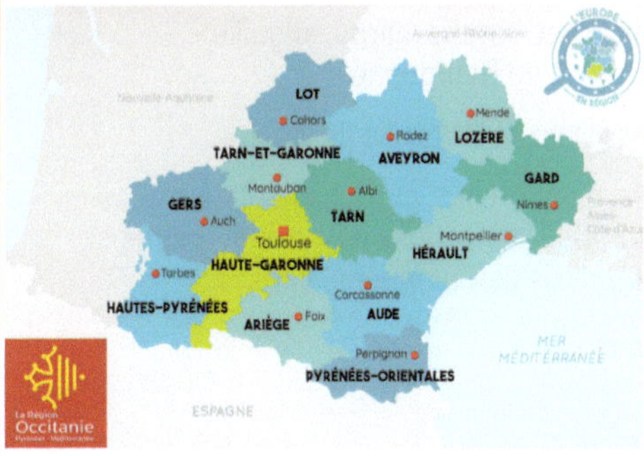

PRODUITS MARQUEURS

PRODUITS DE LA MER : rouget, bar, sardine, anchois, anguille, thon rouge, merlu, dorade.

VIANDES : canard et foie gras du Sud-Ouest, IGP Génisse fleur de l'Aubrac, IGP Agneau du Quercy, saucisse de Toulouse, porc noir de Bigorre, charcuterie de Lacaune, tripoux.

FRUITS ET LÉGUMES : fèves, IGP Ail rose de Lautrec, IGP Haricot Tarbais, truffe noire, asperges, AOP Oignon doux des Cévennes, AOP Pomme de terre Béa du Roussillon, melon de Lectoure, abricot rouge du Roussillon, IGP Fraise de Nîmes, AOP Raisin chasselas de Moissac, cerise de Céret.

SPÉCIALITÉS

AIGO BOULIDO

BOURRIDE SÉTOISE

BRASUCADE DE MOULES

GARBURE

TIELLE SÉTOISE

PETITS PÂTÉS DE PÉZENAS

BRANDADE DE NÎMES

CONFIT DE CANARD

ALIGOT

CASSOULET DE CASTELNAUDARY

AOC LAGUIOLE

AOC ROQUEFORT

FENETRA TOULOUSAINE

CRÈME CATALANE

PASTIS GASCON

GÂTEAU À LA BROCHE

DIVERS	FROMAGES	GÂTEAUX & CONFISERIES	BOISSONS
Riz de Camargue	AOP Laguiole, AOP Rocamadour, AOP Pélardon des Cévennes AOP Roquefort, AOP Bleu des Causses. Bethmale, tomme des Pyrénées, pérail, tomme de Lozère, AOP cabécou de Rocamadour, fourme d'Aubrac.	Gâteau de Limoux, zézette de Sète, croquant de Mende, navette albigeoise, rousquille. **BONBONS :** grisette de Montpellier, berlingot de Pézenas, réglisse d'Uzès.	**EAUX MINÉRALES :** Mont Roucous (plate), Salvetat, Quézac, Perrier (pétillantes). **AUTRES BOISSONS :** Byrrh, Noilly Prat, armagnac, Marie Brizard, Pippermint Get.

SPÉCIALITÉS FRANÇAISES RÉGIONALES

BOURGOGNE-FRANCHE-COMTÉ

PRODUITS MARQUEURS

PRODUITS D'EAU DOUCE : brochet, perche, carpe, anguille, écrevisses, grenouilles, escargots de Bourgogne.

VIANDES : AOC Bœuf de Charolles, AOP Volaille de Bresse.

FRUITS ET LÉGUMES : cèpes, chanterelles, girolles, morilles, truffes de Bourgogne, asperges de Ruffey, cornichons d'Appoigny, oignons d'Auxonne, pommes, coings, cassis de Bourgogne, cerises.

SPÉCIALITÉS

ŒUF EN MEURETTE

POULARDE DEMI-DEUIL

BRILLAT-SAVARIN

POIRE BELLE-DIJONNAISE

GOUGÈRES AU FROMAGE

CROUSTILLANT DE MORTEAU AU MONT D'OR

COQ AU VIN JAUNE ET AUX MORILLES

GÂTEAU DE MÉNAGE AUX POMMES

SPÉCIALITÉS DE BOURGOGNE

Jambon persillé, œuf en meurette
Pôchouse, brochet à la dijonnaise
Lapin à la dijonnaise
Poularde de Bresse en demi-deuil
Bœuf bourguignon, coq au vin
Cîteaux, langres, brillat-savarin
Poire belle-dijonnaise
Crêpes flambées au kirsch

SPÉCIALITÉS DE FRANCHE-COMTÉ

Gougères au comté
Croustillant de Morteau au mont d'Or, sauce arboisienne
Filet de truite franc-comtoise
Coq au vin jaune et aux morilles
Comté, cancoillotte, morbier
Gâteau de ménage aux pommes

CHARCUTERIES

Jambon fumé du Haut-Doubs
Saucisse de Morteau
Jambon persillé
Andouille de Chablis
Jésus de Morvan

FROMAGES AOP

Époisses (PMCL-Vache)
Chaource (PMCF-Vache)
Mâconnais (Chèvre)
Langres (PMCL-Vache)
Charolais (Chèvre)
Comté (PPC-Vache)
Morbier (PPNC-Vache)

BOISSONS

Kir aligoté, anis de Pontarlier, absinthe, kirsch de Fougerolles, macvin, vin jaune et vin de paille, crémant du Jura ou de Bourgogne.
Eau-de-vie de poire, eau-de-vie de gentiane, crème de Cassis.
Marc de Bourgogne
Limonade Mortuacienne

CLAVELIN VIN JAUNE ET COMTÉ

MONT D'OR (PMCL-Vache)

DIVERS

IGP Moutarde de Bourgogne, moutarde de Dijon.
Biscuit de Montbozon, pain d'épice Mulot et Petitjean.
Nougatine de Nevers.
Pâte de coing, escargots de Bourgogne (chocolat), pavé du prieuré, charitois.

NÉGUS DE NEVERS

ANIS DE FLAVIGNY

** PP : pâte pressée ; PPNC : pâte pressée non cuite ; PPC : pâte pressée cuite ; PPmi-C : pâte pressée mi-cuite.*

SPÉCIALITÉS FRANÇAISES RÉGIONALES

BRETAGNE

PRODUITS MARQUEURS

PRODUITS DE LA MER : sardine, bar, raie, coquille Saint-Jacques des Côtes-d'Armor, homard bleu, algues.

VIANDES : porc fermier breton, volaille de Bretagne, tripes.

FRUITS, LÉGUMES ET PLANTES : artichaut Camus, coco de Paimpol, chou-fleur, fraises de Plougastel, sarrasin, salicorne.

SPÉCIALITÉS

POULET AU CIDRE DE CORNOUAILLE

GALETTES AU SARRASIN

COTRIADE

LOTTE À L'ARMORICAINE

KIG HA FARZ

HOMARD BLEU

ANDOUILLE DE GUÉMÉNÉ

SAINT-PAULIN

PÂTISSERIES

FAR BRETON

KOUIGN-AMANN

DIVERS

Crêpes dentelle de Quimper
Galettes de Pont-Aven
Niniches de Quiberon
Beurre baratte breton salé

PALETS BRETONS

BOISSONS

Whisky breton
Bières et cervoises
Cidre de Bretagne
CHOUCHEN ▸

NORMANDIE

PRODUITS MARQUEURS

PRODUITS DE LA MER : huîtres, moules, crevettes, coquille Saint-Jacques, sole, turbot.

VIANDES : agneau de pré-salé, volaille de Rouen, veau de Normandie

FRUITS ET LÉGUMES : carottes de Créances, poireaux, pommes.

SPÉCIALITÉS

ANDOUILLE DE VIRE

MOULES DE BOUCHOT GRATINÉES

SOLE À LA NORMANDE

TEURGOULE

Tripes à la mode de Caen
Poulet vallée d'Auge
Aumônière de pommes

FROMAGES AOP

Neufchâtel (PMCF-Vache)
Pont-l'évêque (PMCL-Vache)
Camembert de Normandie (PMCF-Vache)
Livarot (PMCL)

BOISSONS

Cidre
Pommeau
Poiré

CALVADOS

DIVERS

Confiture de lait
Vinaigre de cidre
Beurre et crème d'Isigny
Caramel d'Isigny au beurre salé
Sablé normand
Sucre de pomme

CARAMELS D'ISIGNY

SPÉCIALITÉS FRANÇAISES RÉGIONALES

GRAND EST

ALSACE

PRODUITS MARQUEURS

PRODUITS D'EAU DOUCE : carpe, truite, sandre.

VIANDES : Porc, gibier, oie, volaille.

FRUITS ET LÉGUMES : asperges, chou quintal (chou à choucroute), chou rouge, oignons, champignons, pommes, quetsches, myrtilles.

SPÉCIALITÉS

FOIE GRAS

MATELOTE AU RIESLING

AOC MUNSTER

VACHERIN GLACÉ

FORÊT-NOIRE

CHOUCROUTE

TARTE FLAMBÉE – FLAMMEKUECHE

BAECKEOFE

BOISSONS

EAUX MINÉRALES : Wattwiller (plate et pétillante), Carola bleue (plate), Carola verte et rouge (pétillantes). **BIÈRES :** Kronenbourg, Meteor. **VINS :** gewurztraminer, muscat, riesling, pinot blanc, pinot gris, sylvaner, pinot noir. **VINS BLANCS :** secs, frais et fruités. **VINS ROSÉS :** fruités. **VINS ROUGES :** fruités. **VENDANGES TARDIVES ET SÉLECTIONS DE GRAINS NOBLES :** puissants, bouquetés, moelleux à liquoreux.

DIVERS

Bretzel, kougelhof, bredele.
Pain d'épice,
œufs de cigogne.

BRETZELS

KOUGELHOF

LORRAINE

PRODUITS MARQUEURS

PRODUITS D'EAU DOUCE : brochet, carpe, truite.

VIANDES : porc, bœuf, agneau.

FRUITS ET LÉGUMES : pommes de terre, chou blanc, myrtilles, mirabelles.

SPÉCIALITÉS

BOUCHÉE À LA REINE (VOL-AU-VENT)

TÊTE DE VEAU DE RAMBERVILLERS

QUICHE LORRAINE

POTÉE LORRAINE

CARRÉ DE L'EST

TARTE AUX MIRABELLES

BABA AU RHUM

BOISSONS

EAUX MINÉRALES : Vittel et Contrex (plates). **BIÈRES :** Madelon, Chaouette. **VINS :** AOC Vin de Moselle, AOC Côtes-de-Toul. **VINS BLANCS :** secs, fruités, avec au nez des arômes floraux. **VINS ROSÉS :** secs et fruités, avec au nez des arômes floraux. Ils ont une robe gris-rose. **VINS ROUGES :** légers, peu tanniques, secs et fruités, avec au nez des arômes de fruits rouges (cerise, framboise).

DIVERS

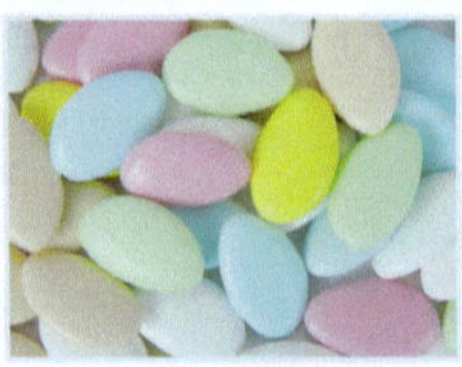
DRAGÉES DE VERDUN

BERGAMOTES DE NANCY

MADELEINES DE COMMERCY

SPÉCIALITÉS FRANÇAISES RÉGIONALES

GRAND EST

CHAMPAGNE

PRODUITS MARQUEURS

PRODUITS D'EAU DOUCE : brochet, anguille, alose, carpe, écrevisses, perche.

VIANDES : andouillette de Troyes, dinde rouge des Ardennes.

FRUITS ET LÉGUMES : lentillons de Champagne, asperges de Champagne, boulette de Bussy (navet).

SPÉCIALITÉS

JAMBON PERSILLÉ DE REIMS

AOC LANGRES (PMCF-Vache)

AOC CHAOURCE (PMCF-Vache)

PIED DE PORC À LA SAINTE-MENEHOULD

GRATIN D'ÉCREVISSES

COQ AU BOUZY

SABAYON AU CHAMPAGNE

BOISSONS

AOC Champagne – AOC Coteaux champenois – AOC Rosé des Riceys – Au **champagne**, le chardonnay apporte élégance, finesse et race, le pinot noir apporte corps et longévité et le pinot meunier apporte le fruité. – Les **AOC Coteaux champenois** sont des vins fruités, bouquetés, qui peuvent être bus jeunes. – L'**AOC Rosé des Riceys** est un vin rosé très fin, frais et racé.
SPÉCIFICITÉS : le champagne peut être extra-brut, brut, extra-dry, sec ou demi-sec. Un blanc de blancs est un vin issu de raisins blancs. Un blanc de noirs est un vin issu de raisins noirs.

DIVERS

BISCUITS ROSES DE REIMS

BOUCHONS DE CHAMPAGNE

ARDENNES

PRODUITS MARQUEURS

PRODUITS D'EAU DOUCE : saumon, truite.

VIANDES : porc, sanglier, mouton des Ardennes, IGP Jambon des Ardennes, dindon rouge des Ardennes.

CHAMPIGNONS : pleurotes, morilles.

SPÉCIALITÉS

CÔTE DE PORC À L'ARDENNAISE

SOUPE AU LAIT À L'ARDENNAISE

BOUDIN BLANC DE RETHEL

LAPIN À L'ARDENNAISE

ROCROI

GÂTEAU MOLLET

BOISSONS

BIÈRES : Oubliette, Cuvée d'Arthur, Ardwen.

DIVERS

BONBONS ROUGES DES ARDENNES

SPÉCIALITÉS FRANÇAISES RÉGIONALES

AUVERGNE-RHÔNE-ALPES

AUVERGNE

PRODUITS MARQUEURS

PRODUITS D'EAU DOUCE : Saumon de l'Allier, brochet, truite

VIANDES : porc cul noir, bœuf de Salers et de l'Aubrac

FRUITS ET LÉGUMES : AOC lentilles vertes du Puy, choux, champignons, châtaignes, pommes, myrtilles, cassis.

SPÉCIALITÉS

SALADE DE LENTILLES

ALIGOT AU CANTAL

AOC SAINT-NECTAIRE

MILLARD

FLOGNARDE

SPÉCIALITÉS	FROMAGES D'AUVERGNE AOC	BOISSONS	DIVERS
Omelette brayaude Perche du lac farcie	Bleu d'Auvergne (PP*-Vache) Cantal (PPNC*-Vache) Salers (PPNC-Vache) Saint-nectaire (PPNC-Vache) Fourme de Montbrison (PP-Vache)  FOURME D'AMBERT – PP-VACHE	**EAUX MINÉRALES :** Vichy Saint-Yorre et Badoit (pétillantes), Volvic (plate). **VINS :** AOC Côte-roannaise AOC Côtes-d'Auvergne AOC Côtes-du-forez AOC Saint-pourçain **VINS BLANCS :** secs. **VINS ROSÉS :** fruités. **VINS ROUGES :** fruités.	Pastilles de Vichy  MARRONS GLACÉS DE PRIVAS

RHÔNE-ALPES

PRODUITS MARQUEURS

PRODUITS D'EAU DOUCE : omble chevalier, féra.

VIANDES : diot, AOC Bœuf de Charolles.

AUTRES : Génépi, Chartreuse, nougat de Montélimar, AOC Noix de Grenoble.

SPÉCIALITÉS

SAUCISSON EN BRIOCHE

OMBLE CHEVALIER AU CRÉPY

VOLAILLE DE BRESSE AUX MORILLES

AOC ABONDANCE

TARTE AUX NOIX

SPÉCIALITÉS	FROMAGES DE SAVOIE AOC	BOISSONS	DIVERS
Ravioles de Royan Volaille de Bresse aux morilles Reblochon, beaufort Gâteau de Savoie	Abondance – PPmi-C*-Vache Beaufort – PPC*-Vache Reblochon – PPNC-Vache Chevrotin – CN-Chèvre Tome des Bauges – PPNC-Vache  REBLOCHON	**EAUX MINÉRALES :** Évian et Thonon (plates). **VINS DE SAVOIE :** **Blancs :** secs, fruités, frais. **Rosés :** légers, fruités. **Rouges :** légers, fruités. **VINS DE LA VALLÉE DU RHÔNE :** **Blancs :** secs, capiteux, souples. **Rosés :** fruités, frais, puissants. **Rouges :** corsés, charpentés.	 NOUGAT DE MONTÉLIMAR

** PP : pâte pressée ; PPNC : pâte pressée non cuite ; PPC : pâte pressée cuite ; PPmi-C : pâte pressée mi-cuite.*

SPÉCIALITÉS FRANÇAISES RÉGIONALES

DROM : Départements et Régions d'outre-mer

Guadeloupe, Guyane, Réunion, Martinique, Mayotte

GUADELOUPE / MARTINIQUE

PRODUITS MARQUEURS

LÉGUMES : christophine, manioc, igname, piments, gombo, patate douce
FRUITS : ananas, banane, goyave, mangue, maracuja, papaye, ramboutan, noix de coco
ÉPICES : curcuma, massalé, colombo, cannelle, curry, vanille
BOISSONS : rhum, punch planteur

CHRISTOPHINE OU CHAYOTTE

SPÉCIALITÉS

ACRAS DE MORUE

FÉROCE (purée d'avocats)

SAUCE CHIEN

COLOMBO DE POULET

POULET BOUCANÉ

SALADE DE PAPAYE VERTE

TOURMENT D'AMOUR (gâteau à la noix de coco)

BOKIT

BOUDIN CRÉOLE

RÉUNION

PRODUITS MARQUEURS

LÉGUMES : christophine, manioc, igname, giraumon, piments, piment oiseau, patate douce
FRUITS : fruit de la passion, mangue, goyave, ananas, banane, chadeck, carambole, noix de coco, litchi
ÉPICES : curcuma, massalé, tandoori rouge, colombo
FROMAGES : La Fournaise, Piton Maïdo, Cap noir

MANIOC

SPÉCIALITÉS

BOUCHONS DE PORC ET CREVETTES

SAMOUSSA

ROUGAIL SAUCISSES

CANARD À LA VANILLE

BEIGNETS D'ANANAS

CARI CRÉOLE À LA VIANDE OU AU POISSON

GÂTEAU DE PATATE DOUCE

SALADE DE PALMISTE

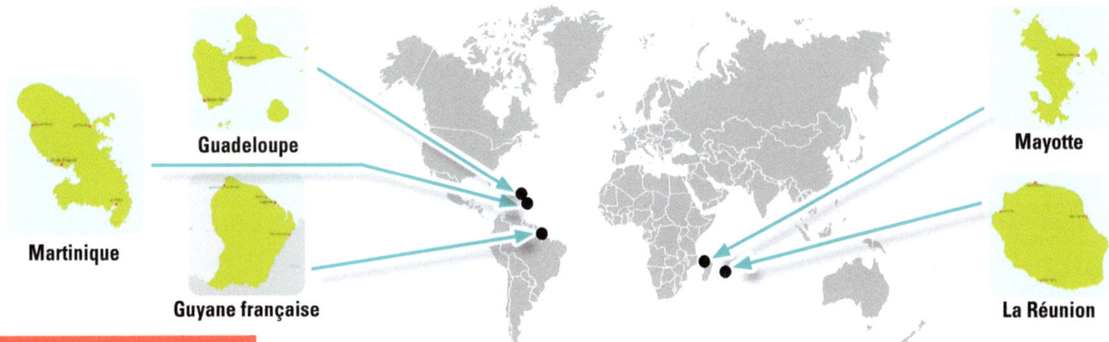

GUYANE

PRODUITS MARQUEURS

LÉGUMES : igname, piments, banane plantain, manioc…
FRUITS : ananas, banane, chadeck, goyave, mangue, maracuja, papaye, ramboutan…
ÉPICES : curcuma, massalé, colombo, cannelle, curry, vanille
BOISSONS : rhum, bière d'ananas, tafia, punch et ti-punch

RAMBOUTAN

SPÉCIALITÉS

BOUILLON D'AWARA (à base de viandes et poissons)

CALOU (OU CALALOU)

BAMI GUYANAIS AU POULET

DIZÉ MILÉ (ou œufs de mulet)

MAYOTTE

SPÉCIALITÉS

BATA BATA (bananes vertes)

KAKAMOUKOU (soupe de poisson)

PILAO (riz au poulet)

MABAWA (ailes de poulet frites)

SPÉCIALITÉS FRANÇAISES RÉGIONALES

COM : Collectivités d'outre-mer

Polynésie française, Nouvelle-Calédonie, Saint-Pierre-et-Miquelon, Saint-Barthélemy, Saint-Martin, Wallis-et-Futuna

POLYNÉSIE FRANÇAISE

PRODUITS MARQUEURS

LÉGUMES : taro, fafa (variété de taro), manioc
FRUITS : ananas, banane, carambole, citron vert, goyave, mangue, noix de coco, papaye, ramboutan, Vanille
BOISSONS : liqueur de niaouli, jus de fruits frais, bière Hinano

TARO

SPÉCIALITÉS

POISSON CRU À LA TAHITIENNE

POULET FAFA

PO'É À LA BANANE (Tahiti)

FIRI FIRI ou beignets au lait de coco

SAINT-PIERRE-ET-MIQUELON

SPÉCIALITÉS

JOUES DE MORUE PANÉES

MACARONS AU CACAO

Saint-Pierre-et-Miquelon

Saint-Martin

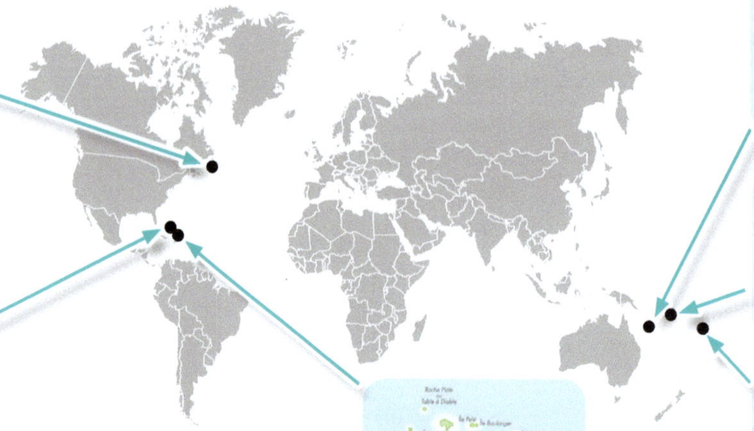

Nouvelle-Calédonie

Wallis-et-Futuna

Saint-Barthélemy

Polynésie française

NOUVELLE-CALÉDONIE – WALLIS-ET-FUTUNA

PRODUITS MARQUEURS

LÉGUMES : taro, igname, patate douce, tomates
FRUITS : citron, ananas, mangue, avocat, fruit de la passion, orange, papaye, banane poingo, noix de coco, goyave, litchi…
VIANDES : cerf, roussette, bœuf

PRODUITS DE LA MER : thon, crabes, crevettes, langoustes, coquillages, picot, dawa, mahi mahi (daurade), vivaneau (wajuju), crabe de cocotier
BOISSONS : bière locale Number One, kawa (boisson traditionnelle à base de racines de poivrier sauvage)

SPÉCIALITÉS

SALADE DE CERF MARINÉ

ESCARGOTS DE L'ÎLE DES PINS (BULIMES)

POISSON CALÉDONIEN

CRABE DE COCOTIER

BOUGNA (ragoût cuit dans des feuilles de bananier dans un « four kanak »)

UMU – Wallis-et-Futuna (plat cuit dans des feuilles de bananier dans un four creusé dans le sol)

FROMAGES, BEURRES ET CRÈMES

AOP DE FRANCE

AUVERGNE-RHÔNE-ALPES
Abondance
Beaufort
Beurre de Bresse
Bleu d'Auvergne
Bleu du Vercors-Sassenage
Cantal
Chevrotin
Crème de Bresse
Fourme d'Ambert
Fourme de Montbrison
Picodon
Reblochon
Rigotte de Condrieu
Saint-Nectaire
Salers
Tome des Bauges

BOURGOGNE-FRANCHE COMTÉ
Bleu de Gex Haut-Jura
Charolais
Comté
Epoisses
Mâconnais
Mont d'Or
Morbier

CENTRE-VAL-DE-LOIRE
Chavignol
Pouligny Saint-Pierre
Sainte-Maure de Touraine
Selles-sur-Cher
Valençay

CORSE
Brocciu

GRAND EST
Brie de Meaux
Chaource
Langres
Munster

HAUT-DE-FRANCE
Maroilles

ILE-DE-FRANCE
Brie de Melun

NORMANDIE
Beurre d'Isigny
Camembert de Normandie
Crème d'Isigny
Livarot
Neufchâtel
Pont l'Evêque

NOUVELLE-AQUITAINE
Beurre Charentes-Poitou
Chabichou du Poitou
Ossau-Iraty

OCCITANIE
Bleu des Causses
Laguiole
Pélardon
Rocamadour
Roquefort

PROVENCE-ALPES-CÔTE D'AZUR
Banon
Brousse du Rove

FROMAGES, BEURRES ET CRÈMES

AOP D'EUROPE

CNIEL – SIRET 300 817 954 000 62 – Crédits photos : AFIDOP

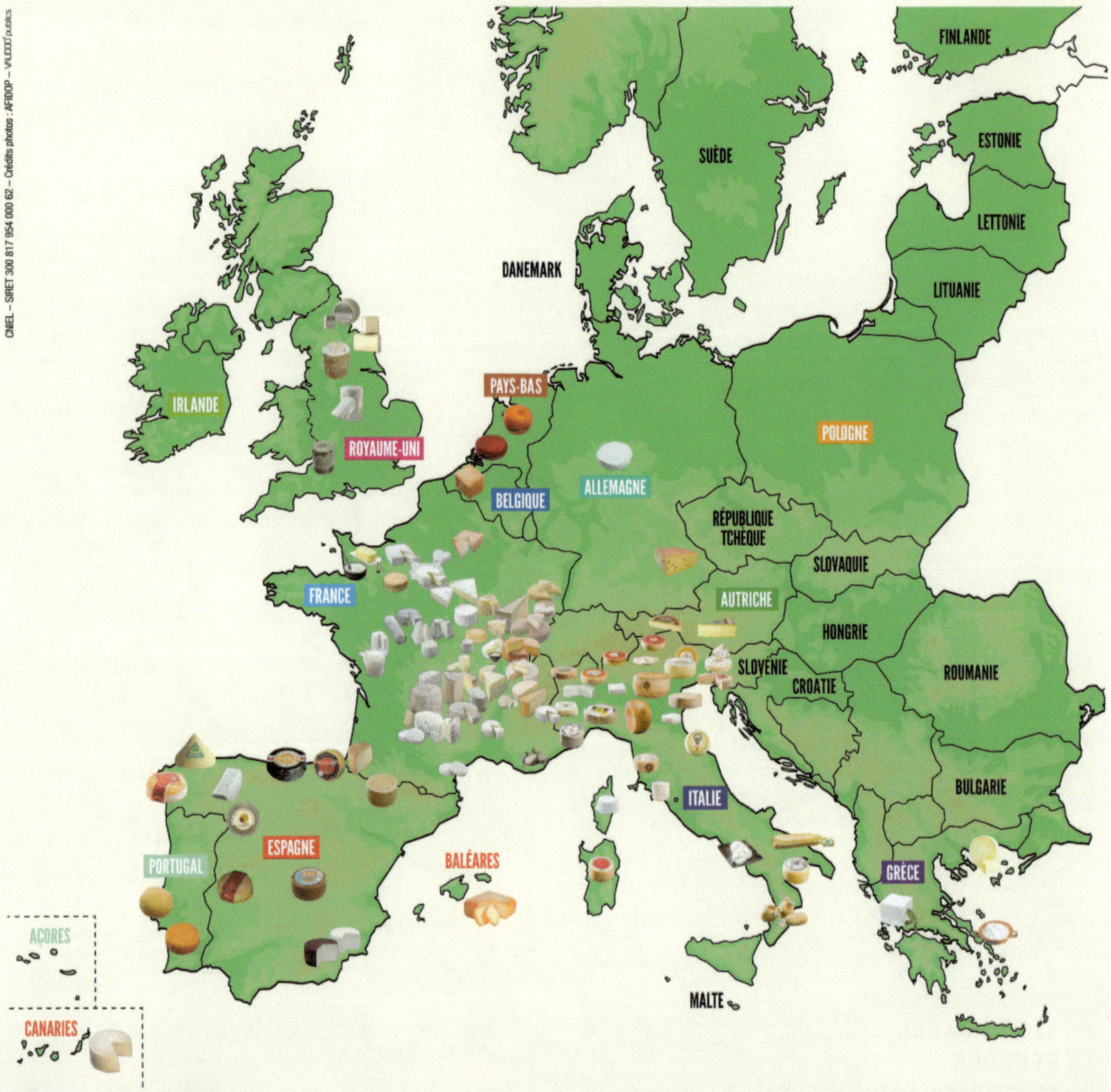

CAMPAGNE FINANCÉE AVEC LE CONCOURS DE L'UNION EUROPÉENNE

POUR VOTRE SANTÉ, ÉVITEZ DE MANGER TROP GRAS, TROP SUCRÉ, TROP SALÉ. WWW.MANGERBOUGER.FR

APPELLATION D'ORIGINE PROTÉGÉE

FROMAGES, BEURRES, CRÈMES

A.O.P.

LA PLUS BELLE PREUVE D'AUTHENTICITÉ

ALLEMAGNE
4 appellations dont
- Allgäuer emmentaler
- Altenburger ziegenkäse

AUTRICHE
6 appellations dont
- Tiroler alpkäse
- Vorarlberger alpkäse

BELGIQUE
2 appellations :
- Beurre des Ardennes
- Fromage de Herve

ESPAGNE
26 appellations dont
- Cabrales
- Queso manchego
- Roncal

FRANCE
51 appellations dont
- Beurre Charentes-Poitou
- Cantal
- Chavignol
- Comté
- Crème d'Isigny
- Reblochon
- Roquefort
- Saint-nectaire

GRÈCE
21 appellations dont
- Feta
- Kasseri
- Kopanisti

IRLANDE
1 appellation :
- Imokilly regato

ITALIE
46 appellations dont
- Gorgonzola
- Grana padano
- Mozzarella di buffala campana
- Parmigiano reggiano

PAYS-BAS
4 appellations dont
- Noord-hollandse eddammer
- Noord-hollandse gouda

POLOGNE
3 appellations dont
- Bryndza podhala´nska
- Oscypek

PORTUGAL
3 appellations dont
- Queijo de azeitao
- Queijo de nisa

ROYAUME-UNI
12 appellations dont
- West country farmhouse cheddar cheese
- White stilton cheese
- Blue stilton cheese

SPÉCIALITÉS D'EUROPE

PAYS MÉDITERRANÉENS

Espagne – Grèce – Italie – Portugal

ESPAGNE

PRODUITS MARQUEURS

CHARCUTERIES : jambon Pata Negra, chorizo.

FRUITS : pêche de Calanda, Pera de Jumilla (poire).

ÉPICES : piment de piquillo, safran de la Mancha.

AUTRES : riz de Valence, miel de Grenade.

SPÉCIALITÉS GASTRONOMIQUES

GASPACHO ANDALOU
Potage froid à base de légumes crus mixés (tomates, poivrons, concombres…).

TAPAS
Petites entrées variées : *tortilla, pan con tomate, pimientos de Padrón, patatas bravas*, chorizo poêlé…

CALDEIRADA
Morue dessalée et pochée à l'eau, servie avec une sauce à base de tomates et/ou de poivrons.

PAELLA
Plat traditionnel à base de riz rond garni de moules, encornets, langoustines, gambas, poulet, poivrons, petits pois.

FLAN À L'ORANGE
Dessert traditionnel d'Espagne à base de lait et d'orange.

CHURROS
Beignets frits en forme de gros spaghetti, sucrés ou non et servis avec un chocolat chaud épais.

TOURON
Nougat espagnol

BOISSONS

VINS : Rioja, Penedès, Ribeira, Valdepeñas, Cava (effervescents), Xérès et Malaga (VDL).

BIÈRE : San Miguel.
EAU : Font Vella (plate).
AUTRES : Sangria, cidre des Asturies.

FROMAGES

BREBIS : AOP Idiazabal (PPC[1]), AOP Manchego (PPNC[2]), AOP Roncal (PPNC).
VACHE : AOP Cabrales (PP[3]).

PORTUGAL

PRODUITS MARQUEURS

LÉGUMES ET FRUITS : chou vert, ananas des Açores, amandes, châtaignes, olives.

PRODUITS DE LA MER : sardines.

AUTRES : miel de la Serra da Lousa.

BOISSONS

VINS : Vinho verde blanc
vins du Douro, Dao
Moscatel de Setubal (VDN)
Porto – Madère (VDL)
BIÈRES : Sagres blonde, Super Bock.
EAU : Pedras (gazeuse)

FROMAGES

BREBIS : AOP Queijo de Azeitão
CHÈVRE ET BREBIS : AOP Queijo Rabaçal
VACHE : AOP Queijo São Jorge (PPNC)

SPÉCIALITÉS GASTRONOMIQUES

SARDINES À L'ESCABÈCHE
Sardines étêtées et vidées, grillées puis marinées dans une sauce vinaigrée aux aromates. Elles se mangent froides.

CALDO VERDE
Soupe aux choux épaisse de couleur verte faite à base de feuilles de chou coupées en lanières très fines, agrémentée de tranches de chorizo.

CALDEIRADA DE PEIXE
Ragoût de poissons (congre, roussette, raie, torpille, sardine), avec éventuellement quelques coquillages (coques et des palourdes…). C'est la « bouillabaisse » portugaise.

CHANFANA
Ragoût de viande de chèvre ou d'agneau, cuit dans un four à bois entre 3 et 5 heures, dans une casserole d'argile noir avec du vin rouge. Préparé la veille pour absorber la saveur de tous les condiments, ail et laurier.

TARTE DE AMÊNDOA
Tarte aux amandes sur une base de biscuit recouvert d'amandes caramélisées.

PASTÉIS DE NATA
Flan pâtissier qui peut être dégusté tiède.

MASSEPAIN PORTUGAIS
Gâteau à la pâte d'amandes.

[1] PPC : pâte pressée cuite – [2] PPNC : pâte pressée non cuite – [3] PP : pâte pressée

SPÉCIALITÉS D'EUROPE

PAYS MÉDITERRANÉENS

Espagne – Grèce – Italie – Portugal

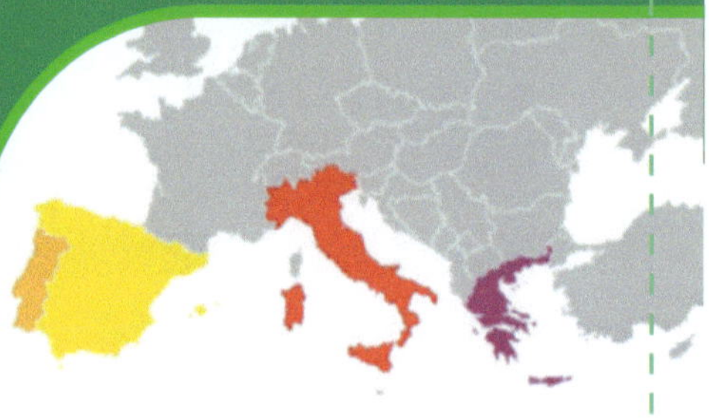

ITALIE

PRODUITS MARQUEURS

CHARCUTERIES : jambon de Parme AOP.

AUTRES : vinaigre balsamique de Modène AOP, huile d'olive, truffes blanches d'Alba, basilic de Gênes AOP, pâtes, riz Arborio.

BOISSONS

VINS : barolo, bardolino, chianti, asti spumante, valpolicella…
APÉRITIFS / DIGESTIFS : vermouth, Campari, amaretto. Fernet Branca, Limoncello. Sambuca (anisé), grappa (marc)
EAU : San Pellegrino (gazeuse)
BIÈRE : Peroni

FROMAGES

VACHE : AOP Gorgonzola (PP), AOP Parmigiano Reggiano (PPC).
BREBIS : AOP Pecorino (PPC).
BUFFLONNE : mozzarella di Bufala (frais).

SPÉCIALITÉS GASTRONOMIQUES

ANTIPASTI
Amuse-bouche variés composés de charcuteries, légumes grillés…

FRITTO MISTO
Fruits de mer frits

AMARETTI
Biscuits aux amandes italiens

VITELLO TONNATO
Fines tranches de veau recouvertes d'une sauce à base de thon, anchois, câpres, jaunes d'œufs, huile d'olive et jus de citron. Plat piémontais servi frais.

PIZZA

CANNOLI
Petits rouleaux de pâte aromatisée au marsala frits. Ils sont garnis d'une crème de ricotta sucrée et parfumée à la vanille. Ils sont généralement décorés avec des pépites de chocolat, de l'écorce d'orange, de citron, de la pistache… Spécialité sicilienne.

TIRAMISU
Entremets composé de biscuits imbibés de café, d'une mousse à base de mascarpone, d'œufs, de sucre et d'amaretto, en couches alternées, saupoudré de cacao en poudre.

OSSO BUCCO MILANAISE ET POLENTA
Ragoût de tronçons de jarret de veau, braisé au vin blanc, agrémenté de légumes et de polenta. La moelle est cuisinée et servie.

PÂTES ITALIENNES

LES PÂTES LONGUES	LES PÂTES FARCIES	LES PÂTES À POTAGE	LES PÂTES RUBAN	LES PÂTES TUBE	LES AUTRES FORMES
Bucatini	Cannelloni	Fideo	Fettuccine	Cavatappi	Campanelle
Capellini	Ravioli	Orzo	Lasagnes	Ditalini	Casarecce
Spaghetti…	Tortellini…	Vermicelles…	Linguine	Macaroni	Conchiglie
			Pappardelle	Penne	Farfalle
			Tagliatelle	Rigatoni	Fusilli
			Taglioni…	Ziti…	Orecchiette…

RISOTTO

Riz spécial, cuit dans un bouillon chaud. La variété de riz italien la plus utilisée est l'Arborio. Il est ensuite agrémenté de divers ingrédients : champignons, crevettes, poulet, légumes…

GRÈCE

PRODUITS MARQUEURS

LÉGUMES ET FRUITS : olives de Kalamata AOP, aubergines, tomates, poivrons, citrons, nèfles, pistaches, raisins secs, fenouil.

PRODUITS DE LA MER : thon, daurade, poulpe.

HERBES AROMATIQUES : basilic, anis.

AUTRES : yaourt grec, miel, huile d'olive.

BOISSONS

VINS : retsina, Kouros, Nemea. Muscat de Samos (VDN).
APÉRITIFS / DIGESTIFS : Ouzo, Citro.
EAUX : Zagori (gazeuse), Aypa (plate).

FROMAGES

BREBIS : AOP Féta (frais)
VACHE : AOP Kasseri (PPNC)

SPÉCIALITÉS GASTRONOMIQUES

MOUSSAKA
Gratin d'aubergines grillées, d'oignons et de tomates, et de viande hachée de mouton.

REZANI
Gâteau de semoule au sirop de citron.

RIZOGALO
Riz au lait à la cannelle.

LOUKOUM
Confiserie d'origine ottomane, souple et élastique, qui peut être aromatisée à différents parfums (rose, fleur d'oranger…).

TZATZIKI
Sauce composée de yaourt grec, de concombre, d'herbes fraîches (menthe ou aneth), d'huile d'olive, d'ail, de jus de citron, de sel et de poivre. Elle peut faire partie des mezedes.

MEZEDES
Amuse-bouche variés : houmous, feuille de vigne farcie, revithokeftedes (falafels), tyropitakia (feuilleté à la feta)…

SOUVLAKI
Brochettes de porc, de mouton ou de poulet, marinées au citron puis grillées.

SPÉCIALITÉS D'EUROPE

PAYS ANGLO-SAXONS

Angleterre – Irlande – Irlande du Nord – Écosse
Îles Shetland – Îles des Orcades

PRODUITS MARQUEURS

PRODUITS DE LA MER /D'EAU DOUCE : hareng, saumon, truite, cabillaud, huîtres de Whitstable (IGP).

LÉGUMES : betteraves, pommes de terre (IGP Jersey Royal).

FRUITS : pommes, poires.

VIANDES : bovins (Angus, Welsh), ovins.

AUTRES : thé, marmelade.

BOISSONS

BIÈRES :

Types : Ale (ambrées), Bitter, Lager (blondes), Mild, Stout (brunes).

Marques :

Angleterre : Spitfire, Bass.

Irlande : Guinness, Murphy.

Écosse : Arran, Black Douglas.

WHISKYS :

Angleterre : Saint George.

Irlande (Irish) : Jameson, Tullamore, Paddy, Bushmills.

Écosse (Scotch) : Glenlivet, Chivas, Knockando.

GINS :

Angleterre : Bombay Sapphire, Beefeater.

Irlande : Gunpowder.

Écosse : Tanquerey.

AUTRES BOISSONS :

Cherry Brandy : liqueur de cerise.

Drambuie : liqueur à base de whisky, de miel et d'épices.

VINS ANGLAIS :

Quelques appellations :

Bolney Estate Foxhole Vineyard, Camel Valley Bacchus Dry, Oxney Organic, Hush Heath Balfour brut rosé.

FROMAGES

VACHE :

AOP Cheshire (PP demi-dure)
AOP Stilton (PP)
AOP Cheddar (PPC)
AOP Swaledale (PP)
AOP Buxton blue (PP)

SAUCES

SAUCE PICCALILLI :

vinaigre, légumes coupés et épices.

CLASSIC MINT SAUCE :

feuilles de menthe, vinaigre, eau, sucre.

WORCESTERSHIRE SAUCE :

vinaigre de malt (orge), vinaigre d'alcool, mélasse, sucre, sel, anchois (poisson), extrait de tamarin, oignons, ail, épices, arômes.

SPÉCIALITÉS GASTRONOMIQUES

WELSH RAREBIT
Tartine au pain de mie, mouillée à la bière, garnie de beurre et de chester.

KIDNEY PIE
Tourte au bœuf et aux rognons, servie avec des légumes, des pommes de terre et un jus de viande.

FISH AND CHIPS
Poisson pané, servi dans du papier journal, avec des frites et une purée de petits pois.

CHICKEN PIE
Tourte au poulet, champignons et carottes avec une sauce à base de crème.

COTTAGE PIE
Hachis Parmentier cuisiné avec du bœuf.

SHEPHERD'S PIE
Hachis Parmentier à base d'agneau.

IRISH STEW (Irlande)
Ragoût de mouton et de pommes de terre.

HAGGIS (Écosse)
Panse de brebis farcie avec les abats de l'animal.

JELLY
Gelée à base de jus de fruits additionné de gélatine pour obtenir une consistance ressemblant à un flan.

STICKY TOFFEE PUDDING
Gâteau sirupeux et moelleux à base de dattes, servi avec une sauce au caramel et de la glace vanille.

SCONES
Petits pains secs dégustés avec de la crème caillée et de la marmelade. Il en existe des salés, notamment au fromage.

CRUMPETS
Crêpes épaisses et aérées, savourées au petit-déjeuner comme au goûter. Elles sont grillées et dégustées avec un peu de beurre salé.

SPÉCIALITÉS D'EUROPE

PAYS GERMANIQUES

Allemagne – Suisse – Autriche

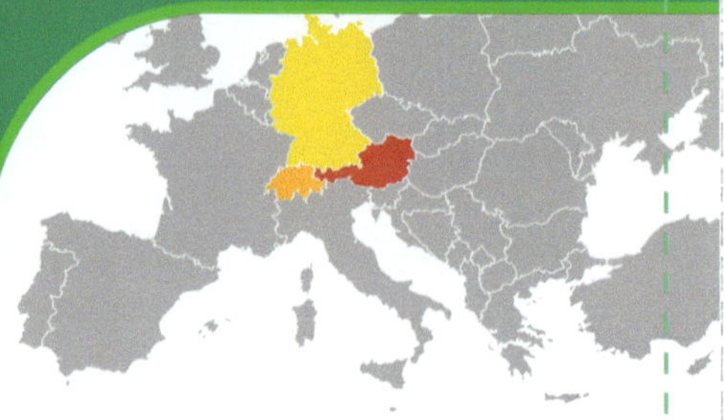

PRODUITS MARQUEURS

POISSONS : carpe, hareng, sandre.

LÉGUMES : IGP Asperge de Franconie, IGP Cornichon (Spreewälder Gurken), chou Crista, pommes de terre, oignons.

FRUITS : cerises, quetsches, pommes, myrtilles, airelles.

VIANDES : porc, bœuf, mouton, poulet, viande séchée des Grisons.

GIBIER : chevreuil, sanglier, lièvre, faisan, cerf.

DIVERS : aneth, cumin, coriandre, chocolat suisse.

BOISSONS

BIÈRES :

Allemagne : Bitburger, Erdinger, Kronen, Löwenbräu, Paulaner.

Autriche : Brau, Edelweiss, Kaiser.

Suisse : Appenzeller, Boxer, Cardinal, Flava.

VINS ALLEMANDS :

Ils sont commercialisés avec leur nom de cépage.

Quelques appellations :

Müller-thurgau : vin blanc au bouquet floral, avec une acidité discrète.

Riesling : vin blanc parfumé, racé, avec un bouquet délicatement fruité.

Spätburgunder (pinot noir) : vin rouge au parfum de cerise.

Sekt : vin mousseux, élaboré principalement en cuve close.

Eiswein (vin de glace) : vin liquoreux élaboré à partir de raisins blancs gelés sur pied. Il a de délicats arômes de rose, d'épices et de fruits secs. Il est rare et parmi les vins les plus chers du monde.

FROMAGES AOP

ALLEMAGNE :

Allgäuer Bergkäse – PPC-Vache

Altenburger Ziegenkäse – Chèvre

AUTRICHE :

Vorarlberger Alpkäse – PPC-Vache

Tiroler Bergkäse – PPC-Vache

SUISSE :

Gruyère – PPC-Vache

Appenzeller – PPC-Vache

Vacherin mont d'Or – PMCL*-Vache

Tête de Moine – Pâte mi-dure-Vache

SAUCES/CONDIMENTS

Raifort

Maggi Würze : sauce brune salée de la marque Maggi

Moutarde douce (Süßer Senf)

SPÉCIALITÉS GASTRONOMIQUES

ROLLMOPS
Harengs enroulés autour d'un cornichon aigre-doux, accompagné d'une salade de pomme de terre ou de crème.

LEBERKNÖDELSUPPE
Soupe aux quenelles de foie de veau.

WIENERSCHNITZEL
Escalope viennoise (panée).

KNÖDEL DE POMME DE TERRE
Boulettes de pomme de terre et épices. Elles peuvent être farcies.

RÖSTI
Galette de pomme de terre. Peuvent être agrémentées de fromage, d'ail, d'oignons, parfois de lard.

FONDUE AU FROMAGE
Fromages fondus (gruyère, appenzeller, vacherin fribourgeois…) dans un caquelon. On y trempe des morceaux de pain. Accompagnée de charcuteries.

LES WÜRSTE (SAUCISSES)

BRÜHWÜRSTE
Saucisses bouillies : saucisse de Francfort, cervelas, saucisse blanche (Weißwurst).

KOCHWÜRSTE
Saucisses cuites : saucisses de foie (Leberwürste)…

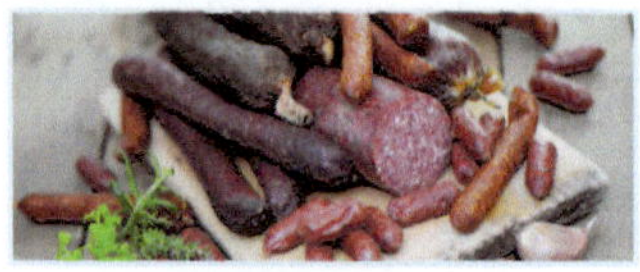

ROHWÜRSTE
Saucisses crues : chipolatas, mais aussi saucissons secs, salamis.

BLUTWURST
Boudin noir, généralement accompagné de pommes de terre sautées ou en purée.

CURRYWURST
Spécialité de street food berlinoise. Saucisse bouillie coupée en petits morceaux, accompagnée de ketchup, sauce Worcestershire et poudre de curry, généralement servie avec des frites

PAIN ET PÂTISSERIES

LINZER TORTE
Tarte à base de pâte sablée aux amandes, confiture de framboises, compote de pommes et griottes.

BOULE DE BERLIN (ou BERLINER)
Beignet rond, moelleux, léger, fourré de crème pâtissière ou de confiture et enrobé de sucre glace.

SCHNECKENKUCHEN (En France : CHINOIS)
Brioche fourrée de crème pâtissière, enroulée en escargot. Les spirales sont juxtaposées pour former une brioche ronde.

FORÊT-NOIRE
Génoise au chocolat, chantilly, cerises au kirsch.

APFELSTRUDEL
Gâteau feuilleté garni de pommes, de raisins secs, parfumé à la cannelle.

PUMPERNICKEL
Pain noir de seigle.

SPÉCIALITÉS D'EUROPE

PAYS NORDIQUES

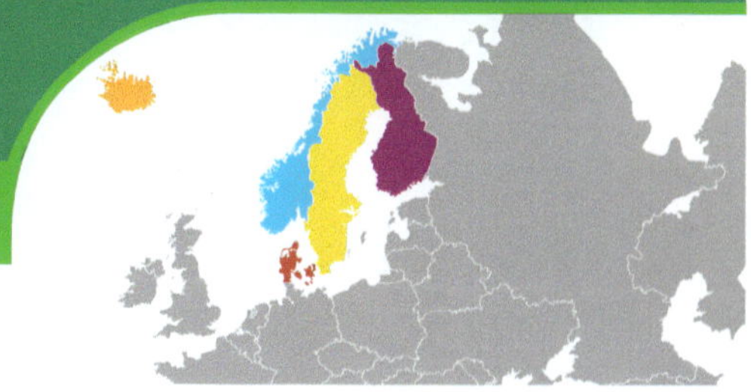

Danemark – Finlande – Islande – Norvège – Suède
Åland – Groenland – Îles Féroé

PRODUITS MARQUEURS

POISSONS : hareng, saumon, truite, anguille, cabillaud.

LÉGUMES : pommes de terre, choux, betteraves, champignons.

FRUITS : airelles, myrtilles, framboises, mûres.

VIANDES : renne, oie, porc, bœuf.

HERBES AROMATIQUES : aneth, cumin, coriandre, estragon, cerfeuil.

BOISSONS

BIÈRES :
blondes ou brunes, Carlsberg, Tuborg.

APÉRITIFS / DIGESTIFS :
Aquavit : eau-de-vie parfumée au cumin, coriandre, fenouil et anis.

Vodka finlandaise

Cheery Peter Heering : liqueur de cerise.

Punsch :
liqueur suédoise à base d'arrack, de sucre, d'eau et de divers parfums.

Glögi : vin chaud épicé

FROMAGES

VACHE :

AOP Danablu (PP)

IGP Svecia (PPNC)

AOP Esrom (PM)

SPÉCIALITÉS GASTRONOMIQUES

KANELBÜLLE
Petite brioche roulée à la cannelle et parfumée à la cardamome.

KNÄCKELBRÖD (Suède)
Pain craquant suédois utilisé pour les smörgas, des tartines salées.

SAUMON GRAVLAX
Filet de saumon cru, mariné pendant plusieurs jours dans une préparation à base de sel, de sucre, de poivre, d'aneth et de baies rouges.
Il est coupé en tranches fines et servi avec une sauce à la moutarde.

HARENG
Mariné, fumé, grillé, bouilli, frit, en soupe, en salade, fermenté, il est décliné à toutes les sauces.

KÖTTBULLAR
Boulettes de viande préparées à partir d'un mélange de différentes viandes, servies avec de la purée de pommes de terre, de concombres et de confiture d'airelles.

HASSELBACKPOTATIS (Suède)
Pommes de terre rôties au four, découpées en éventail. Elles sont dorées et croustillantes à l'extérieur mais fondantes à l'intérieur.
Elles accompagnent viandes ou poissons.

KALOPS
Ragoût de bœuf fondant, aromatisé à l'aneth.

BRUNOST (Norvège)
Fromage de chèvre norvégien à pâte brune.

DRØMMEKAGE (Danemark)
Gâteau d'origine danoise, parfumé à la vanille.
Il est moelleux et recouvert d'une couche de noix de coco caramélisée.

SEMLA
Brioche aromatisée à la cardamome, fourrée à la pâte d'amandes, surmontée de crème fouettée et saupoudrée de sucre glace.

SPÉCIALITÉS D'EUROPE

PAYS DE L'EST

Bulgarie – Hongrie – Pologne – Roumanie
Biélorussie – Estonie – Lettonie – Lituanie – Moldavie – République tchèque – Slovaquie

PRODUITS MARQUEURS

POISSONS : carpe, brochet, sandre, écrevisses.

VIANDES : porc, volaille, bœuf.

LÉGUMES : pommes de terre, choux, artichauts, poivrons, champignons sauvages.

FRUITS : abricot, noix, pommes, poires.

HERBES AROMATIQUES ET ÉPICES : aneth, marjolaine, paprika, graines de carvi.

BOISSONS

BIÈRES :
Pilsner Urquell, Lezak Lager, Antonin, Dark Lager Primator.

APÉRITIF/ DIGESTIFS :
Vodkas : Wyborowa (standard), Żubrówka (à l'herbe de bison), Cytrynówka (au citron), Śliwowica (à la prune), Pieprzówka (au poivre blanc).
Barack Pálinka : eau-de-vie d'abricot.
Rakia : eau-de-vie de prune ou d'autres fruits.

VINS :
Tokay : vin blanc sec.
Egri Bikavér : vin rouge de la région Eger.
Villány : vin rouge de la région de Villány.

AUTRES :
Cockta : soda à base d'églantier et sans caféine.
Kéfir : boisson fermentée pétillante à base de grains de kéfir de fruits.

FROMAGES

BREBIS / VACHE :
Pologne : AOP Oscypek (PP)

BREBIS :
Bulgarie-Hongrie : Caşcaval (PPNC)

BREBIS OU CHÈVRE :
Bulgarie : Sirene (frais)

SPÉCIALITÉS GASTRONOMIQUES

TARATOR (Bulgarie)
Soupe froide à base de yaourt bulgare, concombre râpé, ail, aneth, noix, eau et huile d'olive.

BORTSCH
Bouillon de betterave. Il a plusieurs variantes selon les pays (Barszcz en Pologne) et peut être agrémenté de différents éléments comme le chou, la viande, la pomme de terre…

JOTA (Slovénie)
Soupe épaisse de chou, haricots et orge.

KAVARMA (Bulgarie)
Viande de bœuf en dés, courgettes, champignons, pommes de terre, oignons, cuits au four dans une terrine et recouverte d'un œuf.

PIEROGI (Pologne)
Sorte de ravioli farcis aux bords tressés. Traditionnellement farcis de pommes de terre, de fromage blanc, de viande ou de chou.

GOULASCH
Ragoût à base de viande rouge (ou blanche), oignons rouges, paprika. Appelé « Pörkölt » en Hongrie.

SZARLOTKA
Dessert à base de pommes et cannelle, cuite entre 2 couches de pâte brisée.

GUNDEL PALACSINTA (Hongrie)
Crêpes hongroises aux noix, servies avec une sauce chocolat

MAKOWIEC (Pologne)
Gâteau brioché au pavot, miel et fruits confits, traditionnel de Noël.

BAKLAVA
Biscuit traditionnel des pays des Balkans, très sucrés, à base de pâte phyllo, miel et fruits secs (pistaches, amandes, noisettes…).

POTICA
Gâteaux variés à pâte levée, garnis de noix, de graines de pavot, de fromage blanc, de miel, de raisins…

TRDELNÍK
Gâteau à la broche que l'on trouve en Slovénie, en République tchèque, en Pologne, en Hongrie… Il est traditionnellement recouvert de sucre, de cannelle.

SPÉCIALITÉS DU MONDE

CANADA ET USA

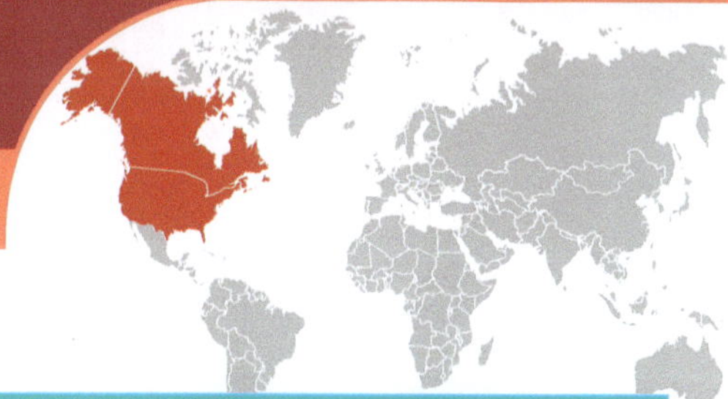

CANADA

PAIN DE VIANDE – MEATLOAF

Pain de viande préparé à partir de viande hachée, de mie de pain, d'oignons, d'épices et d'œufs, puis cuit au four.

POUTINE

Plat de la cuisine québécoise composé de trois éléments : des frites, du fromage râpé et de la sauce brune.

SIROP D'ÉRABLE

Sirop naturellement sucré, fabriqué à partir de l'eau d'érable recueillie et concentrée par ébullition. Sa couleur peut varier selon la saison.

CÔTE OUEST

MISSION-STYLE BURRITO
(San Francisco, Californie)

Originaire du quartier de Mission à San Francisco, il est composé de riz, de haricots, de fromage, parfois de guacamole, de sauce salsa ou encore de crème aigre, le tout déposé dans une tortilla.

NORD-EST

CHEESESTEAK
(Philadelphie, Pennsylvanie)

Pain style baguette garni d'un steak coupé en lamelles et de fromage fondu, parfois accompagné d'oignons et de poivrons.

MIDWEST

CINCINNATI CHILI
(Cincinnati, Ohio)

Chili composé de hachis de bœuf assaisonné avec de la cannelle, de la noix muscade, du quatre-épices… Il est servi accompagné de spaghetti et garni de cheddar râpé.

MIDWEST

CHICAGO-STYLE HOT DOG
(Chicago, Illinois)

Saucisse de bœuf déposée dans un petit pain au pavot, accompagnée de moutarde, d'oignons crus, de cornichons et de poivrons au vinaigre.

SUD

BARBECUE
PULLED PORK, RIBS…

Le barbecue dans sa généralité est très répandu dans tous les États-Unis. Le porc effiloché est originaire des États du Sud. Il est fait à partir d'épaule de porc grillée. Il est lentement fumé au bois.

ÉTATS-UNIS

BOURBON & WHISKEY

Whiskey américain fabriqué à partir d'au moins 51 % de maïs, le reste étant généralement du seigle ou du blé. Il est vieilli en fûts de chêne neufs noircis à la fumée. Le whiskey est produit aux États-Unis et en Irlande, tandis que dans le reste du monde, on utilise l'orthographe « whisky ».

SUD

LA CUISINE CAJUN ET CRÉOLE
JAMBALAYA (Louisiane)

Plat composé de riz au gras très épicé, garni de jambon et de poulet, agrémenté de poivrons, de tomates et de crevettes.

LES VINS AMÉRICAINS

La grande majorité des vins américains sont des monocépages. Sont produits des vins blancs, rosés et rouges. Les cépages les plus populaires sont le chardonnay, le merlot et le cabernet sauvignon, le zinfandel (qui produit des vins rouges et le rosé le plus populaire aux États-Unis, le White Zinfandel), le pinot gris (grigio), la syrah et le pinot noir.

QUELQUES APPELLATIONS :

Californie : Santa Clara Ridge Monte Bello, Verite Estate, Alegria Vineyard, Clos du Val.
Oregon : Cristom Vineyards Pinot Noir, Domaine Drouhin, Ponzi Vineyards Pinot Noir.
État de Washington : Columbia Crest Merlot.

SPÉCIALITÉS DU MONDE

ASIE

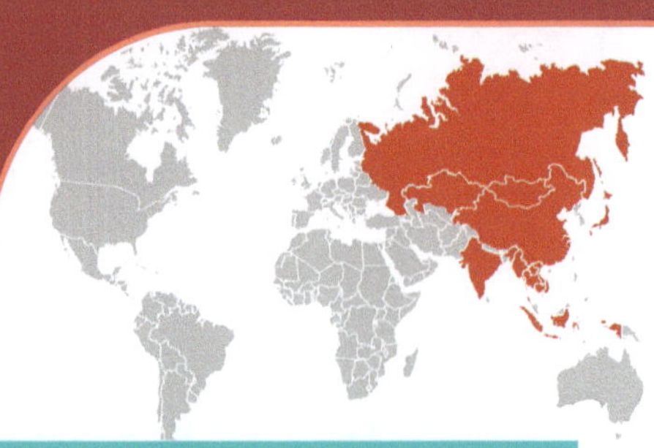

RUSSIE

BŒUF STROGANOV
Plat inventé au XVIIe siècle par le cuisinier français du comte Pavel Stroganov. Il est élaboré avec de fines lamelles de bœuf et s'accompagne de crème épaisse, de paprika, d'oignons et de champignons.

VODKA
Eau-de-vie issue de la distillation d'un moût fermenté, élaboré à partir de céréales (blé, orge, seigle, maïs), de mélasse de betterave à sucre, de pomme de terre mais aussi de toute autre matière première d'origine agricole. La vodka, titrant à 96 %, est ensuite ramenée entre 35 et 50 % par l'adjonction d'eau de source. La vodka doit être servie froide mais pas glacée, sinon elle risque de perdre ses qualités gustatives. Plutôt dans de petits verres, à boire cul sec ou à siroter.

CHINE

CANARD LAQUÉ
Canard rôti avec du miel, ce qui lui donne un aspect luisant et rougeâtre et une texture croustillante. Il est servi en trois préparations : la première avec la peau du canard, de fines crêpes, de la cive et une sauce barbecue asiatique, la deuxième avec la viande en wok et des légumes croquants, la troisième avec la carcasse en bouillon.

BIÈRES
Les bières chinoises font partie des bières asiatiques les plus consommées au monde : blondes légères, assez peu alcoolisées et de grande qualité, avec un goût plus sucré que les bières occidentales. La Chine est le 12e plus grand exportateur de bières au monde et possède de nombreuses marques bien connues, telles que Snow Beer et Tsingtao Beer.

INDE

POULET TANDOORI
Poulet cuit sur un four de pierre en feu. Un mélange d'épices (curry, gingembre, cumin, piment de Cayenne) et de yaourt sert de marinade à la viande coupée en morceaux, ce qui donne au plat sa couleur rouge-orangé. Il est servi accompagné de citron et d'oignons coupés.

JAPON

RAMEN
Bouillon de nouilles au porc

GYOZAS
Raviolis japonais

SAKÉ
Alcool japonais fermenté à base de riz, aux alentours de 15 °C d'alcool. Il se boit chaud ou froid, à une température qui varie de 5 à 60 °C. Comme le vin, il y a des gammes de saké différentes selon leurs qualités et leurs raffinements.

VIET NAM

BÒ BÚN
Plat composé de vermicelles de riz accompagnés de germes de soja, de bœuf sauté aux oignons, de nems, de concombre en julienne. Le plat est parsemé d'oignons frits séchés, de menthe fraîche, de coriandre longue, de citronnelle et de cacahuètes torréfiées broyées. L'huile qui a servi à faire frire les oignons est utilisée pour parfumer l'ensemble. On assaisonne parfois avec du piment, du poivre, du sucre et de la pâte de crevettes.

INDONÉSIE

SATAYS
Brochettes de viande rôtie sur du charbon de bois ou des branches d'arbre. Les viandes les plus utilisées sont le porc, le poulet et le bœuf. En Thaïlande, au Cambodge et au Laos, on utilise aussi le foie, le cœur ou l'estomac des porcs ou du poulet, des grenouilles, voire des insectes. On peut aussi faire des satays de poisson, de calamars et de crevettes. Elles sont souvent accompagnées de riz t de sauces (aux cacahuètes…).

SPÉCIALITÉS DU MONDE

AMÉRIQUE LATINE

MEXIQUE

FAJITAS

Tortillas farcies avec des lamelles de viande (bœuf, poulet, porc), de poisson, de crevettes et/ou de crudités diverses (salade, tomate, maïs, avocat…), de poivrons, et roulées ou pliées. On les assaisonne de sauce salsa ou de crème entière et de condiments.

TEQUILA

Boisson alcoolisée produite au Mexique à partir d'une plante nommée agave. Il existe quatre sortes de tequila officiellement reconnues : blanco (blanc), gold (doré), reposado (reposé) et añejo (vieilli).

BRÉSIL

FEIJOADA

Morceaux de porc mijotés dans un bouillon avec des haricots noirs, accompagnés de riz, de quartiers d'orange et de farine de manioc frite. Ce plat fait partie de la cuisine de tous les jours.

CACHAÇA

Sorte de rhum brésilien obtenu à base de canne à sucre, surtout connue pour permettre l'élaboration des caïpirinhas. Il se distingue du rhum par son processus de distillation : la cachaça est distillée à 40° et embouteillée, quand le rhum est distillé à 60° puis dilué à l'eau.

CHILI

CALDILLO DE CONGRIO (SOUPE DE CONGRE)

Plat réalisé à partir de congres cuits dans un bouillon composé des têtes des poissons, de coriandre, d'ail et de légumes coupés finement. C'est une des spécialités nationales chiliennes.

LES VINS CHILIENS

La viticulture au Chili date de l'époque de la colonisation espagnole.
Le Chili a de nombreux atouts : un climat favorable, de l'eau, de bonnes terres, de la main-d'œuvre spécialisée.
Il existe plusieurs régions viticoles.
Principales régions viticoles : vallées autour de Santiago (Aconcagua, Casablanca, Maipo, Rappel, Curicó, Maule, Biobío et Itata).
– **Vins rouges :** vinifiés surtout à partir de cabernet sauvignon, de merlot et de carménère, mais on trouve aussi tous les cépages français.
– **Vins blancs :** vinifiés principalement à partir de chardonnay et de sauvignon.
Le Chili est désormais le 5e exportateur mondial en volume et le 8e producteur mondial.
Cinq vins chiliens sont présents dans le classement des 50 meilleurs achats de vin au monde.

PÉROU

CEVICHE

Plat composé de poissons et de fruits de mer (sole, daurade, Saint-Jacques, bar) marinés dans du citron vert et relevés de piment rouge. Il est accompagné généralement de patates douces, de manioc et de maïs. Le ceviche fait traditionnellement partie de l'art culinaire d'Amérique centrale et d'Amérique du Sud.

ARGENTINE – BRÉSIL – URUGUAY

MATÉ

Boisson traditionnelle sud-américaine préparée en infusant des feuilles de yerba maté, une espèce proche du houx. Elle a des propriétés médicinales : lutte contre la fatigue, le surpoids, les migraines, les rhumatismes, l'arthrite et les maladies du foie, a des propriétés diurétiques et laxatives, stimule l'activité cérébrale.

ARGENTINE

ASADO

La viande argentine figure parmi l'une des meilleures du monde. L'art de l'asado (technique utilisée pour cuire la viande) est une véritable tradition.
La viande est embrochée verticalement sur la *parilla*, un barbecue au charbon avec la grille plus haute que sur les barbecues traditionnels pour une cuisson lente, qui peut durer plusieurs heures. La viande est placée côté graisse pour cuire sans brûler, puis elle est saisie de l'autre côté juste avant d'être servie.
La viande obtenue est tendre et fondante.
Les viandes les plus consommées sont le bœuf (*el vacuno*), l'agneau (*el cordero*), le chevreau (*el chivito*). Le porc (*el cerdo*) est plutôt consommé en saucisses, il n'est pas très répandu.

LES VINS ARGENTINS

L'arrivée de la vigne en Argentine est liée à l'histoire de la colonisation espagnole.
Le climat argentin est continental, semi-désertique : peu de vent, peu de gelée, peu de pluie et beaucoup de soleil.
– **Vins rouges :** vinifiés à partir de malbec, de bonarda, de cabernet sauvignon et de syrah.
– **Vins blancs :** vinifiés à partir de pedro ximénez, de torrontés et de chardonnay pour les blancs.
– **Vins rosés :** à base de cereza et de criolla grande, surtout consommés localement.

SPÉCIALITÉS DU MONDE

OCÉANIE

AUSTRALIE

BIÈRES

La bière est la boisson alcoolisée la plus populaire en Australie. On consomme principalement des blondes (Lager) peu alcoolisées. Parmi les plus répandues, on trouve la XXXX (4X), Cascade, Coopers, Tooheys, Victoria Bitter.

MEAT PIES

Tourtes à la viande que l'on consomme dans la plupart des pubs, *road houses* et restaurants, souvent accompagnées de frites et d'une bière. C'est un plat très populaire.

LAMINGTON

Génoise de forme carrée, nappée de chocolat et recouverte de copeaux de noix de coco. Elle est souvent appelée le dessert « national » de l'Australie.

OCÉANIE

PAVLOVA

Gâteau à base de meringue, de crème fouettée (ou de glace) et de fruits, à la fois croustillant et moelleux.
La Nouvelle-Zélande et l'Australie se disputent la paternité de ce gâteau, qui a été inventé après la visite, dans ces deux pays, de la ballerine russe Anna Pavlova.

FISH & CHIPS

En tant qu'ancienne colonie britannique, faisant toujours partie du Commonwealth, le *Fish'n'Chips* anglais a évidemment traversé les océans. C'est un plat simple, à base de poisson frit, accompagné de frites.

VEGEMITE ET MARMITE

Pâtes à tartiner d'origine anglaise de couleur noire, dégustées au petit-déjeuner. Réalisées à base de levure de bière, elles se consomment étalées sur des toasts. On peut également les utiliser pour faire toutes sortes de sandwichs. Leur goût est vraiment très particulier et très prononcé.

FROMAGES AUSTRALIENS

Fromages industriels mais aussi fromages artisanaux plus chers et plus qualitatifs.
La plupart sont produits en Tasmanie. Le lait de vache est principalement utilisé, mais il peut s'agir de lait de chèvre ou de brebis.
Quelques fromages australiens : Bega Brown Wax, Deep Blue, Epicure, Farmers Union Vintage, Gippsland Blue, Watsonia, Yuulong Lavender.

NOUVELLE-ZÉLANDE

WHITEBAIT

Minuscules poissons blancs qui se cuisinent de différentes manières : en omelette ou tout simplement « frits » accompagnés d'une sauce, sur une pizza…
C'est un plat très réputé et très raffiné en Nouvelle-Zélande.

AGNEAU

La Nouvelle-Zélande est le 1er pays exportateur mondial d'agneau. Les bêtes grandissent dans de vastes praires où l'herbe est abondante (elle est leur nourriture exclusive). La viande peut être cuite à basse température au four ou au barbecue.

LES VINS AUSTRALIENS ET NÉO-ZÉLANDAIS

Les premières traces de la vigne en Australie remontent au XVIIIe siècle avec l'arrivée des Européens, mais c'est au XIXe que le vignoble s'est agrandi.
– **Vins rouges :** les principaux cépages rouges utilisés sont la syrah, le cabernet sauvignon, le merlot, la syrah malbec.
– **Vins blancs :** le chardonnay, le sauvignon blanc, le chardonnay, le pinot gris, le riesling, le gewurztraminer et le viognier.

NOUVELLE-ZÉLANDE

MOULES VERTES

Elles sont élevées exclusivement en Nouvelle-Zélande. Cette variété de moules se distingue des autres par sa couleur verte au bord de la coquille. Sa taille peut atteindre jusqu'à 24 cm. Les moules se cuisinent de différentes manières : gratinées au four, avec un peu de fromage ou de sauce de crème de coco et bien d'autres déclinaisons.

BLUFF OYSTERS (HUÎTRES)

Ces huîtres sont reconnues comme étant les meilleures de Nouvelle-Zélande. Elles grandissent lentement dans les eaux froides, entre Bluff et l'île de Stewart, à l'extrémité sud du pays.

SPÉCIALITÉS DU MONDE

AFRIQUE

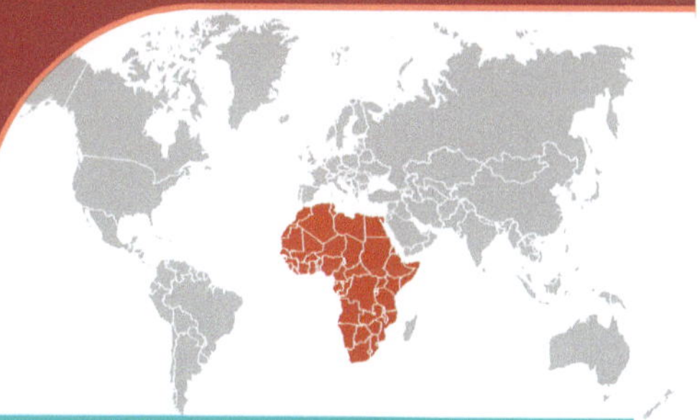

AFRIQUE DU NORD

COUSCOUS
Plat à base de semoule, de viande, d'épices et de légumes, très consommé en Afrique du Nord. La préparation diffère selon les pays (on dit même que dans la véritable recette, les merguez seraient absentes…).

TAJINE
Mélange de viandes et d'épices servi dans un récipient typique en forme de cône, appelé lui aussi « tajine ». Il existe plusieurs types de tajine : à l'agneau, au poulet…

CHERMOULA
Marinade populaire au Maghreb, composée de différentes épices, qui sert à la préparation de poissons ou de viandes.

PÂTISSERIES ORIENTALES
Dans chacun des pays du Maghreb, les pâtisseries sont un incontournable.
Les recettes, issues de savoir-faire ancestraux, sont très populaires. Ces pâtisseries sont souvent servies sur un plateau d'argent, présent lors des fêtes traditionnelles mais aussi au goûter.
Les plus connues sont les suivantes : baklava, corne de gazelle, ghribiya, chebakia, makrout, kadaïf, briouate, katayef, sfenj, knafeh.

SÉNÉGAL – MALI

MAFÉ
Sauce d'arachide (qui donne son nom au plat) typique du Sénégal et du Mali. Elle s'accompagne souvent de bœuf, de poulet ou de poisson avec du riz.

SÉNÉGAL

POULET YASSA
Plat composé de poulet mariné puis grillé, accompagné d'oignons caramélisés et de riz.

LES VINS AFRICAINS

AFRIQUE DU NORD
La vigne est présente depuis la colonisation par les Phéniciens. Au XIXe siècle, avec la colonisation française, la viticulture s'est considérablement développée.
Vins produits : vins rouges, blancs et rosés.
Principaux cépages : cinsault, carignan et grenache. En Tunisie, on trouve aussi le cabernet sauvignon, le mourvèdre et la syrah.

AFRIQUE DU SUD
Vignoble qui se situe le plus au nord de l'hémisphère sud. Les vignes y ont été implantées au XVIIe siècle par les protestants de France.
Vins produits : vins rouges, blancs et rosés.
Principaux cépages :
– rouges : cabernet sauvignon, syrah, pinotage, merlot, cinsault ;
– blancs : chenin, sultanine, colombard, chardonnay et sauvignon.

AFRIQUE DE L'OUEST

FOUFOU OU FUFU
Pâte à la texture molle réalisée à partir de farine de manioc, de maïs ou d'ignames, typique d'Afrique de l'Ouest, notamment au Bénin. Elle se mange généralement avec beaucoup de sauce, accompagnée de poisson et/ou de viande.

CAMEROUN

NDOLÉ
Plat national camerounais composé de feuilles ressemblant à des épinards, cuites avec une pâte d'arachides et préparées avec des crevettes, du poisson fumé ou de la viande et des plantains.

AFRIQUE DU SUD

ROOIBOS
Arbuste d'Afrique du Sud, distinct du théier. Ses feuilles infusées donnent une boisson rouge aux vertus antioxydantes, très faible en tanins et sans théine.

KENYA

GITHERI
Plat traditionnel du Kenya, composé de maïs, de haricots rouges avec, en option, des crevettes au lait de coco. Ce plat se mange généralement sans viande ni poisson.

PRÉFÉRONS LES PRODUITS DE SAISON !

L'alimentation est le premier poste d'émission de gaz à effet de serre, en France, devant les transports et le logement. Or, c'est un domaine dans lequel chacun dispose d'une capacité d'action. Il existe de nombreuses solutions simples et concrètes pour limiter ces émissions, responsables du changement climatique. Consommer des fruits et légumes de saison est un excellent moyen de concilier plaisir, santé et climat.

PLAISIR, SANTÉ ET CLIMAT : LA SOLUTION EST DANS L'ASSIETTE !

FONDATION GOODPLANET

ADEME – Agence de l'Environnement et de la Maîtrise de l'Énergie

JANVIER

- Betterave
- Carotte
- Céleri
- Champignon de Paris
- Chou
- Chou de Bruxelles
- Chou-fleur
- Courge
- Cresson
- Endive
- Épinard
- Mâche
- Navet
- Oignon
- Panais
- Poireau
- Potiron
- Salsifis
- Topinambour

- Citron
- Clémentine
- Kiwi
- Mandarine
- Orange
- Poire
- Pomme

FÉVRIER

- Betterave
- Carotte
- Céleri
- Champignon de Paris
- Chou
- Chou de Bruxelles
- Chou-fleur
- Cresson
- Endive
- Épinard
- Mâche
- Navet
- Oignon
- Panais
- Poireau
- Salsifis
- Topinambour

- Citron
- Clémentine
- Kiwi
- Mandarine
- Orange
- Pamplemousse
- Poire
- Pomme

MARS

- Betterave
- Carotte
- Céleri
- Champignon de Paris
- Chou
- Chou de Bruxelles
- Chou-fleur
- Cresson
- Endive
- Épinard
- Navet
- Oignon
- Panais
- Poireau
- Radis

- Kiwi
- Orange
- Pamplemousse
- Poire
- Pomme

AVRIL

- Asperge
- Champignon de Paris
- Cresson
- Endive
- Épinard
- Fenouil
- Navet
- Oignon
- Poireau
- Radis
- Pamplemousse
- Pomme
- Rhubarbe

MAI

- Artichaut
- Asperge
- Champignon de Paris
- Concombre
- Courgette
- Cresson
- Épinard
- Laitue
- Navet
- Petit pois
- Radis
- Fraise
- Pamplemousse
- Rhubarbe

JUIN

- Artichaut
- Asperge
- Aubergine
- Blette
- Champignon de Paris
- Concombre
- Courgette
- Fenouil
- Haricot Vert
- Laitue
- Petit pois
- Poivron
- Radis
- Tomate
- Abricot
- Cassis
- Cerise
- Fraise
- Framboise
- Groseille
- Melon
- Pamplemousse
- Rhubarbe

PRÉFÉRONS LES PRODUITS DE SAISON !

Une tomate produite localement, mais sous une serre chauffée, génère environ 7 fois plus de gaz à effet de serre, que la même tomate produite à la bonne saison. Or, nous sommes environ 75% de Français à déclarer consommer des tomates en hiver. De même pour les fraises, 1 kg consommé en hiver nécessite 25 fois plus de pétrole pour son transport que la même quantité produite en saison et localement. Bénéfiques pour le climat et la santé, les fruits et légumes de saison sont également meilleurs au goût.

PLAISIR, SANTÉ ET CLIMAT : LA SOLUTION EST DANS L'ASSIETTE !

FONDATION GOODPLANET

ADEME
Agence de l'Environnement et de la Maîtrise de l'Energie

JUILLET

- Ail
- Artichaut
- Aubergine
- Blette
- Champignon de Paris
- Concombre
- Courgette
- Fenouil
- Haricot vert
- Laitue
- Maïs
- Petit pois
- Poivron
- Tomate

- Abricot
- Cassis
- Cerise
- Figue
- Fraise
- Framboise
- Groseille
- Melon
- Myrtille
- Nectarine
- Prune

AOÛT

- Ail
- Artichaut
- Aubergine
- Blette
- Champignon de Paris
- Concombre
- Courgette
- Fenouil
- Haricot vert
- Laitue
- Maïs
- Poivron
- Tomate

- Abricot
- Cassis
- Figue
- Framboise
- Groseille
- Melon
- Mirabelle
- Mûre
- Myrtille
- Nectarine
- Poire
- Pomme
- Prune
- Quetsche

SEPTEMBRE

- Ail
- Artichaut
- Aubergine
- Blette
- Brocoli
- Carotte
- Chou-fleur
- Champignon de Paris
- Concombre
- Courge
- Courgette
- Cresson
- Épinard
- Fenouil
- Haricot vert
- Laitue
- Maïs
- Oignon
- Poireau
- Poivron
- Potiron
- Tomate

- Figue
- Melon
- Mirabelle
- Mûre
- Myrtille
- Noisette
- Noix
- Poire
- Pomme
- Prune
- Quetsche
- Raisin
- Reine Claude

OCTOBRE

- Ail
- Betterave
- Blette
- Brocoli
- Carotte
- Celeri
- Champignon de Paris
- Chou
- Chou de Bruxelles
- Chou-fleur
- Concombre
- Courge
- Courgette
- Cresson
- Échalote
- Endive
- Épinard
- Fenouil
- Haricot vert
- Mâche
- Navet
- Oignon
- Panais
- Poireau
- Potiron

- Châtaigne
- Coing
- Figue
- Noisette
- Noix
- Poire
- Pomme
- Quetsche
- Raisin

NOVEMBRE

- Ail
- Betterave
- Brocoli
- Carotte
- Celeri
- Champignon de Paris
- Chou
- Chou de Bruxelles
- Chou-fleur
- Courge
- Cresson
- Échalote
- Éndive
- Épinard
- Fenouil
- Mâche
- Navet
- Oignon
- Panais
- Poireau
- Potiron
- Salsifis
- Topinambour

- Châtaigne
- Citron
- Clémentine
- Kiwi
- Mandarine
- Noisette
- Poire
- Pomme

DÉCEMBRE

- Ail
- Betterave
- Carotte
- Céleri
- Champignon de Paris
- Chou
- Chou de Bruxelles
- Chou-fleur
- Courge
- Cresson
- Échalote
- Endive
- Épinard
- Mâche
- Navet
- Oignon
- Panais
- Poireau
- Potiron
- Salsifis
- Topinambour

- Citron
- Clémentine
- Kiwi
- Mandarine
- Orange
- Poire
- Pomme

Vocabulaire professionnel de cuisine utilisé dans le manuel

A

• **Abats** : ensemble des parties comestibles des animaux de boucherie, en dehors de la viande. On distingue deux types d'abats :
– les abats blancs : abats qui ont été échaudés et blanchis par le tripier (ce qui leur donne une couleur blanc ivoire) pour éviter au consommateur de fastidieuses préparations ou de longues cuissons (ris de veau, pied de porc…) ;
– les abats rouges : abats crus et n'ayant subi que les parages indispensables (foie, rognons, cœur, langue…).

• **Agent de texture** : élément que l'on ajoute à une préparation, généralement liquide, lui permettant de devenir plus onctueuse, nappante, voire épaisse.

• **Agneau** : famille des ovins – mâle ou femelle de moins de 12 mois.

• **Albumen** : terme scientifique pour désigner le blanc d'œuf. Il est composé à 87 % d'eau et 12 % de protéines.

• **Allergène** : substance qui déclenche l'allergie, un ensemble de réactions du système immunitaire de l'organisme à la suite d'un contact, d'une ingestion, voire d'une inhalation. Une liste de 14 allergènes est périodiquement révisée en fonction des évaluations scientifiques. Elle comprend le gluten, les œufs, les arachides, les poissons et crustacés…

• **Analyse comparative** : opération qui consiste à mesurer les différences entre divers produits afin de déterminer le meilleur équilibre entre la qualité recherchée et le coût. Elle contribue à l'élaboration réussie d'une carte de restaurant ou d'un plat.

• **Analyse sensorielle** : opération qui consiste à définir un produit selon un ensemble de descripteurs qui repose sur chacun de nos sens (la vue, l'odorat, le goût, l'ouïe et le toucher).

• **Appareil de base** : mélange d'ingrédients servant à réaliser une préparation culinaire. Il est composé principalement de lait, de crème et d'œuf.

• **Aromates (ou herbes aromatiques)** : ensemble de plantes utilisées en cuisine afin d'aromatiser, de parfumer, de colorer ou d'agrémenter des mets.

B

• **Baron** : grosse pièce d'agneau, voire de mouton, comportant la selle (parties lombaires) et les deux gigots.

• **Bœuf** : famille des bovins – mâle adulte castré âgé de 12 mois et plus.

• **Bon d'économat** : document qui permet de calculer un coût portion et de passer commande des denrées à l'économat ou directement au fournisseur.

C

• **Chapon** : coq qui a été châtré (castré) afin d'atteindre une plus grande tendreté et que l'on engraisse.

• **Circuit court** : source d'approvisionnement comprenant au plus un seul intermédiaire entre le producteur et le restaurateur.

• **Civet** : gibier cuit en ragoût, réalisé classiquement avec du vin rouge, des oignons et de la poitrine fumée. La sauce est liée au sang et servie avec la viande.

• **Claustration** : méthode d'élevage consistant à tenir la volaille enfermée dans un lieu clos (et ne voyant jamais de parcours herbeux).

• **Coagulation** : solidification des protéines présentes dans le blanc et le jaune d'œuf. Le blanc commence à se solidifier à partir de 61 °C et le jaune à partir de 68 °C, pour une coagulation totale des deux vers 80 °C.

• **Communication** : échanges verbaux, écrits ou numériques entre les différents acteurs d'une entreprise et de son environnement (clients, membres du personnel, direction, fournisseurs, partenaires…).

• **Coquelet** : jeune coq âgé de 4 à 6 semaines.

• **Coquillages** : mollusques marins comestibles dotés d'une ou deux coquilles extérieures.

• **Crèmes de base** : crèmes qui composent la majorité des desserts de pâtisserie. Elles sont composées principalement de lait, de crème, d'œufs et de sucre.

• **Crustacés** : animaux aquatiques et comestibles qui possèdent une carapace et des antennes (crabe, crevette, écrevisse…).

• **Cuisine moléculaire** : courant culinaire, apparu dans les années 2000, qui s'appuie sur la recherche scientifique, telle la gastronomie moléculaire. L'utilisation de procédés scientifiques, d'ingrédients inhabituels permet de créer des réactions chimiques et de proposer une expérience sensorielle au client en modifiant les textures, les températures, les couleurs des aliments. La création de plats avec de nouvelles textures, le fait de procurer des sensations gustatives différentes et de proposer des façons ludiques de consommer des plats permettent de surprendre et d'éveiller les sens des clients.

• **Cuisine végétale** : courant culinaire qui remplace complètement le tissu animal (viande, poisson) par le tissu végétal (fruits, légumes, herbes, fleurs). Le végétal est traité comme un élément principal et n'est plus seulement une garniture d'accompagnement.

• **Cuisson complexe** : cuisson combinant plusieurs éléments de cuisson (plaque de cuisson, four), comprenant une première phase de rissolage et une deuxième phase de cuisson.

- **Cuisson simple** : cuisson avec ou sans brunissement par l'intermédiaire d'une matière grasse ou d'un liquide bouillant ou gazeux. L'objectif est de cuire un aliment.

- **Cuisson sur coffre** : action de cuire la poitrine d'une volaille ou d'un gibier à plumes en présence de la partie osseuse appelée le « coffre ». Ce mode de cuisson permet de conserver la jutosité de la chair.

D

- **DCR** : Date de Consommation Recommandée. Utilisée uniquement pour les œufs, elle correspond à 28 jours après la ponte. Œufs extra-frais = 9 jours, frais jusqu'à 28 jours. L'utilisation d'œufs crus dans des préparations se fait préférablement avec des œufs extra-frais.

- **Dégorger** : faire tremper un aliment dans l'eau froide afin d'enlever les impuretés.

- **Demi-glace** : fond fortement gélatineux que l'on fait réduire au ¾ de son volume initial afin d'obtenir une préparation aux arômes intenses et à la texture nappante.

- **Déveiner ou éveiner** : retirer les veines et les vaisseaux sanguins qui irriguent un foie gras.

- **Développement durable** : notion qui définit le besoin de transition et de changement dont ont besoin notre planète et ses habitants pour vivre dans un monde plus équitable, en bonne santé et en respectant l'environnement.

- **Diagramme d'Ishikawa** : appelé aussi « diagramme en arête de poisson » ou « méthode des 5M ». Cette solution de résolution de problèmes, développée par l'ingénieur chimiste japonais Kaoru Ishikawa en 1962, prend en compte les causes et les effets dans le processus de gestion de la qualité.

- **Doggy bag (ou gourmet bag)** : service proposé aux clients qui ne finissent pas leurs plats pour qu'ils puissent les emporter chez eux et les consommer plus tard. Il est obligatoire depuis le 1er juillet 2021. Ce service permet d'éviter le gaspillage.

- **Dressage** : action de disposer un ou des mets dans un contenant (assiette, plat, lunch box, plateau-repas, barquette…) afin de le commercialiser et de le servir au client.

E

- **Élément de décor de pâtisserie** : ajout sur un dessert qui permet de l'embellir. Les éléments de décor peuvent être en chocolat, en caramel, en fruits, en pâte à tuile, en coulis ou en sauce.

- **Épice** : élément d'origine végétale aromatique ayant pour objectif d'assaisonner des mets.

- **Essence** : liquide clair translucide obtenu par distillation fortement concentré en goût et en arôme. L'essence est utilisée sous forme de gouttelettes au sein d'une préparation.

F

- **Faisandage** : pour les gibiers à plumes, prolongement de la mortification mais avec une tolérance plus importante concernant la durée (de 5 à 8 jours). Le but est d'attendrir les chairs et de développer un arôme. Cette technique est très réglementée. Le restaurateur peut l'utiliser sous certaines conditions précises. Il est interdit de commercialiser de la viande faisandée dans les circuits d'approvisionnement.

- **« Fait maison »** : mention qui permet de valoriser le savoir-faire du métier de cuisinier et d'informer le consommateur que le plat qu'il va consommer a été cuisiné sur place à partir de produits bruts.

- **Féculents** : végétaux qui contiennent beaucoup d'amidon et des sucres complexes. En cuisine, ils sont servis en garniture d'accompagnement, seuls ou à côté des légumes ; les plus couramment utilisés sont les pommes de terre, le riz, les pâtes et les céréales, ou encore les légumineuses telles que les lentilles, les pois chiches et les pois cassés.

- **Feuille de marché** : document récapitulant l'ensemble des denrées et autres besoins, permettant d'effectuer les achats pour la production envisagée.

- **Fiche de production** : document qui permet d'optimiser la préparation d'une recette ainsi que les conditionnements à prévoir.

- **Fiche technique** : document de gestion et de production descriptif, synthétique et standardisé, décrivant l'ensemble des actions et des moyens à mettre en œuvre pour la préparation du plat.

- **Flexitarien** : consommateur éclairé, qui mange de tout, mais qui choisit de réduire sa consommation de viande et de poisson pour des raisons écologiques. Libre de choisir son alimentation, il mange en conscience, c'est-à-dire en quantité raisonnée, et privilégie autant le plaisir que la qualité, mais aussi l'équilibre et la variété, le local et la durabilité.

- **Foie gras** : foie de canard ou d'oie obtenu après engraissement méthodique par l'éleveur. Le gavage est réalisé essentiellement à base de maïs.

- **Fond** : bouillon de couleur blanche ou brune réalisé à partir d'une garniture aromatique et d'os de veau, volaille ou canard. Le départ à l'eau froide permet de favoriser l'effet d'osmose. Pour une couleur brune, la garniture aromatique et les os sont colorés avant mouillement.

- **Food Law (règlement CE 178/2002)** : texte clé du Paquet Hygiène. Il assigne la responsabilité de la sécurité des denrées aux professionnels qui les placent sur le marché. Il définit l'obligation de traçabilité, de retrait des produits à risque et d'information aux services de contrôles.

- **Fumage** : technique de conservation et d'aromatisation de certains produits consistant à exposer l'aliment à une fumée de bois.

- **Fumet** : fond blanc de cuisine préparé à partir d'arêtes et de têtes de poissons, composé d'une garniture aromatique et cuit à frémissement durant environ 20 minutes.

G

• **Garniture** : terme classique qui désigne l'élément qui accompagne le produit principal d'un plat (poisson, viande). Elle est composée habituellement de légumes et/ou de féculents. On peut servir à l'assiette ou au plat d'une à trois garnitures qui se complètent et qui sont en accord avec l'élément principal.

• **Gaspillage alimentaire** : fait de perdre ou de jeter de la nourriture généralement destinée à la consommation humaine.

• **GBPH (*Guide de Bonnes Pratiques d'Hygiène* du restaurateur)** : document de référence conçu par les professionnels afin d'aider les professionnels du secteur de la restauration à maîtriser la sécurité sanitaire des aliments et à respecter leurs obligations réglementaires.

• **Gibier** : ensemble des animaux sauvages, terrestres et volatiles, chassés pour être consommés. Ce terme inclut aujourd'hui aussi les animaux d'élevage destinés à être consommés.

• **Gigot** : cuisse (arrière) de mouton ou d'agneau. Elle peut être cuisinée entière ou découpée en tranches.

• **Glace** : fond fortement gélatineux que l'on fait réduire au 9/10ᵉ de son volume initial afin d'obtenir une préparation sirupeuse, corsée en goût.

• **Gluten** : ensemble de protéines entrant dans la composition de la plupart des céréales (blé, orge, seigle, avoine…). Cette partie protéique peut être à l'origine d'une intolérance alimentaire, baptisée « maladie cœliaque ».

• **Grammage** : terme qui a plusieurs significations en cuisine. Cela peut être le poids des produits bruts à commander sur le bon de commande, le poids ou la proportion des ingrédients à respecter sur une fiche technique pour réaliser une recette ou encore le poids des éléments ou des portions de chaque élément à dresser au client.

H

• **Habiller** : apprêter une pièce de boucherie, une volaille ou un poisson en vue de la cuisiner.

• **HACCP (*Hazard Analysis Critical Control Point*)** : méthode qui consiste à analyser les dangers et à contrôler des points critiques. Elle permet d'identifier les dangers biologiques, chimiques ou physiques afin de mieux les maîtriser.

• **Hors-d'œuvre** : terme classique qui désigne à l'origine un petit plat d'attente qui était servi à côté des plats principaux ou des grosses pièces lors des grands festins. Devenus des plats à part entière, ils sont désormais servis en début de repas. De nos jours, on les appelle plutôt des entrées froides ou chaudes.

I

• **Interactif** : qualifie un élément qui réagit en fonction des informations qu'on lui apporte (exemples : enquête de satisfaction, site Internet). L'interactivité est souvent utilisée pour personnaliser l'expérience de l'utilisateur.

L

• **Légumineuses** : plantes dont on consomme les graines sèches, telles que les lentilles, les pois cassés… En cuisine, elles sont appelées à défaut « légumes secs ». Elles sont servies comme garnitures apparentées aux féculents ou en entrées froides ou chaudes.

• **Liaison chaude** : production et distribution d'un plat chaud sur le même lieu en le maintenant en température.

• **Liaison différée** : production d'un plat et conservation plus ou moins longue avant de le servir à la clientèle. On appelle cela « faire la mise en place ».

• **Liaison directe** : production d'un plat et service au client immédiatement après réception du bon de commande.

• **Liaison froide** : production d'un plat à un endroit, refroidissement de la préparation et distribution dans un autre lieu. Le refroidissement et la remise en température doivent respecter la législation en vigueur.

• **Liaison surgelée** : production d'un plat qui est ensuite refroidi, surgelé puis distribué dans un autre lieu après remise en température.

• **Locavorisme** : mouvement qui prône l'achat de produits alimentaires locaux et la consommation de nourriture produite dans un rayon n'excédant pas 250 km environ autour de son domicile.

M

• **Marche en avant** : principe relatif à l'hygiène (HACCP) qui définit les règles de fonctionnement d'un restaurant ou d'un établissement de santé, de manière à ne jamais croiser les produits sains et les produits souillés.

• **Maturation** : processus appliqué à une viande de boucherie. Après abattage de cette viande, il s'agit de laisser un temps de repos en enceinte réfrigérée, qui peut aller de 7 à 10 jours. La rigidification s'atténue et la chair devient alors plus tendre. Les saveurs de la viande se développent davantage. Les pièces nécessitant une maturation plus longue sont conservées dans des caves de maturation dans lesquelles, en plus de la température, l'ambiance bactérienne et l'hygrométrie sont soumises à une surveillance accrue.

• **Mollusques** : animaux invertébrés à corps mou qui vivent dans une coquille simple, double ou sans coquille. Parmi les mollusques, on compte notamment les coquillages et les céphalopodes (les pieuvres, notamment).

• **Mortification** : procédé ayant pour but de laisser un repos supplémentaire aux viandes de gibier après abattage. La viande est conservée dans un endroit frais et ventilé 2 à 4 jours. Les fibres se détendent avec le temps. Le but principal est de perdre la rigidité de l'animal.

N

• **Néorestauration** : courant culinaire, apparu dans les années 1980 et au début des années 1990, qui voit la multiplication des concepts de restauration tels que les restaurants à thème, les fast-foods, les cafétérias…

Le client n'a plus seulement le choix entre le restaurant traditionnel et le restaurant gastronomique. L'offre de restauration s'étoffe.

• **Nouvelle cuisine** : courant culinaire, apparu au début des années 1970, qui rompt avec la cuisine codifiée d'Escoffier. En effet, avant cette date, les cuisiniers reproduisaient les recettes du guide culinaire et n'étaient pas connus. À partir de ce mouvement, des cuisiniers tels que Paul Bocuse, Michel Guérard et les frères Troisgros créent leurs propres plats avec une cuisine allégée et plus créative. Les chefs sortent aussi de leur cuisine pour devenir de véritables stars.

O

• **Osmose** : un des principes de base des cuissons pocher. L'aliment est plongé dans un liquide aromatique et va s'enrichir de ses saveurs, tandis que le liquide va s'enrichir des saveurs de l'aliment.

• **Ovoproduits** : produits transformés à base d'œufs. Ils peuvent être liquides, concentrés, surgelés, séchés et partiellement complétés par d'autres denrées alimentaires ou additifs (omelettes, pochés, durs, en neige…).

P

• **PAI** : Produit Alimentaire Intermédiaire. Les PAI sont des produits semi-élaborés réalisés par des industriels et utilisés en cuisine pour faciliter la production.

• **Paquet Hygiène** : ensemble de règlements européens qui ont pour but d'assurer la sécurité alimentaire des clients. Cette réglementation impose une obligation de résultat : elle fixe les objectifs à atteindre par les professionnels sans en imposer les moyens.

• **Pâte de base** : préparation alimentaire, essentiellement réalisée à base de farine, de beurre, d'œufs et de sel, et qui sert à faire de nombreuses préparations culinaires. Les pâtes de base sont classifiées en différentes catégories : sèches, feuilletées, liquides, molles, poussées, levées, pâte à pain et biscuit de pâtisserie.

• **Plan de chasse** : règlement régissant la période de chasse sur une zone géographique déterminée par le préfet, les associations de chasse, l'ONF et les municipalités. Des quotas d'abattage sont instaurés ainsi que les espèces à protéger. Le but est également de préserver la faune et la flore.

• **Planigramme** : document qui permet d'établir une organisation optimale afin d'éviter des temps morts lors de la production. L'objectif est d'être le plus performant et rentable possible.

• **PMS** : Plan de Maîtrise Sanitaire. Ensemble de documents décrivant les moyens mis en œuvre par l'entreprise afin de garantir la sécurité alimentaire.

• **Poche à douille** : cône jetable en plastique qui sert, en introduisant une douille à sa pointe, à dresser des éléments crémeux en leur donnant une forme ou en facilitant le garnissage d'autres éléments.

• **Poissons** : animaux vertébrés aquatiques respirant à l'aide de branchies et dotés de nageoires pour se déplacer. Ils sont pêchés ou élevés pour la consommation humaine.

• **Porc** : famille des porcins – mâle ou femelle élevé(e) pour sa viande.

• **Potage** : préparation liquide claire ou liée servie en début de repas, composée d'éléments nutritifs tels que des légumes cuits dans un liquide, parfois avec un peu de viande. Ce plat simple et très ancien tire son nom du fait qu'il est cuisiné dans un pot. Le terme employé peut être aussi « soupe », qui convient à des potages plutôt régionaux.

• **Poularde :** poulette domestique qui n'a pas encore pondu, castrée, engraissée par une nourriture riche en céréales et produits laitiers.

Q

• **Qualité marchande** : qualité d'un produit qui garantit à la clientèle qu'elle correspond à ses attentes dans le cadre de sa consommation en restaurant.

R

• **Râble** : partie charnue dorsale d'animaux comme le lapin ou le lièvre.

• **Régime alimentaire** : pratique sociale concernant l'alimentation humaine qui peut être d'origine culturelle, religieuse, idéologique ou motivée par des préoccupations en matière de santé.

• **Rendement** : calcul qui permet de connaître les quantités en poids brut à acheter en fonction du poids net, ou inversement.

• **Réseau social** : site ou application numérique qui permet aux utilisateurs de créer des espaces personnels, de partager des contenus et de communiquer.

• **Ressources halieutiques** : ensemble des stocks d'espèces vivantes (végétales ou animales) exploitées par la pêche, dans tous les milieux aquatiques (mer et eau douce).

• **Restauration collective** : restauration à visée sociale. Elle est destinée aux convives d'une collectivité déterminée (centre de vacances, crèche, prison, hôpital, maison de retraite…) et distribue des repas à des prix modérés.

• **Restauration commerciale** : restauration à visée lucrative. L'objectif est de faire du bénéfice au travers de la vente de repas sur place ou à emporter. Elle peut être traditionnelle ou rapide.

S

• **Satisfaction de la clientèle** : indice qui permet d'évaluer la qualité perçue par les clients suite à leur expérience au sein d'un établissement. C'est un élément primordial pour bâtir une réputation.

• **Sauce poivrade** : sauce classique de la gastronomie française, elle est réalisée à partir de la réduction de la marinade des pièces de gibier, avec du vin rouge et du poivre (mignonnette ou grains). On y ajoute des oignons, des carottes et du vinaigre ainsi qu'un fond brun de gibier.

• **Selle** : partie charnue dorsale de certains animaux comme l'agneau.

• **Sirop** : mélange de sucre et d'eau porté à ébullition.

• ***Slow food*** : mouvement international d'« œno-gastronomes », qui prône la sauvegarde de la biodiversité, la préservation de l'environnement et la juste rémunération des producteurs.

T

• **Taille en sifflet** : découpe des légumes en biseau (en biais), c'est-à-dire de façon non perpendiculaire, pour une présentation plus esthétique.

• **Tourner (un légume)** : découper un légume en lui donnant une forme oblongue, à l'aide d'un couteau d'office. Cette forme permet une cuisson homogène et une présentation esthétique.

• **Traçabilité** : méthode d'identification et de suivi d'un produit lors de toutes ses étapes de transformation, depuis le producteur jusqu'au consommateur (« de la fourche à la fourchette »).

V

• **Veau** : famille des bovins – mâle ou femelle de la naissance jusqu'à 8 mois (jour anniversaire des 8 mois non compris).

• **Végan :** mode de vie qui refuse l'exploitation des animaux. Il exclut donc la consommation de produits d'origine animale, ainsi que tout autre produit issu de leur exploitation (cuir, fourrure, laine, soie…).

• **Végétalien :** personne dont le régime alimentaire exclut tous les aliments d'origine animale : ni viande, ni poisson, ni œufs, ni fruits de mer, ni produits laitiers, ni miel.

• **Végétarien :** personne dont le régime alimentaire exclut tout aliment ayant entraîné la mort d'un animal : ni viande, ni poisson, ni fruits de mer.

• **Venaison** : ensemble des gibiers à poils de grandes tailles. Ils sont aussi appelés « grands gibiers » (cerf, chevreuil, biche, daim, sanglier…).

• **Viande de boucherie** : chair musculaire comestible du bœuf, du veau, de l'agneau, du cheval et du porc (hors charcuterie). En restauration, les viandes de boucherie sont classées par rapport à la couleur de la chair : viande rouge (bœuf, cheval…), viande blanche (veau…) et viande de porc, légèrement rosée.

• **Volaille** : oiseau appartenant généralement à la famille des gallinacés ou palmipèdes. Elle est élevée pour sa chair ou ses œufs, soit en basse-cour traditionnelle, soit en élevage en batterie (claustration).

Z

• **Zéro déchet** : démarche qui vise à produire le moins de déchets possible et ainsi à réduire l'impact sur l'environnement.

Crédits photographiques

Couverture : PeopleImages/istockphoto.com

L'Atrium : Logo Atrium ©lettett/AdobeStock ; Photos de l'Atrium ©topseeller - cgtrader ; Lina Richemond ©Zdenka Darula/AdobeStock.

Cafétéria Lokal : Logo LoKal ©bagus/AdobeStock ; Template menu LoKal ©radoma/AdobeStock ; Cafétéria LoKal salle ©polkadot/AdobeStock ; Cafétéria LoKal îlots ©zoranm - istockphoto.com ; Fabrice Pereira ©_robbie_/AdobeStock ; Timothée Garnier ©Pixel-Shot/AdobeStock ; Thomas Féng ©Molostock/AdobeStock ; Justin Steidel ©Asier/AdobeStock ; Ingrid Fabre ©LumenSt/AdobeStock ; Hafsa Abdelli ©Kurhan/AdobeStock ; Nina Andersen ©luismolinero/AdobeStock ; Vincent Tixier ©WavebreakmediaMicro/AdobeStock ; Joël Michaud ©Kurhan/AdobeStock ; Malia Bagoé ©Samuel B./AdobeStock ; Théa Machado ©asierromero/AdobeStock ; Chiara Albertini ©Africa Studio/AdobeStock ; Jeanne Mallet ©Africa Studio/AdobeStock ; Lou Masson ©AntonioDiaz/AdobeStock ; Laurence Morisson ©LumenSt/AdobeStock ; Gaspard Perrot ©LIGHTFIELD STUDIOS/AdobeStock ; Boris Petrovic ©New Africa/AdobeStock ; Sullivan Reyel ©Damir Khabirov/AdobeStock ; Mylène Alexander ©F8studio/AdobeStock.

Le District : Logo Le District ©Murnifine/AdobeStock ; Template menus Le District ©Petr Vaclavek/AdobeStock, ©insemar/AdobeStock (allergènes) ; Restaurant Le District - Bar rooftop ©Victor zastol'skiy/AdobeStock ; Restaurant Le District - Salle ©ArtEvent ET/AdobeStock ; Restaurant Le District - Boutique ©Iryna/AdobeStock ; Dimitri Vassine ©stockyimages/AdobeStock ; Julian Courseaux ©Africa Studio/AdobeStock ; Coline Dodin ©Jonas Glaubitz/AdobeStock ; Mathias Müller ©Minerva Studio/AdobeStock ; Isabelle Ferry ©WavebreakmediaMicro/AdobeStock ; Léo Monthier ©stockyimages/AdobeStock ; Sacha Ouzeri ©comzeal/AdobeStock ; Simon Patil ©wong yu liang/AdobeStock ; Enzo Alvarez ©Ljupco Smokovski/AdobeStock ; Catherine Bernard ©Kurhan/AdobeStock ; Delphine Casalis ©elnariz/AdobeStock ; Coralie Duval ©Karyna Chekaryova/AdobeStock ; Bastien Flacher ©Andrey Popov/AdobeStock ; Julien Monneau ©New Africa/AdobeStock ; Nora Khalil ©Kurhan/AdobeStock ; Ambre Lafond ©kosmos111/AdobeStock ; Aurélie Lejeune ©Andy-pix/AdobeStock ; Quentin Liu ©Andrey Popov/AdobeStock ; Perrine Nkosi ©Andrey Popov/AdobeStock ; Charlotte O'Connor ©Andrey Popov/AdobeStock ; Damien Prigent ©theartofphoto/AdobeStock ; Andréa Rigny ©Ljupco Smokovski/AdobeStock ; Thomas Simon ©Liza5450/AdobeStock ; Cyril Toualy ©Djomas/AdobeStock ; Amandine Tran ©sunabesyou/AdobeStock ; Nassim Valentini ©Africa Studio/AdobeStock.

L'Éveil des Sens : Logo L'Éveil des Sens ©Annartlab/AdobeStock ; Template menus L'Éveil des Sens ©paseven/AdobeStock ; Salle de restaurant L'Éveil des Sens ©rilueda/AdobeStock ; Salle de restaurant L'Éveil des Sens ©rilueda/AdobeStock ; Pauline Lecomte ©julenochek/AdobeStock ; Fabrice Ivanov ©Africa Studio/AdobeStock ; Bertrand Lanoix ©iagodina/AdobeStock ; Pablo Da Silva ©Kadmy/AdobeStock ; Victor Sanchez ©auremar/AdobeStock ; Marie Fauvel ©Antonioguillem/AdobeStock ; Bertille Hansen ©Antonioguillem/AdobeStock ; Nathalie Adaoro ©Kurhan/AdobeStock ; Tarik Ayad ©Artem Merzlenko/AdobeStock ; Arnaud Perret ©Pixel-Shot/AdobeStock ; Arthur Pichon ©luismolinero/AdobeStock ; Jérôme Baert ©be free/AdobeStock ; Kadim Diallo ©auremar/AdobeStock ; Adrien Guillot ©tiero/AdobeStock ; Marc Lebeau ©Andrey Popov/AdobeStock ; Loïc Le Goff ©New Africa/AdobeStock ; Yves Martin ©lightwavemedia/AdobeStock ; Anaëlle Nguyen ©9nong/AdobeStock ; Chloé Pauliat ©Africa Studio/AdobeStock ; Marilyn Potter ©BillionPhotos.com/AdobeStock ; Noëmie Schmidt ©Wisiel/AdobeStock ; Louis Tellier ©Alexander Pekour/AdobeStock ; Christian Vatel ©WavebreakMediaMicro/AdobeStock ; Iris Vidal ©Sergey Nivens/AdobeStock.

Archibald : Logo Archibald ©Robani/AdobeStock ; Template menu Archibald ©Mmmemo/AdobeStock ; Salle de restaurant Archibald ©Victor zastol'skiy/AdobeStock ; Salle de restaurant Archibald ©Victor zastol'skiy/AdobeStock ; Nadine Alonzo ©stockyimages/AdobeStock ; Johannes Abbing ©Rostislav Sedlacek/AdobeStock ; Doumé Kousso ©Africa Studio/AdobeStock ; Manon Couturier ©Africa Studio/AdobeStock ; Kévin Ferlier ©michalchm89/AdobeStock ; Samuel Cohen ©Pixel-Shot/AdobeStock ; Jessica Zambrelli ©Ariwasabi/AdobeStock ; Leila Laporte ©Sal Burciaga ; Alexia Artemiadi ©Pixel-Shot/AdobeStock ; Julie Cordier ©Pixel-Shot/AdobeStock ; Anthony Georgiou ©Sergey/AdobeStock ; Héloïse Auger ©stockyimages/AdobeStock ; Nicolas Marsais ©Daniel Ernst/AdobeStock ; Fatou Nguema ©Daniel Ernst/AdobeStock ; Lee Chong ©_robbie_/AdobeStock ; David Pasquier ©Daniel Ernst/AdobeStock ; Lydia Desprez ©Daniel Ernst/AdobeStock ; Françoise Nivet ©stockyimages/AdobeStock ; Esteban Gonzalez ©Daniel Ernst/AdobeStock ; Martin Hauchard ©Africa Studio/AdobeStock ; Franck Hermann ©stockyimages/AdobeStock ; Judith Weber ©Kurhan/AdobeStock ; Diane Kaminsky ©Pixel-Shot/AdobeStock ; Anaïs Langlois ©Daniel Ernst/AdobeStock ; Archibald Meyer ©gstockstudio/AdobeStock ; Gabriel Sylla ©Daniel Ernst/AdobeStock ; Maxime Tabart ©Daniel Ernst/AdobeStock ; Sonia Wakam ©Prostock-studio/AdobeStock.

Chapitres

p. 21 ©WavebreakmediaMicro/AdobeStock ; p. 24 ©gribouilleeva/AdobeStock ; p. 26 ©DR ; p. 27 ©DR ; p. 27 ©guy/AdobeStock ; p. 27 ©ALF photo/AdobeStock ; p. 28 ©exclusive-design/AdobeStock ; p. 28 ©victoria p./AdobeStock ; p. 28 ©antimage/AdobeStock ; p. 30 ©DR ; p. 31 ©olly/AdobeStock ; p. 31 ©taa22/AdobeStock ; p. 31 ©Foodles ® ; p. 31 ©rh2010/AdobeStock ; p. 33 ©baibaz/AdobeStock ; p. 35 ©bernardbodo.com/AdobeStock ; p. 36 ©Stéphane Bernat ; p. 36 ©Stéphane Bernat ; p. 36 ©Stéphane Bernat ; p. 36 ©Stéphane Bernat ; p. 37 ©Stéphane Bernat ; p. 37 ©Stéphane Bernat ; p. 37 ©Stéphane Bernat ; p. 38 ©Coprid/AdobeStock ; p. 38 ©DR ; p. 38 ©mc.atolye/AdobeStock ; p. 39 ©Stéphane Bernat avec la participation de la SARL Albi Volailles ; p. 39 ©Stéphane Bernat avec la participation de la SARL Albi Volailles ; p. 40 ©www.nature-frais.com ; p. 40 ©www.nature-frais.com ; p. 40 ©www.nature-frais.com ; p. 40 ©www.nature-frais.com ; p. 40 ©Global ; p. 40 ©Matfer ; p. 40 ©Matfer ; p. 40 ©Sabatier ; p. 40 ©Matfer ; p. 40 ©Matfer ; p. 42 ©lefebvre_jonathan/AdobeStock ; p. 42 ©volff/AdobeStock ; p. 42 ©DR ; p. 42 ©DR ; p. 43 ©Thomas Pajot/AdobeStock ; p. 43 ©ExQuisine/AdobeStock ; p. 45 ©Stéphane Bernat avec la participation de la SARL Albi Volailles ; p. 45 ©Stéphane Bernat avec la participation de la SARL Albi Volailles ; p. 45 ©Stéphane Bernat avec la participation de la SARL Albi Volailles ; p. 45 ©Stéphane Bernat avec la participation de la SARL Albi Volailles ; p. 45 ©Stéphane Bernat avec la participation de la SARL Albi Volailles ; p. 47 ©NORN/AdobeStock ; p. 49 ©Vincent Amar ; p. 49 ©Vincent Amar ; p. 49 ©Vincent Amar ; p. 49 ©Vincent Amar ; p. 49 ©Vincent Amar ; p. 49 ©Vincent Amar ; p. 49 ©Vincent Amar ; p. 49 ©Vincent Amar ; p. 49 ©Vincent Amar ; p. 49 ©Vincent Amar ; p. 49 ©Vincent Amar ; p. 50 ©Stepanek Photography/AdobeStock ; p. 50 ©tasha_lyubina/AdobeStock ; p. 50 ©DR ; p. 50 ©koss13/AdobeStock ; p. 50 ©Heike Rau/AdobeStock ; p. 51 ©norikko/AdobeStock ; p. 51 ©tasha_lyubina/AdobeStock ; p. 51 ©TYSB/AdobeStock ; p. 52 ©Vincent Amar ; p. 52 ©Vincent Amar ; p. 52 ©Vincent Amar ; p. 52 ©Vincent Amar ; p. 52 ©Vincent Amar ; p. 53 ©Andy/AdobeStock ; p. 53 ©kobeza/AdobeStock ; p. 53 ©fesenko/AdobeStock ; p. 53 ©Mirabelle Pictures/AdobeStock ; p. 53 ©Javierafael/AdobeStock ; p. 54 ©lunamarina/AdobeStock ; p. 54 ©juliasudnitskaya/AdobeStock ; p. 54 ©DR ; p. 54 ©JJAVA/AdobeStock ; p. 54 ©Arundhati/AdobeStock ; p. 54 ©HandmadePictures/AdobeStock ; p. 54 ©cannes106/AdobeStock ; p. 54 ©Fanfo/AdobeStock ; p. 54 ©Arundhati/AdobeStock ; p. 55 ©Alexander Demyanenko/AdobeStock ; p. 55 ©DR ; p. 55 ©DR ; p. 55 ©nata_vkusidey/AdobeStock ; p. 55 ©DR ; p. 55 ©DR ; p. 56 ©FomaA/AdobeStock ; p. 57 ©Fanfo/AdobeStock ; p. 57 ©sebastien berthelot/AdobeStock ; p. 57 ©Настя Короткова/AdobeStock ; p. 57 ©deniskarpenkov/AdobeStock ; p. 57 ©Anatoly Repin/AdobeStock ; p. 57 ©azurita/AdobeStock ; p. 57 ©Daylight Photo/AdobeStock ; p. 59 ©Andrey/AdobeStock ; p. 60 ©Gorodenkoff/AdobeStock ; p. 60 ©Matyas Rehak/AdobeStock ; p. 60 ©Still & Motion/AdobeStock ; p. 60 ©cachou34/AdobeStock ; p. 60 ©Yves Auboyer/AdobeStock ; p. 60 ©alexandre zveiger/AdobeStock ; p. 61 ©SuperTech ; p. 61 ©Matfer ; p. 61 ©Frima ; p. 61 ©Hugentobler ; p. 61 ©Furnotel ; p. 61 ©CookRite ; p. 61 ©Electrolux ; p. 62 ©Serghei Platonov/AdobeStock ; p. 62 ©vadarshop/AdobeStock ; p. 62 ©Matfer ; p. 62 ©Serghei Platonov/AdobeStock ; p. 63 ©Maksim Toome/AdobeStock ; p. 63 ©myviewpoint/AdobeStock ; p. 63 ©HLPhoto/AdobeStock ; p. 63 ©Brent Hofacker/AdobeStock ; p. 63 ©DenisProduction.com/AdobeStock ; p. 63 ©FOOD-pictures/AdobeStock ; p. 63 ©Victor/AdobeStock ; p. 63 ©Esther Ruzé/AdobeStock ; p. 63 ©mnimage/AdobeStock ; p. 63 ©Oliver Knop/AdobeStock ;

p. 63 ©Mykola/AdobeStock ; p. 63 ©Maksim Shebeko/AdobeStock ; p. 63 ©Maksim Shebeko/AdobeStock ; p. 63 ©Maksim Shebeko/AdobeStock ; p. 63 ©DR ; p. 63 ©abet/AdobeStock ; p. 63 ©As13Sys/AdobeStock ; p. 65 ©smspsy/AdobeStock ; p. 65 ©ALF photo/AdobeStock ; p. 65 ©New Africa/AdobeStock ; p. 65 ©Unclesam/AdobeStock ; p. 65 ©weyo/AdobeStock ; p. 65 ©Matfer ; p. 65 ©gleb/AdobeStock ; p. 65 ©Electrolux ; p. 66 ©Sébastien Deschênes ; p. 66 ©Sébastien Deschênes ; p. 66 ©Sébastien Deschênes ; p. 66 ©Sébastien Deschênes ; p. 66 ©Sébastien Deschênes ; p. 67 ©ALF photo/AdobeStock ; p. 67 ©nadianb/AdobeStock ; p. 67 ©Alex Tihonov/AdobeStock ; p. 67 ©Unclesam/AdobeStock ; p. 67 ©nadianb/AdobeStock ; p. 67 ©beataaldridge/AdobeStock ; p. 67 ©Michael Nivelet/AdobeStock ; p. 68 ©lester120- stock.adobe.com ; p. 68 ©arska n/AdobeStock ; p. 68 ©Magrig/AdobeStock ; p. 68 ©Maren Winter/AdobeStock ; p. 68 ©Magrig/AdobeStock ; p. 68 ©Krzysztof Janczewski/AdobeStock ; p. 68 ©DR ; p. 68 ©Luiz Henrique Mendes/AdobeStock ; p. 68 ©Luiz Henrique Mendes/AdobeStock ; p. 69 ©manipulateur/AdobeStock ; p. 69 ©Dušan Zidar/AdobeStock ; p. 69 ©HLPhoto/AdobeStock ; p. 69 ©Fanfo/AdobeStock ; p. 69 ©M.studio/AdobeStock ; p. 69 ©lilechka75/AdobeStock ; p. 69 ©savoieleysse/AdobeStock ; p. 69 ©M.studio/AdobeStock ; p. 69 ©Matfer ; p. 69 ©Electrolux ; p. 69 ©manipulateur/AdobeStock ; p. 70 ©Viande bovine française ; p. 70 ©Mamuka Gotsiridze/AdobeStock ; p. 73 ©Nayati ; p. 73 ©ggmgastro ; p. 73 ©Onestore ; p. 75 ©Christophe Fouquin/AdobeStock ; p. 77 ©Aline Gérard/Michel Roth ; p. 79 ©DR ; p. 79 ©DR ; p. 79 ©DR ; p. 79 ©robynmac/AdobeStock ; p. 79 ©DR ; p. 80 ©fabiomax/AdobeStock ; p. 81 ©Lsantilli/AdobeStock ; p. 81 ©julie208/AdobeStock ; p. 81 ©VRD/AdobeStock ; p. 82 @SIRHA/Bocuse d'or Team France ; p. 82 ©M.studio/AdobeStock ; p. 83 Studio Julien Bouvier- GL events, @SIRHA/Bocuse d'or Team France ; p. 83 @SIRHA/Bocuse d'or Team France ; p. 83 @SIRHA/Bocuse d'or Team France ; p. 83 @SIRHA/Bocuse d'or Team France ; p. 83 ©Corinna Gissemann/AdobeStock ; p. 85 ©karepa/AdobeStock ; p. 86 ©F-Stop Boy/AdobeStock ; p. 86 ©vitals/AdobeStock ; p. 86 ©Andrei Nekrassov/AdobeStock ; p. 86 ©Piotr Wawrzyniuk/AdobeStock ; p. 87 ©Liliya/AdobeStock ; p. 87 ©Gaetan Soupa/AdobeStock ; p. 88 ©A_Skorobogatova/AdobeStock ; p. 88 ©mates/AdobeStock ; p. 88 ©Karl Bolf/AdobeStock ; p. 88 ©Molostock/AdobeStock ; p. 88 ©zcy/AdobeStock ; p. 88 ©FOOD-micro/AdobeStock ; p. 88 ©Angel Simon/AdobeStock ; p. 88 ©Jiri Hora/AdobeStock ; p. 88 ©Melisback/AdobeStock ; p. 89 ©nito/AdobeStock ; p. 89 ©Richard Villalon/AdobeStock ; p. 89 ©udomsook/AdobeStock ; p. 89 ©Aygul Bulté/AdobeStock ; p. 90 ©Poramet/AdobeStock ; p. 90 ©nosyrevy/AdobeStock ; p. 91 ©Alexander Raths/AdobeStock ; p. 91 ©slowmotiongli/AdobeStock ; p. 91 ©kavring/AdobeStock ; p. 91 ©ILYA AKINSHIN/AdobeStock ; p. 91 ©Ifremer/Jeremy Barrault ; p. 92 ©helenedevun/AdobeStock ; p. 92 ©Vladimir/AdobeStock ; p. 94 ©beataaldridge/AdobeStock ; p. 94 ©barkstudio/AdobeStock ; p. 94 ©DR ; p. 94 ©paulovilela/AdobeStock ; p. 94 ©topntp/AdobeStock ; p. 94 ©beataaldridge/AdobeStock ; p. 94 ©FomaA/AdobeStock ; p. 96 ©Redzen/AdobeStock ; p. 96 ©DR ; p. 96 ©ChantalS/AdobeStock ; p. 96 ©FOOD-micro/AdobeStock ; p. 96 ©Евгений Вершинин/AdobeStock ; p. 96 ©SOLLUB/AdobeStock ; p. 96 ©fazeful/AdobeStock ; p. 96 ©Digihelion/AdobeStock ; p. 96 ©Visionsi/AdobeStock ; p. 96 ©uckyo/AdobeStock ; p. 97 ©sashka1313/AdobeStock ; p. 97 ©ninepan/AdobeStock ; p. 97 ©Igor/AdobeStock ; p. 97 ©Joe Gough/AdobeStock ; p. 97 ©FomaA/AdobeStock ; p. 97 ©TOMO/AdobeStock ; p. 97 ©helenedevun/AdobeStock ; p. 97 ©photocrew/AdobeStock ; p. 97 ©Bill/AdobeStock ; p. 97 ©Maurice Metzger/AdobeStock ; p. 97 ©DR ; p. 97 ©DR ; p. 99 ©Richard Villalon/AdobeStock ; p. 99 ©Pixel-Shot/AdobeStock ; p. 99 ©NORN/AdobeStock ; p. 99 ©NORN/AdobeStock ; p. 99 ©illustrez-vous/AdobeStock ; p. 99 ©paul_brighton/AdobeStock ; p. 99 ©Marc BOSSIROY/AdobeStock ; p. 99 ©exclusive-design/AdobeStock ; p. 101 ©Valerii Evlakhov/AdobeStock ; p. 101 ©viennetta14/AdobeStock ; p. 101 ©lunamarina/AdobeStock ; p. 101 ©azure/AdobeStock ; p. 103 ©Andrii/AdobeStock ; p. 104 ©Julien Eichinger/AdobeStock ; p. 105 ©Viande bovine française ; p. 105 ©Viande bovine française ; p. 105 ©Le porc français ; p. 107 ©Gaetan Soupa/AdobeStock ; p. 107 ©M.studio/AdobeStock ; p. 107 ©ALF photo/AdobeStock ; p. 107 ©Maurice Metzger/AdobeStock ; p. 107 ©ALF photo/AdobeStock ; p. 108 ©Noble Nature/AdobeStock ; p. 109 ©lars/AdobeStock ; p. 109 ©Jérôme Rommé/AdobeStock ; p. 109 ©ALF photo/AdobeStock ; p. 109 ©FreeProd/AdobeStock ; p. 109 ©SOLLUB/AdobeStock ; p. 109 ©Jérôme Rommé/AdobeStock ; p. 109 ©Jérôme Rommé/AdobeStock ; p. 110 ©AINATC/AdobeStock ; p. 110 ©AINATC/AdobeStock ; p. 110 ©AINATC/AdobeStock ; p. 110 ©BublikHaus/AdobeStock ; p. 110 ©Mercedes Fittipaldi/AdobeStock ; p. 110 ©sebastien montier/AdobeStock ; p. 112 ©Dionisvera/AdobeStock ; p. 112 ©Richard Villalon/AdobeStock ; p. 112 ©CC BY-SA 3.0 - Pethrus, based on Beef cuts France.svg by Pethrus, itself using Mpontual cow shape. ; p. 112 ©milanchikov/AdobeStock ; p. 112 ©ALF photo/AdobeStock ; p. 113 ©lubovchipurko/AdobeStock ; p. 115 ©asab974/AdobeStock ; p. 115 ©asab974/AdobeStock ; p. 116 ©achiichiii- stock.adobe.com ; p. 117 ©Monkey Business/AdobeStock ; p. 117 ©asab974/AdobeStock ; p. 117 ©svariophoto/AdobeStock ; p. 117 ©qwartm/AdobeStock ; p. 118 ©kotoyamagami/AdobeStock ; p. 119 ©kotoyamagami/AdobeStock ; p. 119 ©kotoyamagami/AdobeStock ; p. 119 ©kotoyamagami/AdobeStock ; p. 119 ©kotoyamagami/AdobeStock ; p. 119 ©stitchik/AdobeStock ; p. 119 ©vlad_o/AdobeStock ; p. 119 ©Stepanek Photography/AdobeStock ; p. 119 ©uckyo/AdobeStock ; p. 120 ©DR ; p. 121 ©Cocotine ; p. 121 ©Cocotine ; p. 121 ©Cocotine ; p. 121 ©Cocotine ; p. 121 ©Cocotine ; p. 121 ©Cocotine ; p. 121 ©vlad_o/AdobeStock ; p. 121 ©Stepanek Photography/AdobeStock ; p. 121 ©Maceo/AdobeStock ; p. 121 ©Ezume Images/AdobeStock ; p. 122 ©2mmedia/AdobeStock ; p. 122 ©M.studio/AdobeStock ; p. 122 ©Vladyslav Bashutskyy/AdobeStock ; p. 123 ©kolesnikovserg/AdobeStock ; p. 124 ©Cucumber/AdobeStock ; p. 125 ©Cucumber/AdobeStock ; p. 125 ©mimadeo- stock.adobe.com ; p. 125 ©Cucumber/AdobeStock ; p. 125 ©Vankad/AdobeStock ; p. 125 ©AlexKing/AdobeStock ; p. 125 ©aeril/AdobeStock ; p. 125 ©Lawton/Sucré Salé ; p. 127 ©Redzen/AdobeStock ; p. 128 ©ILYA AKINSHIN- stock.adobe.com ; p. 129 ©Forewer/AdobeStock ; p. 129 ©helenedevun/AdobeStock ; p. 129 ©golubsergei/AdobeStock ; p. 129 ©vandycandy/AdobeStock ; p. 129 ©Patryssia/AdobeStock ; p. 129 ©ALF photo/AdobeStock ; p. 129 ©golubsergei/AdobeStock ; p. 129 ©zcy/AdobeStock ; p. 129 ©Grispb/AdobeStock ; p. 129 ©sasapanchenko/AdobeStock ; p. 129 ©ALF photo/AdobeStock ; p. 130 ©Stéphanie Melendez ; p. 130 ©Stéphanie Melendez ; p. 130 ©Stéphanie Melendez ; p. 130 ©Stéphanie Melendez ; p. 130 ©Stéphanie Melendez ; p. 130 ©Stéphanie Melendez ; p. 130 ©DR ; p. 131 ©Guides Lebey/Tomy Gousset ; p. 131 ©ALF photo/AdobeStock ; p. 131 ©Elle&Vire ; p. 131 ©SOLLUB/AdobeStock ; p. 132 ©Produits Tripiers-Interbev ; p. 132 ©Produits Tripiers-Interbev ; p. 133 ©Bofrost ; p. 133 ©Produits Tripiers-Interbev ; p. 135 ©pressmaster/AdobeStock ; p. 136 ©Tatiana/AdobeStock ; p. 136 ©Anatolii/AdobeStock ; p. 136 ©sval7/AdobeStock ; p. 136 ©voren1/AdobeStock ; p. 136 ©veleknez/AdobeStock ; p. 136 ©sonsedskaya/AdobeStock ; p. 136 ©Eric Isselée/AdobeStock ; p. 136 ©olhastock/AdobeStock ; p. 136 ©cynoclub/AdobeStock ; p. 137 ©Volailles Rémi Ramon ; p. 137 ©Volailles Rémi Ramon ; p. 138 ©goodluz/AdobeStock ; p. 138 ©Brad Pict/AdobeStock ; p. 138 ©ALF photo/AdobeStock ; p. 138 ©kolesnikovserg/AdobeStock ; p. 139 ©AVIGERS ; p. 139 ©AVIGERS ; p. 139 ©AVIGERS ; p. 140 ©DR ; p. 140 ©olympus E5/AdobeStock ; p. 140 ©manipulateur/AdobeStock ; p. 140 ©Gaetan Soupa/AdobeStock ; p. 140 ©fotofabrika/AdobeStock ; p. 140 ©Kokko ; p. 140 © Екатерина/AdobeStock ; p. 140 ©Nelea Reazanteva/AdobeStock ; p. 140 ©Stepanek Photography/AdobeStock ; p. 140 ©weyo/AdobeStock ; p. 140 ©zoryanchik/AdobeStock ; p. 140 ©Marius/AdobeStock ; p. 140 ©Jérôme Rommé/AdobeStock ; p. 140 ©ALF photo/AdobeStock ; p. 140 ©Maurice Metzger/AdobeStock ; p. 140 ©ALF photo/AdobeStock ; p. 140 ©nito/AdobeStock ; p. 140 ©Maurice Metzger/AdobeStock ; p. 140 ©guy/AdobeStock ; p. 142 ©ITAVI d'après Kantar Worldpanel – 2021 ©ADOCOM-RP ; p. 142 ©ITAVI d'après Eurostat, SSP, Dofra, Mapama, Destatis, Istat - 2021 ©ADOCOM-RP ; p. 142 ©ITAVI d'après SSP - 2021 ©ADOCOM-RP ; p. 143 ©Julien Eichinger- stock.adobe.com ; p. 145 ©HLPhoto/AdobeStock ; p. 146 ©Maceo/AdobeStock ; p. 146 ©Alessio Orrù/AdobeStock ; p. 146 ©oksix/AdobeStock ; p. 146 ©Lucky Dragon/AdobeStock ; p. 146 ©pavel siamionov/AdobeStock ; p. 146 ©Alessio Orrù/AdobeStock ; p. 146 ©WildMedia/AdobeStock ; p. 146 ©bobby310/AdobeStock ; p. 146 ©Helen Davies/AdobeStock ; p. 146 ©shocky/AdobeStock ; p. 146 ©shocky/AdobeStock ; p. 146 ©Bernie Duhamel/AdobeStock ; p. 147 ©Tyler Olson/AdobeStock ; p. 148 ©Alexis Mathieu ; p. 153 ©FOOD-micro/AdobeStock ; p. 153 ©Jérôme Rommé/AdobeStock ; p. 156 ©DR ; p. 156 ©rpcastilho/AdobeStock ; p. 156 ©DR ; p. 156 ©hvoenok/AdobeStock ; p. 156 ©hvoenok/AdobeStock ; p. 157 ©DR ; p. 157 ©DR ; p. 158 ©koosen/AdobeStock ; p. 158 ©cecile02/AdobeStock ; p. 158 ©sosiukin/AdobeStock ; p. 158 ©cecile02/AdobeStock ; p. 159 ©Agence DER/AdobeStock ; p. 159 ©CURIOS/AdobeStock ; p. 159 ©Casseb/AdobeStock ; p. 159 ©Prostock-studio/AdobeStock ; p. 159 ©Space_Cat/AdobeStock ; p. 159 ©Pictures news/AdobeStock ; p. 159 ©triocean/AdobeStock ; p. 159 ©Alenka Robine/AdobeStock ; p. 159 ©Christophe Fouquin/AdobeStock ; p. 159 ©razorconcept/AdobeStock ; p. 159 ©Patrick Bonnor/AdobeStock ; p. 160 ©bbivirys/AdobeStock ; p. 160 ©dalaprod/AdobeStock ; p. 160 ©badoune/AdobeStock ; p. 160 ©mirage_studio/AdobeStock ; p. 160 ©Christophe Fouquin/AdobeStock ; p. 160 ©FOOD-micro/AdobeStock ; p. 160 ©Kondor83/

AdobeStock ; p. 160 ©Lulu Durand/AdobeStock ; p. 160 ©ozmen/AdobeStock ; p. 160 ©Rougier/AdobeStock ; p. 160 ©beaba/AdobeStock ; p. 160 ©Savvapanf Photo ©/AdobeStock ; p. 160 ©Comugnero Silvana/AdobeStock ; p. 161 ©Valentina R./AdobeStock ; p. 161 ©Natika/AdobeStock ; p. 161 ©avoferten/AdobeStock ; p. 162 ©Studio Curtil/AdobeStock ; p. 163 ©mizina/AdobeStock ; p. 163 ©nerudol/AdobeStock ; p. 163 ©callisto/AdobeStock ; p. 163 ©netrun78/AdobeStock ; p. 163 ©lorabarra/AdobeStock ; p. 163 ©kab-vision/AdobeStock ; p. 163 ©foodandcook/AdobeStock ; p. 163 ©illustrez-vous/AdobeStock ; p. 164 ©Freedom Life/AdobeStock ; p. 164 ©ALF photo/AdobeStock ; p. 164 ©nmelnychuk/AdobeStock ; p. 164 ©New Africa/AdobeStock ; p. 164 ©MissesJones/AdobeStock ; p. 165 ©Tseytlin/AdobeStock ; p. 167 ©Wavebreakmedia - www.istockphoto.com ; p. 169 ©Matfer ; p. 169 ©M.studio/AdobeStock ; p. 169 ©Antonio & photos/AdobeStock ; p. 169 ©Jérôme Rommé/AdobeStock ; p. 169 ©HandmadePictures/AdobeStock ; p. 169 ©cassam/AdobeStock ; p. 169 ©julien leiv/AdobeStock ; p. 170 ©Sébastien Deschênes ; p. 170 ©Sébastien Deschênes ; p. 170 ©Sébastien Deschênes ; p. 170 ©Sébastien Deschênes ; p. 170 ©Sébastien Deschênes ; p. 170 ©Sébastien Deschênes ; p. 171 ©Vladislav Nosik/AdobeStock ; p. 171 ©vanillla/AdobeStock ; p. 171 ©Sarawut/AdobeStock ; p. 171 ©exclusive-design/AdobeStock ; p. 172 ©nadin333/AdobeStock ; p. 172 ©Richard Villalon/AdobeStock ; p. 172 ©Redzen/AdobeStock ; p. 172 ©Brent Hofacker/AdobeStock ; p. 172 ©Stephane/AdobeStock ; p. 173 ©Okea/AdobeStock ; p. 173 ©rigamondis/AdobeStock ; p. 173 ©Ринат Куйшин/AdobeStock ; p. 173 ©Mara Zemgaliete/AdobeStock ; p. 173 ©Agence DER/AdobeStock ; p. 173 ©ismishko/AdobeStock ; p. 173 ©Pictures news/AdobeStock ; p. 173 ©PhotoKD/AdobeStock ; p. 173 @Marija Crow 2019 ; p. 173 ©Redzen/AdobeStock ; p. 174 ©Délice & Création ; p. 174 ©Rostislav Sedlacek/AdobeStock ; p. 176 ©Jérôme Rommé/AdobeStock ; p. 177 ©ICB Tecnologie ; p. 177 ©Pacotize® ; p. 177 ©ICB Tecnologie ; p. 177 ©ICB Tecnologie ; p. 177 ©Krafla/AdobeStock ; p. 177 ©Africa Studio/AdobeStock ; p. 177 ©nito/AdobeStock ; p. 177 ©Brent Hofacker/AdobeStock ; p. 177 ©nata_vkusidey/AdobeStock ; p. 177 ©neillangan/AdobeStock ; p. 177 ©lilechka75/AdobeStock ; p. 177 ©chandlervid85/AdobeStock ; p. 179 ©alfa27/AdobeStock ; p. 179 ©WavebreakmediaMicro/AdobeStock ; p. 181 ©Stéphane Bureaux ; p. 181 ©WeeYong/AdobeStock ; p. 182 ©bbbastien/AdobeStock ; p. 182 ©New Africa/AdobeStock ; p. 182 ©Ben Donath/AdobeStock ; p. 182 ©gkrphoto/AdobeStock ; p. 182 ©Nomad_Soul/AdobeStock ; p. 182 ©Jérôme Rommé/AdobeStock ; p. 182 ©昆霖 蔡/EyeEm/AdobeStock ; p. 182 ©alex9500/AdobeStock ; p. 182 ©inspirar/AdobeStock ; p. 182 ©estradaanton/AdobeStock ; p. 182 ©Christelle NC/AdobeStock ; p. 182 ©pavelvozmischev/AdobeStock ; p. 182 ©SILVIA/AdobeStock ; p. 182 ©Agence DER/AdobeStock ; p. 182 ©PremiumGraphicDesign/AdobeStock ; p. 182 ©Michel Bras ; p. 182 ©DR ; p. 182 ©smile.create/AdobeStock ; p. 183 ©brent Hofacker/AdobeStock ; p. 183 ©Karine Faby/Nicolas Multon ; p. 184 ©Cookal ; p. 184 ©FOOD-pictures/AdobeStock ; p. 185 ©Amaury Guichon ; p. 185 ©ld1976/AdobeStock ; p. 185 ©Victoria Stetskevych/AdobeStock ; p. 185 ©DR ; p. 186 ©Benoit Tellier/www.epices-roellinger.com ; p. 187 ©New Africa/AdobeStock ; p. 188 ©illustrez-vous/AdobeStock ; p. 189 ©Tomboy2290/AdobeStock ; p. 189 ©BillionPhotos.com/AdobeStock ; p. 189 ©ExQuisine/AdobeStock ; p. 189 ©photlook/AdobeStock ; p. 189 ©photlook/AdobeStock ; p. 189 ©emmi/AdobeStock ; p. 189 ©Tomboy2290/AdobeStock ; p. 189 ©photlook/AdobeStock ; p. 189 ©Tomboy2290/AdobeStock ; p. 189 ©blende40/AdobeStock ; p. 189 ©mirabile/AdobeStock ; p. 189 ©Tomboy2290/AdobeStock ; p. 191 ©Rawpixel.com/Shutterstock ; p. 192 ©ArtEvent ET/AdobeStock ; p. 192 ©Krakenimages.com/AdobeStock ; p. 192 ©Eleonore H/AdobeStock ; p. 192 ©Rawpixel Ltd./AdobeStock ; p. 192 ©Надія Коваль/AdobeStock ; p. 193 ©fyv6561/Shutterstock ; p. 193 ©Rido/AdobeStock ; p. 195 ©Mangostar/AdobeStock ; p. 196 ©Auttapon Moonsawad/AdobeStock ; p. 196 ©stryjek/AdobeStock ; p. 196 ©Christy Thompson/AdobeStock ; p. 196 ©pressmaster/AdobeStock ; p. 196 ©Kotangens/AdobeStock ; p. 198 ©JackF/AdobeStock ; p. 198 ©Tyler Olson/AdobeStock ; p. 199 ©herreneck/AdobeStock ; p. 199 ©vegefox.com/AdobeStock ; p. 199 ©nenetus/AdobeStock ; p. 199 ©hakinmhan/AdobeStock ; p. 199 ©JackF/AdobeStock ; p. 199 ©Beeler/AdobeStock ; p. 199 ©Elena Abrazhevich/AdobeStock ; p. 200 ©sabelskaya- stock.adobe.com ; p. 200 ©Rido/AdobeStock ; p. 205 ©goodluz/AdobeStock ; p. 208 ©Milan/AdobeStock ; p. 208 ©New Africa/AdobeStock ; p. 208 ©Mikhailov Studio/AdobeStock ; p. 208 ©Mara Zemgaliete/AdobeStock ; p. 208 ©alex9500/AdobeStock ; p. 208 ©beats_/AdobeStock ; p. 208 ©Yingko/AdobeStock ; p. 208 ©Sea Wave/AdobeStock ; p. 208 ©Jasmine Tea Photo/AdobeStock ; p. 208 ©exclusive-design/AdobeStock ; p. 209 ©spinetta/AdobeStock ; p. 212 ©Jukov studio/AdobeStock ; p. 215 ©ratmaner/AdobeStock ; p. 215 ©Pixel-Shot/AdobeStock ; p. 215 ©womue/AdobeStock ; p. 217 ©andresr - iStock.com ; p. 218 ©Brad Pict/AdobeStock ; p. 221 ©lvnl/AdobeStock ; p. 221 ©Mykyta/AdobeStock ; p. 221 ©Bohdan/AdobeStock ; p. 221 ©kolonko/AdobeStock ; p. 223 ©Vlad/AdobeStock ; p. 223 ©radoma/AdobeStock ; p. 226 ©Irina Strelnikova ; p. 229 ©Gorodenkoff/AdobeStock ; p. 230 ©StockVector/AdobeStock ; p. 231 ©Visual Generation/AdobeStock ; p. 231 ©Djomas/AdobeStock ; p. 231 ©Djomas/AdobeStock ; p. 232 ©Pixel-Shot/AdobeStock ; p. 233 ©ALF photo/AdobeStock ; p. 233 ©Icons-Studio/AdobeStock ; p. 234 ©ALF photo/AdobeStock ; p. 236 ©Sanipousse ; p. 237 ©ASDF/AdobeStock ; p. 239 ©Tyler Olson/AdobeStock ; p. 241 ©luckybusiness/AdobeStock ; p. 241 ©CandyBox Images/AdobeStock ; p. 241 ©rilueda/AdobeStock ; p. 241 ©JPC-PROD/AdobeStock ; p. 241 ©goodluz/AdobeStock ; p. 241 ©Oksana Kuzmina/AdobeStock ; p. 241 ©W PRODUCTION/AdobeStock ; p. 247 ©Koonsiri/AdobeStock ; p. 248 ©ePack Hygiène ; p. 248 ©ePack Hygiène ; p. 248 ©ePack Hygiène ; p. 248 ©ePack Hygiène ; p. 248 ©ePack Hygiène.

Fiches

p. 251 ©ALF photo/AdobeStock ; p. 251 ©Viktor/AdobeStock ; p. 251 ©Brad Pict/AdobeStock ; p. 251 ©Thomas Francois/AdobeStock ; p. 251 ©Bastiaanimage Stock/AdobeStock ; p. 251 ©David Henry/AdobeStock ; p. 251 ©FomaA/AdobeStock ; p. 251 ©ALF photo/AdobeStock ; p. 251 ©ALF photo/AdobeStock ; p. 251 ©Павел Костенко/AdobeStock ; p. 251 ©LACuisinedeMel/Ptitchef.com ; p. 251 ©Cultures Sucre/Bêtises de Cambrai ; p. 251 ©M.studio/AdobeStock ; p. 251 ©Maryna Osadcha/AdobeStock ; p. 251 ©alex9500/AdobeStock ; p. 251 ©revellin/AdobeStock ; p. 251 ©Anatoly Repin/AdobeStock ; p. 251 ©Michael Nivelet/AdobeStock ; p. 251 ©FOOD-pictures/AdobeStock ; p. 251 ©ALF photo/AdobeStock ; p. 251 ©Louis Renaud/AdobeStock ; p. 251 ©blaskor - shutterstock ; p. 251 ©cynoclub/AdobeStock ; p. 251 ©ToutelEurope.eu ; p. 251 ©ToutelEurope.eu ; p. 252 ©Fly_and_Dive/AdobeStock ; p. 252 ©AOP beurre charent poitou ; p. 252 ©JackF/AdobeStock ; p. 252 ©ALF photo/AdobeStock ; p. 252 ©Fanfo/AdobeStock ; p. 252 ©ld1976/AdobeStock ; p. 252 ©Franck Sanse/AdobeStock ; p. 252 ©StockphotoVideo/AdobeStock ; p. 252 ©Brad Pict/AdobeStock ; p. 252 ©MikroKon - shutterstock ; p. 252 ©Stphan/AdobeStock ; p. 252 ©PhotoKD/AdobeStock ; p. 252 ©Le Gourmeur ; p. 252 ©Studio MB/AdobeStock ; p. 252 ©thodonal/AdobeStock ; p. 252 ©barmalini/AdobeStock ; p. 252 ©barmalini/AdobeStock ; p. 252 ©Jeff/AdobeStock ; p. 252 ©Jean-Bernard Nadeau ; p. 252 ©SOLLUB/AdobeStock ; p. 252 ©Produits Laitiers ; p. 252 ©ToutelEurope.eu ; p. 253 ©ToutelEurope.eu ; p. 253 ©M.studio/AdobeStock ; p. 253 ©DR ; p. 253 ©olga pink/AdobeStock ; p. 253 ©Sunny Forest/AdobeStock ; p. 253 ©HL-Photo/AdobeStock ; p. 253 ©Ildi/AdobeStock ; p. 253 ©Richard Villalon/AdobeStock ; p. 253 ©Pierre Bona ; p. 253 ©JPC-PROD/AdobeStock ; p. 253 ©vladk213/AdobeStock ; p. 253 ©uckyo/AdobeStock ; p. 253 ©Fanfo/AdobeStock ; p. 253 ©Maksim Toome/AdobeStock ; p. 253 ©uckyo/AdobeStock ; p. 253 ©Erb / Dufault Photo/AdobeStock ; p. 253 ©Jérôme Rommé/AdobeStock ; p. 253 ©SOLLUB/AdobeStock ; p. 253 ©alex.pin/AdobeStock ; p. 253 ©M.studio/AdobeStock ; p. 253 ©timolina/AdobeStock ; p. 253 ©Monkey Business/AdobeStock ; p. 253 ©Sergio Martínez/AdobeStock ; p. 253 ©Dominique Ducouret ; p. 253 ©oksanamedvedeva/AdobeStock ; p. 253 ©arashamburg/AdobeStock ; p. 253 ©ToutelEurope.eu ; p. 253 ©Jérôme Rommé/AdobeStock ; p. 254 ©ToutelEurope.eu ; p. 254 ©Keitma/AdobeStock ; p. 254 ©laurent007/AdobeStock ; p. 254 ©NCirmu/AdobeStock ; p. 254 ©cynoclub/AdobeStock ; p. 254 ©Jérôme Rommé/AdobeStock ; p. 254 ©amixstudio/AdobeStock ; p. 254 ©davit85/AdobeStock ; p. 254 ©graphlight/AdobeStock ; p. 254 ©France voyage ; p. 254 ©Tout un Fromage Olivier Sochard/Ludovic Biset ; p. 254 ©WeeYong/AdobeStock ; p. 254 ©ToutelEurope.eu ; p. 255 ©SOLLUB/AdobeStock ; p. 255 ©Louis Renaud/AdobeStock ; p. 255 ©Anis de Flavigny ; p. 255 ©msheldrake/AdobeStock ; p. 255 ©M.studio/AdobeStock ; p. 255 ©illustrez-vous/AdobeStock ; p. 255 ©The French Table/AdobeStock ; p. 255 ©MissesJones/AdobeStock ; p. 255 ©Richard Villalon/AdobeStock ; p. 255 ©PHILETDOM/AdobeStock ; p. 255 ©ToutelEurope.eu ; p. 256 ©Au Negus - Nevers ; p. 256 ©Guide michelin ; p. 256 ©ToutelEurope.eu ; p. 256 ©lilechka75/AdobeStock ; p. 256 ©Fanfo/AdobeStock ; p. 256 ©nito/AdobeStock ; p. 256 ©FOOD-pictures/AdobeStock ; p. 256 ©sururu/AdobeStock ; p. 256 ©koss13/AdobeStock ; p. 256 ©Pictures news/AdobeStock ; p. 256 ©FOOD-micro/AdobeStock ; p. 256 ©Pictures news/AdobeStock ; p. 256 ©Chlorophylle/AdobeStock ; p. 256 ©Fanfo/AdobeStock ; p. 256 ©eva52/AdobeStock ; p. 256 ©ALF photo/AdobeStock ; p. 256 ©Nelea Reazanteva/AdobeStock ; p. 256 ©Jérôme Rommé/AdobeStock ; p. 256 ©M.studio/AdobeStock ; p. 257 ©ToutelEurope.eu ; p. 257 ©Bart/AdobeStock ; p. 257 ©PUNTOSTUDIOFOTO Lda/AdobeStock ; p. 257 ©La cave du Dragon Rouge ; p. 257 ©Benjamin LEFEBVRE/AdobeStock ; p. 257 ©Heliosphile/AdobeStock ; p. 257 ©A_Lein/AdobeStock ; p. 257 ©Stanislav Ostranitsa/AdobeStock ; p. 257 ©cynoclub/AdobeStock ; p. 257 ©Nelea Reazanteva/AdobeStock ; p. 257 ©FOOD-pictures/AdobeStock ; p. 257 ©barmalini/AdobeStock ; p. 257 ©Jérôme Rommé/AdobeStock ; p. 257 ©ToutelEurope.eu ; p. 257 ©ALF photo/AdobeStock ; p. 257 ©Alessio Orrù/AdobeStock ; p. 257 ©JPC-PROD/AdobeStock ; p. 257 ©Fanfo - shutterstock ; p. 257 ©Andrey Cherkasov/AdobeStock ; p. 257 ©Monkey Business/AdobeStock ; p. 257 ©Mara Zemgaliete/AdobeStock ; p. 258 ©ToutelEurope.eu ; p. 258 ©M.studio/AdobeStock ; p. 258 ©Viktor/AdobeStock ; p. 258 ©He2/AdobeStock ; p. 258 ©B.Grateful/AdobeStock ; p. 258 ©Stephane/AdobeStock ; p. 258 ©Olga/AdobeStock ; p. 258 ©Natalia Hanin/AdobeStock ; p. 258 ©pixarno/AdobeStock ; p. 258 ©Photobeps/AdobeStock ; p. 258 ©kab-vision/AdobeStock ; p. 258 ©pixarno/AdobeStock ; p. 258 ©lars/AdobeStock ; p. 258 ©Cultures sucre ; p. 258 ©Brad Pict/AdobeStock ; p. 258 ©Stepanek Photography/AdobeStock ; p. 258 ©kristina rütten/AdobeStock ; p. 258 ©Corinna Gissemann/AdobeStock ; p. 258 ©DR ; p. 258 ©DR ; p. 258 ©lil_22/AdobeStock ; p. 258 ©Sławomir Fajer/AdobeStock ; p. 259 ©ALF photo/AdobeStock ; p. 259 ©Renards Gourmets ; p. 259 ©myviewpoint/AdobeStock ; p. 259 ©FOOD-micro/AdobeStock ; p. 259 ©illustrez-vous/AdobeStock ; p. 259 ©Noblesse et Royautes ; p. 259 ©Guide resto Paris ; p. 259 ©pat fauve/AdobeStock ; p. 259 ©rdnzl/AdobeStock ; p. 259 ©Viktor/AdobeStock ; p. 259 ©Brad Pict/AdobeStock ; p. 259 ©BRUNO/AdobeStock ; p. 259 ©Brad Pict/AdobeStock ; p. 259 ©gornist/AdobeStock ; p. 259 ©Sucre rouge maison Simon ; p. 259 ©ld1976/AdobeStock ; p. 260 ©Brent Hofacker/AdobeStock ; p. 260 ©ALF photo/AdobeStock ; p. 260 ©photosimysia/AdobeStock ; p. 260 ©anna_shepulova/AdobeStock ; p. 260 ©Photo Feats/AdobeStock ; p. 260 ©Roger Heil/AdobeStock ; p. 260 ©Jérôme Rommé/AdobeStock ; p. 260 ©barmalini/AdobeStock ; p. 260 ©fabiomax/AdobeStock ; p. 260 ©ALF photo/AdobeStock ; p. 260 ©SOLLUB/AdobeStock ; p. 260 ©SOLLUB/AdobeStock ; p. 260 ©Christophe Fouquin/AdobeStock ; p. 260 ©uckyo/AdobeStock ; p. 260 ©ToutelEurope.eu ; p. 261 ©ALF photo/AdobeStock ; p. 261 ©galaad973/AdobeStock ; p. 261 ©DR ; p. 261 ©DR ; p. 261 ©Alp Aksoy - shutterstock ; p. 261 ©Tydav Photos/AdobeStock ; p. 261 ©Marc Roche/AdobeStock ; p. 261 ©Fanfo/AdobeStock ; p. 261 ©Unclesam/AdobeStock ; p. 261 ©Unclesam/AdobeStock ; p. 261 ©Frog 974/AdobeStock ; p. 261 ©Franck/AdobeStock ; p. 261 ©hansgeel/AdobeStock ; p. 261 ©M.studio/AdobeStock ; p. 261 ©virginie/AdobeStock ; p. 261 ©ToutelEurope.eu ; p. 261 ©ToutelEurope.eu ; p. 261 ©DR ; p. 261 ©DR ; p. 261 ©Alexander Ruiz/AdobeStock ; p. 261 ©ToutelEurope.eu ; p. 261 ©ToutelEurope.eu ; p. 261 ©prod. iauvane/AdobeStock ; p. 261 ©fanfo - shutterstock ; p. 261 ©Temporys/AdobeStock ; p. 261 ©khumthong/AdobeStock ; p. 261 ©ToutelEurope.eu ; p. 261 ©M.studio/AdobeStock ; p. 261 ©lessimol/AdobeStock ; p. 261 ©M.studio/AdobeStock ; p. 261 ©DR ; p. 261 ©pairoj/AdobeStock ; p. 261 ©Miranda/AdobeStock ; p. 262 ©Altrendo Images - shutterstock ; p. 262 ©DR ; p. 262 ©DR ; p. 262 ©DR ; p. 262 ©DR ; p. 262 ©Valerii Dekhtiarenko/AdobeStock ; p. 262 ©Ambassade de France aux Pays-bas ; p. 262 ©Iblinova/AdobeStock ; p. 262 ©Stéphane/AdobeStock ; p. 262 ©eqroy/AdobeStock ; p. 262 ©Ambassade de France aux Pays-bas ; p. 262 ©Fanfo/AdobeStock ; p. 262 ©Ambassade de France aux Pays-bas ; p. 262 ©Ambassade de France aux Pays-bas ; p. 262 ©Ambassade de France aux Pays-bas ; p. 262 ©DR ; p. 262 ©nicolas lecoz/AdobeStock ; p. 262 ©Ambassade de France aux Pays-bas ; p. 262 ©DR ; p. 265 ©pilippho-to/AdobeStock ; p. 265 ©lunamarina/AdobeStock ; p. 265 ©shustrilka/AdobeStock ; p. 265 ©exclusive-design/AdobeStock ; p. 265 ©shustrilka/AdobeStock ; p. 265 ©Nelea Reazanteva/AdobeStock ; p. 265 ©nito/AdobeStock ; p. 265 ©Monkey Business/AdobeStock ; p. 265 ©hansgeel/AdobeStock ; p. 265 ©bruno ismael alves/AdobeStock ; p. 265 ©Natalia Mylova/AdobeStock ; p. 265 ©tbralnina/AdobeStock ; p. 265 ©Cecilia Gilabert/AdobeStock ; p. 265 ©Kina/AdobeStock ; p. 266 ©anaumenko/AdobeStock ; p. 266 ©lilechka75/AdobeStock ; p. 266 ©ALF photo/AdobeStock ; p. 266 ©StockphotoVideo/AdobeStock ; p. 266 ©enezselvi/AdobeStock ; p. 266 ©Jérôme Rommé/AdobeStock ; p. 266 ©Piotr Krzeslak/AdobeStock ; p. 266 ©sonyakamoz/AdobeStock ; p. 266 ©5second/AdobeStock ; p. 266 ©stefania57/AdobeStock ; p. 266 ©fkruger/AdobeStock ; p. 266 ©Paolo/AdobeStock ; p. 266 ©bbivirys/AdobeStock ; p. 266 ©StockphotoVideo/AdobeStock ; p. 266 ©PixelShot/AdobeStock ; p. 266 ©Lsantilli/AdobeStock ; p. 266 ©kuvona/AdobeStock ; p. 266 ©HLPhoto/AdobeStock ; p. 267 ©fkruger/AdobeStock ; p. 267 ©Stuart Little/AdobeStock ; p. 267 ©jlcst/AdobeStock ; p. 267 ©cdkproductions/AdobeStock ; p. 267 ©Michael Gray/AdobeStock ; p. 267 ©grinchh/AdobeStock ; p. 267 ©MSPhotographic/AdobeStock ; p. 267 ©Fanfo/AdobeStock ; p. 267 ©Joe Gough/AdobeStock ; p. 267 ©Sławomir Fajer/AdobeStock ; p. 267 ©exclusive-design/AdobeStock ; p. 267 ©Andre/AdobeStock ; p. 268 ©photocrew/AdobeStock ; p. 268 ©HLPhoto/AdobeStock ; p. 268 ©photocrew/AdobeStock ; p. 268 ©karepa/AdobeStock ; p. 268 ©Lucky Dragon/AdobeStock ; p. 268 ©Sanja/AdobeStock ; p. 268 ©ld1976/AdobeStock ; p. 268 ©Philippe/AdobeStock ; p. 268 ©Liudmila Travina/AdobeStock ; p. 268 ©О л е г/AdobeStock ; p. 268 ©Stefanie/AdobeStock ; p. 268 ©Printemps/AdobeStock ; p. 268 ©Brent Hofacker/AdobeStock ; p. 268 ©kab-vision/AdobeStock ; p. 268 ©juefraphoto/AdobeStock ; p. 268 ©exclusive-design/AdobeStock ; p. 268 ©Christian Jung/AdobeStock ; p. 268 ©Jérôme Rommé/AdobeStock ; p. 269 ©kristina rütten/AdobeStock ; p. 269 ©Mikael Damkier/AdobeStock ; p. 269 ©HLPhoto/AdobeStock ; p. 269 ©zi3000/AdobeStock ; p. 269 ©barmalini/AdobeStock ; p. 269 ©Richard Oechsner/AdobeStock ; p. 269 ©Oleksandr/AdobeStock ; p. 269 ©Esin Deniz/AdobeStock ; p. 269 ©anna_shepulova/AdobeStock ; p. 269 ©samael334/AdobeStock ; p. 269 ©FomaA/AdobeStock ; p. 269 ©Vankad/AdobeStock ; p. 269 ©FomaA/AdobeStock ; p. 269 ©dusk/AdobeStock ; p. 269 ©Mettouche/Marmitton ; p. 270 ©minadezhda/AdobeStock ; p. 270 ©CUKMEN/AdobeStock ; p. 270 ©padufoto/AdobeStock ; p. 270 ©Madeleine Steinbach/AdobeStock ; p. 270 ©barmalini/AdobeStock ; p. 270 ©fpolat69/AdobeStock ; p. 270 ©Taratorki/AdobeStock ; p. 270 ©OlegD/AdobeStock ; p. 270 ©Daniel Vincek/AdobeStock ; p. 270 ©Fanfo/AdobeStock ; p. 270 ©robert6666/AdobeStock ; p. 270 ©Yingko/AdobeStock ; p. 270 ©Ilona/AdobeStock ; p. 270 ©Marian/AdobeStock ; p. 270 ©bbivirys/AdobeStock ; p. 271 ©Brent Hofacker/AdobeStock ; p. 271 ©lindahughes/AdobeStock ; p. 271 ©fudio/AdobeStock ; p. 271 ©Daniel Wiedemann/AdobeStock ; p. 271 ©Fanfo/AdobeStock ; p. 271 ©fkruger/AdobeStock ; p. 271 ©brent hofacker/AdobeStock ; p. 271 ©Mstock/AdobeStock ; p. 271 ©Stepanek Photography/AdobeStock ; p. 271 ©golubovy/AdobeStock ; p. 271 ©pingebat/AdobeStock ; p. 272 ©Alexey/AdobeStock ; p. 272 ©shaiith/AdobeStock ; p. 272 ©etraveler/AdobeStock ; p. 272 ©MurielleB/AdobeStock ; p. 272 ©Steve Cukrov/AdobeStock ; p. 272 ©Jérôme Rommé/AdobeStock ; p. 272 ©tbralnina/AdobeStock ; p. 272 ©Brent Hofacker/AdobeStock ; p. 272 ©Max D. Photography/AdobeStock ; p. 272 ©uckyo/AdobeStock ; p. 273 ©Brent Hofacker/AdobeStock ; p. 273 ©Flavijus Piliponis/AdobeStock ; p. 273 ©kleberpicui/AdobeStock ; p. 273 ©SlayStorm - shutterstock ; p. 273 ©Estudio Conceito - shutterstock ; p. 273 ©Iblinova/AdobeStock ; p. 273 ©Kuma Media/AdobeStock ; p. 273 ©fudio/AdobeStock ; p. 273 ©Flavijus Piliponis/AdobeStock ; p. 273 ©Artanika/AdobeStock ; p. 274 ©gmstockstudio - shutterstock ; p. 274 ©Steve Cordory - shutterstock ; p. 274 ©Lipowski Milan - shutterstock ; p. 274 ©Nattapong/AdobeStock ; p. 274 ©ManHin/AdobeStock ; p. 274 ©anammarques/AdobeStock ; p. 274 ©fudio/AdobeStock ; p. 274 ©Milan Lipowski/AdobeStock ; p. 274 ©PhotoEdit/AdobeStock ; p. 274 ©Nelea Reazanteva/AdobeStock ; p. 274 ©Christine Bird/AdobeStock ; p. 274 ©Nelea Reazanteva/AdobeStock ; p. 274 ©Rafael Ben-Ari/AdobeStock ; p. 275 ©ALF photo/AdobeStock ; p. 275 ©GreenArt/AdobeStock ; p. 275 ©Fanfo/AdobeStock ; p. 275 ©tbralnina/AdobeStock ; p. 275 ©Fanfo/AdobeStock ; p. 275 ©FOOD-pictures/AdobeStock ; p. 275 ©David Henry/AdobeStock ; p. 275 ©Fanfo/AdobeStock ; p. 275 ©Flavijus Piliponis/AdobeStock ; p. 275 ©Bassey/AdobeStock ; p. 275 ©ndole/Editions 2015 ; p. 265 à 271 ©pingebat/AdobeStock ; p. 272 à 275 ©ALF photo/AdobeStock.

L'abus d'alcool est dangereux pour la santé, à consommer avec modération.

Édition : Clémentine Carmo, Sara Wlodarczyk

Coordination artistique : Vincent Rioult

Fabrication : Laura Milhomme

Conception couverture et maquette intérieure : Vincent Rioult

Mise en pages : Anne-Danielle Naname, Valérie Klein, Lucas Cholewa, Marylène Lhenri

Dessins : Pascal Marseaud, Coredoc

N° de projet : 10314582
Dépôt légal : avril 2022
Imprimé en France en janvier 2026
par CPI Bussière (2088758)
contact@nathan.fr